JN273834

# グローバリゼーション《globalization》、市民権《citizenship》、都市《city》

## ヘクシスの社会学

**岩永真治**
*shinji iwanaga*

春風社

# グローバリゼーション、市民権、都市
## ── ヘクシスの社会学 ──

*ὄνειρος ὁ βίος*

東京都港区の一市民 岩永真治著す
(Shinji Iwanaga, Le Citoyen de la cité du Minato, Tokyo)

諸君よ、諸君はわたしの死を決定したが、そのわたしの死後、まもなく諸君に懲罰が下されるだろう。それは諸君がわたしを死刑にしたのよりも、ゼウスに誓って、もっとずっとつらい刑罰となるだろう。……諸君を吟味にかける人間は、もっと多くなるだろう。彼らをいままでわたしが引きとめていたので、諸君は気づかないでいたわけなのだ。そして彼らは、若いから、それだけまた手ごわく、諸君もまたそれだけ、つらい思いをすることになるだろう。……以上が、わたしに死刑の投票をした諸君に対する、わたしの予言なのであって、これでもうお別れだ。

（プラトーン『ソークラテースの弁明』新潮文庫、62頁）

ラテン人が「レス・ププリカ」、ギリシア人が「ト・コイノン」と呼ぶものは、旧来の宗教にとってかわった原則である。これこそ今後種々の制度と法律とを決定するもので、都市のあらゆる重要な行為もこれにもとづいている。

（フュステル・ド・クーランジュ『古代都市』白水社、442頁）

「所有は法の半ばなり」とは人口に膾炙《かいしゃ》した文句ではないか。……だが、しばしば所有は法の総てですらある。

（ハーマン・メルヴィル『白鯨』新潮文庫、下巻、202頁）

# まえがき

## ハイデルベルクの講堂で

二〇〇二年の春学期、ハイデルベルク大学の赤いレンガ造りの講堂で、文化史、社会史で知られるケンブリッジ大学のピーター・バーク教授の講演があった。講演のテーマは「公共性（Öffentlichkeit）」に関するものである。当時、同大学の客員教授として研究に従事していたわたしは、在外研究に出かける直前に「ドイツ的公共性とわれわれにとっての公共性問題」という小稿を学会会報に載せていたこともあって、「イギリスの歴史学者が、公共性に関して、ドイツ人にむかってなにを語るのだろう」と興味津々、ハイデルベルクの借りていた山の上のゲストハウスから、バーク教授の講演を聴くために、町なかにある黒味を帯びた赤レンガの大学講堂にまで下りていった。

教授を迎える拍手に木の机をうるさいほど叩くハイデルベルクの知的伝統には、まず驚かされたが、同じ場に、わたしをハイデルベルク大学に受け入れてくれていた社会学研究所のヴォルフガング・シュルフター教授の顔があったことも、同じ社会学者として、興味をかきたてられる状況であった。バーク教授を招聘していたのは、ハイデルベルクの威風堂々とした哲学者たちであった。

講演のなかで、バーク教授が批判の矛先をむけたのは、〝若きハーバマス〟（教授はそう表現していた）が書いた『公共性の構造転換』である。この著作は、たいへん優れた著作であるが、偏った内容をもっている、というのが、かれの主張であった。すなわち、『公共性の構造転換』のなかでは、一八世紀のドイツにおける公共性のあり方が特権化されており、それは当時の他のヨーロッパ地域においてさえ普遍化できるものではなかった、と繰り返し、歴史学者らしく丹念に事例を挙げたのである。この講演は、わたしの在外研究のなかでも、きわめて印象に深いアカデミックな経験として記憶に残った。

日本の知的世界では、プロイセンの憲法をもとに大日本帝国憲法をつくって以来、今日まで、ドイツ人の議論をヨーロッパに普遍的な議論として捉える傾向が続いている。わたしの専門である社会学でも同じで、さきに触れたわたしの小稿は、都市や地域社会研究のフィールドに関して、とくにハーバマスの公共性概念の使用法をめぐって、そのことを批判的に書いたものである。バーク教授の主張は、ちがった国のちがった問題を前提にしていたが、わたしの感じていたことと重なっていた。それで、きわめて印象深い講演として記憶に残ったのである。

ところで、バーク教授は、アクセントの強い英語で講演をしたのであるが、講演後の質疑は、「通訳は必要ならばお願いする」

といって大学側の通訳提供の申し出を断り、ドイツ語のまま質問者の質問を聴いていた。かれにフランス・アナール派に関する著作があることはわたしも知っていたので、「ドイツ語も不自由しないのか、さすがケンブリッジのプロフェッサーだな。ドイツもイギリスも、地理的にもそう遠くないからな」と思っていたら、いくつか長い質問を聴き終えたあとに、ときどき「助けてもらえますか（I need your help!）」と通訳を呼んでいたのが、印象的であった。ケンブリッジの教授としての矜持と必要性の使い分けが、妙におかしく、また勉強になった。

## 都市と市民社会の問題

さて、都市の社会学的研究は、日本では第二次世界大戦後に、とりわけ高度経済成長時代の民族大移動を背景に深められた。敗戦直後の一九五〇年代初頭には、「ファシズムの日常的基盤」とＧＨＱに判断された地域組織である町内会に関して、社会学者たちは、「市民社会と町内会の関係」を問い（いわゆる「町内会論争」）、地域社会の民主化が課題視された。じつはこのとき、現実的にはもちろん理論的にも、すでに都市と市民社会の関係が問題になっていた。

ところが、敗戦から半世紀がたった今日、この都市と市民社会の関係の問題は、どこかにいってしまったようである。人間生態学を中心とするシカゴ学派的な都市社会学研究が、初発から一定の市民社会モデルを前提に研究をはじめていたことは、世紀転換期から一九二〇年代までのシカゴの社会事業家たちやそれに協力したシカゴ大学の社会学者たちのモノグラフや回想記に、容易にみてとれる。そして戦後日本の社会学者たちは、ＧＨＱによる占領という現実を背景にしながら、実証的な都市の社会調査の手法をふたたび学ぶというかたちで、シカゴ・モノグラフの通奏低音となっている自律的な市民社会についてのイデアを自然に受け入れていった。「ふたたび」といったのは、戦前に東京帝国大学の戸田貞三がすでに、シカゴでの在外研究をへてその試みに着手していたからである。

一方、戦後のマルクス主義的な都市研究も、六〇年代後半以降の「新しい都市社会学」による都市研究も、都市と市民社会の関係を今日問題になっている意味で問うことはなかった。なぜなら、講座派、労農派的なマルクス主義理解にも、アルチュセール派の構造主義的マルクス主義にも、マルクス自身によるマルクス主義批判のモメントである「市民社会、交通、所有」といった、資本主義経済が民主主義的に制御調整される位相を研究する諸概念が欠けていたからである。都市の社会学的研究は、この自覚がなく「新しい都市社会学」を、グローバリゼーションに向き合う都市の変容を理解するのに「ダイナミックな」概念装置であると、猜疑心をもちながらも、称賛のまなざしで受け入れたのである。

例外は、都市の市民活動団体を経験主義的に研究するもの（その延長としてのボランティア活動の研究は、たしかに市民社会論の重要な部分である）であったが、その研究においても、都市と市民社会の関係を本質的、歴史的に把握しなおすにはいたらなかった。ごく最近になって、シカゴ学派都市社会学の伝統を鼓舞する研究者が、自分でイタリアのシエナ（したがって、中世の市民的伝統をもつ都市）の地域組織について論文を発表したり、西洋古典学者を都市の社会学的研究に引っ張り出したりしているが、現代日本の都市の研究とのしっかりとした脈絡を欠いたまま研究書を出版している次第である。ロバート・パットナムが「社会関係資本（social capital）」と呼ぶところの市民的徳性（市民的共同体における信頼の能力、参加する意欲、正義の感覚など）が問題となっている訳ではなく、ただ町内会的な包括型の地域組織をそこに見出しているだけである。

問題は、われわれのこれまでの都市社会研究の背後には、一定の型の市民社会論があったということについての意識が、ほとんどなかったか、あってもときに「規範理論」として語られるだけであったかのどちらかであり、そもそもその市民社会論を根底から問い直す作業が必要であることを強く認識していなかったところにある。大都市郊外のコミュニティ研究から都心部の移民の研究へと研究上の関心をシフトさせたばあいでも、じっさいには、近代的な市民社会概念とその構成要素とみなされている自立した個人＝近代市民が問いなおされているにもかかわらず、ネットワーク、リゾーム、トランスナショナリズムなどの概念によって観察記述の論理的不整合性を糊塗してきた感が否めない。

以上のような認識を踏まえて、都市と市民社会の関係を歴史的に問い直し、そのことを通して現代の都市社会で生じている問題を解明し、さらに全体社会的な将来展望（＝グローバリゼーション）の下で新しい都市問題（もちろん、そのすべてではない）の把握と解決を展望しようというのが、本書のねらいとするところである。

## 本書のテーマと作業

本書のテーマと作業は、ある意味で、歴史上初めて「市民社会」という言葉が使用された歴史的文脈につねに立ち返るように読者に要請する。その文脈というのは、アリストテレスが人間をその本質において政治的、したがって市民社会的な存在であると定義した時代とその都市的な背景である。同時にかれは、マンフレッド・リーデルも指摘するように、人間にはさまざまなコミュニティ（ギリシア語ではコイノーニア）があるが、すべてのコミュニティのなかで真に独立して他を支配しているものが政治的＝市民的共同体《ヘー・ポリティケー・コイノーニア》であるといっている。これがポリスである。

ハンナ・アーレントが適切に述べているように、この政治的＝市民的共同体はポリスの城壁の内側と外側というようには、単純に区別されないものである。ところが、残念ながら戦後日本の学術的都市理解は、マックス・ヴェーバー研究者の歪んだ歴史認識によって、西欧におけるアルプス以北の、自立＝自律的な市民によって運営される都市共同体と、そうした市民の自立＝自律性を欠いた日本の都市という対照性のもとに、すなわち極端な二分法のもとに展開された側面がある。とくに歴史学者、社会経済史学者がこのような二分法に加担したのであるが、都市の社会学的研究者も、多かれ少なかれ、このような文献学的対照性を現実の対照性と思い込んできた。

ヨーロッパ、アメリカを自由に行き来できるグローバリゼーションの時代に生きるわれわれは、西欧と日本の都市生活の比較は、それほど単純にできるものではないことをよく知っている。西欧に自立＝自律的でない市民は多数いるし、日本にも自立＝自律的市民は多数いるのである。こうした議論は、たとえ戦前の、たとえば森鷗外の時代に遡っても、部分的には可能なものである。

本書のテーマに関連して指摘しておきたいことは、人間に関する上記のギリシア的理解と、ラテン語の世界における理解の同一性と種差（＝差異）である。

周知のように、アリストテレスは人間を「政治的、市民社会的動物」と定義したのであるが、その語はセネカにおいては「社会的動物（animal socialis）」と訳されている。ここで、問題として深く認識されるべきは、アーレントも指摘するように、トマス・アクィナスの手をへて、その「社会的動物」という語がギリシア語の標準ラテン語訳になったという事実である。社会学は近代以降のものであり、「社会的なるもの」の勃興とともにはじまったとよくいわれるが、「社会的」という言葉自体はローマ起源であり、ラテン世界が学んだギリシア語やギリシア思想には、それに相当する言葉はないという事実である。

政治的、市民社会的なものを、無意識のうちに「社会的なもの」に置き換えたということがはらむ問題、それは政治に関する、そして人間理解に関するギリシア的な理解の歪曲と喪失を意味している。ここに大きな問題がある。この点では、『美徳なき時代』において人間性と社会形成の最終目標を失った社会観について嘆くアラスデア・マッキンタイアと、わたしはまったく同じ理論的地平に立っている。そして、都市社会の理論家にとっては、ここがロドスである。逆説的にいえば、しかし、ここでギリシア語とラテン語のあいだを安易に〝跳んで〟はならない。

## ヘクシスか、ハビトゥスか——所有とはなにか

この、ギリシア的な世界とラテン的な世界とのあいだにある、ある都市社会研究者が好んで使う用語でいえば「隙間《すきま》」が、本書ではつねに問題になっているといってよいだろう。まだ、理論的には十分に整理できていない、ハビトゥス（habitus）ではなく、ヘクシス（ἕξις）が本書の基本概念になっていることも、この問題と無関係ではない。ただ、ハビトゥスに対するヘクシスの位相の問題は、言語学的にも社会理論的にもその研究は緒についたばかりである。本書においても、ヘクシスという視座は事実分析のためのひとつの道しるべにはなっているが、概念的には未整理の問題が多いことも、あらかじめ告白しておかなければならない。

関連した問題を、ひとつとりあげてみよう。

ごく最近になって、ある著名な哲学者がギリシア語の概念を

並べ立てて人間の〝振る舞い〟の分析をしようと研究ノートを出版している。しかし、わたしにはこの研究ノートで示されている概念の布置関係はまったく承認できるものではない。しかもそこでなされているのは、現実の人間の理解ではない。それは人間の〝哲学的理解〟であり、哲学の〝人間的振る舞い〟である。人間の〝振る舞い〟における社会性の拡がりは十分に視野にはいってこない。

　ちなみに、わたしの考え方を先取りしてここで若干述べておけば、人間の〝振る舞い〟とは、対象に働きかける行為であり、対象を所有する活動であり、対象を所有する運動である。ドイツ語の表現が、この点では、分かりやすい。すなわち、所有とは „sich verhalten gegenüber“（みずからにむかって、対象にむかってもつ行為）であり、〝振る舞い〟とは、この意味での所有なのである。

　ともあれ、本書は、都市と市民社会の関係についての、ひとつの社会学的理解の試みであり、またその関係についての、生成論的、発展論的なひとつの理解の試みなのである。

## 初出論文について

　本書は、おもに、既発表の論文をもとに書き直されている。本書の構成にしたがって、もとになった論文の初出を記しておこう。

まえがき　書き下ろし

序章　「〈研究ノート〉アリストテレスの所有論――社会形成の原理の探究」明治学院大学『社会学・社会福祉学研究』第一〇六号、一九九九年を、大幅に修正し、加筆。

第1部　都市の成立・発展と市民社会の成長

第1章　「アーバニズムの生誕と市民社会の発展」明治学院大学社会学・社会福祉学会、Socially、第六号、一九九八年。
「シティズンシップの歴史社会学――都市の成立と発展との関連で」明治学院大学『社会学・社会福祉学研究』第一〇三号、一九九八年。

第2章　「シティズンシップの歴史社会学」同。

第3章　「大都市シカゴの勃興――移民の流入とアメリカの経験」斉藤日出治・岩永真治『都市の美学』平凡社、一九九六年、第三部。

第4章　「世界都市東京の実験――国民国家を再措定する市民社会」『大阪産業大学論集・社会科学編』第一〇六号、一九九七年。

第2部　フォーディズムの危機と都市社会の変容

第5章　「デイヴィッド・ハーヴェイと現代都市――差異と共通性の内的弁証法を求めて」吉原直樹編『都市の思想――空間論の再構成にむかって』青木書店、一九九三年。

第6章　「アフター・フォーディズム時代の空間的諸形態――

〈情報型発展様式〉のインパクト」三田哲学会編『哲学』第九三集、一九九二年。

第7章　「D・ハーヴェイの都市論における空間と場所――ルフェーヴリアン・マトリックスが意味するもの」『地域社会学会年報』第八号、時潮社、一九九六年。

第8章　「環境と社会――分析的、展望的理解」明治学院大学『社会学・社会福祉学研究』、第一一五号、二〇〇三年。

第9章　「環境とテクノロジー――ひとつの社会学的探究」同、第一一一号、二〇〇二年。

第3部　グローバリゼーション、市民権、都市

第10章　「集まりの構造に関する比較研究――〈都市・地域連関〉モデルの応用」明治学院大学『社会学部付属研究所年報』第三二号、二〇〇二年。

第11章　「市民権、国籍、エスニック・マイノリティ――国際地域社会システム論研究序説」同『社会学・社会福祉学研究』第一〇六号、一九九九年。

第12章　「市民権、国籍、エスニック・マイノリティ（続）――国際地域社会システム論研究序説」同、第一〇九号、二〇〇一年。

第13章　「グローバリゼーション、市民権、都市――構造生成の地域社会学序説」似田貝香門監修『地域社会学の視座と方法』地域社会学講座第一巻、東信堂、二〇〇六年。

終章　書き下ろし

あとがき　書き下ろし

とくに、各初出論文のタイトルは、本書の構成と論理の道筋を明確に示すために、大幅に変更されている。しかし、内容に関しては、本書での各章の関連を明確にするために若干加筆・削除などの修正をおこなったことをのぞけば、初出の論文のままである。さらに、本書の作成にあたっては、初出論文の新鮮な息吹をできるだけ殺さずに、執筆のときに意識されていた以上に一貫した観点から、論文の構成や体裁、章の構成に努めた。

各章の冒頭ほかにある引用は、学部学生や大学院生が本書の内容を学ぶときに援けになるようにとおいた。各章の内容が難解で息苦しく感じるばあいには、これらの引用を手がかりとしていろいろな思索にふけってもらうだけでも、わたしの意図は半ば果たされたと考える。引用がひかれている著作そのものを手にとってもらえれば、わたしとしては、これに勝るよろこびはない。

## 論の構成について

本書の行論は、第一次都市革命から、第二次都市革命、第三次都市革命へと、そのつど独自の市民社会（あるいは市民的共同体）のかたちを提示しながら、展開してゆく。この点を確認し、古今東西多岐にわたる本書の内容の、簡単な要約としておきたい。

最後に、ラテン文学黄金期の詩人オウィディウスとともに、本論を眼前にして、つぎのように神々に祈ることにしよう。

わたしが意図するのは、新しい姿への変身の物語（metamorphoses）である。いざ、神々よ——そのような変化をひきおこしたのもあなたがたなのだから——われわれのこの企てに好意を寄せられて、世界の始まりから現代にいたるまで、とだえることなくこの物語をつづけさせてくださいますように！

（『変身物語』岩波文庫、上巻、一一頁）

## 凡例（古典ギリシア語、古典ラテン語などの表記について）

＊ギリシア語のカタカナ表記に関しては、つぎの原則を採用した。

（1）$\theta, \phi, \chi$ と $\tau, \pi, \kappa$ の区別をしない。

（2）母音の長音、短音の区別をせず、基本的に固有名詞の音引きは省略した。

（3）地名に関しては、読みやすさに配慮して、ときに日本語の慣用にしたがった（ギリシア、エフェソスなど）。

（以上の原則に関しては、藤縄謙三訳、トゥキュディデス『歴史1』京都大学学術出版会、二〇〇〇年の「凡例」を参照した）

＊ラテン語のカタカナ表記に関しては、ヨーロッパ諸言語の発音に引きずられた読みではなく、近年国際的に共有されるようになった、古典語にできるだけ近い読みを基準とした（キウィタス、ウェルギリウス、オウィディウスなど）。

＊古典語や外国語から翻訳された文章の引用は、原文の意味を損ねないようにして、ときに文脈にあわせて若干表現をかえた。古典ギリシア語、古典ラテン語の文で、著者が直接訳したものがある。

# 目次

# 序章　本書の目的と方法

*τὸ τὰ ὀφειλόμενα ἑκάστῳ ἀποδιδόναι δίκαιόν ἐστι*
（それぞれの人に借りているものを返すのが、正しいことだ）
（プラトン『国家』岩波文庫、上巻、二八頁）

怒りは苦痛を返報しようとする欲望である
（セネカ『怒りについて』岩波文庫、一四頁）

人は一年のあいだに一〇年分の人生を生きるばあいがあるものだが、わたし…はまさしくその一年間に一〇年を生きた
（ドストエフスキー『虐げられた人びと』新潮文庫、四八頁）

こうして連鎖は存在から所有へ、そしてひるがえって所有から存在へと進行する。…人間は、この独特の結合に媒介されて特殊な性質によって一定の所有物に指定されるが、また他方では、この所有物によって本質を規定されもする
（ジンメル『貨幣の哲学（綜合篇）』白水社、著作集第三巻、四九－五〇頁）

徳とは状態《ヘクシス》である
（アリストテレス『ニコマコス倫理学』岩波文庫、上巻、六八頁）

## 本書の目的

光は「神」ではない、ヘクシスである。それは、火でも、一般的な物体でもなく、透明なもののうちに火ないしは火に類似したなにかが存在するという状態を意味している。ヘクシスとは、このような「状態」を意味する。したがって、光は闇にたいして反対の関係にあると考えられるが、闇とは透明なものから以上のようなヘクシスが欠如していることであり、光とはまさにこのヘクシスが存在することを意味している。魂も同様にある種のヘクシスであり、そしてこの本の主要な分析対象である都市や地域もひとつのヘクシス、つまり「状態」なのである。

ロバート・E・パークは、都市の定義として「それは建物の集合体ではなく、精神のひとつの状態である」と述べたが、この定義は繰り返し都市の研究者たちに深く吟味もされずに引用されてきた。また、マックス・ヴェーバーは都市とは大集落であるといい、それがすべての都市にあてはまる唯一の定義であると述べたが、現実のドイツの中小都市をみる限り、そこには大集落ごとの精神の状態、つまりヘクシスを感じ取ることができる。この論点を分析的に深め、「遡及的＝漸進的方法」（H・ルフェーヴル）により、都市を対象にしながら一方では歴史に遡り、他方では今日のグローバリゼーションの問題まで考察することが、本書の目的である。

### 分析の方法と対象

さて、本書の分析対象であり、分析の方法でもあるものは、ヘクシスと呼ばれるものである。しかし、ヘクシスとはなにか。それについて、さらに分析的に議論しておく必要があるだろう。

アリストテレスは『形而上学』(1022b) のなかで、ヘクシスに関して、つぎのように定義している。

第一に、それはなにかを所有している人と所有されているその何物かとのあいだにある現実の活動、すなわち一種の行為または運動である。アリストテレスによれば、ある人がなにかを制作し何物かが制作されるばあい、これら両者の中間に制作という行為があるが、このようにしてたとえば「衣服を所有している人とこの人の所有している衣服との中間にはヘクシスがある」といわれている。この意味でのヘクシスは、現代語における「所有」という言葉の意味に近い。しかし、定義のポイントは、現代語における所有概念とちがって、それが行為または運動と把握されていることであろう。

第二に、事物のある状況や状態がヘクシスと呼ばれている。すなわち、「事物がその事物それ自体において、あるいは他の事物との関係において、案配よく置かれまたは悪い案配に置かれるような配置」が、その事物の状態、すなわちヘクシスである。この定義の事例としては、「健康という状態」が一種のヘクシスとして示されている。(1) 最後に、第二の定義に関連して、事物の状況のなかのいかなる部分もひとつの「状態」あるいは「性質」として、ヘクシスと呼ばれる。たとえば、事物の部分がもつ卓越性(アレテー)がその例である。速く走ることができる馬の足の性質やしっかりと建造された道路や建物の性質が、この最後のヘクシスの事例として挙げられるであろう。

ちなみに、アリストテレスが使用するヘクシス概念の意味の広がりは、古典ギリシア語の動詞エケイン(もつ、たもつ)の意味の広がりに関連している。この点を確認するためには、『形而上学』第五巻第二三章だけでなく、『カテゴリー論』の第一五章も参照するのがよいだろう。

### 研究対象としてのヘクシス

さて、こうしてヘクシスとは、所有する人と所有される物との関係であり、現実の運動や行為であり、また事物の状態を表現する性質や位置関係であると定義できるであろう。この考え方をより社会学的に表現すれば、行為者の、自然環境や社会環境に対する関係、あるいは自然環境の、人間や動物の心理と性質に対する関係が、ヘクシスと呼ばれる研究対象であるといえるだろう。そしてこの研究対象としてのヘクシスは、相互作用であり、相関関係であり、運動であるということが重要である。

しかし、これではまだヘクシス概念を社会学の主要な分析概念として復活させるには、不十分である。より広く現代的な意味での社会秩序の形成や社会環境、社会紛争を取り扱うことが可能な概念にする必要がある。そのためには、『形而上学』におけるヘクシスの定義を、『ニコマコス倫理学』第五巻第五、六章において展開されている「交換における正義」についての議論、および同第六巻一章から第八章にまたがって展開されている「知性的卓越性」に関する議論に接続していく必要があるであろう。

目の前にある物と自分との関係や性質、すなわちヘクシスが、いかにダイナミックな社会形成に関連しているかについて考えることは、ヘクシス概念をC・W・ミルズがいうような「社会学的想像力」のなかに置くことにほかならない。『ニコマコス倫理学』のなかの「知性的卓越性」や「倫理的卓越性」、あるいは「正義の問題」について考えることは、論理の上でこの社会学的想像力を働かせるのに有効に働く。最後に、この点について敷衍してみよう。

### 社会学的概念としてのヘクシス

第一に、アリストテレスによれば、正義には「配分的正義」「矯正的正義」「交換における正義」の三つがあるが、このいずれの正義であっても、正義とはひとつのヘクシスであるとされている。すなわち、正義とは「人をして正しい物事をおこなうたちの人たらしめるようなヘクシス（状態）」であり、「人をして正しきを行わしめ、正しきを願望させるようなヘクシス（状態）」なのである（1129a）。とくに、「交換における正義」は、「応報的比例」にもとづくものであり、大工と靴屋のあいだで家屋と靴の交換を可能にし、医者と農民のあいだで医療サーヴィスと農作物の交換を可能にするものである。この場面では「社会的分業」と、市場関係としての社会関係が成立する。この、正義概念を媒介とする社会秩序形成の局面を、「社会的分業を成立させるヘクシス」として把握しておこう。これは、マクロ社会学が対象とする領域である。

第二に、ミクロ社会学が対象とするものとして、大工、靴工、医者、農民、笛吹き、彫刻家などの、いわば技術をもつ人が、自分の生産物＝作品と向かい合う過程がある。かれらは、「技能者」「技術をもつ人」として社会的な機能を果たしているのであるが、そのかれらと、いずれは使用され交換されるべき自分の生産物とのあいだには、所有の関係が生じる。そして、アリストテレスによれば技術もひとつのヘクシスなのであり、「ロゴスを具えた制作が可能なヘクシス」であってみれば、ここにも社会学的分析対象としてのヘクシスが論理重層的に存在するといえるであろう。しかし、技術や技能によって生産されたものは、生産者の所有物としていずれは交換される関係にあるものと想定されているので、ここにはまた、「所有関係の変化としてのヘクシス」が存在するといってよいだろう。具体的には、大工が靴をもち、靴工が家に住み、医者がものを食べ、農民が治療を受けるというような状況を想定すればよいであろう。

こうして、『ニコマコス倫理学』における議論を通じて、ヘクシスの問題は社会的分業＝社会システムと所有＝行為の問題として、社会学的に再措定されることになる。

第三に、知識社会学の領域として、人間の心理《プシューケー》・魂の問題[2]にかかわる、「知性的卓越性」「倫理的卓越性」を扱うヘクシス領域があることをつけくわえておこう。「知性的卓越性」

としてのヘクシスとは、認識にかかわる部分としては「知性」「知恵」「学問」を有する状態を指している。思考にかかわる部分としては「技術《テクネー》」「見識《プロネーシス》」をもっている状態を意味する。たとえば、魂と身体のむすびつき《コイノーニア》としての学問は何事かを論証することの可能性を示唆し、一方、見識は混乱するさまざまな社会的価値のなかから、自分にも他人にも説明が可能なかたちで善／悪を判断して行動していく実践の可能性《デュナミス》を意味する。

他方、「倫理的卓越性」としてのヘクシスとは、感情や行為の中間的な状態＝中庸を意味する。すなわち、穏和、勇気、慎み、節制、義憤、正しさ、鷹揚、正直、親愛、威厳、忍耐、高邁、豪勢、思慮などの、両極端に走らない実践の原理を意味している（『エウデモス倫理学』1220b-21a）。なかでも、倫理的卓越性としての「正しさ《ディカイオン》」の感覚は、第一の「社会的分業を成立させるヘクシス」とも関連する重要な行動原理である。そして、これらの多様な感情や行為の中間的な状態からみてバランスを欠いているヘクシスは、たとえば勇気に関していえば「無謀である」とか「臆病である」というような状態、正直に関していえば「自慢する」とか「卑下する」というような状態、思慮に関していえば「悪賢い」とか「愚直である」というような両極端の状態は、「中《メソン》の状態《ヘクシス》を欠如している」と把握することができるであろう。そして、アリストテレスによれば、欠如を所有することもまた、ひとつの所有態《ヘクシス》である（『形而上学』1019b）。

こうして、ヘクシス概念は、特定の感情や実践を誘発し推進する、知識やイデオロギーの状態を扱うことができる概念でもあることがわかる。

最後に、ヘクシスとは、言論活動 λέξις と実践活動 πρᾶξις を統合するような行動原則＝環境であり、「存在の逆説的な多数性」（ハンナ・アーレント『人間の条件』第5章）が現れる、空間の諸実践の法則である、と述べておこう。この意味で、ヘクシスは、「都市の美学《アーバニズム》」の原則でもある。

以上が、本書で分析の対象となっているヘクシスという言葉の意味範囲である。

## 本書の構成について

以上のような観点に立って、本書ではヘクシスの社会学的分析を試みる。最後に、本書の構成について触れておこう。

本編は、序章と終章をのぞいて、三部構成になっている。

第1部では、「都市の成立・発展と市民社会の成長」と題して、「都市と市民社会（あるいは個別の観点から市民権、市民資格と称することもできる）の関係」の歴史的変化を、古代、中世から近代、現代まで扱っている。都市は人間と相互作用の関係にあるひとつのヘクシス（状態）と把握できるが、一方、市民社会もまた、ひとつのイデオロギーの状態または身体の取り扱いの状態＝技法として、ヘクシスと把握できるものである。この両者の関係が歴史的にどう変化して今日に至っているのかを、第1部では分析している。

第2部では、二〇世紀を通じての社会変動をフォーディズム（フォード主義的な生産と消費の社会体制）の確立と危機と捉えながら、とりわけ空間（＝時間）、文化、環境の問題に焦点をあてている。一九一〇年前後と、一九六〇年代後半から七〇年代に生じた文化変容が、フォーディズムの危機以降、グローバリゼーションの時代にはいった八〇年代から二一世紀の今日に至るまで文化の状態を規定していることが分析される。もちろん、それは現在にまで続く情報技術革命の進展と新しい情報技術の日常生活への浸透を変化の強い触媒にしている。

第3部で分析されているのは、グローバリゼーション時代の都市や地域の変容と、市民社会や市民権の新しい性質の問題である。理論的にいえば、社会的分業のヘクシスと所有関係をめぐるヘクシスが、新しいヘクシスとしての正義の状態、すなわち新しい市民社会のかたちとして、模索されている。現実的にいえば、「都市と市民社会（あるいは市民権、市民資格）の関係」が、国境を越えるかたちで模索されている状況＝位置関係が分析されている。

巻末には、「グローバリゼーション、都市、市民権、地域社会の関係」を考えるのに必要なテキストが、参考資料として収録されている。本書の内容を理解する上で、また本書で述べられているテーマをさらに敷衍して都市や地域社会でいま起こっている現実を理解するのに、参考になればと思い、付録としてつけた。巻末資料の前半（翻訳）部分は、「都市とはなにか」「市民権とはなにか」について思考するための古典資料や第一次資料でもあるので、この部分だけじっくり味わいながら読んでいただいてもよいと思う。

## 注

（1）ヘクシスは、本書の鍵概念であるが、他方、物事の生成、変化、停滞、発展、完成を示す可能態《デュナミス》、現実活動態《エネルゲイア》、完全現実態《エンテレケイア》の語も、本書では重要な概念である。アリストテレスは『自然学』のなかで、健康をめぐって、ヘクシスと現実態《エネルゲイア》の関係についてつぎのように述べている。「健康は一つであるか、一般的にいえば、身体における諸状態や諸様態は…本質的に一つであるか、という難問…。だが、状態《ヘクシス》が一つであるとしても、おそらくひとは、現実態も一つである、とは考えないであろう」（二〇七－二〇八頁）。健康可能な状態は一つであるが、その現実態は多様性を帯びているのである。それは市民である状態《シティズンシップ》は単一であるが、その現実態＝実践形態は多様であるのと、同じである。また、「ある時間のあいだ同じ状態《ヘクシス》にあることは、静止していることである」（同、二六三頁）とも述べている。

（2）人間の魂の科学としてのヘクシス論は、魂をそれ自体で完全な精神的実体であると考える、近代の「心」「精神」の概念に潜んでいる内在主義的立場とあきらかに対立する。それは、いわば「心」に対する外在主義的立場の提示であり、エメサの司教ネメシウスの『人間の本性について（*De Natura Hominis*）』における、魂《プシューケー》と身体《ソーマ》についての考え方の呪縛からの解放を意味する。魂の活動は魂の内部で完結するのではなく、魂にたいして外的なものを巻き込んで成立しているからである。したがって、心理《プシューケー》・魂の探究は、心的な活動がかかわる対象の探究からはじまらなければならない。それは「空間の科学」の探究にほかならない。「ネメシウスの呪縛」に関しては、稲垣良典「アリストテレス『魂について』と中世哲学」（『西洋古典叢書・月報二六』京都大学学術出版会、二〇〇一年六月）、二頁を参照。心理・魂に対する科学を「空間の科学」としてはじめる方法論に関しては、アリストテレス『魂について』および『分析論後書』を参照。

# 第1部　都市の成立・発展と市民社会の成長

## ――古代都市の可能態から現代都市の現実活動態へ

# 第1章　古代都市の誕生と市民権の発展
## ——古典古代の問題構成（第一次都市革命）

いかなる共同体においても一定の正しさ《ディカイオン》が存在するが、そこにはまた一定の友愛《ピリア》が存在する
（アリストテレス『ニコマコス倫理学』岩波文庫、下巻、九〇頁）

生成においてより後のものは自然においてはより先である
（同『自然学』岩波書店、全集第三巻、三四〇頁）

われわれは質素とともに美を愛する。…そして同一の人間のうちに家事と公的課題との両方に対する配慮が備わっており、また各人は別々の仕事に従事していても、ポリスのことを十分に判断することができる…ペリクレス
（トゥキュディデス『歴史』京都大学学術出版会、第一巻、一八五頁）

アッティカの同盟は、民主政の——したがって、市民ツンフトの——産物であった。そしてこのことは、必然的に、完全に排他的な市民権政策に導かざるをえなかった
（マックス・ヴェーバー『都市の類型学』創文社、三三八－三三九頁）

徳とは…われわれの選択の基礎をなす（魂の）状態《ヘクシス》にほかならない
（アリストテレス『ニコマコス倫理学』同、上巻、七一頁）

## 1　都市の誕生と発展

### アーバニズムと都市革命

アーバニズム（urbanism）[1]の歴史は、よく知られているように、中東（あるいは西南アジア）にはじまる。最初の都市と最初の農業の体系は中東において生まれた。この主題に関する既存の知識をレヴューしたG・クラークは、かれ以前の研究者同様、新石器時代を西南アジアからはじめている。[2] 紀元前九〇〇〇年ごろには早くも、中東の肥沃な三日月地帯（Fertile Crescent）のあちこちで羊が飼いならされていた。

最初の〝農業に関する試み〟は、紀元前八三〇〇年から七三〇〇年のあいだにはじまっている。[3] そしてM・N・コーエンが指摘するところによれば、[4] 農業は、イラン、イラク、クルジスタン、シリア、パレスティナ、トルコ西部においてほとんど同時に発生している。だが、農業がこれらの地域に同時に生じたという事実は、これらの地域に住む人びとの多くがすでに定住生活であったことを意味するわけではない。中東の特定地域の半砂漠的な性格は、遊牧民の社会を持続させるのに好都合であった。そして、そのような遊牧民の社会は、農業社会や、

後にはひとつの都市化された生活様式（an urbanized way of life）へとみずからを切り替えた社会にたいして、商人や運搬人としての役割を演じることで、副収入の新しい源泉を発見していた。[5]

　ところで、古代文化の文脈においてアーバニズムを分析する際には、注意が必要である。というのも、古代においては、アーバニズムの一般化がきわめて困難だからである。そこには、過剰な単純化の危険性がつねに存在する。L・マンフォードが『歴史のなかの都市』（一九六一年）[6]において指摘しているように、都市を主要に特徴づけるものは、とりわけ伝統社会における都市を特徴づけるものは、都市の個性である。また、古代の都市を取り扱うためにわれわれは、およそ四〇〇〇年の期間をカヴァーしなければならないだろう。すなわち、紀元前三五〇〇年ごろから紀元後五〇〇年ごろまでの時期をカヴァーする必要があるのである。それ以前の町の規模はおよそ三から五ヘクタールであったが、この四〇〇〇年のあいだに文化と技術が非常に発達し、古代における中東の諸都市はその規模を急激に変えたからである。これは現実的な都市化（urbanization）のはじまりであり、文字通り「都市革命（the Urban Revolution）」であった。[7]これを第一次都市革命と呼ぼう。じっさい、最初のシュメール人の都市国家は、紀元前三〇〇〇年ごろからおよそ四〇ヘクタールの広がりをもって登場し、その規模は、紀元前二〇〇〇年までに一〇〇ヘクタールに拡大している。

　だが、紀元前一八〇〇年までに、バビロンの興隆がシュメール人の都市国家の文化にとってかわった。このバビロンの興隆とともに、われわれは新しい都市の時代を迎えることになる。というのは、バビロニアはもはやひとつの都市国家ではなく、一都市がみずからを首都として君臨させながら広大な地域の人びとを支配する、ひとつの帝国であったからである。それはひとつの「都市帝国（a city empire）」も同然であった。さらに、バビロンは、その新しい帝国の地位につりあった規模の領土をもっていた。よく知られた最盛期のハムラビ王の時代（前一七二八－一六八六）には、バビロンは、およそ四〇万平方キロメートル以上の広大な帝国領土を支配していた。バビロンは、古代における最初の巨大都市であったのである。

　ヘロドトスの記述によれば、バビロンの都市の規模は四万八千ヘクタール、すなわち一千万以上の人口を養うことができる一地域であった。[8]じっさいのところは、それほどではなかったにしても、その現実は十分に印象的なものであった。P・バイロックは、当時のバビロンはすでに二〇－三〇万人の人口をもっていたと推定している。[9]古代ローマ帝国の時代と、イスラーム王朝期のスペインをのぞけば、ヨーロッパのなかでたとえばパリが同規模の都市に達するのは、ようやく一七世紀になってからにすぎない。

　他方、L・オッペンハイムは、その高名な著書『古代メソポタミア』[10]のなかで、バビロンの住民がアッシリア王アッシュールバニパル（紀元前七世紀）に提出した嘆願書に言及している。かれは「バビロンの市にはいれば、たとえ犬といえども、自由であることが非常に強く主張されていた」と書いている。有名な地理学者ゴットマンは、この件に、「強力な王の擁立を喚起するには、大きなメトロポリスを必要とする。[11] しかし、大都市の商業・文化活動は、とくにそれが政治的首都であるばあいには、行動や情報の流布や旅行に関してある程度の自由を要求し、さらに自由に取引されるビジネスが尊重され、そのビジネスが独裁的なやり方で妨害されることがない保証を求める」[12]とコメントをつけている。

ドイツのよく知られた格言に、「都市の空気は人間を自由にする（„Stadtluft macht frei“）」というのがある。それは、ドイツの自由都市が皇帝の庇護を受けており、また法律も逃亡農奴が一年と一日のあいだ引き続いて都市の空気を吸ったのであればその農奴を自由にすることを認めていた時代のことを言っている。[13] これは、さきに述べたバビロンの時代よりもずっと後のことであるが、いずれの事実も都市というものの本質を表していて興味深い。

## ホメロス・ヘロドトス・ウェルギリウスのなかの都市

紀元前一三世紀後半、小アジアの一都市トロイアで決戦がおこなわれた。アカイア軍の総帥アガメムノンや勇将アキレウス、パトロクロスらの活躍によって、そして最後は「木馬の奸計」によって、トロイアは陥落する。プリアモス王は討たれ、トロイア側の勇士ヘクトルもアキレウスの手にかかり、都市トロイアの命運は尽きた。それは、小アジアの一都市に対するギリシアの諸都市の勝利を意味した。一方、トロイアの勇士アイネイアースはその後、難を逃れてイタリア半島に渡り、そこに都市ローマを建設したと伝えられている。ペネロペイアが息子のテレマコスとともに、イタケ島でトロイア戦争から帰還せぬオデュッセウスを不安げに待つのも、このころの話である。

紀元前九世紀になると、ギリシアに集住（συνοικισμός）を前提にした新しい都市の形態（city-state）が誕生する。われわれは、古典古代と言われる時代に深くはいっていくことになる。古典古代と言われる時代の著作家たちの書物のなかでは、都市はどのように描かれていたのだろうか。ここでは、ホメロス、ヘロドトス、ウェルギリウスを例にみてみよう。[14]

紀元前八世紀に、詩人ホメロスは、トロイア戦争に出陣するギリシア軍のなかのクレタ勢について説明しながら、つぎのように謳っている。

さて、クレーテー人らを引具にしたのは槍に名だたるイードメネウス、
この面々はクノーソスや、塁壁《とりで》をめぐらすゴルチュース、またリュクトス
さてはミーレートス、白亜に富めるリュカストスを保つ者ども、
また、パイストスやリュティオンなど、いずれも構えよろしき諸都市、
またその他にも、一〇〇の都市あるクレーテー島の一帯に住まう者ども、……[15]

紀元前五世紀になると、歴史家ヘロドトスが、コロポン人の奸計によって小アジアのスミュルナ人が自分たちの都市を追われることになった経緯について、つぎのように述べている。

内乱を起こして破れ、祖国を追われたコロポン人の一隊を、アイオリス人が受け入れてやったことがあった。ところが、その後、このコロポンの亡命者たちは、スミュルナの市民が城壁の外でデュオニュソスの祭りをおこなっているところを見すまして門を閉め、町を占領してしまったのである。アイオリス人は、全力をあげてその救援に駆けつけたが、結局協定が成立し、イオニア側は家財一切を引き渡す代わりに、アイオリス人はスミュルナを退去することになった。スミュルナ人が協定に従ったので、アイオリスの一一の都市は分担してかれらを収容し、それぞれの町で市民権を与えた……[16]

また、ヘロドトスが書いたと伝えられる「ホメロス伝」には、テセウスが命名したとされる同じスミュルナという港湾都市について、つぎのように書かれている。

……メレシゲネスは、学塾の教師におさまった。いまや一人立ちしたかれは、以前にも増して人びとの注目を浴びるようになり、土地の者ばかりか、他国からこの町を訪れる者たちもかれの讃仰者となった。それはスミュルナが商取引の中心で、近郷からここへ運ばれてくる膨大な量の穀物が、ここから他国へ出荷されるからである。他国の者たちは、仕事を終えると、メレシゲネスの家に坐り込み、余暇を送っていたのである。[17]

一方、紀元前後になると、ローマの詩人ウェルギリウスが『アイネイアース』のなかで、都市の建設と都市の活気について、つぎのように謳いあげている。

……（かつては小屋の集まりにすぎないものであったのに）、
都門の立派さ往来の、
にぎわい舗道の美事さに、アイネイアースは目をみはる。
なおもテュロスの人びとは、つとめにつとめる町づくり。
城壁つくる者もあり、城塁高める者もある。
手に手に巨石を転がして、押し上げるあり銘々に、
土地を相して家たてて、まわりを溝で囲う者。
法は布かれて公職の、制度は立って神聖の
元老院も市にはあり、港を掘ってつくる者、
劇場建てるいしずえを、高く置く者劇場の、
見事な舞台をつくるため、岩の壁より壮麗な、
柱を切ってだすもある。……
………
ものを眺めてこの都市の、盛んなさまに感じ入り、
互いに競う工人の、技量《わざ》と仕事の精巧を、
嘆じるときに見たものは……
………

勇猛果敢のアキレウス。……[18]

また、都市における市民の存在について、ウェルギリウスは、

　身体を動かしアマータは、幾多の都市の真ん中を、
　猛き市民のあいだ抜け、ひたすら狂って荒れまわる[19]

と謳っている。

　要するに、城壁、商業、市民、公職、技量《わざ》というのが、古典古代、すなわち古代ギリシア・ローマの都市に関して述べられていることである[20]。今日の都市について考える際に必要なほとんどの要素が、ここにはすでにそろっている。これらの知識を前提に、さらに、都市のなかの古代と近代をめぐる問題について考えてみよう。

## 都市のなかの古代と近代

　日本の都市や地域社会の研究者は、近代や近代を越えるものについて思考をめぐらせるとき、西欧近代の言説それ自体にしか関心をもたない。しかし、西欧近代の言説それ自体は、古典古代の事実や言説にむかいあって成立している。このことを理解しておくことが重要である。したがって、ひとつのヘクシスとして「都市と市民社会の関係」を考える際に、ここでは、古典的な古代に社会価値的に対立するものは近代であるとまずは押さえておこう。

　預言者ムハンマドを主人公に戯曲をつくろうと試みたゲーテ、また「わたしが為しえたるすべてのことは、これをコーランに由って果たせり」と謳ったペルシアの詩人ハーフィズに傾倒した、ドイツの偉大な詩人であり作家であるゲーテは[21]、エッカーマンとの対話のなかで、この古典的な古代と近代の対照についてつぎのように語っている。

　わたしは健全なものをクラシック、病的なものをロマンティックと呼びたい。そうすると、ニーベルンゲンもホメロスもクラシックということになる。なぜなら、二つとも健康で力強いからだ。近代のたいていのものがロマンティックであるというのは、それが新しいからではなく、弱々しく病弱で、虚弱だからだ。古代のものがクラシックであるのは、それが古いからではなく、力強く、新鮮で、明るく、健康だからだよ。このような性質をもとにして、古典的なものと浪漫的なものとを区別すれば、すぐその実相をあきらかにできるだろう[22]。

　このように、古典的な古代に近代を対照させるやり方は、じつはゲーテに限定されるものではない。ちょっと名前を思い出してみても、シェイクスピア、モンテスキュー、ルソー、A・スミス、マルクス、ニーチェがそうであるし、日本では和辻哲郎などが、同様のスタンスで著作を著している。顧みられることが少ないが、多くみられる時代的な対照、あるいは社会的価

値の対照である。

一方、都市のなかの古代と近代とは、すなわち古代都市と近代都市とは、これまでどのように比較・対照されてきたのだろうか。この点について、二〇世紀の都市研究に多大なる足跡を残したシカゴ学派の社会学者Ｒ・Ｅ・パークを例に、若干の考察をくわえておこう。

### Ｒ・Ｅ・パークの都市論とその問題点

パークは、古代都市は元来は城塞であり戦時中の避難所であったが、近代都市は基本的には交易の便をはかるものであり、都市の存在はその都市を中心に発生した市場に負っている、と述べている。「[近代都市における—引用者] 産業上の競争と分業は、人間の潜在能力を開発させるうえにもっとも力があったと思われるが、この競争と分業も、じつは市場の存在、貨幣の存在、そのほか交易促進のためのさまざまな便宜の存在という条件があってのことで、これらの条件によって初めて可能になったのである」[23]。パークのこの近代都市に対する古代都市の対照、あるいは古代都市に対する近代都市の対照については、すでに述べたように古代における都市を紀元前三五〇〇年から紀元後五〇〇年までの四〇〇〇年の期間で考えるとすると、いくつかの修正と確認が必要になってくる。ここでは、重要だと思われる、関連する二つの点についてだけみておこう。

第一に、パークの古代と近代における都市の対照について修正が必要になってくるのは、中東を起源とする古代の都市化や都市革命に関して本章の冒頭で述べたように、古代都市もまた遊牧民社会の商人や運搬人を媒介として、すなわち交易の便に与って成長し繁栄したということである。この点については、後藤明のつぎのような文章が参考になるだろう。

前三〇〇〇年紀[24]からの中東は、すでに商品経済の世界であった。金・銀に裏づけされ、個人の信用に媒介された商取引・商契約が、社会を成り立たせる基本であった。中東の山間部では自給自足のための粗放農業は存在し続けたものの、膨大な額の投資と多量の労働力を必要とする灌漑・集約農業は、「商品作物」を生産するために開発されていた。

前一〇〇〇年紀から活躍しはじめる遊牧民も、砂漠や荒野で孤立した生活を営む人びとなのではなくて、商品としての家畜を飼育して販売する商人でもあり、ラクダなど飼養している家畜を利用しての運送業者でもあった。都市民はむろん、その全員がなにがしかの商取引に従事していた[25]。

また、「ホメロス伝」のなかのスミュルナの話は、交易による都市の繁栄を裏書している。

第二に、パークはとくに言及していないが、歴史家ヘロドトスが述べ、詩人ウェルギリウスが謳っているように、古典古代の都市の城壁のなかには市民の存在があったということも忘れてはならないだろう。「都市というのは、本質的に共通の政治的、宗教的、社会的伝統を共有している〈市民の共同体〉の謂であった」と、ギリシア時代のポリスに関して E・J・オーウェンズは述べている。[26] 古典古代における都市の市民身分は、ヨーロッパの中世都市同様に、ひとつの特権であった。だが、近代市民社会は、この特権を自然権に読み替えることで成立し、それは人びとを封建的な身分秩序から解放したのである。均等＝平等の身分属性は、全社会構成員に拡大された。人類史のこのような文脈を、われわれは等閑視するわけにはいかない。

他方、イスラーム研究者は、「メッカやバグダッドにかぎらず、イスラーム世界のどの都市にも、〈市民〉はいなかった。〈市民〉という特定の人びとだけに特権を与えることをせずに、だれでもがそこに住めて、そこで商売ができる空間が、イスラーム世界の都市なのである」[27]と述べている。ところで、このように述べるイスラーム研究者が、都市を論じる際に念頭に置いているのは、他でもない M・ヴェーバー『都市の類型学』における「語の完全な意味における都市共同体（Stadtgemeinde）」に関する議論であろう。

ヴェーバーによれば、「都市共同体」とは「大量現象としては、西欧にのみ知られていたもの」であり、「ヨーロッパ以外では、東洋のうちで近東アジアの一部（シリアとフェニキア、おそらくはメソポタミアにも）に知られていたのみであり、しかも、これらの地方では、ただある時期だけにかぎられ、しかもただ萌芽のかたちで知られていたにすぎない」[28]ものであった。さらに、ヴェーバーによれば、都市共同体は、防御施設、市場、自己の裁判所と法、団体としての性格、自律性と自首性（すなわち、市民自身が任命に参与する行政）の、五つの要素を兼ね備えていなければならないものであった。[29] 西洋中世の都市でこの基準を満たすものは、アルプス以北のかぎられた都市にすぎない。一八世紀の西洋都市になると、該当するものはさらに少なくなる。しかし、ヴェーバーにとっては、このようなアルプス以北の特権的な市民身分をもつ都市共同体こそが、都市の絶対的なモデルであった。イスラームの研究者たちがかれらのいうアーバニズムの研究において反駁しようとしているのは、このような都市観なのである。[30]

## 2　古代都市における市民権の誕生と確立

### 前史

人類史のあらゆる時代において、都市における革命は市民団の再構成を求める革命であり、その要求であった。歴史の古い時代には、たしかに、われわれが今日いう意味での市民や市民団は存在しなかった。すでに述べたように、人類史上、最初に都市文明を開化させたのは西アジアのメソポタミア文明の最初の担い手であるシュメール人であり、そのウルク期（紀元前三五〇〇－三一〇〇年）の都市国家においてである。ウルクの遺跡からは現在、絵文字的な古拙文書が出土しており、また王を示す称号エンを記す文書も出土している。要するに、そこではすでに王権が成立していたのであり、壮大な神殿の跡も確認

されている。(31)

ウルク期に成立したそれぞれの都市国家は、初期王朝時代（前二九〇〇―二三五〇年）に覇権や領土問題で激しく争うようになり、初期王朝時代の末期からアッカド王朝時代（前二三五〇―二一〇〇年）にかけてそれら都市国家の統合としての領域国家が成立する。さらには、その領域国家を核として周辺異民族をも組み入れた統一国家が、ウル第三王朝時代（前二一〇〇―二〇〇四年）に確立した。周知のように、このウル第三王朝時代の首都はウルであり、ウルの都市神は月の神ナンナであった。

ところで、少し論点を先取りしていうと、ここで興味を惹かれるのはウルに復元されたジッグラト呼ばれる聖塔は、リドリー・スコットの人気を博した映画『ブレードランナー』のなかにでてくる、西暦二〇二〇年の未来都市にある超巨大企業タイレル社の、七〇〇階の威容を誇るピラミッド型の本社ビルによく似ていることである。ポストモダン期の都市にある権力のありようは、前三〇〇〇年期の都市における権力の存在と似通ってくるのだろうか。一方で、都市国家から領域国家へ、という変化は、共和政ローマからローマ帝国への変化、都市コムーネからイタリア王国への変化、都市ゲマインデからドイツ帝国への変化と続き、後の時代に繰り返されることになる人類史上の経験である。この点にも、注目しておきたい。

さて、シュメールの都市は、ティグリス・ユーフラテス両川の下流域に立地している。主要な都市の分布としては、最南部のペルシア湾に面してエリドゥとウルがあり、その北にウルクとラサ、ついでラガシュ、ウンマ、アダブが並ぶ。また、それと並行するようにシュルッパクやイシンが散在しており、これらの都市はニップルに至るいくつかの運河で結ばれていたと現在では考えられている。ニップルはシュメールの最北部であり、アッカド地方との境になっている。ウルを首都とする第三王朝時代は、「シュメール人のルネサンス」といわれることがあり、この王朝の下でシュメールの文学や文化は集大成された。また、この時代は統一国家の確立期であり、統一国家の王権にふさわしいイデオロギーと制度、すなわち王の神格化、王讃歌、法典、王＝牧人観、王名表などが整えられた。

とりわけ、王讃歌は、王の偉大さを褒め称えるものであったが、内容的には平安と豊饒、社会の公正と正義を希求するものであった。他方、ウル第三王朝初代のウルナンム（在位二一一二―二〇九五）は、メソポタミアにおいて最初に法典を編纂し、ウルナンム法典の前文には「悪行と暴虐と悲嘆をのぞき、正義を国土に確立した」と書かれていた。その法典は、「社会正義の擁護者」としての王の権能を表現したものであった。(32)ウル第三王朝の直前には、王個人ではなく抽象的な「王」なる権力・権能に誓うという誓約の用例がすでに現れていたが、それが第三王朝時代に、裁判文書や契約文書において定型化した。このことから、当時王の職務は、人間社会における正義や公正の監視であったと理解できるだろう。

本書の主題にかかわる人類史の経過として重要なのは、ウル第三王朝時代に銀の流通が拡大したように、シュメールの都市国家体制においては、都市市民の自立を可能にする経済の拡大・斉一化が次第に顕著になり、権力基盤である孤立的な家産体制が変容を迫られたことである。これによって、バビロニア時代に至る神殿や都市の自立への発展の道が用意された。また、旧来の孤立的家産体制から、社会階層の分解を前提として、それらの階層を組み込んだ身分制的な国家に編成しなおすことが、古代バビロニア時代以降の王権の課題になった[33]。

### シュメール都市国家における差別と自由の観念

ここで、市民権確立前史のひとつのポイントとして、シュメール時代の差別と自由に関する考え方についてみておこう。

まず、シュメールの都市国家における「差別の観念」は、現代的な人種・民族的差別あるいは異教徒に対する宗教的差別とはちがい、「中華・外夷の考え方」に依拠するものであった。また、シュメール人が抱く別の差別の基準として「ケガレの観念」があった。ラガシュという都市の支配者であったグアデは、神殿を建てるときに不浄者、すなわち「ケガレている者」を、都市の外に追い出している。シュメールの都市国家においては、奴隷は、周辺の異民族的な側面とケガレを有する者の両面をもつものとして意識されていた。「奴隷とケガレとの関係」に焦点を絞って言えば、いわゆる債務奴隷がその罪を消す行為を「清める」と表現していた。つまり、債務奴隷は「ケガレた存在」であって、その罪を清めなければならなかったのである。一方、戦争によって捕虜となった奴隷も、商人によって買われてきた購入奴隷も、「ケガレた存在」とみなされていた。

つぎに、市民権にとって重要な「自由という観念」についてみてみよう。シュメールの都市国家における自由の意味は、自由人と奴隷という社会の二区分を前提にして、「債務奴隷」や「犯罪奴隷」から「自由身分に戻す」ことが第一義的であった。より正確にいうと、(一)奴隷制ないし奴隷の境遇からの自由、(二)債務からの自由、この二つが、シュメール都市国家における基本的な自由の観念であった。別の言い方をすれば、古代ギリシアにみられた「僭主政からの自由」、「異民族支配からの自由」という観念は、シュメールの都市ではまだ十分にはみられなかったのである。

ここで注意したいことは、シュメール語における「自由」はつねに動詞として「自由にする」のかたちで使用され、形容詞ないしは名詞として「自由身分」という状態や階層を示すことがないという点である。したがって、シュメールの都市国家において「奴隷制ないし奴隷の境遇からの自由」は、その語の正確な意味においては問題にすることができない。また、「異民族支配からの自由」に関して言えば、シュメールの中華・外夷観念の枠組みのなかで発想されたウル第三王朝の創始者ウルナンムの言葉に、その用例を見つけることはできる。かれは、「アンシャンのもと［エラムの支配下］で奴隷状態にあったウンマ、スビル、カザルとその周辺地域そしてウルザムに、我が主ナンナ神の力によってその自由を回復せしめた」と述べている[34]。いずれにせよ、シュメールの都市国家では、あくまでも奴隷と自由人の対比と中華・外夷の枠組みのなかで「自由」が捉えられており、本書で問題にしているような市民的な権利としての自由や平等（と、その裏返しとしての社会的排除の問題）は明確に捉えられてはいなかった。言葉を換えれば、自由を担い、その特権や権利を主張する一定の社会階層が存在しなかったことが、シュメールの社会あるいはシュメールの都市国家の特徴であった。

### 社会階層の分化と「自由人」の誕生——転換期の様相

前三〇〇〇年紀から前二〇〇〇年紀にはいると、前半はイシン・ラルサ時代と古バビロニア時代である。イシン・ラルサ時代は古バビロニア前期ともいわれるが、この前二〇〇〇年紀前半において人類史上重要な出来事は、ハンムラピによる統一（紀元前一七六〇年）であろう。バビロン第一王朝は、バビロニアとアッシリアの両地方を統合し、かれらの世界はシリアにまで拡大した。バビロンの都市神マルドゥクが神々の主座に高められ、バビロンは「世界の中心」としての地位を得た。われわれにとって重要なことは、この時代以降、後のポリス時代の市民権の発達に結びつくような社会階層の発展やそれをめぐる言葉の使用が見られることである。すなわち、古バビロニア時代以降、奴隷に対する自由人一般ではなく、特定の社会階層を示す用語としての「自由人」が現れる。「自由人」、それは、古バビロニア時代以降の社会階層の分化に対応した用語法として誕生したのである。

前二〇〇〇年紀後半、前一四世紀はアマルナ時代と呼ばれる。エジプト、ヒッタイト、アッシリア、バビロニアの、オリエントに栄えた五大強国が華やかに覇権を競った時代である。また、エラムは、前一三－一二世紀に古典期と呼ばれる絶頂期にはいった。他方、この時期に、前三〇〇〇年紀に競合から統一へとむかったシュメールの諸都市は、その政治的、経済的な基盤を失い、荒廃に帰した。そして、古代の都市文明は、前二〇〇〇年紀末期には暗黒・激動の時代へとはいっていく。エジプト、ヒッタイト、アッシリア、バビロニアなどの有力国家が競合する体制は、前一二世紀ごろからの「海の民」の移動によって崩れ去り、都市文明の中心はメソポタミアから地中海沿岸へと移動した。前一〇〇〇年紀になると、アケメネス朝ペルシアが全オリエントを統一し、名実ともに西アジア全体がひとつの世界になっていく。しかし、そのときにはすでに、都市文明の中心はエーゲ海からギリシアへ、そしてローマへと移っていった。そして、紛れもなくこの前二〇〇〇年紀末期から前一〇〇〇年紀にかけてが、都市文明における市民権の最初の誕生と確立の時期であった。

カンビセス二世がエジプトを征服してアケメネス朝ペルシアがオリエントを統一し（前五二五年）、北アフリカから中近東を含むアジア全体がひとつの世界になったころ、ギリシア世界では、前古典期の世界が終わりを迎えつつあった。市民権概念の母体となる都市国家＝ポリス（πόλις）は、前八世紀前半に誕生するが、それは植民活動（前八世紀半ば）、ドラコンの立法（前六二四－六二三年）、ソロンの改革（同五九四－五九三年）、ペイシストラトスの僭主政の成立（同五六一－五六〇年）、クレイステネスの改革（同五〇八－五〇七年）をへて、ひとつの転期を迎えつつあった。

ちなみに、ポリス以前のギリシア、とくにアッティカ地方には、前一二世紀から前一一世紀にかけて、他のミュケナイ諸王国から多数の難民が流入していた。難民の増加は、小アジア西岸のイオニア地方への植民を余儀なくさせた。それが、前一〇世紀ごろのイオニアへの植民活動である。歴史家トゥキュディデスは、このイオニア植民の直前の時期に関して、もっとも有力な難民たちが市民となって、古来から人口を増加させ、ポリスを強大にしたと述べている。だがここでトゥキュディデスが使用している「市民《ポリタイ》」とか「ポリス」という表現は、われわれが本書で問題にしている市民権の概念とはまだ関係がないものであった。[35]ミュケナイ時代（前一六〇〇年ごろ－前一二〇〇年ごろ）にも、その後の暗黒時代（前一二〇〇年ごろ－前八世紀前半）にも、今日われわれがいう意味での「市民共同体」「市民団」としてのポリスは、依然として形成されていなかった。

## 3　古代ギリシアにおける市民権の誕生と確立

### 前古典期の都市と市民権

前八世紀の後半に成立したといわれるホメロスの二大叙事詩『イリアス』『オデュッセイア』は、まだポリスの世界ではなかったが、前七世紀前半に成立したヘシオドスの『仕事と日々』に描かれる世界は、すでにポリスの世界であった。

ヘシオドスは、中部ギリシアのボイオティア地方のアスクラという村の、中位の土地所有農民であったと考えられている。かれの村がどのポリスに含まれていたかはあきらかではないが、かれはたった一人の不正のゆえにゼウスがポリス全体に禍をもたらすと詠っており、また、裁判を己の手に握り「賄賂を啖う貴族たち」の邪悪を激しく非難している。[36]一方、ヘシオドスの父は、キュメーからボイオティアに移住し、海上商業によっていくらかの財産を取得した後、ヘリコン山麓に土地を所有し農民として定住している。この時期のポリスでは、私法的な移動の自由、とりわけ土地法的な移動の自由が認められた状態にあった。この状態を、後の民主政期の「ツンフト的な」市民権政策ならびに土地改革と比較してみると、前古典期、古典期を通じて人間＝市民と土地に対する束縛がいかに増加したかがよくわかる。[37]

### ソロンの改革

前六世紀前半のソロンの改革は、市民のあいだや、市民と非市民のあいだに境界を確立するのに、重要な役割を果たした。ソロンは、改革の柱として、第一に、アテナイ市民を財産額に応じて四つの等級に分類する財産級制度を導入し、政治への参加の度合いを財産級ごとに定める一方（これは、明治期から敗戦までの日本の政治制度に、発想が似ている）、第二に、身体を抵当にいれることを禁じて、市民が奴隷に転落することを防止している。この第二の改革によって、市民と奴隷とのあいだには明確な境界が設定され、市民が債務奴隷に転落することはなくなり、アテナイでは、奴隷はすべて外から導入されることになった。アテナイへの移住者に関しては、ソロンは、市民権に与る者に制限を設けた。かれは市民権の賦与を条件に、技術をもつ者、すなわち職人をアテナイに誘致したのである。農業だけではアテナイの経済は成り立ってゆかないと判断し、交易と手工業を発展させようともくろんだソロンは、国外から職人を誘致して、この者をアテナイ市民とし、都市国家内での技術の振興を図った。[38]

ところで、前古典期のギリシア世界においてポリスの市民と非市民＝外国人の区別を明確にする政策は、ペイシストラトス一族の僭主政が倒壊した前六世紀末にも実施されている。前五一一－五一〇年の「市民表の修正」がそれである。僭主政が倒壊した後に修正されたと見られる「市民表」からはずされたのは、ペイシストラトスの支持者であり、「生まれが純粋でない」にもかかわらず市民として生活していた者たちであった。伝アリストテレス『アテナイ人の国制』第一三章五の記述は、そのことを裏書している。「生まれが純粋でない」にもかかわらず市民権を享受していた者とは、ソロンが誘致した職人とその子孫たち、また、ペイシストラトスが政権奪取のために用いた傭兵たちであると考えられる。[39] さらに、アテナイ民主政を制度として定めたと評価される、前六世紀末のクレイステネスの改革は、市民と非市民とのあいだにより明確な境界を設定することになる。

## クレイステネスの市民権改革

クレイステネスはなにをしたのか。かれは、従来から存在した村落をポリスの基本的な行政単位とし、それにデーモス（δῆμος）という名称を与えた。この改革によって、すべてのポリスの市民は居住するデーモス（今日でいう「行政区」）に登録されることになった。デーモスの登録簿に記載されることで、初めて公的に正規の市民としての権利を享受できるようになったのである。これ以後、この所属デーモスは、居住地が変わっても変更されることはなかった。一方、改革後に成年（一八歳）に達して市民となった者は、居住するデーモスとは関係なく、父祖が改革時に所属したデーモスに登録されることになった。以後、アテナイの市民たちは、名乗るときに所属デーモスのみをつけ、父の名をつけないように奨励されたといわれる。『アテナイ人の国制』第二一章四にあるように、それは「父の名によって新市民を判別することなく、所属のデーモスによって呼ぶようにするため」であった。桜井万里子は、この『アテナイ人の国制』第二一章四の記述やアリストテレス『政治学』における他の記述を根拠に、クレイステネスの改革時に、それほど多人数ではないにしても、市民権を賦与され新たに市民になった人びとがおり、そのなかにはかつて奴隷であった者が含まれていたと推測している。[40]

### スパルタにおける市民権

　前古典期におけるスパルタでは、市民権をめぐる事情がいくらかちがっていた。スパルタ人は、ラケダイモンという国《ポリス》のなかの少数の市民たちであったが、その下にはかれらより多数の、自由人ではあるが参政権のないペリオイコイ（＝周辺住民）がおり、さらに下にはヘイロタイ（またはヘロット）と呼ばれた農奴的な農民がいた。前八世紀末にはじまったリュクルゴスの改革によって、スパルタには元老院が設けられ、民会の制度が規定されたと伝えられている。ペリオイコイまでを含むラケダイモンという国の内部では、スパルタ人は少数の貴族であったが、正規の市民あるいは完全な市民であるかれらのあいだには名門、大衆というような区別はあきらかではなく、市民はすべてヘイロタイの数家族が耕す世襲地の所有者であった。

　市民の所有する土地はヘイロタイが耕したので、スパルタ市民は農業労働から解放されて軍事に専念することが可能であった。市民のあいだには貧富の差はあったが、かれらは政治的平等を実現し、たがいにホモイオイ（ὅμοιοι ＝同等者）と認めあってポリスの運営にあたった。リュクルゴス体制下のスパルタでは、市民のあいだの秩序の維持を図るために、金銀の貨幣を廃止して鉄の貨幣のみを使用した。また、外国から魅力的な物資がはいってきて経済を刺激し貧富の差を拡大しないように、鎖国政策が採られた。市民たちをなるべく均等な世襲地の所有者にしておくために、世襲地の分割相続を認めず、立派に育ちそうにない嬰児を山中に捨てたり、兄弟が妻を共有して一世帯で暮らすようなこともおこなわれたようである。[41]

　前古典期から古典期にかけてのスパルタほどに、市民のあいだに平等な生活がおこなわれた社会は、人類史上に類例を見つけ出すことが難しいといわれる。スパルタの市民団のあいだでは、平等化の実現で、僭主の出現を防止することも可能であった。一方、その背景には「正規の市民」である少数のスパルタ人――「自由人」であるペリオイコイ――「隷属身分」であるヘイロタイという三層の社会があり、また、義務教育や軍事教練に市民をつかせるなかで徹底的に家族生活を無視したのも、スパルタ社会の特徴であった。そこには、古代の都市国家における市民共同体や市民団がもっていた封鎖性、私人の国家への没入という性格が、極度に貫徹されていたと言えるだろう。[42] スパルタにおけるホモイオイとしての同一的市民像は、外国人の長期滞在の拒否、異分子や不満分子の排除の上に成り立っていたのである。

### 市民社会の境界と社会的排除のシステム

　スパルタは、アテナイの僭主政の打倒に貢献しているが（前五一〇年）、すでに述べたように僭主政倒壊以後の「市民表の修正」においては「生まれが純粋でない市民」がはずされる一方、クレイステネスの改革時には、新たにアテナイの市民になった者がいたと推測されている。すなわち、前古典期の末にはすでに「市民共同体」や「市民団」を構成する際に、それらの社会的な境界において人間を市民として選別する過程（the exclusion process of non-citizens and the inclusion process of a citizen）が出現していたのである。問題になっているのは、スタティックな身分的秩序の構成ではなく、歴史的に市民社会を維持するのに必要となっている、ダイナミックな社会的な排除と包含のプロセスである。[43] 古典期のアテナイにはいると、このプロセスはひとつの画期を迎える。前四五一年に、ペリクレスの提案による「市民権法」が成立するのである。

## 古典期ギリシアの都市と市民権

### ペリクレスの市民権法による社会的排除原理の確立

アテナイではソロンの改革以来、市民と奴隷とのあいだの障壁《ゲート》がますます強固なものになる一方、メトイコイ（と呼ばれた在留外国人や移住者）[44]と解放奴隷のあいだの距離は、相対的に近かった。ペリクレスの「市民権法」は、この市民と非市民（メイトイコイ、解放奴隷、奴隷）のあいだに、高く隙間のない壁を築いた。アテナイ市民を、両親がともにアテナイ市民身分の者にかぎると定めたのである。ここにおいて、ポリスの市民社会は、都市の物理的な城壁と社会的かつ精神的な城壁とを同時に備えるようになった。「市民権法」以前にも、アテナイ市民の父親はアテナイ市民でなければならなかったが、母親は外国人であるばあいが、とくに有力者のなかには少なくなかった。たとえば、クレイステネスの母親はシュキオンの僭主の娘であり、キモンの母親はトラキア王オロロスの娘であった。[45] いずれにせよ、ペリクレスの「市民権法」の成立で、「市民共同体」へと至る城壁は高く厚いものになり、異分子がはいりこむことは困難になった。さきに引用した『アテナイ人の国制』には、つぎのように書かれている。「市民権に与り得るのは、両親とも市民から生まれた者で、一八歳に達すると区民《デーモス》のあいだに登録される」[46]。アテナイでは、市民でなければ一直線に奴隷への道が待っていた。

### 市民社会原理による性役割分業の確立

他方、ペリクレスの「市民権法」は、アテナイの女性の暮らし方にも変化をもたらした。アテナイに居住する女性には、市民の母、妻、娘のほかに外国人の女性、女の奴隷がいたが、「市民権法」の制定以後、「市民」を産める女は市民身分の女、すなわち市民の娘に限定されたからである。市民身分の女性とそうでない女性とは厳しく区別され、市民身分の女性は市民を産める存在として大事に保護されるようになる一方、できるだけ他人の目に晒されることのないように外出を避け、自宅でも市民身分の男以外の男性訪問客の前には姿を見せないように心がけることが、ますます良家の子女に相応しいたしなみとされるようになった。古典期アテナイの女性は、「市民」を産む存在であるからポリスの祭儀には参加し市民共同体の構成員であるという自覚はもたせられたものの、一般的には、結婚して子供を産むという生き方以外は想定されていなかった。市民身分の女性が活動する場は、もっぱら家《オイコス》のなか、あるいは親しい親類や友人の家、すなわち公共の領域と切り離された私的領域であった。公共の舞台で「真実を語ることは自由な男に属している（ἐλευθέρου ἐστιν ἀνδρὸς ἀλήθειαν λέγειν）」ものであった。また、「男たちがポリスなのであって、男たちを欠いた城壁と船はポリスではない（ἄνδρες γὰρ πόλις, καὶ οὐ τείχη οὐδὲ νῆες ἀνδρῶν κεναί）」のであった。

ここにはすでに、「支配的な市民《マスター・シティズン》」「第一級の市民《ファーストクラス・シティズン》」から格下げされた「第二級の市民《セカンドクラス・シティズン》」の地位身分《ステイタス》の問題が立ち現れている。市民社会の境界において人間を市民として選別する過程は、その境界の内側において、たとえば男性市民と女性市民を「支配的な市民」「第一級の市民」と「第二級の市民」に等級づけ、境界線上で市民団を構成する者と在留外国人・奴隷などを「市民」と「非市民」に区別するという、二重の循環的上昇《スパイラル》の過程となった。そしてこの過程は、その総体《アンサンブル》としては、スパルタにおいてもアテナイにおいても、地理的に限定された範域においての法、経済、社会、文化、政治に関する合理化＝呪術からの解放（M・ヴェーバー）の過程の表現としての、社会―空間的な諸実践（socio-spatial practices）であった。換言すれば、この過程は個人を市民社会の有資格のメンバーと定義し、その結果として個人や社会集団への資源の流れをかたちづくる、空間の占有と支配をめぐる社会《ゲゼルシャフトリッヒ》的な諸実践の過程であった(47)。そして、「時間によってすべてのものが分けられる（χρόνῳ τὰ πάντα κρίνεται）」のが真実であれば、この空間の諸実践の過程は、城壁《ゲート》によって閉ざされ境界によって区別された人びとのあいだに異なった生活時間を分け与えることになったであろう。

## 古典期アテナイの都市生活と社会変動

哲学者アラスデア・マッキンタイアは、古典期アテナイの都市生活に関して、それをホメロスの時代と区別してつぎのように述べている。

> ……アテナイが称賛されるのは、この都市がすぐれてそうあるべき人間生活を提示しているがゆえである。しかしながら、まさにこれらの称賛行為において、アテナイの特殊性はホメロスの特殊性から区別されるのである。ホメロス的人間にとっては、かれ自身の共同体の構造に具体化された、訴えがむけられる基準の外部には、なにも基準が存在し得ない。……その都市は保護者・親・教師である。たとえその都市から学んだものが、そこでの生活のあれこれの特質を疑問視することに導くとしても。こうして、善い市民であることと善い人間であることとの関係についての問いが中心となり、人間に――ギリシア人だけでなく異邦人にも――可能な実践の多様性についての知識は、その問いを問うにあたって、事実的背景を供給したのである(48)。

古典期のアテナイでは、前五世紀から前四世紀にかけて、重要な変化が生じている。J・ボルドゥは、前五世紀から前四世紀にかけてポリテイア（πολιτεία：市民権、市民の資格、市民の身体）の性格づけが変化し、ノモイ（νόμοι：慣習、法律）の位置が前四世紀の節度ある作家の作品においてはより重要になっていると述べている。(49) ちなみに、ドラコン、ソロンの法は、いまだノモイとは呼ばれず、テスモイとかテスミと呼ばれていた。ト・コイノン（*τὸ κοινόν*：すべての者に共通であり、政治的領域それ自体よりも包含的でまとまった領域）は、より善きポリテイアを創り出すことに関心をもつすべての立法家にとって介入の主眼であった。アリストテレスの作品は、この主題に関する思考の到達点である。アリストテレスは、諸社会集団の地位と都市内でのそれらに相応しい諸活動を理論化し、それらを都市の目標としての「善く生きる共同体《ヘー・トゥ・エウ・ゼーン・コイノーニア》」の主要因のひとつにしている。かれによれば、

*αἱ δὲ κοινωνίαι πᾶσαι μορίοις ἐοίκασι τῆς πολιτικῆς συμπορεύονται γὰρ ἐπί τινι συμφέροντι, καὶ πορίζόμενοί τι τῶν εἰς τὸν βίον· καὶ ἡ πολιτικὴ δὲ κοινωνία τοῦ συμφέροντος χάριν δοκεῖ καὶ ἐξ ἀρχῆς συνελθεῖν καὶ διαμένειν τούτου γὰρ καὶ οἱ νομοθέται στοχάζονται, καὶ δίκαιόν φασιν εἶναι τὸ κοινῇ συμφέρον.*

すべての種類の共同体はポリス的共同体の一部をなすもののようである。すなわち、人びとはなにか効用があるかぎりで歩みを共にし、生活の役に立つ何物かを互いに与え合う。ポリス共同体が最初に生まれたときにも、それは効用のためであったし、また、引き続き存続しているのも効用のためであると考えられている。立法家が目標としているのもこれであり、世間一般においても「公共のためになること」が正しさ《ディカイオン》であると言われているのである(50)

また、アリストテレスは、社会的な紐帯である〝友愛《ピイリア》〟がとりわけ都市の統一性を維持するのであり、多様な集合的活動は友愛の働きを示している、と述べている。それらの多様な集合的活動は共同生活を可能にするものであり、アリストテレスにとっては、都市の目標である「善く生きる共同体」へと至る様式なのである。

*φιλίαν τε γὰρ οἰόμεθα μέγιστον εἶναι τῶν ἀγαθῶν ταῖς πόλεσιν..., καὶ τὸ μίαν εἶναι τὴν πόλιν ἐπαινεῖ μάλιστθ ὁ Σωκράτης, ὃ καὶ δοκεῖ κἀκεινος εἶναί φησι τῆς φιλίας ἔργον,...*

……われわれは友愛をポリス対する善のうちで最大のものだと思っている……し、また、ソクラテスはポリスがひとつであることを口を極めて讃えているが、これは友愛の結果であると思われる……(51)

*διὸ κηδεῖαί τ᾽ ἐγένοντο κατὰ τὰς πόλεις καὶ φρατρίαι καὶ θυσίαι καὶ διαγωγαὶ τοῦ συζῆν. τὸ δὲ τοιοῦτον φιλίας ἔργον, ἡ γὰρ τοῦ συζῆν προαίρεσις φιλία· τέλος μὲν οὖν πόλεως τὸ εὖ ζῆν, ταῦτα δὲ τοῦ τέλους χάριν.*

……ポリスのうちに親類団体や胞族団体や祭祀団体や社交団体が生じた……。そして、かようなものは友愛の働きによって作りだされたものである。というのは、共に生きることを選択するのは友愛であるから。だから、ポリスの目的は善く生きることであるが、以上の団体はこの目的のためにあるのである(52)

## 争われる正義と都市の社会環境

マッキンタイアは、前五世紀の後半までに「確立された秩序が要求することをなすことは、ディカイオシュネー（正義）であるのかないのか」と問うことが可能になり、また「ディケー（正しさ）に従って行動すること、すなわち〈ディカイオスである〉とは何なのか」について、根源的に意見を異にすることが可能になったと述べている。かれによれば、前五世紀から前四世紀にかけて「道徳上の不一致」、すなわち友愛、勇気、節制、知恵、正義などの一揃いの徳が何でありなぜそれらが徳とみなされているのかについての広範な不一致が生じたのであり、後に「正義（justitia, justice）」と翻訳されることになったディカイオシュネー（δικαιοσύνη）の本性が、そのような不一致の主題になったのである。

他方、ソフィストたち、プラトン、アリストテレス、悲劇作家たち（なかでもソポクレス）は、徳に関してちがった見解をもっていたにもかかわらず、つぎの一点においては共通であったことも強調しておく必要があるだろう。すなわち、かれらは皆、諸徳がそのなかで行使され得る環境、また諸徳がそれに言及し

古代ギリシア　エフェソス

て定義されうる環境が〝ポリス（都市）〟であることを、当然のこととみなしていたのである。本書では、この社会環境をヘクシスと呼び、それが空間の実践であることを強調している。アテナイ人に共通の想定は、徳が位置づけられるのはポリスの社会的文脈の内部においてである、ということであった。古典期のギリシア、とくにアテナイでは、〈善き人であること〉は〈善き市民であること〉と密接に結びつけられていたのである。古典ギリシア語のディカイオシュネー（正義）は、ホメロスのなかに現れるディケー（δίκη）とディカイオス（δίκαιος）を先祖とする言葉であるが、(53) しかしホメロスの時代にそれらの言葉は、まだディカイオシュネーと同等の意味をもってはいなかった。

ホメロスにおいてディカイオスである（正しくある）とは、「ゼウスが統治している秩序を踏み越えないこと」である。ディカイオスな人がもつ徳とは、承認された秩序が要求することを為すことであった。M・I・フィンリーが述べているように、ホメロスが描く世界では、社会の基本的諸価値は所与の前提としてあらかじめ決定されており、社会のなかの個人の地位も、その地位の結果として生じる特権や義務も、初めから決定されていたのである。(54) この所与の前提である基本的諸価値が前五世紀から前四世紀にかけて崩れてきたのであり、それは古典期アテナイにおいてであり、市民権賦与の対象がより限定された時期のことであった。ペリクレスの「市民権法」以降、他のポリスへのアテナイ市民権の賦与も、特別の理由がある人のばあいに六千人以上の民会で多数決で決めるということになった。

アテナイにおけるポリスの法的な完成は、市民権の封鎖化を進める一方で、ディカイオシュネーをめぐる論争をともなった、市民としての人間の選別（＝排除と包含の）過程の成立を意味したのである。しかし、この市民権の誕生と確立の都市時代は、前三三八年のカイロネイアの戦いでマケドニアがギリシアの制覇を成し遂げ、ひとつの幕を閉じることになる。(55)

## 4　古代ローマにおける市民権の再構成と拡大

### 財産にもとづく市民権の導入と王政

前三三八年にラテン人とラティウム地方に覇権を確立するまでの古代ローマは、シュメール時代やギリシア時代と同様、都市国家の時代であった。前古典期ギリシアの末期である前六世紀末、すなわちアテナイで僭主政が倒壊したころ、ローマはエトルリア人の王を追放して王政を廃止し、共和政の時代に移行した。周知のように、英語のピープル（people）という語は、もとはラテン語のポプルス（populus）である。この言葉は、もともと「戦士の共同体」を意味し、ポプラーレ（populare）というラテン語の動詞（不定形）は「荒らす、破壊する、略奪する、滅ぼす」を意味した。今日「共和国」と訳されるリパブリック（republic）のもとは、ラテン語のレース・プーブリカ（res-publica）で、それは「戦士団《ポプルス》、市民団のもの」の意味であった。(56)

古代ローマにおいて、市民社会の形成にむかう最初の大きなステップとなったのは、王政後期の前六世紀半ばごろに第六代の王セルウィウス・トゥルリウスが導入したと伝えられる、クラッシス・ケントゥリア制である。この制度は、古代ローマの急速な都市化と人口増加に対応するために、市民を財産に応じて等級（クラッシス）に格付けし、さらに各級に所属する百人隊（ケントゥリア）に分属させるものだった。各市民は、所属級に応じて定められた兵種・装備で従軍する義務を負った。[57]

## 都市ローマの市民権と共和政

前六世紀末から前三世紀の初めまでのローマは、パトリキとプレプスの身分闘争と両身分の平等化の時代であった。共和政期のローマでは、前五世紀には護民官制度（前四九四年）が、アテナイでペリクレスの「市民権法」が成立したころには十二表法（前四五〇年）が成立しているが、これらはともにプレブスの不満に対するパトリキの妥協の産物であった。リキニウス・セクスティウス法の成立（前三六七年）は、共和政期ローマの市民社会のなかに、パトリキの独占する公職と元老院、全市民の参加する民会という政治機構のほかに、プレプスの護民官と平民会という独自の政治機構が併存する状態にも終止符を打った。護民官は都市国家ローマの公職の一部となり、平民会も、ケントゥリア民会などと並ぶ民会のひとつになったのである。

　リキニウス・セクスティウス法の成立によって実現した政治的安定のもとで、ローマは、前四世紀の後半から急速に勢力を拡大し、前三世紀の半ばまでにイタリア半島の全域をその支配下にいれることに成功する。とりわけローマの急速な勢力拡大の基盤となったのが、前三三八年のラテン同盟戦争の勝利とともに導入された新たな同盟体制である。ギリシアがマケドニアに制覇されたこの年、イタリア半島ではラテン人の都市が形成していた同盟が解体され、各都市は個別にローマと関係を結ぶことになった。各都市の地位は、$\alpha$ ローマの同盟市の地位にとどまった都市、$\beta$ ローマに併合されて自治都市《ムニキピウム》になった都市、$\gamma$ 新たに植民者が派遣されて植民市《コロニア》になった都市、に分けられた。新たな同盟体制は、古代ローマの市民社会や市民権のあり方に大きな変化をもたらした。

　ローマ市民権のあり方の変化にとりわけ関係があったのは、$\beta$、$\gamma$ の都市であった。$\alpha$ の同盟市は、理論的には独立国家であったが、領土の一部を割譲させられ、独自の対外政策を有することを許されず、ローマ軍を補助するための兵力供出を義務づけられた。$\beta$ の自治都市は、住民に「完全な市民権」を与えられた自治都市と、「投票権のない市民権」[58]を与えられた自治都市に区分されるかたちで、ともに自治を許された。$\gamma$ の植民市は、ローマ市民のみが入植したローマ市民植民市と、ローマ市民およびラテン諸都市の出身者が入植したラテン植民市とに区分できるだろう。前三三八年の時点で、同盟市となったラテン人都市やラテン植民市の住民は、遅れて同盟市になった都市や部族に比べて優遇された。これらの都市やその住民がもつ特権をラテン権と呼ぶ。ラテン権をもつ都市や住民は、ローマ市民との通商権、通婚権、ローマ市への移住権をもった。ラテン権は、古代ローマにおける市民と非市民のあいだにある城壁《ゲート》であった。しかし、リキニウス・セクスティウス法の成立以来生じていた「完全な市民権」と「投票権のない市民権」という、二種類の市民権の存在は、前三世紀から前二世紀にかけて漸次「完全な市民権」が与えられることで解消されていった。(59)

### イタリア半島全体への市民権の拡大

前一世紀にはいると、イタリアでは同盟市戦争が始まる。前九一年、護民官マルクス・リウィウス・ドルススが、元老院の定数拡大・農地補遺・植民市建設などの改革法案とともに、イタリアの同盟市住民へのローマ市民権賦与法案を上程した。同盟市の多くの有力者がドルススと行動をともにすることを神に誓ったが、これは元老院議員の憤激をかい、ドルススは暗殺された。この事件とその後のローマの元老院と同盟市との関係のなかで、イタリア同盟市戦争が勃発した。蜂起した同盟諸市は、「イタリア」の国号を刻印した貨幣の鋳造も開始した。都市ローマは、イタリア同盟市側の攻勢をしのぎながらも、市民権問題での譲歩をはじめた。

前九〇年のユリウス法ではポー川以南のローマに忠実な同盟市にたいして市民権を与えることが定められ、さらにカルプルニウス法と翌八九年のプラウティウス・パピリウス法において、一部の例外をのぞいて、全イタリアの同盟市民がローマ市民になることが可能になった。ローマ軍は、前八九年の末までに、一部をのぞいて全イタリアを制圧した。このイタリア同盟市戦争の結果、イタリアの諸都市は漸次自治都市に組織がえされ、イタリアのほぼすべての自由人が「ローマ市民」になった。前二世紀半ば以降、三〇万人台で推移していた成人男子ローマ市民の登録数は、前八六－八五年の戸口調査では四六万三〇〇〇人(異説あり)であったが、前七〇－六九年には九一万人を数えるに至った。都市国家であったローマは、イタリア半島全域の都市(自治都市)から構成される「領域国家」になったのである。

### ローマ市民権の構成と再構成

ところで、古代ローマでは、ローマ市民権を獲得して「ローマ市民」になる道は四つあった。第一は出生によるもので、これは市民権を取得するもっとも一般的な道であった。基本は親子関係であり、ローマ市民法上の合法的な婚姻関係にある両親から生まれた子ども(嫡出子)は、妊娠時の父親の法的地位を受け継いだ。ローマ市民のほかに、ラテン権保有者および通婚権を与えられた外国人であった。したがって、これらの地位にある妻とローマ市民の夫とのあいだに生まれた子どもは、出生とともにローマ市民権を取得できた。一方、合法的な婚姻関係にある夫婦以外から生まれた子ども(非嫡出子)は、出生時の母親の法的地位を受け継ぐ。この原則から、ローマ市民の母親と外国人の父親から生まれた子どもがローマ市民になるばあいもあった。

第二は、奴隷解放による市民権の取得である。古代ギリシアのアテナイでは、解放された奴隷は在留外人《メトイコイ》になった。古代ローマでは、公式の手続きをへて解放された奴隷は、ローマ市民権を取得できた。市民社会の構成員資格《メンバーシップ》におけるこのちがいは、決定的に重要である。ちなみに、古代ローマにおける公式の奴隷解放の手続きには、「戸口調査による解放」「杖による解放」「遺言による解放」の三種類があった。

第三は、イタリア半島の都市や部族にたいして一括してローマ市民権を与えるばあいで、これらの市民権の賦与は多くはローマに対する軍事的な功績への報奨としてであった。このような市民権の賦与は、共和政末期には民会における立法にもとづいて公職者の判断により、元首政期には元首（皇帝）の判断で実施された。

ローマ市民権を取得する第四の方法は、先述したラテン権による昇格である。前九〇年のユリウス法により、旧来のラテン人はローマ市民となり、その都市も自治都市となった。翌前八九年には、ポー川以北の住民にもラテン権が賦与され、かれらには通商権と通婚権のほかに、都市公職に就任することによってローマ市民権を取得できる権利も与えられることになった。二世紀には、都市参事会員になることでローマ市民権を取得できる大ラテン権が導入されている[60]。

前一四六年、カルタゴとコリントを破壊してローマは地中海世界の覇者になった。以後ローマは、前九〇－八九年の三つの法、同盟市戦争、三頭政治、元首政の成立をへて、次第に支配領域を拡大していく。そして紀元後の二一二年、カラカラ帝がローマ帝国内の全住民（＝属州民全体）にローマ市民権を賦与するに至る。シチリア、サルディニア、コルシカ、カルタゴ（北アフリカ）などの属州のローマ化は、属州にローマ市民権を拡大し、すなわちローマの植民地をつくり、各地に駐屯する常備軍のなかには属州民がはいっていった。前八九年にローマ市民権が半島の全イタリア人に与えられ、ローマ同盟市がローマの地方共同体になると、地域的な自治は許されたものの地方共同体個々の国家的な性格はなくなってしまった。

こうしてイタリアのローマ化の完成は、現実にはローマが都市国家でなくなったことを意味した。代議制を知らないローマの民会は有名無実になった。ローマ市民権のイタリア半島全体への拡大は、ローマを都市国家から帝国（領域国家）に変えたのである。オクタヴィアヌスは、元老院の「第一人者」すなわち「ローマ第一の市民」となった翌年の前二七年に、アウグストゥス（尊厳者）の称号を得、皇帝と元老院との対立あるいは妥協が、以後の帝政期ローマの政治史を貫く柱になっていった。

## 古代ローマの市民社会とその社会的構成

元首政の成立以降、一般に、個々のローマ市民の政治的権利は縮小していったと言われる。だがこの時期、なおローマ市民を非市民から区別し、ローマ市民権の中核かつ心臓部であったと言われるのが、家にかかわる個人の権利やそれが与える社会的地位であった。ローマ市民の「家《ファミリア》」の特色は、家父長《パテル・ファミリアヌス》の権限、家父長権《パトリア・ポテスタス》の性格である。ローマ市民は、一方で、強大な家父長権のもとにあるファミリア、他方で、夫婦と子どもを最小単位とするドムスという、イメージの異なる二種類の家族を形成していた。生まれた子どもが、ローマ市民の社会にむかえいれられるためには、まずローマ市民のファミリアの一員として認められる必要があった。ローマ市民の男性にとって成人とは、軍務につくことが可能になることであった。女性は結婚すると成人とみなされた。ここには、ローマに特有の「第一級の市民」に対する「第二級の市民」の問題を読みとることができる。しかし、M・ヴェーバーも指摘するように、古代ローマの都市においてこの「第二級の市民」の問題を典型的に示していたのは、解放奴隷たちの地位身分であった。

民主政期のアテナイでは、すでに指摘したように、奴隷から解放された者は市民権から完全に閉め出され居留外国人《メトイコイ》の身分に算入された。ところが、官職貴族の勢力が破られることのなかったローマでは、奴隷から解放された者は市民に参入されたのである。プレブスの主張は、解放された者の所属が四つの市区トリブス（＝行政区）だけに制限された点において、貫徹されただけである。アテナイの解放奴隷はまさに民主政によって一切の市民権から閉め出されたのであり、ローマでは「第二級の市民」としての解放奴隷は、騎士身分が独占していた大規模な租税請負や国需物資の納入義務から閉め出されたのである。(61)

要約的にいえば、古典古代の解放奴隷の大部分は、平和的な営利人（経済人 homo oeconomicus）の層であったのであり、かれらは、きわめて優れた程度において（古典古代の民主政のいかなる完全市民よりも平均的にははるかに高い程度において）中世および近世の営利市民に近かったのである。しかし、ローマの市民社会は今日では全体としては奴隷制社会であると呼ぶことが困難になっており、その意味では古代ローマの都市における「第二級の市民」の問題は解放奴隷だけが問題なのではなく、女性や属州人の問題として広く考えていく必要があるだろう。

古代社会の階級構造は、奴隷と非奴隷の単純な区別では説明がつかない複雑なものであった。共和政初期のローマでは、すでに触れたように、社会的区分の主要なものはパトリキとプレブスのあいだの区分であった。パトリキは大土地所有者によって構成されており、かれらは政治的な役職につく権利をもち、軍隊の形成と方向づけに重要な役割を果たした。プレブスは主として土地をもたない借家人からなり、パトリキの所有地を利用するように強いられ、政治生活への参加から排除されていた。貸借関係の作用を通してパトリキの債務者は、しばしば債務奴隷の地位身分へと追いやられたにちがいない。

ローマ帝国が発展すると、社会内のこの区分はより明確に決定づけられ定義づけられるようになり、特権階級（humiliores）と下層階級（honestiores）のあいだの持続的な区分が創り出された。このような社会的文脈のなかで、〝市民であることの諸権利〟という概念は非常に制限された意味をもった。すなわち、都市国家内である特定の公的な義務と責任をもつ、合理的な財産所有者の地位身分、という意味をもったのである。

## ポリスの道徳的観念とローマの政治的現実との不一致

もちろん、市民権の概念が歴史的にその始原からスタティックなものであったと想像することは、まちがいであろう。初期のソクラテスによる公式化の後、ポリスへの政治的なかかわりがもっていた道徳的な重みはあきらかに衰退していた。犬儒派とエピクロス派の人びとは、アリストテレスの哲学がもっていた共同体に関する諸徳よりも、むしろ個人の自律と道徳の発達という考え方をより重要であると考える傾向があった。〝市民の義務〟という概念を再定式化したのは、ストア派の人びとだった。こうしてマルクス・アウレリウスは、紀元二世紀に、共通の政治的共同体に関するわれわれのメンバーシップ（そしてそれゆえ、そこでのわれわれの市民権）は、人間が共通の合理的な能力をもつという事実の必然的な結果であると議論したのである。しかし、政治参加に関するマルクスの考え方は、社会内でのかれの地位身分への〝退屈な忠義〟を表現するものであった。

結局、規律、倹約、勤勉などの禁欲的《ストイック》な諸価値はローマ帝国の政治的現実の変化を反映していたのであり、ローマ帝国の規模、社会的分化、複雑な官僚制度はもはや倫理的結合としてのポリスの道徳的観念には一致しなかったのである。前一世紀にはキケロが、市民的徳とポリスに対する公的な義務といった古代ギリシアの諸概念をローマ社会の諸条件の変化に十分に適うような新しいレトリックに移し替えようと試みていたが、帝政期以後のローマの絶対主義的な世界では、セネカのような哲学者たちがせいぜいできたのは、市民たちに慰めを与えネロのような支配者たちに憐れみをもって統治するように許しを乞うことだけであった。ローマの軍事力の基礎であったばかりでなく、社会連帯の本質的な基礎でもあった市民団は、すでに衰えていた。要するに、市民権がもつ価値の代わりにローマ帝国ではあらゆる種類あらゆる条件の男たちに共通の同等性が存在したのであり、人間完成の積極的な媒体としての国家ではなく、現世の生活を我慢のできるものにするためにむなしくあがく威圧的な権力が存在したのである。

古代ローマの、とりわけイタリア同盟市戦争以後のローマ市民権の拡大期の問題は、〝普遍的なローマ市民権〟という抽象的な概念と強力なる政治参加とをどう結びつけるか、すなわち政治的な解放を市民権によってどう克服するか、ということであった。そして、合理的存在である天国の都市と利己的人間の住む現世の都市のあいだにある、さらには個人の道徳的発達と公共圏における政治的義務の要求のあいだにある、古典古代の世界におけるこのような緊張は、以後かなりの程度まで、政治生活が倫理的にはあいまいであったキリスト教の遺産にもなったのである。

## 注

（1）管見のかぎりでは、類語の最初の使用はフランス語のユルバニスム（urbanisme）であり、プティ・ロベールによれば、一九一〇年に、「ユルバニテ（l'urbanité）に関する科学」という表現が現れている。それは、「人間の生活に適した都市居住を可能にる方法の体系的な研究であり、それらの方法の応用に関する技術の総体」(Robert. P. 1989, p.2051) である。たとえば、「建築と都市計画 (urbanisme)」「居住と都市計画 (l'Urbanisme) のための国際連盟（一九一三年）」などの表現がある。ユルバニテとは、一五世紀半ばには都市政府を意味していたが、今日では「洗練された礼節、優雅さ」を意味するようになった言葉である。ちなみに、アンリ・ルフェーヴル (Lefebvre, H.) は、その著書『空間の生産』(1974) のなかで「一九一〇年ごろに…ユークリッド的かつ遠近法的な空間が他の共通の場所（都市、歴史、父性、音楽における音階法、伝統的道徳など）とともに、座標系として消滅している。なんという重大なる瞬間であるか」(3e éd, 1986, p.34) と書き記している。この点については、本書の第7章で、さらに詳細に論じることになるであろう。ル・コルビュジェ (Le Corbusier) が著書『ユルバニズム (*Urbanisme*)』を上梓するのは、一九二四年のことである。

　一方、都市社会学においては、ルイス・ワースの「生活様式としてのアーバニズム」(Wirth, L. 1938) 以来、都市に特徴的な生活様式を表すのにアーバニズム (urbanism) という言葉を用いている。日本では、とくに倉沢進の「都市的生活様式論序説」(倉沢 1977) 以降、アーバニズム論＝都市的生活様式論として論じられることが多い。また、C・S・フィッシャーは、都市の人口規模や密度からは独自の社会的結果が生み出されるとしてワースのアーバニズム理論を批判・修正し、「アーバニズムの下位文化理論 (subcultural theory of urbanism)」の展開を試みている (Fischer, C. S. 1975., 1976)。松本康は一九九〇年代にはいって、フィッシャーのこの下位文化理論の日本への適応を試みている（松本 1990., 1992a., 1992b)。大谷信介は、この松本の試みについて、「…フィッシャーが一九七〇年代のアメリカ［の］都市現実をもとに立論した下位文化理論を、そのまま継承し日本社会に適応したことによって、実証分析に失敗している」(大谷 1995、一二一頁。［ ］は引用者による挿入) と論難している。

　また近年、日本のイスラーム研究において板垣雄三は、「人類史のなかで都市を発明した商業的社会の産物であるイスラームは、人と物と情報が交流しあう場所としての『都市』ということに関するメッセージなのだ」(板垣雄三 1992、七頁) という観点から、西欧的近代化にオールタナティブを提起するように見えるイスラームの都市的な生き方・住まい方あるいは都市性にたいして、「アーバニズム」という言葉をあてている。

　本書で都市的生活様式という言葉を使用するばあいには、ワース以降のアーバニズム論の流れを当然意識しているが、一方で、ルフェーヴルが指摘する今世紀初頭以来の都市空間の新しい生産の傾向をも示唆するものである。イスラーム研究におけるアーバニズム論の提起は、本書では、議論の直接の対象にはしていない。

(2) Clark, G. 1961. 参照。

(3) Aurenche, O., et al. 1981. 参照。

(4) Cohen, M. N. 1977. 参照。

(5) ちなみに、ジャン・ゴットマンは現代大都市を念頭に置きながら、「サーヴィス産業は…本質的に都市的 (urban) である」(『メガロポリス』一七一頁) と述べている。

(6) L・マンフォード『歴史の都市　明日の都市』参照。

(7) Childe, V. G. 1959. 参照。

(8) ヘロドトス『歴史』上巻一三〇－一四〇頁。

(9) Bairoch, P. 1988., pp.25-8.

(10) Oppenheim, L. 1964. 参照。

(11) 古典ギリシア語で、メトロポリスとは母なる (μήτηρ=mother) 都市 (πόλις=city) を意味する。もちろん、ポリス πόλις とは通常、都市国家 city-state の謂で解釈される。

(12) J・ゴットマン『メガロポリスを超えて』一〇〇頁。なお、表現を一部変えてある。

(13) だが、法律そのものの力だけでは職人に自由を与えることはできなかった。パーク (Park, R. E.) は、ドイツの自由都市における農奴解放の過程について、つぎのように述べている。「職人が自分の労働で生産した財を販売することができる自由市場があってこそ初めてその自由が保障されるのである。自由な市場の存在が必要条件だったのである。そして農奴解放を完全なものにしたのは、貨幣経済が親方徒弟制度に浸透したからにほかならなかった」（『都市――人間生態学とコミュニティ論』一二頁）。

(14) ホメロスの活躍した時代については、一般に紀元前八世紀ごろとされているが、定かではない。

(15) ホメーロス（呉訳）『イーリアス』上巻、八四頁。傍点は引用者。なお、訳は文脈にあわせて一部変えてある。ところで、ホメロスの『イリアス』には、都市を表現する言葉が二つでてくる。ひとつはἄστυであり、もうひとつはπόλιςである。前者ἄστυは、サンスクリットにも同様の表現を見出すことができる古い言葉である。一方、この引用箇所で使用されている言葉は後者πόλιςであり、傍点部の原文はπόλεις ἐῢ ναιετοώσας（II 648）である。この傍点部は、直訳をすれば「よく住まわれた諸都市」であり、Loeb Classical LibraryのA・T・マーレイの訳では"well-peopled cities"となっている。

(16) ヘロドトス『歴史』一一六－七頁。傍点は引用者。

(17) 伝ヘロドトス「ホメロス伝」（松平訳）『イリアス』下巻、四五七頁。傍点は引用者。

(18) ウェルギリウス『アエネーイス』上巻、四七－五〇頁。傍点は引用者。なお、文脈にあわせて訳を一部変えた。

(19) 同前書、四五九頁。傍点は引用者。

(20) ちなみに、ウルプス［＝都市］(urbs-urban（英）、urbain（仏）、urban（独）、urbano（伊）、urbano（西）の語源）という語は、古典期のラテン語では重い意味をもっており、それは単独で世界の都府「ローマ」そのものを意味した（タキトゥス『ゲルマーニア』、八二－八三頁、註1、参照）。

(21) ゲーテの予言者ムハンマドへの興味や、ハーフィズへの傾倒については、とりあえず『西東詩集』の「訳者解説」を参照されたい。

(22) エッカーマン『ゲーテとの対話』中巻、八五頁。傍点は引用者。

(23) R・E・パーク「都市――都市環境における人間行動研究のための若干の提案」『都市――人間生態学とコミュニティ論』、一二頁。

(24) 紀元前三〇〇〇年から前二〇〇〇年までの一〇〇〇年間をこう呼ぶ。

(25) 後藤明「巨大文明の継承者」『都市の文明イスラーム』、三八－三九頁。表現を若干改めた。

(26) E・J・オーウェンズ『古代ギリシア・ローマの都市』、一一頁。

(27) 後藤明「イスラーム国家の成立」前掲書九二頁。表現を一部改めた。

(28) M・ヴェーバー『都市の類型学』四一－四二頁。

(29) 同前書四二頁。

(30) この点は、三木亘氏のご教示による。三木氏によれば、イスラーム都市を含めてひろく地中海時代の都市というのは、〝他者が出会う場所〟または〝他者と関係を結ぶ場所〟であり、さらに〝人間のエネルギーを放出する場所〟である。この観点から言うと、ヴェーバーが言うアルプス以北の「都市ゲマインデ」などは、都市の典型とはいいがたい。この点については、「これからの世界史」シリーズの第2巻、三木亘『世界史の第二ラウンドは可能か――イスラーム世界の観点から』平凡社、を参照。他方、日本の近世を「都市の時代」として論じようと試みる吉田伸之は、西洋中心主義的歴史観批判（＝西洋のオリエンタリズム［自己中心的東洋理解］批判）を基軸とするイスラーム都市研究の立場が、逆にオリエンタリズムの裏返しとしてのイスラーム中心史観に陥っていないかどうかと、疑問を提示している（吉田伸之「都市の近世」（同編 1992、所収）、二一－二二頁、参照）。

(31) 前田徹 1996『都市国家の誕生』山川出版社、七頁。

(32) 同前書、五五頁。

(33) 同前書、五七－五八頁。

(34) 同前書、六二－六三頁。

(35) トゥーキュディデース（久保正彰訳）1966『戦史（上）』岩波文庫、第一巻第二章六。引用文の評価に関しては、桜井万里子 1997『ソクラテスの隣人たち』山川出版社、二一－二三頁参照。

(36) 村川堅太郎・長谷川博隆・高橋秀 1993『ギリシア・ローマの盛衰』講談社学術文庫、七五頁。

(37) M・ヴェーバー（渡辺金一・弓削達訳）1959『古代社会経済史』東洋経済新報社、二〇三頁参照。

(38) 桜井万里子、前掲書、二三－二六頁。

(39) 伝アリストテレス（村川堅太郎訳）1980『アテナイ人の国制』岩波文庫、三三頁。なお、桜井万里子、前掲書、二六－二七頁の引用部分に関する解釈も参照。

（40）桜井万里子、前掲書、二八–三一頁。

（41）村川堅太郎ほか、前掲書、八七頁。

（42）同前書、八八頁。

（43）ここに、エトノス（ἔθνος）とデーモス（δῆμος）の関係史、すなわち〝多民族都市《エスニ・シティ》〟形成の弁証法の始原がある。

（44）古典ギリシア語におけるこのメトイコイ（μέτοικοι という言葉の意味や成り立ちについては、岩永真治 1998c「市民権と都市、あるいは地域社会研究の新しい課題について」（『地域社会学会会報』第九〇号所収）の冒頭部分を参照されたい。

M・ヴェーバーは、捕囚期以前のイスラエルでは、この在留外人を意味するメトイコイ（ヘブライ語の呼称は単数形がゲール ger、複数形はゲーリーム gerim）は「典礼的な共同体《ゲマインシャフト》の外に置かれ……、そしてほとんどすべての手工業者はこのメトイコイに属していた」（『都市の類型学』、一〇二頁）と述べている。また、つぎのようにも述べている。「土地財産をもたないことは、普遍的に通用したわけではおそらくなかったにせよ、ゲールの普通のめじるしのひとつであった……。けれども、土地所有権という点でのゲールの地位がどのようなものであったにせよ、ひとりの市民権なき居住者は、ただ単に個人の私的保護あるいは客人法の宗教的保護の下に立っている者ばかりでなく、むしろ政治的団体それ自身によって規定され保護されるような法的状態の下にあった者も、資料が通常『ゲール』（寄留者）と呼んでいるところのものだった。こうした法的関係は、古い法律集で『あなたの門のうちにいる寄留者』（申命記五の一四）、という表現で特色づけられている。その意味は、その都市それ自体の法管轄区内に所属し、その都市とのあいだに法律で定められた保護関係に立っている寄留者ということである」（1996『古代ユダヤ教』岩波文庫、上巻、九九頁。原文にあった強調はとりのぞいた）。一方、古典ギリシア語には英語の「外国の（alien）」と「客人（guest）」の両方に対応する語として、クセノス（ξένος）という言葉もある。英雄時代の社会では通常、ある社会に外部からはいってくるよそ者にたいしては明確に規定された地位が用意されていた。この点については、アラスデア・マッキンタイア 1993『美徳なき時代』みすず書房、一五一–五三頁を参照。

（45）桜井万里子・本村凌二 1997『ギリシアとローマ』（世界の歴史・五）中央公論社、一五四頁。

（46）伝アリストテレス、前掲書、七四頁。

（47）ヘレン・リゲットとディヴィット・C・ペリーは、〝空間の実践（spatial practice）〟を「空間、イデオロギー、表象が生成的な諸関係において結合される領域」であると説明している（H. Liggett & D. C. Perry eds. 1995. *Spatial practices*, Sage., p.6)。「空間の理論」にとって基礎的なのは、ミシェル・フーコー、ミシェル・ド・セルトー、アンリ・ルフェーヴルの仕事であるが、リゲットとペリーはあきらかにルフェーヴルの仕事に依拠している。かれらは、つぎのように述べている。「ルフェーヴル……は、なによりも多様な〝集まりの過程〟……に関するひとつのモデルを構築することによって、空間の生産に焦点をあてている。これらの過程には〝空間の諸表象〟〝空間の諸実践〟〝表象の諸空間〟が含まれる。このモデルは、計画のような専門的な実践（空間の諸表象）を日常生活の空間的パターン（空間の諸実践）や空間形態において生じたシンボリックな意味（表象の空間）と区別する傾向がある。空間の諸実践という用語に関するわれわれの使用法は、ルフェーヴルによる空間の生涯に関する総合的な理論に由来しているが、かれのより詳細なモデルの三つの要素のすべてを含むものである」（ibid., p.7)。ルフェーヴルの「空間の生産」に関する三つの要素《トリアーデ》については、岩永真治 1996a「D・ハーヴェイの都市論における空間と場所」（『地域社会学会会報』第八集所収）、および本書第7章を参照。本書は、ルフェーヴルやリゲット＆ペリーの「空間の生産」に関する議論に、市民権や正義に関する新しい議論の次元をつけくわえようと試みたものである。

ちなみに、古典期のアテナイでは市民権の喪失を ἀτιμία、市民権の喪失者を ἄτιμος と呼んでいる。ἀτιμία という言葉を文字通り理解すれば、ἀ-τιμία、すなわち「名誉（τιμή）を失う」である。伝アリストテレス『アテナイ人の国制』第六七章の五には、「一日が分かたれるのは……投獄〈あるいは死刑あるいは追放あるいは市民権喪失《アティミア》〉あるいは財産の没収を招くべき訴訟事件……や刑量や罰金額を〈査定すべき〉裁判においてである」と書かれている（前掲書、一〇九頁、および一六五－一六六頁の第一六章訳者注六を参照）。なお、フュステル・ド・クーランジュ 1995『古代都市』白水社、二八五頁も参照。クーランジュ『古代都市』になかの「市民と外国人」という章には、古典古代期における市民の資格と都市との関係および市民の資格における外国人の取り扱いの概略が述べられている。

(48) A・マッキンタイア、前掲書、一六三－一六四頁。原文にあった強調はとりのぞいた。

(49) この点に関しては、J. Bordes. 1982. *Politeia dans la pensée grecque jusqu'à Aristote.* を参照。

(50) 加藤信朗訳 1973『ニコマコス倫理学』全集第13巻、岩波書店、二七二頁。

(51) 山本光雄・村川堅太郎訳 1969『政治学・経済学』全集第15巻、岩波書店、四五頁。

(52) 同前書、一一四頁。下線部の強調は引用者によるもの。

(53) ディカイオシュネーは、古くは古印欧語の *δεικ* または *δικ* に由来するもので、*δίκη*（名詞）→*δίκαιος*（形容詞）→*δικαιοσύνη*（名詞）の順で発展した言葉であると考えられる。アリストテレスは『ニコマコス倫理学』第五巻第四章で、つぎのように述べている。「全体が二つに分けられるとき、それぞれが等しい部分をもつばあい、それぞれは自分自身の分をもつと言われる。等しい部分とは大きい部分と小さい部分の算術比例にしたがった中間である。それが『正しさ《ディカイオン》（*δίκαιον*）』という名前で呼ばれているのもそれゆえである。つまり、それは『二分《ディクハ》（*δίχα*）』されたものなのである。あたかも『正しさ《ディカイオン》（*δίκαιον*）』を『二分されたもの《ディクハイオン》（*δίχαιον*）』と呼び、『裁判官《ディカステース》（*δικαστής*）』を『二分するもの《ディクハステース》（*διχαστής*）』と呼ぼうとでもするかのように」（前掲邦訳、一五六頁）。この引用の文脈では、「正しさ」は「等しさ」と関係があり、さらにそれは「中間」にかかわるものである。

(54) M・I・フィンリー 1994『オデュッセウスの世界』岩波文庫、二二〇頁。前五世紀から前四世紀にかけてその意味するところが議論の対象になりはじめたアレテー（*ἀρετή*）の語も、『イリアス』ではまだ単に具体的なものの質や力の優秀性を意味している。一例を挙げると、『イリアス』第二三巻二七六行では、つぎのように謡われている。

*ἴστε γὰρ ὅσσον ἐμοὶ* <u>*ἀρετῇ περιβάλλετον*</u> *ἵπποι·*

「なぜならお分かりのように、わたしの馬はそれほどアレテーにおいて卓越しているのだから。」

この第二三巻二七六行は、呉茂一訳では、つぎのようになっている。

「さればご承知のよう、わたしの馬は、世に並びもない逸物だから。」

（『イーリアス』岩波文庫、下巻、二八二頁）

(55) M・ヴェーバーは、古典古代の都市《ポリス》には、市民権の制限を開放してそれを多数の共同体からなる一帝国の単一の市民権に解消させることに対する嫌悪感があったと述べている。世良晃志郎訳 1964『都市の類型学』創文社、三四〇頁、参照。

(56) 村川ほか、前掲書、一三一－一三二頁。

(57) 島田誠 1997『古代ローマの市民社会』山川出版社、六頁。

(58) これはリキニウス・セクスティウス法の成立によって生み出されたもので、多数の新市民の編入がローマの政治に変動をもたらすことを防いだ。

(59) 以上の、ラテン同盟市戦争以後の古代ローマにおける市民権概念の変化に関しては、島田誠、前掲書、一五－一七頁を参照。

(60) ローマ市民権を獲得する四つの道に関しては、同前書、三一－三五頁を参照。

(61) M・ヴェーバー『都市の類型学』、三二五－三二六頁。

# 第2章　中世都市の発展と市民権の継承
## ――中世から近代へ（第二次都市革命）

農民たちは正しい知識をもっている。しかしかれらの話すことは、ごたごたしているし、嘘がまじっている

（ゲーテ『親和力』岩波文庫、一一頁）

わたしは電車のなかで汗を拭きながら、ひとの時間と手数に気の毒という観念をまるでもっていない田舎者を憎らしく思った

（夏目漱石『こころ』ちくま文庫、九九－一〇〇頁）

パリの若い中学生は、一五歳で早くも、とりすました様子をしてカフェにはいっていく。かれらにはこの田舎者の姿など、どんなに哀れっぽく見えるかしれない。だが、この少年たちは、一五歳でこれほど立派に仕込まれながら、一八歳になると、風俗になりさがってしまう

（スタンダール『赤と黒』新潮文庫、上巻、二四一頁）

かれは優雅を学んでしまった

（三島由紀夫『春の雪（豊饒の海・第一巻）』新潮文庫、二〇頁）

農民が賢明なのは、最初から負けているからなんだ。農民たちに権力をあたえてごらんなさい。いかにかれらが賢明であるかがわかります

（アーネスト・ヘミングウェイ『武器よさらば』新潮文庫、一二三三頁）

## 1　市民権と都市の比較語源学

### 市民という言葉

第二章では、後で市民権概念の類型化を試みるために、市民権概念の語源学的および文化的なルーツを探究してみることにしよう。しかし、同時にわれわれはこの探究の過程で、古代都市から中世都市へ、そして中世都市から近世都市をへて近代都市へという、都市の再形成とそのさらなる発展の過程をたどることにもなるだろう。市民権概念の語源学的および文化的なルーツの探究を通じてわれわれは、われわれがもっている社会通念とはちがって、「市民権とは単一の絶対的な性格をもつものではない」ということを確認できるはずである。

市民（citizen）という語は、古くはキウィタス（civitas）に由来[1]するが、それが古代ローマ時代にはキウィタトゥス（civitatus）という概念を生んだ。この語学的な起源が、結局はフランス語のシテ（cité）からシトワイヤン（citoyen）を、すなわち一都市の文脈内で限定された権利を享受する市民の総体《アンサンブル》を意味する語を提供することになった。しかし、ラテン語の civitas、civitatus から近代都市を表す citoyen という語が誕生するまでの語源学

的な経緯は、そう単純なものではなかった。一方、都市は、ローマ帝国の東西分裂（三九五年）後、紀元五世紀から一〇世紀にかけて、地域的な差異をもちながらも古代ローマの都市文明がおよんだライン川とドナウ川以南のヨーロッパにおいて新たに中世的な都市を形成することになった。

## 1・1　フランス

フランス語では、アングロフランス語にまず citesein の語があったが、一二世紀にフランス語に citeaine の概念が現れ、それが一三世紀に consitien の概念になった。一二九〇年、ブザンソン（Besançon）の古典的作品に concitien の語が現れている。もちろん、この concitien の語はラテン語の concivis（同一市民、同一国民を意味する）を踏襲したものであり、それは一六世紀にフランス語の concitoyen（同じ都市の市民、同郷人、同国人を意味する）を生み出すことになった。この concitoyen と一二世紀から存在した古フランス語の citoien、citeien などが一緒になって、フランス語のシトワイヤン（citoyen）が生まれたと考えられる。このシトワイヤンの語は、A・ドーザらによれば[2]、一七世紀になって封建制下の農奴（serf）に対立する政治的な意味をもつようになった。

フランス語のシテ（cité）は中世（一〇五〇年）にすでに「都市の旧い部分」を表す語として登場している。北フランス、フランドル地方、ムーズ川中流域、ライン川中流域などでは、比較的早く週市や年市の開かれる市場集落（カストルムないしブルグス）が成立した。その市場集落はしばしば貴族の城壁や修道院などの支配の拠点に隣接し、領主による保護の対象となった。市場集落《ブルグス》の形成・形態は多様であったが、北フランス、フランドル地方にあるサン・トメール、アラスでは大修道院を核とし、ヘントやブルッヘではフランドル泊の城砦が中心となった。他のフランスの地域では、キウィタスを取り囲んで複数のブルグスが衛星のように形成され、キウィタスを活性化する例もあった。ラテン語のキウィタスという名で呼ばれた地区との関連でブルグスと呼ばれた地区・地域がどのように発達したのかを、北フランスの都市アラスと南フランスの都市アルルを例に見てみよう。図1、図2にあるように、北フランスの都市アラスではキウィタスの外側に建設された修道院を核としてブルグスが成長している。他方、南フランスの都市アルルでは、古代ローマのキウィタスを中心に新旧のブルグスが発達した。ここでキウィタスと呼ばれたものが、次第に新しい都市の地区《ブルグス》・地域との関係を創造し、一一世紀の半ば以降、古フランス語においてシテ（「都市の旧い部分」）と呼ばれるようになったのである。

一〇－一一世紀ごろから、キウィタスやブルグスと呼ばれた中世の都市的定住地に住む住民は、「キウェス（cives）」や「ブルゲンシス（burgensis）」といった統一的呼称をもって史料に現れてくる。かれらは、身分的には多様な人びとの集まりであった。身分上「自由」な商人や手工業者ばかりでなく、「不自由」身分に属するさまざまな範疇の者たちからなっていた。司教都市や修道院都市は、「不自由」身分に属する「家人《ミニステリアーレス》」

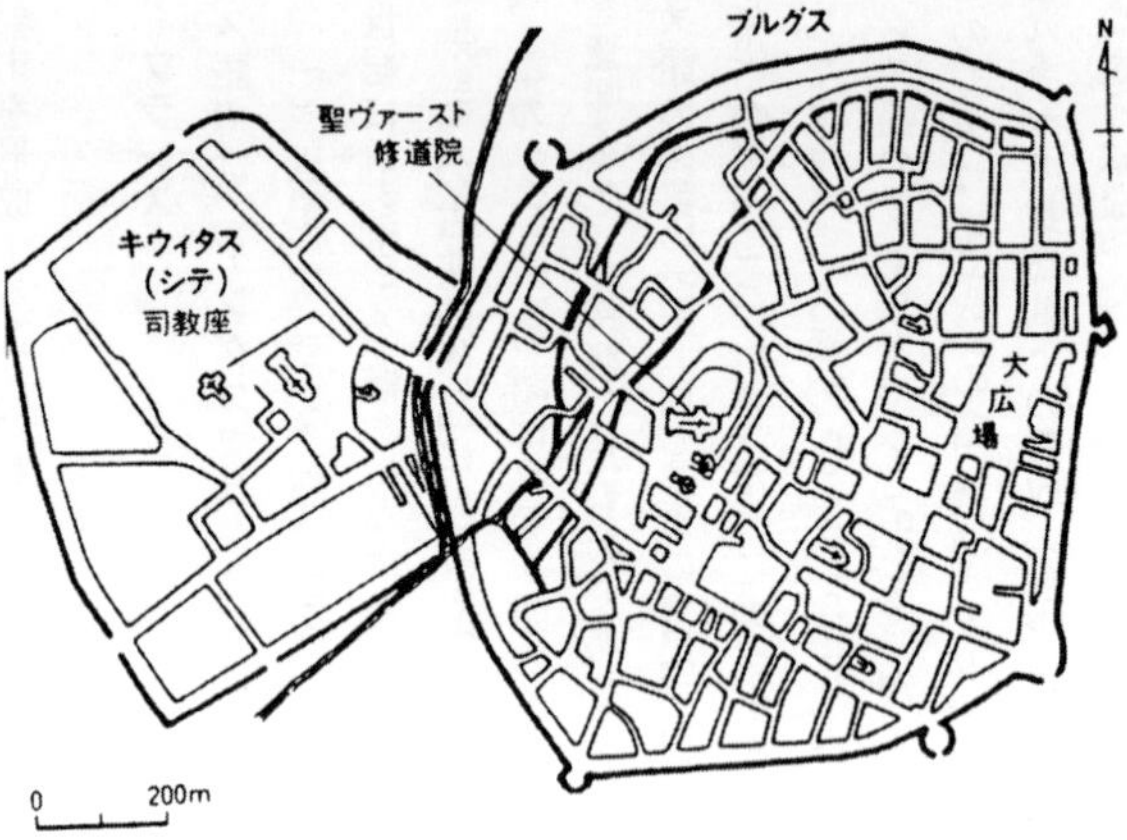


図1　北フランスの都市アラス

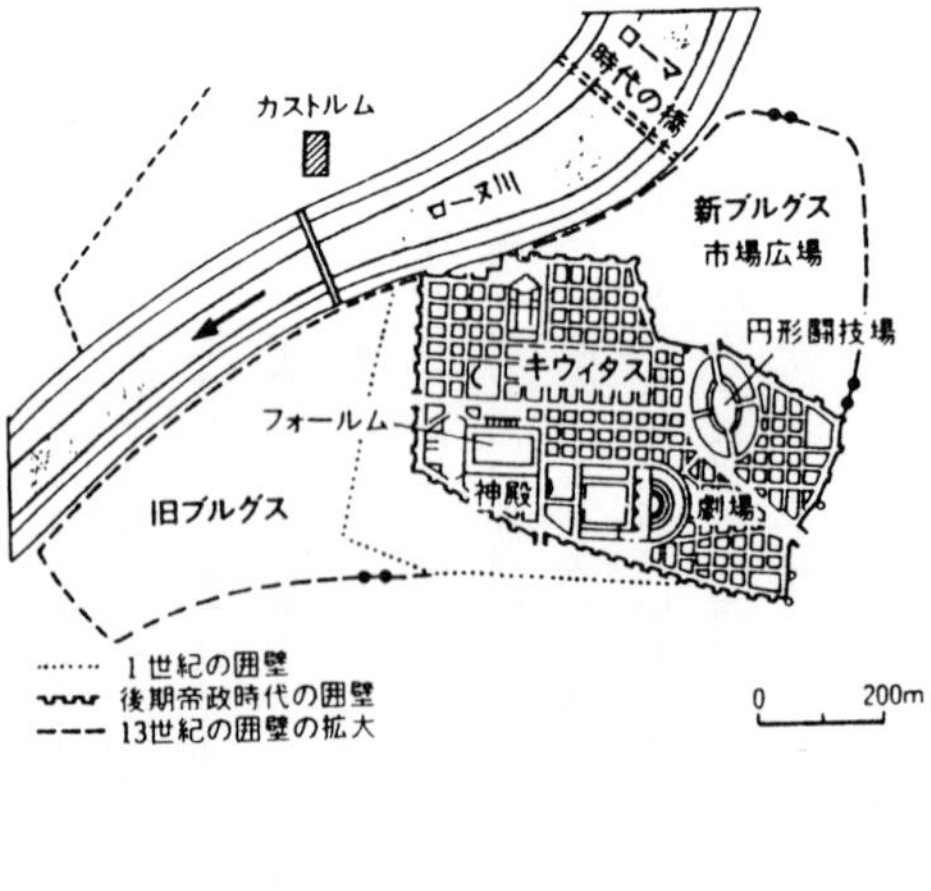


図2　南フランスの都市アルル

「教会庇護民《ケンスアーレス》」「休僕民《マンキピア》」、そして農村からの移住民などから構成されていた。かれらはそれぞれに領主に属している点で共通であった。(3) ちなみに、「キウェス」はラテン語のキウィス（civis）の一人称複数形で「市民たちは」を表す言葉であり、「ブルゲンシス」という呼称は、今日でも都市民を表す言葉として使われているフランス語のブルジョワ（bourgeois）やドイツ語のビュルガー（Bürger）のもとになっている言葉である。

しかし、この「キウェス」と「ブルゲンシス」という二つの言葉の意味のちがいと、シテという言葉のもつ古典的《クラシック》な意味に注意が喚起されるのには、J・J・ルソーの『社会契約論』（一七六二年）まで待たなければならなかった。それまでにヨーロッパは、都市の数と都市人口の顕著な増加を経験していた。とりわけ一一世紀から一三世紀末にかけて、ヨーロッパは急速な成長と発展の時期を迎えていた。この時期にフランスでは人口が六〇〇万人から一三五〇万人へと倍増したが、都市人口は三倍以上に増加したと言われている。一三〇〇－五〇年ごろのパリは、人口が八－二〇万人の「大都市」であった。しかし、それは同時期のイスラームの都市や中国の都市に比べると圧倒的に小さかったこと、またヨーロッパ全体から見れば当時の都市の九〇％以上が五〇〇〇－一万人規模の中小都市であったことなどは、留意すべき点であろう。

## ルソーの市民概念

ルソーは、『社会契約論』第一編第五章の、「社会契約」の本質について述べているくだりの注意書きで、(4) 市民（citoyen）のシテに対する関係をつぎのように述べている。

> [Cité] この語の真の意味は、近代人のあいだでは、ほとんど全く見失われてしまっている。近代人の大部分は、都会をシテと、また都会の住民（ブルジョワ）を市民（シトワイヤン）ととりちがえている。かれらは、家屋が都会をつくるが、市民たち（シトワイヤン）がシテをつくることを知らない。この同じ誤りのために、カルタゴ人はかつて多大の犠牲を払わなければならなかった。わたしは、〝市民たち（cives）〟の称号が、いかなる君主の臣民にもせよ、与えられたことを読んだことがない。……フランス人のみが、この〝市民たち《シトワイヤン》〟という名称をきわめて気軽に用いている。というのはかれらは、かれらの辞典をみてもわかるように、〝市民たち《シトワイヤン》〟という言葉のほんとうの意義をすこしも知らないからだ。……この名詞は、フランス人のあいだでは徳を表すのであって、権利を表すのではない。……わたしの知るかぎりでは、他のいかなるフランスの著者といえども、〝市民《シトワイヤン》〟という語の真の意味を理解していない。

このような文脈において、『社会契約論』の著者はみずからを「ジュネーブ市民《ル・シトワイヤン・デュ・ジュネーヴ》、ジャン＝ジャック・ルソー」と呼んだ。『社会契約論』の冒頭には、ローマ建国を高らかに謳いあげたウェリギリウスの大英雄叙事詩『アイネイアース』第一一編三二一行から、「われらは協約の公平なる法を明言し」と引用がなされている。古典古代期の都市の文脈を再発見するかたちで、すなわち古典古代を擬装するかたちで、われわれは啓蒙主義の時代にフランス語のシトワイヤンという言葉に出会うことになるのである。

ところで、上記の引用文においてルソーがフランス人に関して述べている文脈において、二つのことに注目したい。一つは、ルソーがシトワイヤンという名詞は「フランス人のあいだでは徳（une vertu）を表す」と述べていることである。この事実は、〝市民《ル・シトワイヤン》ロベスピエール〟が後に「徳の共和国」を目指すなかで恐怖政治に陥っていったことと密接な関係があるように思われる。もう一つは、いま問題にした現実の別の局面であり、シトワイヤンという名詞は「フランス人のあいだでは……権利（un droit）を表すのではない」ということに関してである。ここで思い出したいのは、いかなる古代や中世の言語においてもわれわれが今日用いている〝権利（rights）〟という言葉に正確に対応する言葉は存在しなかった、ということである。より正確に言えば、〝権利〟という言葉は、古英語においてはいうまでもなく、一四〇〇年ごろまでは古典期のであれ中世期のであれヘブライ語、ギリシア語、ラテン語、アラビア語においていかなる表現手段ももっていなかったということである。そして、日本語においては、一九世紀の半ばまでその言葉は現れなかった。今日われわれが「人権（human rights）」として一般的に用いている表現は、一八世紀に「自然権（natural rights）」あるいは「人間としての諸権利（the rights of man）」として語られた権利以降のものである。市民という概念の再発見は、新しい時代の社会連帯の質としての道徳の問題と、市民という概念が本来的にもっていた権利と義務の問題とを、同時に提起することになった。

ルソーによってシテに関係づけられた市民《シトワイヤン》の語は、周知のように、フランス革命時（一七八九年八月二六日）、「人間《オム》と市民《シトワイヤン》の諸権利に関する宣言（Déclaration des droits de l'homme et du citoyen）」のなかに現れる。ノディエは、citoyen というのは「シテの住民であり、都会（une ville）の住民であり、自分の祖国を愛する自由の国の住民である」と書いている。市民というのは「善良であり、正直である」と。[5] そしてわれわれはここで、もう一度、フランス革命の過程でロベスピエールによって「市民の共和国」が「徳の共和国」という美しい理想として把握され、そのことのひとつの帰結として多くの者がギロチンにかけられたことを思い出しておく必要があるだろう。いずれにせよ、フランス語で「市民権」を表す citoyenneté はあきらかにシトワイヤンに由来する語であり、革命勃発の四年後、一七九三年に「市民の身分（la qualité de citoyen）」という意味で初めて現れてくる。〝フランス市民の身分（la citoyenneté française）〟がその使用例である。こうしてフランス語において「市民権」の概念が誕生することになった。

## 1・2　イギリス

英語の市民 citizen は、まず古フランス語の citeain が変化したものとして、一四世紀にアングロノルマン語（アングロフランス語の一方言）の citesein-citezein が生まれ、それが中英語《ミドル・イングリッシュ》の citisein になった。それが最終的に、「都市住民」「国家の構成員」を示す citizen という語になった。citizen の語は、cité（city）と sein（to be）の合成語であると考えられる。英語の市民《シティズン》に関する考え方は、中世における市民《シティズン》の概念のなかにその原型を見出すことができる。しかし、少なくとも一六世紀においては、この市民の概念は deinsein（＝denizen）の概念と交換が可能であった。単純に都市の住民を意味するこの限定された市民の概念は、広範囲に使用され、また持続的に使われた。ベイリーの『英語語源学大辞典』（一七五七年）は、[6]簡潔に、市民《シティズン》とは〝都市の自由人（a freeman of a city）〟のことであると書いている。しかし、後にデニズンの語は、一八四〇年に至るまで「完全市民でない外国人」であり、「英国王の書簡によって特権を保障された外国人で、英国臣民の地位を保障された人びと」を意味するようになった。[7]一八五一年に出版されたブラウンの『聖書辞典』には、市民とは「都市に属しているところの交易と自由と他の諸特権を持っている人」（one that has the freedom of trade and other privileges belonging to a city）と書かれている。[8]ベイリーの辞書もブラウンの辞書も、都市の住民たちを「市民たち」とみなす一方、都市の城壁の外側にいる者たちを「臣民たち」と捉えたことについては、共通していた。別の観点からT・H・マーシャルは、エリザベス救貧法（一六〇一年）やスピーナムランドの救貧制度（一七九五年）を、市民権の社会的権利あるいは社会的要素の最初の擁護者であるとみなしている。

## 1・3　イタリア

イタリア語の市民 cittadino は、やはりラテン語の civis（市民、同市民、臣民を意味する）に由来し、その旧いかたちは cittade であり、それは一三世紀にフランス語に citadin（「都市の」あるいは「都会人」を意味する）の語を提供した。イタリア語で都市を意味する言葉は città であり、市民（citta-dino）という語は文字通り都市に関係している。一一世紀の末には、イタリアにおける都市住民の呼称は「ポポロ popolo」「キウェス cives」「コンキウェス concives」「ハビタトーレス habitatores」とまちまちであった。しかし、一二世紀の後半になると、都市住民の代表者であるコンスルが「〜都市の」または「コムーネの」という付属語をつけられて登場し、都市コムーネが制度的に画一的に把握されはじめている。[9]北部および中部イタリアにおいては一二世紀にはいって自治共同体としての都市コムーネが成立したが、このコムーネは、類型的に言うとコンソーレ（console）制の段階、ポデスタ（podestà）制の段階、カピターノ・デル・ポポロ（capitano del popolo）制の段階をへて、一三世紀末ごろから門閥独裁の時代すなわちシニョーリア（signoria）制の段階に到達し、やがてこれら門閥が世襲的専制君主に転化していった（一六世紀）。そして、都市コムーネの時代は終わりを告げた。

先述したように、一一世紀から一三世紀末にかけてヨーロッパは急速な成長と発展の時期を迎えていたが、一二世紀後半からイタリアの都市では、商人たちがコンパニーアないしはソキエタスと呼ばれた商会（商社）を中心に広範な活動をおこなった。先行したのはヴェネツィア、ジェノヴァ、ピサなどの海運都市であり、フィレンツェやルッカがそれに追随し、ヨーロッパ各地に支店を設けて、教皇庁や王侯貴族との取引・貸付を中心に、商業・金融業に従事した。このイタリア商人の活動は、一三世紀に後半にジェノヴァやヴェネツィアから毛織物工業の中心地フランドル地方へと海路が開かれることで、さらに拡大した。こうしてヨーロッパの中世都市は、北部および中部イタリアと北部フランス・フランドル地方を中心に、遠隔地商業・金融業と毛織物工業の拠点として形成されることになった。当時、都市人口の増大や市域の拡大は、主として周辺農村からの人口流入によるものであった。都市への移住民の大半は都市の周囲の三〇－四〇キロ圏内から来ていた。一四世紀前半のイタリアの都市の人口はヴェネツィア一一万人、ジェノヴァ一〇万人、ミラノ一〇万人、フィレンツェ九－一二万人であり、当時のヨーロッパではパリ、ヘント（六万人）、ケルン（五万人）などとともに「大都市」であった。

## 説教活動の場所としての都市

一方、以上のような都市の発展の過程において、〝悪徳の場としての都市〟のイメージも高められることになった。一一世紀以来、教会は〝貪欲〟をもっとも重い罪とみなし始め、高利貸しをはじめとする商業・金融活動にたずさわった者たちにたいして、魂の救済への障害であるとして貨幣を媒介とした商業・金融活動による富の蓄積を非難したのである。娯楽と奢侈、犯罪と暴力、これが都市に固有の名詞となった。このような社会的文脈、すなわち中世的都市の文脈のなかから、一三世紀にはフランチェスコ会をはじめとする托鉢修道会が誕生する。かれらは、都市の存在と商業活動を肯定しながら都市民にむけた説教活動をおこなった。托鉢修道会は「人の集まる所」をめざし、都市の人びとのなかにはいって修道院を建て、説教・司牧活動をおこなった。アッシジのフランチェスコ（一一八二年ごろ－一二二六）をはじめとして、かれら托鉢修道会士たちは都市民の出身であった。一三世紀イタリアの著作家ブルネット・ラティニ（一二二九－九五）は、「都市とは、ひとつの場所に住み、ひとつの法のもとに生きるために、人びとが集まったものである」[10]と述べているが、托鉢修道会士たちは都市の発展の物理的な条件を背景に、「ひとつの場所に人びとが集まって住む法」を模索したのだとも言えるであろう。また、教区教会や托鉢修道会の影響下で活動したものに兄弟団と総称される団体があったが、その運営は基本的に俗人すなわち都市の市民によって担われた。

M・ヴェーバーは「都市アイヌングの社会的意味」[11]を問うなかで、市民の契約団体としての「コンユーラーティオー（conjuratio）」や「誓約共同体（Schwurgemeinschaft）」の原型として、イタリアの中世都市を挙げている。「コンユーラーティオー」とは、一一世紀末から一二世紀半ばにかけてヨーロッパの諸都市に誕生したもので、商工業者のイニシアティヴによって組織された市民連合であり、祖先崇拝や魔術的信仰による結びつきとは異なる市民相互の対等な誓約団体である。都市住民はこの誓約によって平等な仲間となった。ヴェーバーは、つぎのようにイタリアの中世都市における市民の誓約団体を意義づけている。

……コンユーラーティオーの本来の故郷は、あきらかにイタリアであった。イタリアにおいては、都市制度の圧倒的な大多数が、コンユーラーティオーによって、原始的に生み出されたものである。したがってまた、われわれは、ここイタリアにおいて、――史料のあいまいさにもかかわらず――、都市アイヌングのもつ社会的な意味を、もっとも容易にあきらかにすることができる。……コムユーラーティオーは、『コンパーニュ・コンムーニス』"compagne communis"として（またこれと類似の名称で）、のちの『都市』の政治団体を準備したわけであるが、このコンユーラーティオーも、ひとつの具体的な目的のために、また多くは期限つきまたは当分のあいだというかたち――したがって告知可能なかたち――で締結されたものであった。最初はまだ、同じ城壁の内部に、時とするとこのような団体がいくつも存在していた。しかし、もちろん、永続的な意義を取得したのは、『全』ゲマインデの宣誓団体《アイトリッヘル・フェアバント》――換言すれば、当該時点において、城壁内部で軍事力をもっているか、あるいは軍事力を主張し・かつそれを貫き得たごとき一切の諸権利を含む宣誓団体――だけであった。……コンユーラーティオーが成立するやいなや、コムーネ相互間の戦争がすでにはじまっているのであり、このような戦争は一一世紀初頭にすでにひとつの慢性的現象になっている。対内的には、宣誓兄弟盟約《アイトフェアブリューデルング》は、市民大衆の参加を強要した。兄弟盟約《フェアブルーデルング》を作り出したところの・都市の定住している・貴族《アードリッヒ》や都市貴族《パトリーツィエル》の諸家は、さらに、土地を所有していることにいって有資格とされた住民の全部を宣誓させたのである。宣誓しない者は、その都市を退去しなければならなかった。[12]

語源学的な探究に立ち戻ると、一四世紀にボッカッチョは「洗練された、教育された」「市民に相応しい」などの形容詞の意味で、cittadino の語を用いている。またボッカッチョは、concittadino（同市民、同郷人、同国人）の意味でも cittadino の語を用いている。イタリア語の concittadino も、フランス語の concitoyen 同様、ラテン語の con と civis の合成語に由来している。イタリア語で「市民権、国籍、市民の身分」を意味する語 cittadinanza は、元来「都市住民の総体、国家として組織された社会への個人の所属」を意味している。「都市住民の総体」としての cittadinanza は、ダンテの賞賛するところでもあった。要約的にいえば、中世からルネサンス期に至る北部および中部イタリアの都市国家はローマ法によって市民権の概念の採用を容易にしたのであり、その結果として、ラテン語のポプロー（populo）が、「自律的な主権をある程度所有している市民たちの集合」とみなされるようになったのである。この、中世の都市国家に由来する市民の概念が、イタリアではリソルジメント後の近代的市民権の成立に結びつく。

### 中世の都市共同体における社会的排除

最後に、つぎの点をつけくわえておきたい。それは、みてきたようなイタリアの中世都市の共同体においては、貧民、犯罪者、娼婦、楽師、ハンセン病者、ユダヤ人が、都市の周縁民《マルジノー》として位置づけられていったということである。かれらは、一三世紀から、奢侈条例、衣服条例、衛生条例などの都市条例によって、都市民から目に見えるかたちで差別の対象にされた。かれらは、中世都市の共同体による価値規範の維持と統合の過程で、まさに市民的秩序からの逸脱者として排除されていったのである。[13] ここには、古代ギリシアに生まれ、古代ローマ時代に拡大した市民および市民権という考え方の本質がよく現れている。この市民的秩序をめぐる人間の選別と排除の過程は、つぎにみるドイツの中世都市においても、同様に都市条例の公布というかたちをとって顕著にみられたものである。われわれはここに、市民と非市民、あるいは等級づけられた市民たちのあいだに存在する城壁《ゲート》の中世的起源を見出すことができるだろう。そしてそれは、文字通り都市形成の過程における出来事であった。

イタリアの中世都市にかぎらず、一四世紀初頭までの都市においては拡大した市域をつぎつぎに取り込んで市壁の拡大がおこなわれた。だが、そうした市壁建設の動きは一四世紀半ばには停止し、その後新たな市壁の建設はおこなわれなかった。一四世紀半ば以降は、都市の財政難を背景として、市壁の拡大どころか戦争で破壊された都市壁の修復すら困難になっていた。都市の内と外、市民と非市民を物理的に区別する城壁は固定化される一方で、徐々に身体的、文化的に市民的な同一性と差別の体系がかたちづくられるようになった。

## 1・4　ドイツ

ドイツ語でも、市民 Bürger は本来「都市市民（Stadtbürger）」であった。ドイツ語のビュルガー（Bürger）は、ブルグ（Burg = 城、城塞）のなかに住む人のことであり、Bürgerrecht は市民権を意味すると同時に、中世都市では「市民法」をも意味した。ドイツ語の Burg は、後にブルジョワ bourgeois の語を生み出した。しかし、語源学的には、ドイツ語の市民はラテン語の文脈にはつながっていかない。ドイツ語の市民 Bürger は、元来都会の住民（bourgeois）と市民（citizen）の両方を含意する語であり、それは帝国直属自由都市（Reichstädte）がもっていた政治的な自律性および中世のハンザ同盟諸都市に起源的な関連のある語である。ドイツでは後に、人文主義者たちが既存の都市社会にたいしてギリシアのポリスを対抗理念としてもちだすことになる。

### ヴェーバーにおける都市の定義

ともかく、ドイツにおいて都市《シュタット》という概念と自律的な都市の歴史的発達は、自由、個性、市民としての礼節に関する哲学的思想の展開に重要な役割を演じたのである。そして、M・ヴェーバーはかれの時代に、この展開は西洋に独自のものであると考えた。かれは、有名なくだりで、つぎのように述べている。

……語の完全な意味における都市《シュタット》ゲマインデは、大量現象としては、西洋のみに知られていた。ヨーロッパ以外では、東洋のうちで近東アジアの一部（シリアとフェニキア、おそらくメソポタミアにも）に知られていたのみであり、しかも、これらの地方では、ただある時期だけにかぎられ、しかもただ萌芽のかたちで知られていたにすぎない。

　けだし、都市ゲマインデたりうるためには、少なくとも比較的強度の工業的・商人的性格をもった定住地であり、しかもさらにつぎの諸標識があてはまるようなものでなくてはならないからである。すなわち、（一）防禦施設をもつこと、（二）市場をもつこと、（三）自分自身の裁判所をもち、かつ——少なくとも部分的には——自分自身の法をもつこと、（四）団体《フェアバンド》の性格をもつこと、またこのことと関連して、（五）少なくとも部分的な自律性《アウトノミー》と自首性《アウトケファリー》とをもっていること、すなわち、市民自身が何らかの仕方でその任命に参与するごとき官庁による行政をももっていること、これらの諸標識があてはまらなくてはならない。ところで、これらの権利は、過去の時代においては、一般に、身分制的特権というかたちをとるのが常であった。したがって、これらの権利の担い手としての特別の市民身分なるものが、政治的意味における都市の特徴をなしていたのである。(14)

　市民（*πολιτεία*, civis Romanus, citoyen, cittadino, ciudadano, citizen, Bürger, bourgeois）という概念は歴史的に西洋にのみ見出されるものであり、それゆえに西洋にのみ、特別な意味での諸都市は存在した。そして、そうであるがゆえに、ヴェーバーにとっては、市民権（citizenship）の問題が、西洋合理主義の独自の性格に関するかれの見解において重要な問題であった。市民というものをめぐる種々の用語は、礼節（civility）と文明（civilization）に関する諸観念とも密接な関係があった。都市にはいるために田舎を去ることは、典型的に、文明化の過程と関係していた。〝都市的（*urban*）〟になることは、人を〝市民化する（*citizenise*）〟ことであった。都市は、きわめて矛盾した意味をともなった、社会哲学の主題として現れた。一八世紀のフランスの思想家ヴォルテールは、都市は個人の自由の中心であり、その自由は伝統的な田舎の社会の誤った階級秩序に挑戦すると考えたが、一九世紀の初めまでに都市は、しばしば社会の墜落と道徳的退廃の偉大な中心とみなされるようになった。

## ギリシアの都市への憧憬

　一九世紀になると、ドイツの社会思想には、田舎の生活と農村の諸実践への強烈な憧憬《ノスタルジア》が生じた。このロマンティックな憧憬は、フェルディナンド・テンニースの著作のなかで、ゲマインシャフトとゲゼルシャフトの概念として結晶化された。けれども、テンニース自身は、〝有機的な〟共同体への保守的なかかわりをかならずしも共有してはいなかった。しかし、自然への憂鬱なる回帰、およびブルジョワ的な内省（Innerlichkeit）と孤独（Einsamkeit）の発達に関する問題は、その多くを一八世紀のロマン主義の文脈に位置づけなければならないものである。ドイツでは、急進的な人文主義者が、資本主義とともに発展しつつあった都市社会にたいして、さきに触れたように主要なオルタナティヴとしてギリシアの都市国家《ポリス》に関する理想的な見方を生み出した。シラー、フィヒテ、ヘルダーリンたちは、出現しつつあったドイツの産業都市に対するオルタナティヴとして中産階級の市民文化のイメージを創造するために、ギリシアのポリスの特徴を中世都市の特徴に合流させたのである。ここにわれわれは、ドイツにおいて出現しつつあった市民権の概念と、フランス革命時から発達してきていたフランスにおける市民権のより革命的な考え方とのあいだにある、重要な相違を確認することができるのである。

　ドイツの哲学的伝統においては、社会的諸権利と市民権の概念は、市民社会（bürgerliche Gesellschaft）に関する考え方の発達と密接な関係をもっていた。〝市民社会《ビュルガリッヘ・ゲゼルシャフト》〟というドイツ的な概念において、市民というのは経済競争によって支配され、理性の歴史的な具体化である国家とは対照的な公共の舞台へとはいるために、家族の私的な領域の外へと出なければならないすべての個人であった。したがって、このドイツの伝統においては市民に関する考え方は中産階級《ビュルガー》に関する考え方に必然的に結びついており、市民社会はある意味で単なる〝中産階級の国《ビュルガーダム》〟であった。この〝中産階級の国〟という概念は、さきに若干触れたように、その起源を一五、一六世紀のまでさかのぼることができる。それは、市民《ビュルガーシャフト》の概念がある特定の特権と免除を享受する城壁《ブルグ》のなかに住む住民たちを意味するようになったときのことである。中産市民層《ビュルガートゥム》（＝bourgeoisie）とは一都市の産物であったのであり、かれらは訓練と教育を通して情緒に対する市民化された統制力に到達した者たちなのである。こうして、ひとつの新しい地位身分集団、すなわち教養市民層《ビルドゥングスビュルガートゥム》が誕生することになった。

　その後、ドイツの社会哲学において、たとえば市民社会に関するヘーゲルの概念はスコットランドの啓蒙運動から採用されており、そこでは『市民社会史に関するエッセー』（一七六七年）の著者アダム・ファーガスンや『社会の階級区分に関する観察』（一七七一年）の著者ジョン・ミラーのような著作者たちが、より複雑なシステムにむかう人間社会の発展に関して体系的な見方を提供しようと試みていた。周知のように、ヘーゲルの著作においては、市民社会は家族と国家が形成する政治的関係とのあいだにある領域であり、国家は社会がもつさまざまな特殊性にたいしてより高度で普遍的な表現を与えることで、利害関心の闘争と矛盾を解決するものであった。ヘーゲルにたいしてマルクスとエンゲルスは、『ドイツ・イデオロギー』（一八四五年）のなかで市民社会を現実の「あらゆる歴史の劇場」であるとみるようになり、国家をより基礎的な社会諸過程の単なる随伴現象とみなした。マルクスにとって、ブルジョワの理論における市民は、社会の基礎的な構造に横たわる現実の諸矛盾を隠蔽する、抽象的な主体に過ぎなかった。したがってマルクスは、〝ユダヤ人問題〟をめぐる論争において、ユダヤ人共同体の政治的な解放を、社会の社会的―経済的構造の純粋なる再組織化それ自体が欠如した表層的で部分的な歴史の発展であるとみたのである。

### ゲーテとグラムシの対照、あるいは農民に対する都市民の優越意識

ちなみに、マルクスは、ブルジョワの諸権利と市民社会の抽象的な概念にきわめて批判的であったが、市民社会の概念はアントニオ・グラムシの著作を通して批判理論のなかに生き残った。グラムシは『獄中ノート』のなかで、同意と強制、私的生活と公共生活のあいだの一連の対照によって、国家、社会、経済のあいだの相互の関係を定式化した。グラムシにとって、市民社会《ソチエタ・チヴィーレ》は、単に個人の意思の領域ではなく、同意の体系のなかで自由を発展させるポテンシャルをもつ制度を組織の一体系であった。グラムシは、国家は市民社会がもつ自己の制御調整の力を発展させるのに重要な役割を演じ得る、と考えた。そしてこの自己の制御調整の力の実体は、都市そのものであった。

ここで、帝国直属自由都市であるフランクフルト生まれのゲーテ（一七四九―一八三二）が、その生涯にわたって文芸のなかに育んだ普遍的な市民社会《ビュルガリッヘ・ゲゼルシャフト》の理念と、イタリアのサルデーニャ島生まれの地方青年グラムシ（一八九一―一九三七）が築きあげようとした市民社会《ソチエタ・チヴィーレ》の理念が、都市という舞台で理念的に出遭うことになる。一般に、ヨーロッパの中世都市は国王や諸侯の権力から独立し、高度の自治と自由を享受した「自治都市」であったと言われる。M・ヴェーバーが強調した、都市の理念型としてのアルプス以北の都市ゲマインデは、まさにそのようなものとして記述されている。だが、実際には、ヨーロッパの中世都市のなかで「自治都市」のイメージがあてはまるのは、ドイツ、フランドル、北部イタリアのごく一部の大都市にすぎない。一方、中世都市における市民的「儀礼」の体系の形成は、同時に農村と農民に対する都市民の優越意識をともなうものであった。中世末期の都市民は、かれらの多くを送り出してきたはずの農村世界を軽蔑し、農民たちのなかに粗野と無知とをみるようになった。[15] そして、マルクスの著作は、こうした見方の近代におけるひとつの完成でもあった。サルデーニャ島生まれの地方青年グラムシがマルクスを読んで市民社会の理念を築きあげようとしたときに、帝国直属自由都市生まれのゲーテが文芸において育んだ普遍的な市民社会の理念にポジティヴおよびネガティヴの二重の意味でかかわらざるを得なかったことは、想像に難くない。

一九世紀のドイツでは、急激で首尾よいブルジョワ革命の欠如と上からの資本主義の発展が、ビスマルクの立法を媒介として、完全かつダイナミックな市民権概念の発達を制限するよう

な社会的文脈を創り出した。したがって、ドイツでは、おもに諸権利をもつものとしての中産階級市民に関する、どちらかと言えば、制限された諸概念が生まれた。ブルジョワによる首尾よい自由主義的な革命の欠如と引き続くユンカーによる政治的な支配は、不十分な市民的あるいは公的領域を創り出したのである。この政治的構造は、ルター主義によって補強され、正当化された。それは国家を、民族共同体（Volksgemeinschaft）の代表者および私化された個人の保護者の両方として正当化した。そこにおいて個人および家族に関する私的領域は、公的な領域と比較して、あるいはそれに対抗して、膨大な倫理的および教育的な意義を与えられた。

　国家が人びとの道徳上の保護者として登場するとき、それがどのように社会的な威信と力を市民社会《シヴィル・ソサイエティ》にたいして獲得するのかをみることは容易である。ルター主義は存在する意見の相違にたいして規範的な基礎を提供するのに失敗したので、ブルジョワジーは、一九世紀の終わりまで、議会の権威があきらかに欠けていた国家を支えるために、ある種のイデオロギーに関与したのである。主権は依然として法と国家のなかにあり、選挙によって構成された議会にはなかった。その結果は、つぎのようなことであった。一九世紀のドイツの自由主義は、個人の、民族（Volk）の道徳的諸期待への従属を受け入れる一方で、たとえばグスタフ・シュモーラーは、官僚制化による支配の統一と合理化を物惜しみなく賞賛したのである。[16] 二〇世紀におけるドイツの政治生活では、第一次世界大戦のインパクトすなわち軍事的敗北およびワイマール共和国の脆弱性がある種の環境を創り出し、全体主義的な解決が討議された。カール・シュミットによれば、当時、有権者と合意に至ることは国家の責任ではなかった。だが、敵にたいして大胆かつ確固たる行動をとることは官僚制その他の発展の自然な結果であった。個別の市民の観点から見て自由であることとは、国家に奉仕することであった。[17]

## 1・5　オランダ
## ステフィンの市民概念

オランダ語には、ドイツ語と同様、ブルジョワ社会 burgermaatschappij のメンバーであればだれでも享受できる地位身分《ステイタス》としての市民権の概念がある。しかし、stadtburgerschap や staatsburgerschap のような他のヴァリエイションも存在する。Staatsburger という概念は、市民たちの道徳的身体（zadelijk lichaam van al de staatsburgers）という考え方をも帯びている。宗教諸紛争のなかにあった黄金時代のオランダにおける市民権の枠組みに関しては、多くの重要な構成要素を確認できる。一七世紀には連合州《ユナイテッド・プロヴィンシーズ》が〝新しい科学〟の発展に重要な役割を果たした。たとえば、ライデンは、パドヴァやエディンバラとともに学問をする大学の偉大な中心であった。しかしそこは、実験科学、とりわけ医学の発展において重要な場所でもあった。われわれはスピノザ（一六三二－七七）の政治哲学に、〝新しい科学〟の諸原理が与えたインパクトを見出すことができる。かれの『神学政治論』（Tractatus Theologico Politicus）（一六七〇年）は、個人の自由の防衛に関して重要な貢献をした。しかし、スピノザ以前にわれわれが、オランダの中産階級の一市民の生活分析を通して市民権の性格を定義しようとする特殊な試みを発見するのは、シーモン・ステフィン（Simon Stevin van Brugge）（一五四八－一六二〇）の政治的な著作においてである。ステフィンが書いた『市民生活』（Het Burgherlick Leven）（一五九〇年）は、市民の振る舞いのためのハンドブックであった。それは、ロバート・レスターが総督の時代（一五八五－八八年）に非常な社会的および政治的混乱のなかで書かれたものである。そのためか、ステフィンの市民権概念は、自分が住みたい共同体をある個人が合理的に選択した後は権威へのどのような不服従の権利も認めないものであった。市民権に与えられたその限定的な性格は、かれの市民生活に関する一般規則にあきらかである。すなわち、「すべての者は、かれが自分で選択した居住の場所を現在現実に統治している者たちを、いつも自分にとっての正当な権威であるとみなさなければならない」[18]と、かれは言うのである。法を守る中産階級の市民は、私的領域内で自分の自然な道徳的領域を見出すような市民である。したがって、ステフィンはかれの『政治論』（Materiae Politicae）のなかで、ひとつの家のなかの私的領域と公共領域のあいだにある、物質的に親密な関係を統治しなければならないような建築学的な諸原理について詳細に書いた[19]。

オランダの反乱（一五六五－八九年）は一八世紀に花開き続けた国民的《ナショナリスティック》であり、都市的であり、また貴族的《パトリキアン》である文化を生み出したが、この貴族的な体制がもっていた民主的な諸要素は、結局は、オランダの資本主義の商業的な性格によって、すなわち一八世紀におけるオランダの経済的な支配の急激な衰退と摂政の硬化によって制限された。アムステルダムとロッテルダムは、オープンでコスモポリタンな性格を残していたけれども、産業化が全体としてオランダで発展するのは遅かった。おそらく強力なるプロテスタントの権威とハイアラーキーへのかかわりが、オランダの反乱を政治的な次元に限定することにもなった[20]。したがって、現代のオランダでは、市民権 burgerschap の概念は依然として「市民の諸義務」という意味だけではなくて、「中産階級の偏狭な世界観」という意味をも帯びているのである。

### 1・6　日本

日本語における「市民」という言葉は、「権利」という概念が一九世紀のなかごろまでなかったのと同様、それまでは今日われわれが意識しているような意味では問題にならなかった（もちろん、さまざまな正義に関する考え方は古来より存在したであろう）。その意味では、日本における市民権概念の内容に関する語源学的な探究は、一方ではドイツと同様に直接にはラテン語の civitas や civitatus にはつながらず、他方では英語の citizen やフランス語の citoyen に接ぎ木された言葉であるということから言えば英語やフランス語の語源学的な起源に重なっていく。その語源学的な遡及の可能性は、とりわけ市民社会派と言われる日本の知識人たち、たとえば久野収、高島善哉、丸山眞男、川島武宜、大塚久雄、内田義彦、平田清明、山之内靖らの仕事の思想史的な淵源の確定と、同一次元の問題を構成するであろう。だが、その作業は本書の課題を越えるものである。日本における実質的な市民権概念の発達に関する概略的な説明は、第3節、すなわち「国民国家の時代における市民権の発達」のところに譲ることにしよう。

## 2 フランス革命の歴史と一九世紀の首都・パリ

### 古典的世界観の放棄

すでに述べたように、都市を形成するものとしての市民の概念の復活と、市民権の近代化に決定的な影響を与えたのは、多様な国民的軌道はあるにせよ、スコットランド啓蒙以来の啓蒙主義の運動であり、最終的にはフランス革命による絶対王政時代の、すなわち「近世」的社会秩序の終焉であった。近代的市民権が打ち建てられるこの過程は、同時にトマス・アクィナス以来、ヨーロッパ中世のキリスト教世界に導入されていたアリストテレス的な古典的世界観を捨てる過程でもあった。人間性と社会形成の最終目標《テロス》は見失われたのである。ルソーが「徳としての市民」の概念ではなく「権利としての市民」の概念を強調し、ロベスピエールがフランス革命の理想として「徳（une vertu）の共和国」を掲げたとき、問題になっていたのはこの人間性と社会形成の最終目標の喪失であり、社会形成の重要な媒介項としての近代的市民権の可能性であった。ただし、ルソーが『社会契約論』のなかで語っていたのは男性名詞の「市民たち（citoyens）」であり、かれが注意を喚起しているのは具体的かつ歴史的な内容をもつ「市民たちの称号（le titre de cives）」であったことは、ここで確認しておいてよいだろう。

### 人権宣言における市民概念

フランスの「人間と市民の諸権利に関する宣言」（＝人権宣言）は、第一条で「人間は自由にして平等な権利を有する」と規定し、第二条では、このような人間の自然権を保護することがあらゆる政治的結合の目的である、と謳っている。ところが第三条では、「すべての主権は市民＝国民（citoyen）に存する」として、主権者が自然的人間から国民的人間へと再表象《ルプレザンテ》＝代表されることになり、自由で平等な人間は事実上、主権国家の構成員である市民＝国民を意味するようになった。主権が人間から市民＝国民へと再表象＝代表されることで、自然、主権国家の構成員ではない者に人権があるのかという問いが生み出される。自然的あるいは普遍的人間の権利を問題にしていたはずの人権宣言は、ここにおいて、権利保障の主体である政治的結合体＝主権国家へと視点を移し、政治的結合体に帰属する者だけが権利の所有者であり得るという限定を強めることになった。

さらに、第六条では、「すべての市民は個人として、あるいは代表者を通して、法の制化に参加する権利をもつ」とされ、政治参加の権利＝参政権をもつのは人間《オム》ではなく市民《シトワイヤン》であると宣言されている。[21]「人間と市民の諸権利に関する宣言」以後のヨーロッパの歴史は、人間の、国民国家に枠づけられた近代的市民への置き換えの歴史であり、古来よりのエトノスとデーモスの弁証法の新しい展開の過程であった。

　フランス革命の過程における人間の権利の市民＝国民の権利への置き換えと限定をめぐる問題、換言すれば、「帰化に関する問題（la question de la naturalisation）」は、一七九一年憲法の第二章第二、第三条項において、つぎのように論じられている。

　第二条項　フランス市民とは、つぎの者たちである。フランス人を父親にフランスで生まれた者たち。外国人を父親にフランスで生まれた者で［かつての］フランス王国に自らの住居を定めた者たち。フランス人を父親に外国で生まれ、フランスに住居を定めることになりフランス市民としての宣誓をした（ont prêté le serment civique）者たち。最後に、外国で生まれ、宗教上の理由のために外国に移住したフランス人の男性やフランス人の女性の子孫である者たちで、フランスに住むようになりフランス市民としての宣誓をする者たち。

　第三条項　［かつての］フランス王国の外に生まれ、外国人を両親にもち、フランスに住んでいる者たちは、［かつての］フランス王国にあった継続性のある住居に五年住んだ後に、フランス市民となる。もしかれらがそこで、家屋を手に入れたり、フランス人の女性と結婚したり、農業施設や商業施設を形成したりするならば。さらに、もしかれらがそこで、フランス市民としての宣誓をしたならば。[22]

## 市民権と国籍の結婚

　一七九一年憲法は、こうしてわれわれが今日〝土地の権利（*le droit du sol*）〟と呼ぶものを公認し、外国に避難したフランス人たち（les Français du Refuge）にたいして〝血の権利（*un droit du sang*）〟を認めた。きわめて寛容な《リベラル》帰化《ナチユラリザシオン》の手続きは、避難民たちが生活や繁栄の場所としてフランスを選んだかれらの態度に示されていたものにたいして、提案されていた。フランスの市民権＝国籍を手に入れるためには、証明が困難であるために、単に住居を確定するだけでは十分ではなかった。すべてのばあいに人びとが手に入れたのは、〝消極的市民権《シトワイヤンヌテ・パッシヴ》〟として確認されるフランス国籍であり、〝積極的市民権《シトワイヤンヌテ・アクティヴ》〟として確認されるものではなかった。じっさい、市民たちにたいして固有に政治的な言葉を語ることを認める〝積極的市民権〟は、国籍に従属するのではなく政治的国家あるいは政治的結合体に従属していた。その地位身分《エタ》は第三章第二節第二条項に示されており、三日間の労働奉仕をし、二一歳以上であり、住居を定め、奉公人《ドメスティシテ》の地位身分にある者でなく国民軍《ガルデ・ナシオナル》の名簿に登録されている者を、フランス市民と認めていた。

　フランスにおいてもし市民権と国籍のあいだの関係を切り離す考え方が存在したとしたら、それは一七九三年の一二月二五日と二六日に、国民公会《コンヴァンシオン・ナシオナル》がつぎのように宣言したときのことであった。「外国で生まれた市民たちは、かれらは現実に国民公会のメンバーであるが、……国民公会のいかなる審議にも参加することができないであろう。かれらの補充者は、即刻、政令委員会によって招集されるであろう。(23)」

問題なのは、一二月二五日（共和暦の五日）に準備され二六日に（同六日）に起草された政令の第二条「国民公会の外国人メンバーに関して」である。その第一条は、つぎのように宣言していた。

"Tous individus nés en pays étrangers sont exclus du droit de représenter le peuple français."

「外国に生まれたすべての個人はフランス国民を代表する権利から排除される。(24)」

外国人たちが国民の代表から排除されたとき、それは政治的な外国人たちとして排除されたのと同時に、フランス国民を裏切る友人たちとして（comme amis qui trahissent la nation française）排除された。外国人という政治的なカテゴリーが裏切りという政治的なカテゴリーと出会ったのである。政治的に外国人であることは、しばしば政治的には革命を裏切ることであるといわれていた。そのとき以来人びとは、まず最初にフランスの国民にとって縁のないものになった国王の行為とかれの運命によって具体化され、つぎに表裏のある怪しげな外国人によって具体化された、この裏切りの問題について、これらの外国人たちを排除すれば消えてなくなる問題であると理解している。裏切り者たちは秩序の転覆を企てる者たちでもある。反対派は、外国からくる〝外国人の反対派〟なのである。事実、〝外国人（étranger）〟という言葉は反対派の闘争のなかで急増した。

## 3 国民国家の時代における市民権の発達

アレクシス・ド・トクヴィル『アンシャン・レジームとフランス革命』（一八五六年）によれば、フランス革命の歴史は、絶対君主制の時代にはじまる貴族の没落、国家への行政的権力の集中の完成の歴史である。それは正確な土地測量と詳細な地図作成を通して近代的な行政権力が確立されていく過程を前提にした、地方や農村の都市化の歴史でもあった。一九世紀の半ばに出版されたトクヴィルの『アンシャン・レジームとフランス革命』を詳細に読むと、革命を通じて、とりわけ農村社会が都市化という現実に出遭っているのがよくわかる。と同時にこの過程は、ヴァルター・ベンヤミンが描いているように、オスマンのパリ大改造をへて「一九世紀の首都」としてのパリの顔が創造される過程であった。アンリ・ルフェーヴルに従えば、工業化が都市化を誘発し、「芸術作品としての都市」から「技術品としての都市」への移行が進んでいく過程であった。

ルソーが一八世紀の半ばに発見していた「市民《シトワイヤン》と都市《シテ》の本来的な関係」は、国民国家とその制御調整様式としての「一九世紀の首都」＝近代都市・パリの建設の過程で、市民《シトワイヤン》＝国民と旧時代の社会的な絆をスペクタルを媒介にした社会的関係に置き換えていく舞台との関係に変化した。[25] そこで生じたのはある種の「生きた伝統《リヴィング・トラディション》」であり、それは「完全にあらかじめ決定された生活の形式でなく、ジレンマ、すなわちわれわれが選択しなければならない生活の多様な可能性」であった。換言すれば、都市の文脈で歴史的にある特定の「トポロジカルな諸資源」が発見されたのである。[26] それは「人権宣言」→「一七九一年憲法」→「ナポレオン民法典」の過程で、外国籍の住民が完全に市民権から排除されるようになり、フランスの国民的共同体が政治的国家あるいは政治的結合体に吸収される過程で生じた出来事であった。

## 社会的排除の新しい位相

ここにおいて「都市における排除と市民権」の問題は、新しい位相をみせることになった。歴史的に都市に存在した「二重の城壁《ゲート》」は、領土的《テリトリアル》に新しく区別されることになった。「都市への権利」を得るためには、人びとは国民国家という城壁《ゲート》をまずくぐらなければならず、つぎに農村や地方から中枢都市へとはいるのにブルジョワジーの都市文化や標準語という城壁をくぐらなければならなくなった。それは中世イタリアの都市コムーネやドイツの都市ゲマインデでは、物理的かつ社会的に、同一の城壁であった。この二重の近代的な城壁は、つぎの世紀、すなわち一九世紀の後半から二〇世紀の初頭にかけて、南欧や東欧・ロシアからのアメリカへの移民たち（＝新移民）が乗り越えなければならないものであった。

ところで、T・H・マーシャルが述べているように、近代市民権の発達は三つの要素に分けることができる。第一は、市民的権利または市民的要素と呼べるもので、個人の自由のために必要とされる諸権利から成り立っている。人身の自由、言論・思想・信仰の自由、財産を所有し正当な契約を結ぶ権利、裁判に訴える権利がそれにあたる。最後の「裁判に訴える権利」は、他者とともに平等に所有しているあらゆる権利を正当な法手続きに従って擁護し主張するという権利であり、その他の諸権利とは異なる系列に属している。市民的権利または市民的要素と最も直接に結びついている制度は裁判所である。第二は、政治的権利または政治的要素と呼べるもので、政治的権威を認められた団体のメンバーとして、ないしはそうした団体のメンバーを選挙する者として、政治権力の行使に参加する権利を意味する。この権利に対応する制度は議会である。最後は、社会的権利または社会的要素と呼べるもので、経済的な福祉と安全の最小限を請求する権利から、社会的財産を完全に分かち合う権利、社会の標準的な水準に照らして文明化された市民としての生活を送る権利に至るまで、広範囲にわたる権利を意味している。この最後のものと密接に結びついているのは、教育と社会的サーヴィスに関する制度である[27]（表1参照）。

表1　マーシャルの市民権の発達に関する議論

| 次元 | 授与された権利 | 諸権利が位置づけられる社会的諸制度 | 歴史上の位置 |
|---|---|---|---|
| 市民的 | 個人の自由に必要な諸権利 | 法の支配と裁判所の制度 | 18世紀 |
| 政治的 | 政治権力を行使するための諸権利 | 議会の諸制度 | 19世紀 |
| 社会的 | 標準的な生活と継承のための諸権利 | 社会的諸サーヴィスと教育 | 20世紀 |

（M. Blanc et D. M. Smith（1992）Citoyenneté et ethnicité: éléments de comparaison européenne, Espaces et Sociétés n° 68, 1, p.100をもとに作成）

## 国民的市民権の確立あるいは市民権の国民化

マーシャルの市民権の発達に関する議論は、市民権の近代化、すなわち近代的市民権の確立に関する議論であり、国民国家の時代の、すなわち国民的《ナショナル》な市民権の確立に関する議論である。前一千年紀に古代ギリシアのポリスの成立と発展とともに誕生・確立し、共和政ローマから帝政ローマ（＝ローマ帝国）の時代に拡大しながら一定の普遍性と抽象性を帯びていった「市民権」および「市民」という考え方は、一一－一三世紀に西欧の各地で自治権を獲得していった都市コムーネや都市ゲマインデにおいて地方化し、また都市化した。それが、国民国家の建設の時代に新しい発展の形態を示しはじめたのである。すでに触れたように、一七六二年の『社会契約論』や一七八九年の「人間と市民の諸権利に関する宣言」において国籍と結びつかないかたちで承認され得た「市民権」や「市民」の概念は、一九世紀以降の近代化の過程で国民国家の建設と結びついた。ジュリア・クリステヴァが言うように、「フランス革命の思想は全ヨーロッパに広がり、人びとのあいだに国民としての権利をもとめる声が高まったが、人間の普遍性への要求は高まらなかった」[28]のである。

　中世のイタリアやドイツの都市においては、マーシャルが言う市民権の三つの要素は「一本の織り糸」へとよられていた。しかし、市民権の国民化《ナショナライゼーション》、すなわち近代的市民権の確立の歴史は、その三つの要素がたがいに分離して独自に発展する歴史であった。イギリスを例にとれば、市民的権利は一八世紀に、政治的権利は一九世紀に、社会的権利は二〇世紀におもに発達したということができる。この市民権の国民化＝近代的市民権の確立の過程において、注目したいのは、それが新しい「第二級の市民」の創出の過程でもあったということである。たとえば、イギリスでは、政治的権利の形成期は一九世紀の初頭にはじまるが、その権利の基礎を経済的資産から人間としての地位身分へと転換した一九一八年の国民代表法においてすら、オックスフォード大学やケンブリッジ大学の卒業生は通常の居住区の投票権とは別に各大学の選挙区でも投票資格をもつという「複数投票制」が存在した。またこの法律では、男性は二一歳以上で六ヶ月の居住を要件に有権者になったが、女性は三〇歳以上で有権者の妻でなければ選挙権が与えられなかった。政治的権利に関するこの男性市民中心の考え方は、多くの女性を奴隷として抱えいた古代のギリシアやローマ時代の市民権および市民の概念を依然としてひきずっているということができるだろう。イギリスにおいて「複数投票制」が廃止され、二一歳以上のすべての男性と女性が有権者として定められたのは、第二次世界大戦後の国民代表法の成立(一九四八年)によってであった。

市民権の国民化、すなわち近代的市民権の確立の過程において女性が「第二級の市民」の地位身分を割り当てられたのは、社会的権利の発達においても同様である。イギリスにおける初期の工場法は[29]労働条件の改善と労働時間の短縮をもたらし、そのことによって工場に雇用されているすべての人びとの利益にかなうものであったけれども、同時にそれは、成人男性（とりわけ市民）にたいしてこうした保護を直接に賦与することを慎重に差し控えていた。工場法は、市民（シティズン）としての地位身分を尊重するという観点から、すなわち強い保護手段は自由な契約を結ぶという市民的権利を縮小してしまうのではないかということを根拠に、成人男性に対する保護を差し控えたのである。保護は婦人と子どもに限定された。婦人と子ども、とりわけ婦人たちは、市民でなかったがゆえに保護された。もし彼女たちが完全で責任をともなう市民権を享受しようと思えば、彼女たちは保護をあきらめなければならなかったのである。

## 資本主義の勃興と近代的市民権の確立

つぎのことは確認しておいてよいだろう。マーシャルによれば、市民権はイギリスにおいては少なくとも一七世紀後半以来制度として発達してきたものであり、平等の体系ではなく不平等の社会体系である資本主義の勃興と時期を同じくして成長してきたものだ、ということである（資本主義の勃興と市民権の国民化＝近代的市民権の確立が相互に関連のあるものであるというこの視座は、「近代的経済社会《ブルジョワ・ソサイエティ》の発達は自己の制御調整装置として近代的市民社会《シヴィル・ソサイエティ》を産み出す」という平田市民社会論の問題構制[30]と同一のものである）。マーシャルは、「不平等の体系としての資本主義」と「平等の体系としての市民権」という二つの対立する原理が同じ土壌の上で相並んで成長し隆盛したのはなぜか、これらの二つの原理がたがいに和解し、たとえばしばらくのあいだであっても敵対者ではなく同盟者となることを可能にしたものはなにか、と適切に問題を立てている。[31] ただかれは、市民権という考え方が二〇〇〇年以上も前の誕生の瞬間からその体系の内には平等であっても外には排除の概念として作用する性格をもっていたこと、また内側の形式的に平等な体系においてもじっさいには解放奴隷、在留外人、女性、貧困者、犯罪者たちのように特定の集団を低く等級付けする傾向が市民権という考え方には歴史的にあったということに、気づくべきであったかもしれない。[32]

## 近代日本における市民権の発達

さて、タルコット・パーソンズがアメリカ社会にたいしてかつてしたように、ここでT・H・マーシャルの市民権概念の分析を援用しながら、日本における市民権概念の接ぎ木とその近代的な確立の過程を大まかにみておこう。すでに触れたように、マーシャルは近代的市民権の内容を市民的権利、政治的権利、社会的権利の三つに分けている。かれによれば「市民権」はこの三つの順序で発達する必要はないものであった。事実、西洋諸国でも市民権はこの順序でかならずしも発達してきていない。日本では、市民的権利は、明治期にはいり封建的な身分制度が廃止されはしたものの、また大正デモクラシー期に意識における一定の盛り上がりを見せたものの、第二次世界大戦後に基本的人権が確立されるまでは制限されたものであった。第二次世界大戦の終わりまで人びとがもっていたのは、いわば〝臣民としての市民（citizen-as-subject）〟という地位身分《ステイタス》であったと言えるだろう。この〝臣民としての市民〟という概念は、かりに議会が帝国議会として設置されていたとしても、ナショナルな議会の開廷によって社会的な諸権利が構成されるところの法的な人格を意味する。

マーシャルが言う政治的権利は、日本では一八八九年（明治二二）年の大日本帝国憲法の制定と帝国議会の設置、一九二五（大正一四）年の男子普通選挙と一九四五（昭和二〇）年の女子普通選挙の実現というかたちで具体化した。他方、社会的権利に関しては、当然、その発達の経緯に日本的な特質をもっているが、一八七四（明治七）年に恤救規則が成立し、一九〇九（同四二）年には感化救済事業が、一八三二（昭和七）年には救護法が実施されている。また、一九二二（大正一一）年には健康保険制度が成立し、二七（昭和二）年には健康保険法、三八（同一三）年に国民健康保険法、三九（同一四）年に職員健康保険法、船員保険法がそれぞれ公布されている。さらに一九三八年には、国民の体力の向上、国民の生活の安定を緊急課題として、内務省から分離するかたちで厚生省が設立された。これらはマーシャルが言う意味での一定の社会的権利の発達の過程であったとみることができよう。しかし同時にそれは、アメリカのニューディール型、旧ソ連の社会主義計画経済型、日本・ドイツ・イタリアにおけるファシズム型の戦時総動員体制が経済の発展モデルとして雄を争うなかでの、最後の型における「社会的権利」の保護・強化の過程でもあった。

## 近代的市民権の諸類型

最後に、国民国家の建設の時代に発達した近代的市民権の類型化をおこなっておこう。ここまでわれわれが市民権および市民という考え方に関して歴史的なスケッチをおこなってきたのは、じつはわれわれが一般に想像するのとはちがって、画一的で統一的な内容をもつ市民権の概念など歴史上存在しなかったということを示すためであった。また、その作業を達成するために市民権に関する歴史社会学的および比較社会学的分析を「都市の新しい中範囲の理論」として確立するためであった。市民権に関する歴史社会学的および比較社会学的分析（a historical and comparative sociology of citizenship）から近代的市民権に関する社会学モデルを創りあげるためには、二つの軸が必要となるだろう。一つは、すでに触れたように「消極的市民権」か「積極的市民権」かということ、換言すれば市民が絶対主義的権威のもとにある単なる臣民として概念化されるのか、それとも積極的な政治的主体として概念化されるのかということである。もう一つの軸は、公共空間の創造にあたって道徳形成の主体が公的領域、私的領域のどちらを指向しているか、ということである（表2参照）。

表2　近代的市民権の四類型

| 積極的（active） | 消極的（passive） | |
|---|---|---|
| Ⅰフランス（革命の伝統） | Ⅲイギリス（受動的な傾向） | 公共意識 |
| Ⅱアメリカ（自由主義の伝統） | Ⅳドイツ（権威主義的な傾向） | 非公共意識 |

この二つの軸によって分類される市民的概念の第Ⅰ類型は、革命の伝統をもつフランスの市民権概念である。この積極的で公共意識も高い革命的な市民権の概念は、家族、宗教、プライヴァシーなどの私的生活を攻撃する。第Ⅱ類型は、リベラル・デモクラシーを背景にもつアメリカの市民権概念で、ここで積極的な民主主義が参加を調制する。だが、この市民権概念はしばしば、プライヴァシーの持続的な強調と個人の意見の尊重によって抑制されもする。第Ⅲ類型は、受動的な民主主義の特徴を示すイギリスの市民権概念（とくに一七世紀の植民地における）で、そこでは市民権は上から与えられ、市民は単なる臣民（subject）であるようにみえる。一九世紀の後半から一九四五年までの日本には、この概念が部分的にあてはまると言えるだろう。

しかし、一九四五年までの日本における近代的市民権は、最後の第Ⅳ類型であるドイツの市民権概念にも近い。この類型の市民権概念においては、個別の市民は国家の神聖性のなかに水没し、そこではリーダーを選挙する観点から最小限の参加が認められるだけである。一方、家族にたいしては、それが個人の倫理的発展の舞台であるとして優先権《プライオリティ》が与えられている。第Ⅳ類型のこの最後の特徴は、日本の近代的家制度に対する評価とパラレルに考えることはできないように思われる。先述したオランダの市民権概念は、全体として、この第Ⅳ類型の市民権のモデルに近い。なお、第Ⅰ類型の革命的市民権のモデルは全体主義に陥りやすく、第Ⅳ類型の権威主義的な市民権モデルはファシズムに墜落する傾向がある。また、全体主義的な市民権のモデルは、国家が平等主義を極端にまで押し進めることで私的領域を封じ込め、私的領域が政治的な職務に影響を与えないようにする。

## 注

（1）ラテン語のキウィタスは市民権、市民全体、市民の身分、国家、共同体、都市（このばあいはウルブス urbs と意味が同じ）を意味する言葉で、市民、同市民、臣民、国民を意味するキウィス civis に由来する言葉である。ローマ市民はキウィス・ロマヌス civis Romanus である。

（2）A. Dauzat et al. 1994. *Dictionnaire étymologique et historique du français*, Larousse.

（3）河原温 1996『中世ヨーロッパの都市社会』山川出版社、一二頁。

（4）このくだりは、つぎのように書かれている。

「……もし社会契約から、その本質的でないものをとりのぞくと、それはつぎの言葉に帰着することがわかるだろう。『われわれの各々は、身体とすべての力を共同のものとして一般意思の最高の指導の下におく。そしてわれわれは各構成員を、全体の不可分の一部として、ひとまとめとして受け取るのだ。』

この結合行為は、ただちに、各契約者の特殊な自己に代わって、ひとつの精神的で集合的な団体をつくりだす。その団体は集会における投票者と同数の構成員からなる。それは、この同じ行為から、その統一（unité）、その共同の自我（moi commun）、その生命および意思を受け取る。このように、すべての人びとの結合によって形成されるこの公的な人格は、かつてはシテ（*Cité*）という名前をもっていたが、いまでは共和国《レピュブリーク》または政治体《コール・ポリティーク》という名前をもっている。それは、受動的には構成員から国家《エタ》と呼ばれ、能動的には主権者《スーヴラン》（Souverain）、同種のものと比べるときは権力《ピュイサンス》と呼ばれる。構成員について言えば、集合的には人民《プープル》という名をもつが、個々には、主権に参加する者としては市民たち《シトワィヤン》（citoyens）、国家の法律に服従するものとしては臣民たち《スュジェ》（sujets）と呼ばれる。しかし、これらの用語はしばしば混同され、一方が他方に誤用される」（傍線部分は引用者による強調）。本文での引用部分は、傍線部分の「シテ」という語へのルソー自身の注意書きである。また、本文の引用にある傍線部分の原文は、以下の通りである。

"la plupart prennent une ville pour une cité et un bourgeois pour un citoyen. Ils ne savent pas que les maisons font la ville mais que les citoyens font la cité."

本文の引用も含めて、桑原武夫他訳 1954『社会契約論』岩波文庫、三〇－三三頁を参照。なお、原分にあった強調は文脈上必要なもの意外はここではとりのぞいた。

（5）C. Nodier. 1866. *Dictionnaire universel de la langue française*, Pierre-Joseph Rey.

（6）N. Bailey. 1757. *A universal etymological English dictionary*.

（7）駒井洋編 1997『新来・定住外国人がわかる事典』明石書店、「市民権（デニズン）」の項を参照。また、李光一「デニズンと国民国家」（『思想』岩波書店、一九九五年八月号所収）をも参考されたい。

（8）J. Brown. 1851. *A dictionary of the Holy Bible*, Blackie.

（9）佐藤眞典 1988「都市国家の成立――帝国と都市」（清水廣一郎・北原敦編『概説イタリア史』有斐閣選書所収）、一二頁。

（10）B. Latini, *Tesoro*, IX, p.2.

（11）アイヌング Einung とは、同身分者または同職業者間の、または治安維持（平和運動）の目的のための、または都市市民相互間の、誓約による協定または団結のことであり、またそのような団結によって成立した団体のことである。元来は中世について用いられる語である。「コンユーラーティオー」に関しては、増田四郎 1995『西欧市民意識の形成』講談社、参照。また、その現代的な意義付けに関しては、斉藤日出治・岩永真治 1996『都市の美学』平凡社、二六三－二七四頁を参照。

（12）M・ヴェーバー、前掲書、一一七－一二〇頁。

（13）最初の〝ゲットー〟は、イタリアの中世都市ヴェネツィアのユダヤ人入植地として形成されたと言われている。

（14）同前書、四一－四二頁。下線部による強調は原文にあるもの。

（15）河原温、前掲書、八八頁。

（16）W. R. Lee. 1988. *Economic development and the state in nineteenth century Germany*, Economic History Review 41. 参照。

（17）L. Kreiger. 1957. *The German idea of freedom*, University of Chicago Press. における議論を参照。

（18）S. Stevin. 1955. *Civil life*, Swest and Zweitlinger.

（19）E. J. Dijksterhuis. 1955. *The principal works of Simon Stevin*, S-vets and Zeitlinger. 参照。

（20）G. Parker. 1977. *The Dutch revolt*, Allen Lane, S. Schama. 1987. *The embarrassment of riches: an interpretation of Dutch culture in the golden age*, Alfred A. Knof. を参照。

（21）以上の「人間と市民の諸権利に関する宣言」の再評価に関しては、斉藤日出治・岩永真治、前掲書、二五八－二六二頁を参照。

（22）J. Godechot. 1979. *Les constitutions de la France depuis 1789*, Garnier-Flammarion, p.37.

（23）*Archives parlementaires*, t.82, p.338.

（24）Ibid.

（25）この点に関しては、斉藤日出治・岩永真治、前掲書、第I部第四章を参照。

（26）J. Shotter. 1993. *Cultural politics of everyday life: social constructionism*, rhetoric and knowing of the third kind, Open University Press, p.171. を参照。

（27）T・H・マーシャル、前掲邦訳、第二章、参照。

（28）J・クリステヴァ 1988『外国人』法政大学出版局、一八七頁。

（29）イギリスにおける最初の、そして世界初の工場法は、一八〇二年の「徒弟の健康と風儀に関する条例」である。その条例は、綿工場に対象を限定して、徒弟の夜間労働の制限とその漸次的廃止、初等教育と衣服の供与、工場の喚起につとめること、工場監督官による検査などを取り決めている。

（30）最晩年の議論として、平田清明 1993『市民社会とレギュラシオン』岩波書店、を参照のこと。

（31）T・H・マーシャル、前掲邦訳、三八頁。

（32）やや先回りして言えば、このことを現代社会における女性の地位身分《ステイタス》の問題に関連付けることも可能である。たとえば、江原由美子はジェンダーという社会的カテゴリーが現代工業社会においてどのような意味を持っているのかを問いながら、社会学批判を近代社会批判に置き換えてつぎのように述べている。「……男性たちは女性には『業績主義』や『普遍主義』を適用しないことに矛盾を感じないままに済まし得たのであり、女性にはそれらの『近代主義的価値理念』を『共有』しながら、自己の行為を別の行為原則や規範によって評価し続けることが可能だった。社会学者が近代社会を『男性中心主義』的に把握しながら、そのことにほとんど気づく《マ》ことなくなし《マ》得たのも同様であろう。女性たちはそもそも、それらの価値や規範の問題の適用範囲外に存在したのである」（1991「フェミニズムとジェンダー」今田高俊・友枝敏雄編『社会学の基礎』有斐閣所収、二〇一－二〇二頁）。江原がここで提起している問題は、その重要な局面において、市民権や市民の概念が本来的に示す社会的な排除と包含の問題と一致する。江原が論文の中で繰り返し使用する〝男性中心主義〟という言葉を、文意を大きく変えずに〝男性市民主義〟という言葉に置き換えてみることも可能である。だが、そうすることで浮かび上がってくる問題の中心は、もはやかならずしも近代社会に特有のものではないであろう。

＊文献を引用する際には、文脈に応じて表現を若干変えた。また、引用文中の［　］には、原文にあるものと引用者による挿入の両方がある。

# 第3章　近代都市の発展と国民的市民権の確立
## ――一九世紀から二〇世紀初頭まで

欺瞞《ぎまん》、奸計《かんけい》、陰謀、暴力と、忌《い》まわしい所有欲がやってきた。…これまでは、日の光や空気のように共通の財であった土地に、用心深い測量者が、長い境界線で目印をつけた
（オウィディウス『変身物語』岩波文庫、上巻、一七頁）

万物は変転するが、なにひとつとして滅びはしない。魂は、さまよい、こちらからあちらへ、あちらからこちらへと移動して、気にいった身体に住みつく
（同『変身物語』岩波文庫、下巻、三〇七頁）

オーギュスト・コントは、分業が連帯の源泉であることを認めはしたが、この連帯が独自なものであることと、社会的類似が生みだす連帯に少しずつとって変わることに気づかなかった
（エミール・デュルケーム『社会分業論』青木書店、三五二頁）

社会的交通のためにも労働の産物をふやす力の結合のためにも好都合な、一定の人口密度というものがある
（ジェームズ・ミル『経済学要綱』古典経済学叢書、春秋社、五六頁）

感覚は状態《ヘクシス》であるが、運動は現実活動《エネルゲイア》である。…いかなる記憶も状態ではなく、むしろ、現実活動である
（アリストテレス『トピカ』岩波書店、全集第二巻、一〇九頁）

慈善の楽しみというものは、傲慢な背道徳な楽しみなのです。金持が自分の富や権力や、自分と貧者との価値の比較、こういうものによって感じる楽しみなのです
（ドストエフスキー『悪霊』新潮文庫、上巻、五九五頁）

### 1　世紀転換期におけるアメリカ社会の変貌

#### 変貌するアメリカ

ウォルター・リップマンは、一九一七年六月、かつての級友とニューヨーク市の五番街を歩きながら、「われわれが知っていた世界は終わった。もう二度と同じ世界は来ないだろう」と語ったと言われている。ウィルソンの一四ヵ条の提案の原案作成にくわわり、当時のアメリカ政府の公式見解をも起草したと言われている、リップマンのことである（同年のロシア革命と翌年のウィルソンの提案によって、時代は新しい国際秩序を模索しはじめていた）。かれは、後に大衆社会論の古典『世論』の著者として名前が知られるようになる。が、そのリップマンは一九一四年にすでに（この年、ヨーロッパでは第一次世界大戦が勃発したが、アメリカではフォードがアセンブリー・ラインによっ

て工場内で新しい時空間の利用法を発見していた)、その著書『漂流と統御』のなかで、つぎのように時代の変化を捉えていた。

われわれの存在は根底から揺るがされている。[この]奇妙な状況に対処できる人間関係など、親子、夫婦、労働者と雇用者のどれであれ存在しない。われわれは錯綜した文明には慣れていないのだ。人間的な絆と永遠の権威が消え去ったいま、人びとはどのように振る舞ってよいのかわからないでいる。われわれを導く先例はない。……われわれはお互いに隣人を知らないで大都市に住んでいる。……われわれの人間的なつながりは、直接的な接触がほとんどないまま固定され、広範なる領土へと広がっている。しかし、このような非人格的な性質は、堪えがたいものである。人びとには[この]抽象性が始末に負えないものになっている。だから人びとは人間関係の噂話を……際限もなく新聞に求めるのだ。ゴシップが組織されている。われわれは以前には村の店先でしていた噂話を、[いまは新聞により]電信を使ってしているのである(リップマン『漂流と統御』、九二—九三頁。[ ]内は引用者による挿入)。

また、アーネスト・バージェスは第一次世界大戦後の一九二三年、アメリカ社会学会において「都市の発展——調査計画序論」を発表し、リップマンが約一〇年前に感覚的に鋭く捉えていた二〇世紀初頭のアメリカ社会の変化を、つぎのように整理している。

都市に特有な近代生活のすべての現象——高層建築、地下鉄、百貨店、日刊紙、社会事業——は、アメリカに典型的なものである。われわれの社会生活に現れている鮮明な変化は、それは離婚、非行、社会不安のようにわれわれに警告を与えたり、われわれを困惑させている問題であり、端的に「社会問題」と言われているものであるが、アメリカにおけるわれわれの大都市においてもっとも極端なかたちでみられるものである。こうした変化をもたらした絶大な、そして「破壊的な」力は、都市の物理的な発展と拡大のなかに測定される(E・W・バージェス「都市の発展——調査計画序論」、大道・倉田訳『都市』所収、四九頁。訳文は一部変更)。

リップマンやバージェスが捉えようとしたのは、アメリカ社会がよりモダンになる過程であり、より多くの人が都市生活をするようになる過程であった。それは同時に、恒久的移民制限法(一九二一年には暫定的な移民制限法が制定された)やインディアン市民権法が一九二四年に制定され、ナショナルなアメリカの市民社会がその内包(構成員)と外延(周辺部に位置づけられる人びと)を確定していく過程でもあった。

振り返ってみれば、一九世紀末から二〇世紀初頭にかけての世紀転換期のアメリカは、変化と進歩の只中にあった。そしてその変化と進歩の象徴は、大都市の発展、新移民の流入、大量消費社会の質的拡大であった。

一八七〇年代から一九一四年の第一次世界大戦勃発までにアメリカは、対外的には、一八九八年にアメリカ―スペイン戦争の結果、キューバをスペインから独立させ、プエルトリコ・フィリピン・グアム島を獲得し、また同年ハワイを併合し、さらに一九〇一年にはキューバを保護国化し、一九〇三年にはパナマ運河の永久租借権を獲得、一九〇四年にはセオドア・ルーズベルトがアメリカの中南米諸国への武力干渉を正当化するなど帝国主義的姿勢を強め、中南米や太平洋に支配権を広げていた。

一方、国内では、一九世紀に支配的であったヴィクトリア朝的なものが崩れつつあり、モダンなものが台頭しつつあった。スカートを広げるための腰当てや禁制の多い老婦人を思い出させる「ヴィクトリア朝式」、聞きたがり屋で、がみがみ言い、せっかくの楽しみを壊す人間を連想させる「清教徒的」は、非難の言葉になりつつあった。主観的には、人びとはモダンに生きようと努めるように、すなわち伝統や社会的因襲を粉砕し、洗練された生活や人間関係を好み、スマートかつ率直に生きようと努めるようになった。客観的には、この変化は、世紀転換期にアメリカへやって来た人種・民族的に多様な「新しい」移民やアメリカ南部からの黒人移住者を北部工業社会へと受け入れるための、社会的な価値体系の調整のプロセスであった。

**技術革新、消費社会、および新しい移民**

この時期にまず、産業・技術革新の分野で登場したのは、生産性を上昇させた衣料部門での回転式切断機（一八七〇年代）と製靴における合わせ加工法（一八七五年）、一八八〇年代半ばの鉄鋼生産における「ベッセマー法」（イギリス人H・ベッセマーとアメリカ人W・ケリーがほぼ同時に発明）と「ジーメンス＝マルタン法」（実験段階に達した）、ベルによる電話の特許の獲得（一八七六年）とナショナル・ベル電話会社の創立（一八七九年）、エディソンによる蓄音機の発明（一八七七年）や白熱球・乾電池・発電機などの発明（一八七九年）、テイラーによる「科学的管理法」の提唱（一九一一年）、フォードによるアセンブリー・ラインの創設（一九一四年）などである。流通・販売の分野では、デパート、チェーン・ストア、通信販売などの、大量販売に対応する小売りの新しい形態がこの時期に登場した。たとえば、メイシーズ（ニューヨーク）、ジョン・ワナメーカー（フィラデルフィア）、マーシャル・フィールド（シカゴ）といったデパートが、一〇セント・ストアのようなチェーン・ストアや、シアーズ・ローバック社[1]に代表される通信販売のシステムが、この時期に登場した。

消費の局面では、産業面での技術革新や流通・販売システムの確立にも促されて、電話・ラジオ・新聞・雑誌・映画・蓄音機・家具・冷蔵庫・電灯・紙巻煙草・化粧品などが、マイホームとともに普及していった。同時に、商品広告そのものが、スタイルとして人びとに「消費」されるようになった[2]。さらに、第一次世界大戦前からはじまった都市と農村における自動車の本格的な普及は、アメリカの大量消費社会を一挙に変容させた。諸都市は自動車の増大を媒介としながら諸機関を「離心」させ、人口を「分散」させていった。「離心（decentralization）」とは、工業・商業・行政などの特定の都市活動がそれ自体が独立した一地方のリージョナル・センターとして機能している別の都市へと分散することを指し、「分散（deconcentration）」とは、単に人びとや事務所が都市地域内の集中をさけて郊外のより広い土地へと移動していく傾向をいう。くわえて電話やラジオなどのコミュニケーション技術の革新は、管理や支配の機能を都心部に置いたままで工場を都市の外縁部に移動させることを可能にした。こうして、工場は郊外に分散し管理や支配の諸機関は中央ビジネス街（Central Business District 以後、CBDと略称）に集積するようになる一方で、「見せびらかしの消費」（T・ヴェブレン）「耐久消費財革命」（M・オルニー）「消費者としての人びと」（R・S・リンド）が問題になり、社会全体としては「『生産者的』資本主義から『消費者的』資本主義へ」（秋元英一）の転換が生じつつあった。

一方、一八九〇年以降のアメリカ社会には、北ヨーロッパからの「旧」移民に、南および東ヨーロッパ、アジア、メキシコからの「新」移民がくわわっていた。旧い移民は大部分プロテスタントか、ばあいによってはカトリック系アイルランド人であり、ドイツ系の多くをのぞいて、おもに英語を話す者からなっていた。これにたいして新しい移民たちにおいては（その最大集団はイタリア人であり、第二番目は南および東ヨーロッパからのユダヤ人であった）、カトリック教徒とユダヤ教徒が支配的であった。メキシコ人やアジア人は、新しい移民を人種的に多様なものにしていた。一九二〇年までに、アメリカの人口の一三％が第一世代の移民からなっていたのであり、また別の二一・五％は、かれらの子どもたちからなっていた。新しい移民は、北東部、中西部、西部のアメリカ諸都市のエスニック・コミュニティの異質性に意義深くくわわったのである。

ヨーロッパからアメリカへの移民は、大きく三つの波に区分される。第一の波は、一四九二年のコロンブスによる「新大陸」発見から一九世紀後半までの、植民地主義にもとづく移民である。この時期の（より正確には一八八〇年代までの）主要な移民は、ドイツ、イギリス、アイルランド、スカンジナヴィアなど地域的には西欧や北欧からの移民で、アイルランド人をのぞけば、チュートン民族に属し、また宗教的にはプロテスタントが大部分であり、一般に「旧移民」と呼ばれる。第二の波は、一九世紀末から二〇世紀初頭（より正確には一八九〇年代から一九二〇年代まで）の、産業化に結びついた労働移民であり、その多くは東欧や南欧からのものであり、民族的にはスラヴ民族、ラテン民族、ユダヤ民族で、宗教的にはカトリック教徒が多く、そうでなければギリシア正教徒、ユダヤ教徒であった。この世紀転換期から一九二〇年代にかけての移民は、一般に「新移民」と呼ばれている。新移民のなかでとくに多かったのは、イタリア人、ユダヤ人、ポーランド人である（なお、旧移民、新移民という名称はおもにヨーロッパ移民に適用されるものであるが、より広い意味では西欧系カナダ人移民は旧移民に、ラテン・アメリカ人移民やアジア人移民は新移民に含められる。有賀貞『アメリカ史概論』、二一一―二一二頁参照)。第三の波は、一九四五年以降の(すなわち、第二次世界大戦以後の)、地球規模での移民活動の一環としてのヨーロッパからの移民である。だが、戦後のアメリカ合衆国への移民の特徴は、それまで主役であったヨーロッパからの移民にかわって中南米(とくにカリブ海諸国)やアジアからの移民が増えたことにある。

シカゴでは、人口が一八七〇年代の初頭には三〇万人弱であったのが、わずか二〇年後の一八九〇年には一一〇万人近くまで増加しているが、それは自然増ではなしに流入人口の増加にともなうものであり、その多くは移民たちであった(表1参照)。一八七〇年、すなわちシカゴ大火の直前には、人口の約半数(四八・四%)が外国生まれであった。一九〇〇年には外国生まれの割合が三四・六%にまで減少してはいるものの、同年の白人人口のうち、二親もしくは片親が外国生まれの人口は一三一万二〇〇〇人あまりを数え、総人口(一六九万八〇〇〇人)の七七・三%にものぼっている。世紀転換期から一九二〇年にかけてのシカゴが「移民都市」の典型として扱われる所以である。上記の、「シカゴにおける外国生まれを親(二親もしくは片親)にもつ白人人口」のうち、親の出生国として多かったのは、ドイツ四一万六〇〇〇人、アイルランド二一万五〇〇〇人、ポーランド一〇万九〇〇〇人、スウェーデン一〇万人であった。シカゴは「旧移民」と「新移民」が混在する都市であった。

**表1　シカゴの規模・範域・密度**

| 年度 | 市の人口 | 大都市圏人口 | 市の範域(平方マイル) | 密度(平方マイル) |
|---|---|---|---|---|
| 1830 | ca.100 | | 0.417 | 240 |
| 1840 | 4,470 | | 10.186 | 439 |
| 1850 | 29,963 | | 9.311 | 3,218 |
| 1860 | 109,260 | 17.492 | 6,246 | |
| 1870 | 298,977 | 35.152 | 8,505 | |
| 1880 | 505,185 | 35.152 | 14,371 | |
| 1890 | 1,099,850 | 178.052 | 6,177 | |
| 1900 | 1,698,575 | 189.517 | 8.963 | |
| 1910 | 2,185,283 | 2,805,869 | 190.204 | 11,489 |
| 1920 | 2,701,705 | 3,575,209 | 198.270 | 13,626 |
| 1930 | 3,376,438 | 4,733,777 | 207.204 | 15,862 |
| 1940 | 3,396,808 | 4,890,674 | 212.863 | 15,958 |
| 1950 | 3,620,962 | 5,586,096 | 212.863 | 17,011 |
| 1960 | 3,550,404 | 6,794,453 | 212.863 | 16,679 |
| 1970 | 3,366,951 | 6,892,509 | 227.251 | 14,816 |

＊シカゴ大都市圏にはイリノイ州の Cook, Du Page, Kane, Lake, Will の各カウンティと、インディアナ州の Lake, Porter カウンティをふくめる。(Condit, C. W., 1973, p.301 をもとに作成)

「移民都市」としてのシカゴの種差性として指摘できるのは、第一に、ドイツ系のなかには多くのユダヤ人が含まれていたことである。シカゴに初めてユダヤ系が到着してからシカゴ大火までの三〇年間、ドイツ系ユダヤ人移民は、シカゴで増大するドイツ人住民と友好的関係を保っていた。かれらはドイツ語を用い、一八四八年のヨーロッパにおける革命が大規模な海外移住を生み出していたので、多くはそのことについてドイツ人住民と同じ政治的見解をもっていた。一方、一九二〇年代のシカゴにおけるエスニック・コミュニティの分布のなかで、ゲットー(Ghetto)とドイチュラント(Deutschland)が隣接しているが、「ゲットー」はユダヤ人的な慣習と宗教的信念を保持しているロシア系ユダヤ人の多い地域であり、「ドイチュラント」は二〇世紀初頭に流入してきた裕福なルーマニア系ユダヤ人などによって新たに拡大された居住地域であった。後者はドイツ系ユダヤ人を生活の模範としユダヤ人的な古い慣習や宗教上の信念を捨てる傾向があったので、ゲットーの住民から「ドイチュラント」と呼ばれ、「ドイツこじき」とばかにされた。ゲットーからやって来てドイチュラントに住む向上心に富むユダヤ人家族は、かれらにとっての「約束の地」、すなわち居住者用ホテル、アパート居住地域、「衛生的ループ」、「栄光に満ちた地域」を夢見ていた（以上、図1、図2における第二＝遷移地帯のゲットー、第三＝労働者居住地帯のドイチュラントと、その外側に広がる第四＝住宅地帯内の各居住地域との位置関係を参照。図2は本書の八九頁）。第二に、「移民都市」としてのシカゴの種差性として指摘できるのは、ドイツ系、アイルランド系についで、スカンジナヴィア系（スウェーデン＋ノルウェー）が第三のエスニック・グループとして存在したことである（シカゴにおける移民流入の概略とその特徴づけに関しては、岩野一郎「都市政治と移民」、阿部他編『世紀転換期のアメリカ』所収、一〇二－一〇五頁を参照）。

なお、本章ではチャイナ・タウンなど、アジア・東洋系の移民コミュニティについてはほとんど言及がなされていない。一九二四年の恒久的移民制限法が最終的にアジア移民を禁止するものであったこと（日本人以外のアジア移民はさまざまな措置によりすでに禁止されていたが、この法律によって日本人移民も禁止されることになった）、また一九世紀以来シカゴは鉄道の中心地として発展してきたが、その鉄道建設自体が中国人苦力なしにはありえなかったことなどを考えると、世紀転換期から一九二〇年代にかけてのアジア・東洋系移民のコミュニティの実態の解明は、きわめて重要である。他方、都市に流入した「新移民」たちがアメリカ社会に定着するためにもっとも便宜を計らったのは、政治ボスの組織「マシーン」であった。これは一九二〇年代のシカゴにあっても同様であり、世紀転換期から一九二〇年代にかけてのアメリカに独自の都市空間の生成を考察するにあたっては、やはり重要な局面である。だが本章では、

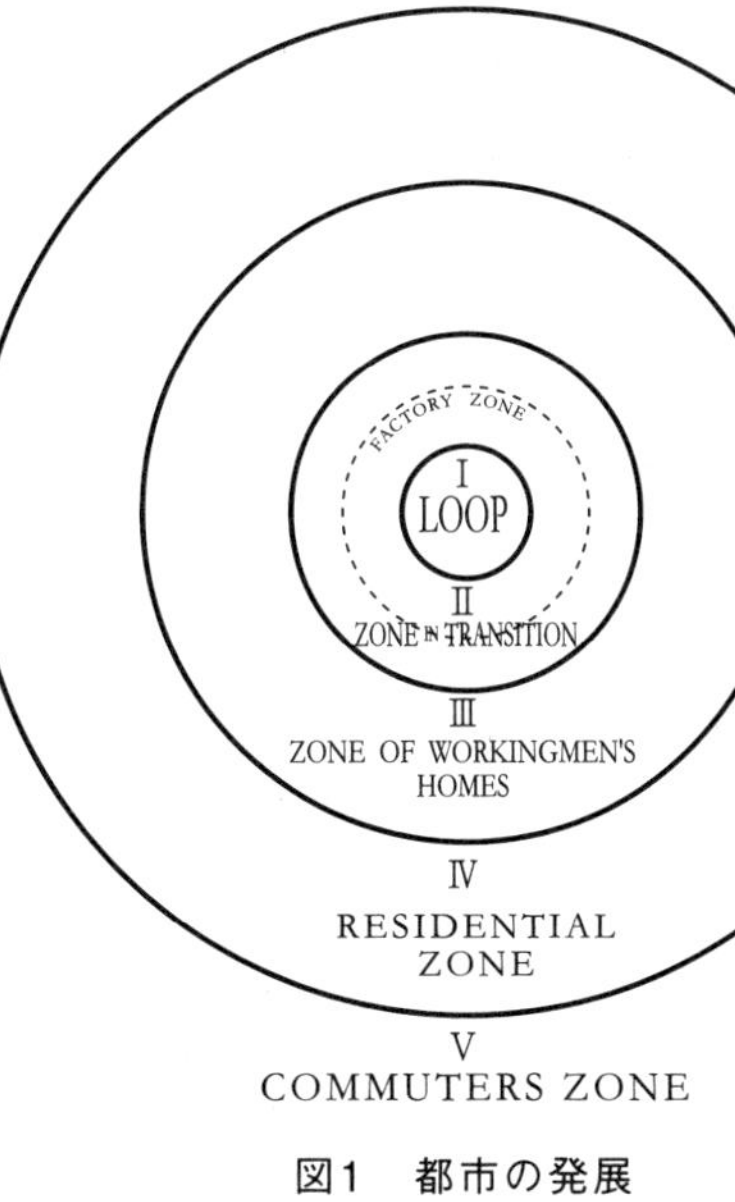


**図1　都市の発展**

（Park, R. E. et al. 1925, p.51をもとに作成）

紙数の関係上、以上の二つの問題への言及はできなかった。

またこの時期、西部に行って自営農民になるという一九世紀来アメリカ人に開かれていた機会は消失し、新たな生活機会は都市が提供するようになっていた。他方、第一次世界大戦勃発後は農村から都市への移住が増大するが、そのなかでも特筆すべきは、南部農村地帯から北部大都市への黒人の移動であった。一九二〇年の国勢調査においてアメリカの都市人口は農村人口を上廻った。

## 2　中西部諸地域の発展と都市シカゴの誕生

### アメリカを主導する中西部の諸都市

二〇世紀の初めの三〇年のあいだアメリカの経済、政治、社会を主導したのは、デトロイト、シカゴ、クリーヴランド、シンシナチ、セントルイス、デイトン、トレド、ミルウォーキーなど、中西部の諸都市であった。たしかに、ニューヨークを初めとする東部地域の諸都市は、摩天楼、タブロイド新聞、ラジオ、ポピュラーソング、フラッパーなど、アメリカの新しい大衆文化と都市の風景を象徴していたであろう。じっさい、「都市大衆文化の成立」が論じられる際には、ベルリンや東京とともにニューヨークがとりあげられることが多い。

しかし、当時、産業上の技術や自動車の生産ではデトロイト、経営管理法やダーウィン進化論論争についての話題性ではデイトン、自治体の再開発ではトレドやクリーヴランドに匹敵するものはなかったし、また社会調査と社会改革では、ミシガン湖畔に移民を吸収しながら発展するシカゴに匹敵するものはなかった。とりわけシカゴは、当時、もっとも知られたセツルメント活動の拠点であり、主要な大学のなかで最初に社会学部、社会学雑誌がつくられた土地であり、大学院で最初に社会事業に関するプログラムがつくられたところであった。その点では、フィラデルフィアやボストン、あるいはニューヨークでさえもが、それに及ぶものではなかった。一九一七年、ボルチモア育ちの批評家H・L・メンケンは、シカゴは「アメリカでもっとも文明化された都市」であり、「もっとも徹底してアメリカ的なもの」であると宣言している。カール・サンドバーグ、シャーウッド・アンダースン、セオドア・ドライザー、シンクレア・ルイスなどの名前をここで思い浮かべてもよい。創造性と反抗の精神をもつ「風の都市」は、人びとがむかうべき場所であった。この時期のある作家は、シカゴのことを「中西部のモンマルトル」、「大草原のパルナッソス」と形容している（ティーフォード（Teaford, J. C.）『心臓地帯の都市』、一五五－一五六頁参照。もちろんこれは、より厳密に言えば、ホワイト・シティとしての特質を賞賛するものである）。われわれはここに、アメリカは中西部の都市を、そしてなかでも、フォード自動車産業の中心地であるデトロイトにくわえて、大草原派の建築家[3]が中西部の誇りをもって集うところであり、「アメリカ文学の首都」（メンケン）であり、ジェーン・アダムズのセツルメント活動の中心地であり、多様なエスニック・コミュニティとそれに対する社会調査の実践の中心地であるシカゴを、とりあげる理由を見出すのである。[4]

**新興都市の歴史**

シカゴを初めて訪れた白人は、ジャック・マルケット神父とルイ・ジョリエという、二人のフランス人探検家であった。一六七三年、かれらは五大湖からミシシッピ川下流への探検の帰路ここに立ち寄っている。その後、アパラチア山脈とロッキー山脈に挟まれた広大な北米内陸部はフランスが領有することになったが、ヨーロッパ人が七年戦争と呼んだフレンチ・アンド・インディアン戦争（一七五六―六三年）の結果、ミシシッピ川以東の土地はイギリス人の手に渡ることになり、ここにフランスの領土支配は終わりを告げた（デトロイト、セントルイス、テレホートなど、フランス語系の地名が中西部に多く残っているのは、こうした経緯によるものである）。そして一七八三年、パリ条約によってアメリカの独立が承認されると、その土地は独立したアメリカ合衆国にそのまま引き継がれることになった。

だが、中西部の事実上の支配者は、依然として先住者のインディアンであった。[5]アメリカ人がじっさいに、シカゴのあたりを手に入れたのは、一七九五年の対インディアン協定においてであり、シカゴ川河口の土地を六マイル（約九・六キロメートル）四方にかぎりかれらの居住地としてインディアンに認めさせてからのことである。そしてアメリカ人は、一八〇三年、ミシシッピ川への水路を手に入れるために、そこにディアボーンの砦（軍事的拠点）を築いた。砦が築かれるやいなや、シカゴ川河口のこの野生地は、凄まじい変貌を遂げることになる。一八一〇年代前半の大掛かりな対インディアン戦争、一八二四年の合衆国陸軍省におけるインディアン局の創設、二五年のエリー運河の完成とそれにともなうアメリカ人の中西部への大移住、一八三〇年の「インディアン強制移住法」の成立（二年後のブラックホーク戦争によって、インディアンは先住地であるミシシッピ川上流域から完全に追放された）、一八三三年の町制施行や一八三七年の市制施行[6]が呼び起こした土地投機ブームなどをへて、シカゴは急速に都市としての条件を整えていった。人口も、一八三〇年には五〇人だったのが、三三年には三〇〇〇人を越え、以後三七年に四〇〇〇人、四三年に七五〇〇人、四五年に一万二〇〇〇人、五〇年に三万人弱へと、飛躍的に伸びていった。一八五〇年時点の人口構成は、白人が二万九〇〇〇人であるのにたいして黒人は三〇〇人であり、外国生まれの者はアイルランド人が六〇〇〇人でもっとも多く、ついでドイツ人の五〇〇〇人（プロイセン人とオーストリア人を含む）、イングランド人およびウェールズ人の一八〇〇人であった。

とりわけこの変化に大きな意味をもったのは、エリー運河の開通であり、これによって流民たちがやって来るようになった。東部からは失意の工業労働者、ニューイングランドからは岩だらけの土壌に耐えかねて逃げ出してきた農民、ヨーロッパからは移民たちがやって来た。運河が開通して二年後には、五大湖を結ぶ交通もすっかり活気を呈するようになっていた。シカゴの初代市長になったウィリアム・オグデンも、そのなかにいた。かれは、これからはミシガン湖畔で土地ブームが起きる、と信じて、一八三五年にニューヨークからシカゴにやって来た口であった。

## 大都市シカゴの誕生

シカゴはその後も膨張を続けた。一八四〇年には中西部の都市のなかで第八位であった人口は、一〇年後の一八五〇年にはシンシナチ、セントルイスについで第三位になり、一八七〇年には三〇万人近くにまで増えてセントルイスに次いで第二位になった。

七一年一〇月八日、市の南西部デコーブン通りにある民家の納屋から出た火は、ミシガン湖に向けて吹きつける南西の風にあおられて、湖岸沿いに北上し、市の中心部をなめつくした。有名なシカゴ大火である。大火によって、市の三分の二が灰燼に帰した。だが、そのような大火にも屈せず、都市シカゴは復興から繁栄への道を歩んだ。シカゴが「不死鳥」都市と呼ばれる所以である。シカゴは三年後の一八七四年に二回目の大火にあっているが、その大火後の区画整理をきっかけに、後に「黒人地帯《ブラック・ベルト》」と呼ばれることになる都心《ループ》地域南側の黒人集中居住区が形成されることになる。「黒人地帯」の形成に関して、竹中興慈は、つぎのように言っている。「……一八九〇年から一九〇〇年にかけて、シカゴの黒人人口は一万四〇〇〇人から三万人へと倍化し、市人口に占める黒人人口の割合も一・三%から一・八%へと増加した。その結果、散在していた小さな黒人居住区のうち、いくつかがとりわけ膨張し、一九〇〇年ごろには市のサウスサイドに細長く南北にのびる黒人居住地域が出現している」（『シカゴ黒人ゲトー成立の社会史』、二二四頁、および第四節の「ブラックベルト」を参照）。

そして西部開拓のフロンティアが消滅した一八九〇年には、シカゴの人口がついに一〇〇万人を越えて中西部で第一位、アメリカ第二の都市になった（表1参照）。当時の中西部第二の都市であったセントルイスの人口が四五万一〇〇〇人、第三位のシンシナチのそれが二九万六〇〇〇人であったことを考えると、シカゴの発展が中西部においていかに他を圧倒していたかがよくわかる。

シカゴに最初の鉄道が敷かれたのは一八四八年のことであるが、その後の貨物列車の出現は、湖と河の交通にくわえて、シカゴの人口が膨れあがるのにあずかって力があった。南北戦争後、シカゴは、周囲に広がる大草原でとれた穀物と、それを食用その他に利用する人びとを結ぶ理想的な合流点になり、あっという間に世界最大の鉄道の中心となった。二大政党の大統領候補指名大会の大半はここで開かれた。また「シカゴへ連れてこられた牝牛はステーキやテニスのラケットになって、この町を出て行く」（A・クック『アメリカ』、邦訳上巻八五頁）といわれ、シカゴでは大量の家畜や穀物がその姿を変えられた。

一方、ウィリアム・F・アレンによる「標準時」設定の努力は、一八八三年、シカゴにも新しい時間をもたらすことになった。ディアボーンの天文台が新時間（グリニッチを基準とする新しい鉄道標準時）の採用に踏み切ったのである。ディアボーンと時報サーヴィスの契約を結んでいたシカゴ市当局も、これに追随することになった。「ニューヨーク時」をしめす時計がユニオン駅の壁からおろされ、二番目の時計のうえの「フィラデルフィア時」と書かれた表示が「標準時」という説明書きの下に隠れていったのである（M・オマリー『時計と人間』、邦訳一三八頁）。

一〇年後の一八九三年、シカゴ万国博覧会が開催され、コロンブスによる新大陸の「発見」四〇〇年が大々的に祝われた。この万国博覧会は、帝国主義時代のグローバリズムの事実を賞賛する一方で、ベンヤミンが諸商品と諸国民国家間の競争の「幻像空間《ファンタスマゴリー》」と呼ぶものを提供していた。博覧会では高さ一五フィートのデモンストレイション用のきらびやかな時計塔がつくられ、この展示に添えられたパンフレットには「標準時とは何でしょうか？」と書かれていた。他方、湖畔の会場には一群の大理石の建造物が建てられ、威容を誇っていたことから、当時のシカゴは「白亜の都市《ホワイトシティ》」と呼ばれた。だが、博覧会は同時に、三世紀にわたる旧ヨーロッパ人（入植者）とインディアン諸部族との戦争に終わりを告げ、白人文明の進歩の成果に光彩をそえるもうひとつの役割をも担わされていたので、別の意味で「白人の都市《ホワイトシティ》」と呼ばれるにふさわしいものであった。

ここで、アメリカ史において「フロンティア」という言葉がもつ意味を、インディアン戦争とのかかわりにおいて簡単に振り返っておこう。一八九〇年一二月一五日、インディアン・スー族の老族長シッティング・ブルがかれを逮捕にやって来た官憲とのトラブルに巻き込まれて射殺された。その数日後、ウーンテッド・ニー・クリークでスー族戦士の武装解除中にこぜりあいが起こり、女性や子どもをふくめて三〇〇人のインディアンが騎兵隊に虐殺された。このウーンデッド・ニーの虐殺は、それまで三世紀にわたって繰り広げられてきたインディアン戦争の終わりを象徴する事件であった。一四九二年にコロンブスがアメリカ大陸にやって来たとき一〇〇万人以上を数えた北米インディアンは、ウーンデッド・ニーの虐殺のときには、約二五万人になっていた。そして一八九〇年の国勢調査の結果を受けて、国勢調査局はフロンティア・ラインが消滅したと発表した。またフレデリック・ジャクソン・ターナーは一八九三年、「アメリカ史におけるフロンティアの意義」を発表し、アメリカの歴史におけるフロンティアの意義を強調した。アメリカ史においてフロンティアという言葉は、「交通のフロンティア」「太平洋岸のフロンティア」「農業のフロンティア」「林業のフロンティア」など多義的に使われる。その「フロンティアが消滅した」という言葉でアメリカ人が表現していたことのうちには、インディアンが住む「野蛮な世界」とアメリカ人自身の「文明化された世界」との境界地帯の消滅というような意味も含まれていた。

そして、シカゴがさらに激しい変化と発展の時期を迎えるのは、このシカゴ万国博覧会以降の、世紀転換期から一九二〇年代までの時期である。それはアメリカ社会全体における変化と発展に歩調をあわせるものであり、またアメリカ資本主義に独自のメゾ・レヴェルにおける制御調整様式としての都市空間がその姿を現す時期であった。

## 3 大都市シカゴの変化と発展
### ——新しい空間と時間の感覚

#### 都市計画と新しい空間の生産

世紀転換期から第一次世界大戦をへて一九二〇年代へと向かう時期は、アメリカ社会が「繁栄のバンド・ワゴン」（F・L・アレン）を自分のものにする変化と革新の時期であった。大統領は進歩主義で有名なセオドア・ルーズベルト（一九〇一–〇九年：共和党）から、ウィリアム・タフト（一九〇九–一三年：共和党）、ウッドロー・ウィルソン（一九一三–二一年：民主党）、ウォーレン・ハーディング（一九二一–二三年：共和党）、カルヴィン・クーリッジ（一九二三–二九年：共和党）、ハーバート・フーヴァー（一九二九–三三年：共和党）へと代わった。アメリカは債務国から債権国になっていた。すなわち、二〇世紀初頭にすでに農業国としてだけでなく工業国としても世界第一位となっていたアメリカは、第一次世界大戦後には金融国としても世界の第一位となったのである。対外的には、パナマ運河（一九一四年）の完成を機にカリブ海政策を強力に展開していたアメリカは、第一次世界大戦後、ワシントン会議（一九二一–二二年）の提唱を通じて太平洋の秩序形成をも主導するまでになった。

一方、シカゴの人口は、一九〇〇年に一六九万人、一九一〇年に二一八万人、一九二〇年時に二七〇万人と激しい増加を続け、シカゴは都市から郊外の住宅地を抱える大都市圏へとその姿を変えつつあった(7)（また一九二〇年までに、中西部の都市のなかではセントルイスやシンシナチに代わってデトロイトが、第二位の都市にのしあがってきていた。ヘンリー・フォードが「T型フォード」の製造を開始し、自動車の大衆化に先鞭をつけたのは、一九〇九年のことであった）。一九一〇年、「シカゴ・プラン」と言われるメトロポリタン計画が、市当局によって採用された。それは都市計画としては、オスマンのパリ計画（一八五三–六九年）のつぎなる段階を表現していた。すなわち、二〇〇万人の住民をもつ一都市と、三〇〇万人に近い居住者を抱える大都市圏とに必要と思われるスケールで考えられた、最初の都市計画であったのである。

D・バーナムとE・ベネットによって一九〇六–〇八年につくりだされたこの大都市計画は、二つの動機づけの要素からなっていた。その第一の要素は、一方では美的環境秩序を公共空間のなかに供給し、他方では都心部で急速に固定的になり（規則的な移動性を高め）つつあった交通量の、便利かつ効率的な運動に必要な諸幹線を供給する、調和のとれた都市を建設することであった。第二の要素は、その調和のとれた都市へ向けての解決の手段であった。バーナムには経験があった。かれは、オスマンによるパリの都市計画における大通り、広場、記念碑、河沿いの遊歩道を、一八九三年のシカゴ万国博覧会の秩序づけられた諸空間と諸建造物のなかに広場のスケールで考えたことがあったのである。バーナムを中心とする万国博覧会会場の空間設計は、過密大都市の無秩序状態に悩まされていた人びとに、都市空間の秩序回復への希望をあたえた。それは「都市美運動」を生み出し、アメリカにおける近代的な都市計画運動の始まりを告げるものであった。運動は美しさと効率性を求めた。それはとくにダウンタウン地区の改善を目指したものであった。この運動の延長に、バーナムとベネットの「シカゴ・プラン」が登場することになる。「シカゴ・プラン」を作成するにあたってバーナムは再度、大通りが広場から放射線状に広がるオスマン的な都市計画の空間的秩序を、シカゴの都市のスケールで思い描くことになった。バーナムの「シカゴ・プラン」による提案の多くは、都市の発展を脅威に感じ、また階級ごとに土地利用を分離・区別して下層階級の住宅や産業を自分たちの居住地域の外に維持したいと考えていた中・上流階級の人びとによっても支援された。

シカゴ市民は、湖岸の緑や森林保護地区というグリーンベルトを求めるバーナムの計画を、大規模に実行した。くわえてシカゴ市は、通りの改善、すなわち12番通り（後のルーズベルト・ロード）の拡幅、ミシガン大通りの北方への拡張、リバーズ・バンク沿いのウエイカー・ドライヴの建設などを求める提案のいくつかを実行した。だが、市民ホールは実現されない夢のままであった。またシカゴ市は、西隣地区に放射状に伸びる遊歩道をともなった、広場を建設しなかった。さらにシカゴ市のノコギリの歯のようなスカイラインは生き残り、それは統一されたコーニス・ラインを求めたバーナムのユートピアとは正反対のものであった。

ところで、これらの失敗は、シカゴがパリの摸作であるよりはむしろ典型的に中西部的であることを意味した。批評家たちのある者は、バーナムのヨーロッパ・モデルへの信頼、とりわけ皇帝ナポレオン三世のもとでオスマンによって創造されたパリへの信頼を、批判してきた。主導的な計画史家メル・スコットは、バーナムの理想的なシカゴを「中西部のオスマン化された首都である」といっている。たしかに、バーナムの夢の都市（かれが理想としたシカゴの都市空間）は中西部に固有のものであるよりは、どちらかといえばヨーロッパを模倣したものであった。だが、じっさいにその計画の多くは、純粋に「シカゴ的なもの」（したがって「アメリカ的なもの」）であったといってよいだろう。その雄大さと野心そのものは、自分たちの都市を大胆なる首都であると考えるシカゴ自慢のリーダーたちにたいして、まちがいなく訴えるものがあった。都市の無秩序や社会的分裂状態をめぐる都市計画（シカゴ・プラン）への市民の関心は、都市シカゴにおける異常な速さの成長、数ヵ国語を話す住民、激しい階級紛争などを反映していた。バーナム自身、シカゴはヘイマーケットやプルマンの都市である、と認識していた。さらにシカゴ計画委員会がおこなった売り込みのキャンペーンも、民主的なシカゴを、ナポレオン皇帝のパリと区別していた。シカゴでは、ビジネス・エリートはみずからの計画を人びとに売らなければならなかった。パリのように皇帝がそれを課すことはできなかった。W・ムーディがよく認識していたように、「心臓地帯」すなわち中西部を代表する都市計画は、建築家たちの美的判断と同じくらい、シアーズ・ローバック社の商品化計画の技術に頼ったのである。中西部の人びとは、かれらがT型フォードを売ったのとまさに同じように、公共政策の呼び売りをしたのである。「シカゴ・プラン」がその理想通りに実現したわけではなかったけれども、しかし都心のCBDや郊外の住宅地など、シカゴは近代都市に特有な空間的秩序を徐々に自分のものにしていった。一九一〇年代の後半から二〇年代にかけて、シカゴでは北ミシガン大通りを中心にライグレイ・ビルディング(一九一九―二一年)、ドレイク・ホテル(一九二〇年)、ロンドン保険ビルディング(一九二二―二三年)、シカゴ・トリビューン・タワー(一九二三―二五年)、メイサー・ビルディング(一九二七―二八年)などの高層建築がつぎつぎと建設され、夏には海水浴客で賑わうオーク・ストリート・ビーチ(レイク・ショア・ドライヴ)沿いも、近代的なビル群によってその空を占拠されるようになった。シカゴでは徐々に、「形態は機能に従う」という主張をもったルイス・H・サリヴァン流の近代的機能主義建築群が都心地域を埋め尽くしていった。また都市が発展するにつれて商業・工業施設やスラム(都市のなかのムラ)が住宅地域へと侵入することを地帯区分《ゾーニング》の立法化よって防止することは、シカゴの中・上流階級が「シカゴ・プラン」以降の都市計画に期待したところであり、ある意味でオスマンにはじまる近代都市計画運動の延長上にあるものであった。だが、シカゴの都心地域における高層建築群の発展は、旧ヨーロッパ世界の古典主義建築モデルを打ち破る「シカゴ的なもの」であり、二〇世紀初頭のアメリカの新しい文明を象徴するものであった(都市空間を鳥瞰すれば、二〇世紀の最初の三〇年を通して、ル・コルビュジェが一九二〇年代のパリとして夢見たものが完全なかたちにおいてではないにせよシカゴに実現しつつあった、といってもよいだろう)。他方、一九二〇年代までに、シカゴの都心部は鉄道の線路と駅の方形環状によって囲い込まれるようになっていた。

新しい空間の生産は、手紙、電話、自動車、ラジオ、新聞の増大などによって別の次元でも促進された。一九一二―二二年のあいだのシカゴの人口の増加は二三・六%であったが、シカゴのひとたちに配達された手紙の数は四九・六%増、すなわち一・五倍に伸びていた。電話は、同じ一〇年間に一〇〇人につき一二・三台から二一・六台へと増加したが、さらに電話の回数は、一九一四―二二年のあいだに人口がわずか一三・四%しか増えていないのにたいして五五・七%も増加している(実数でいうと、六億回から九億四〇〇〇万回への増加であった)。また、一九一五―二三年のあいだのイリノイ州の自動車の台数は一三万台から八三万台に増加している(E・W・バージェス前掲論文、六二頁)。他方、一九二〇年一一月二日、ハーディングとコックスの大統領選挙の開票速報を伝えるためにイースト・ピッツバーグで初めて開局されたラジオ局は、二一年一二月に二八局、一年後の二二年一二月には五七六局に達していた(水越伸『メディアの生成』、九二頁)。大統領はラジオを通して、一挙に大衆に演説をすることができるようになっていた。

一九一〇－二〇年代のシカゴでは、人や物の移動の容易さや融通性、そして情報伝達の同時性などによって、コミュニケーションの空間も大きく変わりつつあったのである。

## 新しい時間の感覚

空間の諸形態の変化は、大都市生活がその姿を明確にするなかで、時間の諸感覚の変化をもともなった。一九一〇－二〇年代のアメリカ社会では、一般大衆のなかにも時計時間を基準とした効率概念がとりこまれていくようになった。テイラリズムやアセンブリー・ラインの導入によって工場内で時間の規律化や効率的利用が進められるのと並行して、時間を細分化しそれらを必要に応じて再結合するという運動は日常生活にも浸透していくようになったのである。同時にそれは、鉄道会社によって設定されたアメリカ全土の四つの時間帯を前提にしたものであった。

時間は二重の意味をもつようになっていた。ひとつは、公共的であり明白に時計に準拠した時間、もうひとつは、私的であり表面的には「自然」に見えながら、そのじつすっかり時計に縛られた時間である。ソースタイン・ヴェブレンは、鉄道標準時間や時計仕掛けの機構が「天体力学」にとってかわったのだと表現している。

詩人カール・サンドバーグは、ヴェブレンがそう言ったのと同じ時期に刊行された『シカゴ詩集』（一九一六年）の冒頭詩「シカゴ」で（この詩は最初、『ポエトリー』一九一四年三月号に掲載された）、つぎのように詠っている。

世界のための豚屠殺者、
機具製作者、小麦の積み上げ手、
鉄道の賭博師、全国の貨物取扱い人。
がみがみ呶鳴る、ガラガラ声の、喧嘩早い
でっかい肩の都市。
お前は不埒だとみんなが言う、おれもそうだと思う、お前の白粉を塗りたくった女たちがガス灯の下で農村の若者をひっぱっているのをおれは見たからだ。
それからお前はやくざだとみんなが言う、おれはその通りだと答える、やたらにピストルをぶっ放す凶漢が人を殺し、また自由になって人を殺しに出かけるのをこの眼で見たからだ。
ほかにこのように昂然と頭をあげ、活々として粗っぽく強靭で狡猾なことを誇り顔に歌っている都市があったら、さあ見せてくれ、……。
仕事に仕事を重ねるあくせくとした労苦のなかで磁力をおびた罵言を飛ばしながら、ここにちっぽけな弱虫の街々を圧倒して、のっぽの、不敵な強力漢が立っているのだ。
頭をむきだしにし、
シャベルをふるい、

粉砕し、
計画し、
築き上げ、ぶちこわし、また築き、
敗けたことを知らない無知な闘士のようにも笑い、
その手首のなかには民衆の脈博、その肋骨の下には民衆の心臓があることを自慢して笑っている、
笑っている!

（『シカゴ詩集』、邦訳一五－一七頁）

初代のシカゴ市長であったW・オグデンが、C・マコーミックというヴァージニア生まれの青年をシカゴへ呼んで、かれが東部で展示会に出品していた刈り取り機の量産を依頼して以来、シカゴでは農機具の生産・販売高や小麦の生産高が上昇していった。マコーミックの機械が現れるまでは、小麦の刈り取りは大がまによる手作業でおこなわれていた。マコーミック社は、一八六八年までに、シカゴ製の刈り取り機を年間一万台売るようになっていた（A・クック『アメリカ』、邦訳下巻八八頁）。シカゴにおける基本産業は中西部のプレーリー農業を前提としており、その象徴は商品取引所（現在でも世界穀物商品取引のセンター）とこのマコーミック農業機械であった。

このサンドバーグの詩には、世紀転換期から一九二〇年代の喧騒へと向かうシカゴのエネルギー、活気、矜持、社会不安が十分に表現されている。と同時に、述べたような新しい時間の感覚がよく表現されている。この詩は、ユニオン・ストック・ヤードのコンベアによって解体された豚や畜牛が大量に処理されていく、循環的かつ規則正しい機械のリズムを想像させる。またこの詩は、一九一〇－一一年に描かれたドローネーの『エッフェル塔』という作品を思い出させる。その作品は、おそらく当時、空間の分裂状態を通して時間を表象しようと試みた運動のもっとも驚くべき公的なシンボルであった。じっさい、サンドバーグの詩「シカゴ」にメタフォリカルに表現されているものは、ドローネーが『エッフェル塔』において表現したのと同じ種類の、創造的破壊（シュムペーター）を繰り返しながら均質性を貫徹させるようなある力であった。そしてそれは、アメリカ社会がヴィクトリア朝式の外皮（あるいは「いつでも脱ぐことのできる薄い外衣」）を破り捨てて手に入れつつあったモダンな力（あるいは「鋼鉄のように堅い檻」）であった（R・マーチャンドはこの力の生成を、商品広告を事例に詳細に分析している）。

この力は、デトロイトにおけるフォードの自動車工場におけるアセンブリー・ラインの実践とパラレルなものでもあった。フォードはかれの工場で、仕事を細分化しかつそれを空間上に振り分けることによって、生産の効率を極大化し、生産の流れをめぐる摩擦を最小限に抑えていた。また詩「シカゴ」が発表される二年前、フォードの実践の一年前、すなわち一九一二年には、デュルケームが『宗教生活の原初形態』を出版し、そのなかでかれは「時間範疇の土台は社会生活のリズムである」という認識を示し、また「空間の社会的起源は同時に空間につい

ての多様な考え方の存在を必然的にともなった」という認識を示していた。これはパリでの出来事であるが、シカゴを含めて当時世界がどのような事に関心をもっていたかをよく示している。当時出現しつつあった時間感覚は、画家キリコが一九一〇－一四年に描いた「哲学者の征服」という絵画のなかにも適切に示されている。かれは、絵画の中央に目立つように時計を置くことによって規則正しい公的時間の私的時間への介入の感覚を示した。

世紀転換期から一九二〇年代までのシカゴの現実により限定すれば、時間感覚の変化は、つぎのような事実のなかにも読み取ることができるだろう。シカゴでは、一八九〇年に路面・高架鉄道の一人当たり年間乗車総数は一六四であったが、一九〇〇年には二一五、一九一〇年には三二〇、一九二一年には三三八になった。また、蒸気・電気郊外鉄道の一人当たりの乗車数は、一九一六年に二三であったのが二一年には四一となり、二倍近くに増えている。一方、シカゴでもっとも地価が高く、したがってバージェスが言う意味での「都市の移動性」がもっとも高い地点であった都心地域のステート通りとマディスン通りのコーナーでは、一九二〇年代に交通量がラッシュ時で一時間に三万一〇〇〇人、一六時間半で二一万人であった（バージェス前掲論文、六二頁）。これらの指標は、近代の大都市生活に特有の規則性、瞬時性、流動性を十分に表現している。デュルケーム的な表現をつかえば、「物的密度」の増大に歩調をあわせながら、社会の「動的あるいは道徳的密度」が高まりつつあったのだ、と言うこともできるだろう。

ところで、食肉産業においてはすでに「世界の豚屠殺者」となっていたシカゴは、理想通りではないにしてもこのように都市計画を導入し、道路や鉄道を整備し、高層ビルや摩天楼の建設によって都市景観を変え、さらに電話や自動車やラジオの台数を増やしながら新しい空間と時間の感覚に出会う一方、一九一〇年代の後半から二〇年代を通して、深刻な社会問題に悩むようになる。多様な移民居住地や人種をめぐる争いごと、階層分化、あるいはそれらにかかわるギャングの生成などが続いたのである。

## 4　大都市の経験と社会改革運動
## ――アメリカ的経験としての移民問題

### アメリカの市民戦争

一九一九年夏のシカゴの、むし暑い午後、一七歳の黒人少年がミシガン湖で泳いでいた。岸辺の一部は白人用に、他の一部は黒人用に区別されていた。少年は浮いていた鉄道の枕木につかまって漂っているうちにうっかり目に見えない境界線を越えてしまった。石が投げられ、白人の少年がその方へ泳ぎ出した。黒人の少年は枕木を離して、一掻き一掻きしたかと思うと、沈んでしまった。溺死したのである。この小事件が人種間の緊張に火をつけた(8)。

騒動はシカゴ市の全域に広がり、ほぼ一週間にわたって内乱に等しい状態が続いた。暴行、殴打、刃傷事件、集団的襲撃、破壊が横行した。その結果、白人一五人、黒人二三人が殺され、五三七人が負傷し、一〇〇〇人以上の人びとが家を失って、生活困窮者になった。この年、シカゴの黒人の家は日常的に爆破された。シカゴでのこうした事件は、たしかに大きなものであった。しかしこうした人種間の争いは当時、シカゴにかぎられたことではなかった。一九一七年のセントルイス東部では、白人によって約四〇人のアフリカ系アメリカ人が殺されていた。シカゴの浜辺で事件が起きたのと同じ一九一九年には、テキサス州のクノックスヴィルやロングヴュー、ネブラスカ州のオハマ、ワシントンＤＣでも、同じような衝突が生じていた。

衝突にはそれぞれの原因があった。しかし紛争の根は黒人の高まる期待を白人が否定したことにあった。シカゴでは仕事の奪い合い、黒人居住地の不法拡張、政治的な圧力などへの憤りが、さきの黒人少年の死によって高まっていた諸緊張に火をつけた。衝突はたいてい都市の黒人地域に侵入した白人の暴徒によってはじめられたが、黒人も抵抗によってそれに応えた。

黒人の抵抗は「新しい黒人《ニューニグロ》」と名づけられたより広い潮流の一部であった。この「新しい黒人」の出現は、第一次世界大戦におけるアフリカ系アメリカ人の体験と密接な関係をもっていた。アメリカが第一次大戦に参入していったとき、黒人のリーダーたち（一九一〇年代から二〇年代にかけて、黒人コミュニティの形成を背景に、黒人のなかに新しいエリート層が形成されつつあった）はそれを、かれらがアメリカに対する忠誠を証明し平等な市民権に関する自分たちの主張を打ち立てるための、一機会であるとみなしていた。しかし、戦争が持続するにつれてかれらが見出したものは、軍隊における黒人連隊と白人連隊の分離という現実であり、また戦闘においてアフリカ系アメリカ人を使うことが好まれないという事実であった。

黒人たちの幻滅は、戦争後にひどい交戦状態を導いた。黒人少年の溺死をめぐる一九一九年のシカゴの出来事は、そのひとつであった。また、「この一九一九年のシカゴにおける人種暴動に中核的な役割を果たしたのは、少年ギャングであった」ともいわれている（スラッシャー『ギャング』、五三―五四頁参照）。

## 二〇年代におけるシカゴの社会地図

一九二〇年代のシカゴでは、多様なエスニック・コミュニティや犯罪の世界が広がりを見せていた。それは社会的に、地理的に、どのように形づくられていたのか。ここでは、シカゴ・モノグラフとしてよく知られているF・M・スラッシャー著『ギャング——シカゴにおける一三一三のギャングの研究』（一九二七年）、L・ワース著『ゲットー』（一九二八年）、H・W・ゾーボー著『黄金海岸とスラム——シカゴ北隣地区の社会学的研究』（一九二九年）、E・F・フレイジア著『シカゴの黒人家族』（一九三二年）、あるいは竹中興慈著『シカゴ黒人ゲトー成立の社会史』などの記述をベースに、エスニック・コミュニティの社会的かつ地理的な形成について見てみよう。

図1（本書の七七頁）、図2は、社会学者、地理学者、都市計画家のあいだではよく知られている、アーネスト・バージェスの「都市の発展」と「都市地域」の図（バージェス前掲論文、邦訳五二－五三頁）である。都市の発展を同心円的な地域の広がりとして捉えたこの図は、スラッシャー、ワース、ゾーホー、フレイジアなどの都市研究の基本であった。

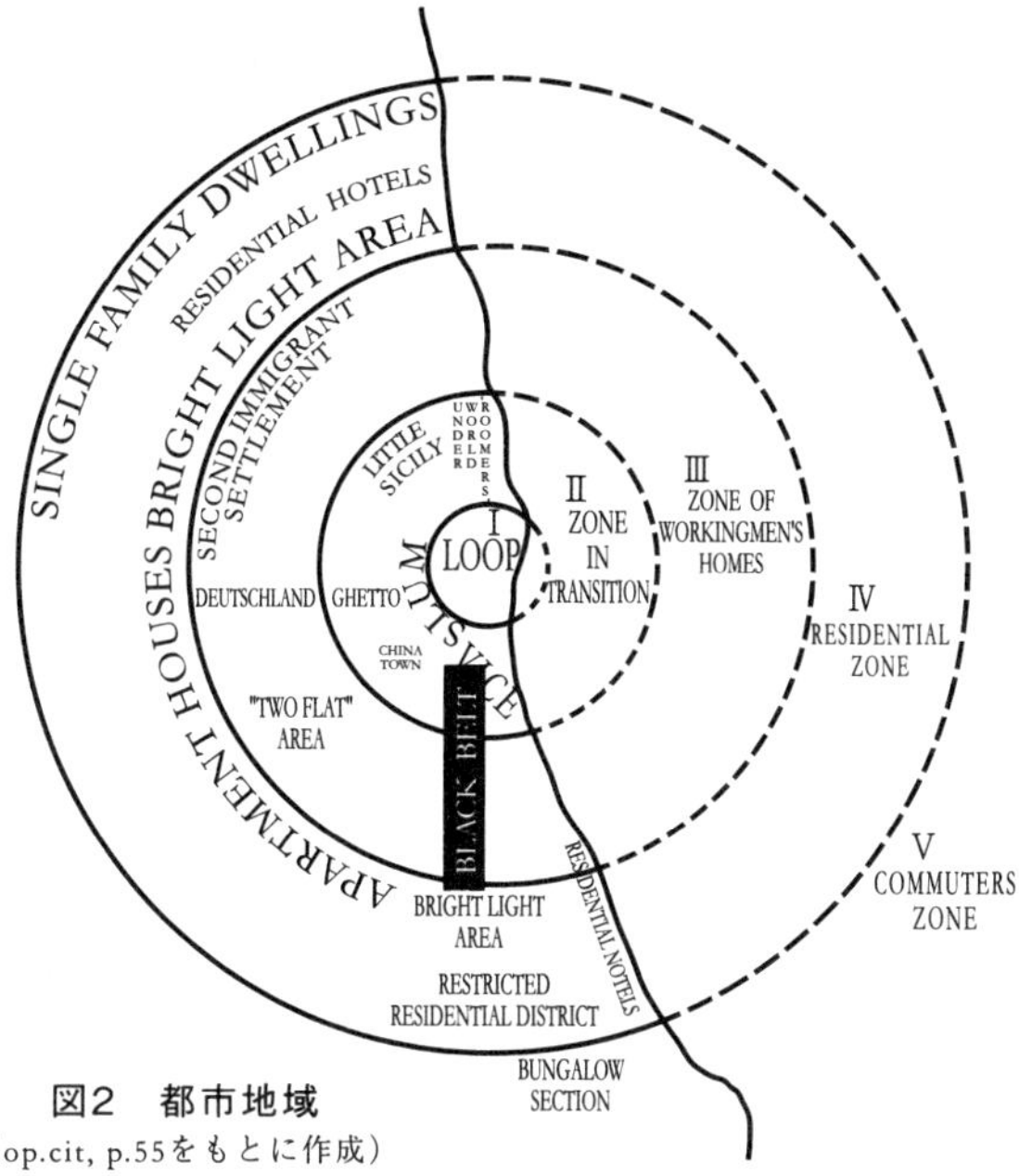


図2　都市地域
（op.cit, p.55をもとに作成）

## リトル・シシリー

新移民のなかで最大の集団を構成していたイタリア人の多くは、南部の農村出身者であった。イタリア移民は、ユダヤ移民（新移民を構成した第二集団）が家族単位であったのとは対照的に、成人男性が圧倒的に多く（八〇％）、職業は農民・農業労働者が半数を占め、その他一般労働者が三〇％、熟練職人が一二％、専門職はわずかに一％に満たなかった。二〇世紀初頭、移民の玄関口であるエリスなどに上陸するイタリア人は、一日一万五〇〇〇人を数えたといわれる（山田四郎「アメリカのイタリア人」、清水・北原編『概説イタリア史』所収、二四七、二五〇頁）。一九二〇年代におけるシカゴのイタリアン・コミュニティは、どのような状況にあったのだろうか。ここでは、バージェスの「都市地域」図においてスラム地域である遷移地帯の北側に記されている、「リトル・シシリー」について見てみよう。

　シカゴのCBDとして発展しつつあった都心地域の北側に隣接する一帯には、湖岸沿いに当時の紳士録に名を連ねるような名士たちの住む一地域、すなわち「黄金海岸《ゴールド・コースト》」があり、その西側には家具付き下宿屋の密集地域があり、さらにその西側はシカゴ川の支流までリトル・シシリーといわれるイタリア人のコミュニティがある。「リトル・ヘル」（小さな地獄。リトル・シシリーの南側は犯罪の巣窟であり、こう呼ばれた）の中心にある邪悪な「デス・コーナー」（死の街角。頻繁に殺人が生じる所として悪名高かった）に立つと、高い建造物を越えて東に一マイルもないところに、当世風のドレイク・ホテルとストリート・ヴィルの高層アパート群が見える。南に一マイルもないところには、ライグレイ・タワーと都心地域のでこぼこのスカイラインがぼんやりと見えている。だが、「黄金海岸」や都心地域にどれほど近くとも、リトル・ヘル、あるいはリトル・シシリーは、それ自体でひとつの世界である。そこにあるのは、汚れた狭い通り、廃棄物が山と積まれ犬や猫でいっぱいの路地、手押し車につながれたヤギ、荒涼とした家屋、かすみのように漂っている工場の煤煙、道路の傍に開かれた市場、店につけられたイタリア語などの名前や通りにいる異国の顔々、行商人や呼び売りの相容れない大声、鉄道や高架鉄道の耳ざわりな音、カトリック大教会の鐘の響き、マーチング・バンドの音楽や祝祭日の花火がパチパチなる音、時折なる爆弾のにぶい破裂音、でなければ回転式拳銃の銃声、通りで遊ぶ子供たちの大声、巨大な「工場の煙突」から届くガスの臭いなどである。四方八方から、人はこの地域に特有の、すなわち「外来もので」ありスラムのものである光景・音・臭いに出迎えられる。

リトル・ヘルは、シシリアから直接やって来た移民たちの最初の居住地であった。シシリア人たちは旧世界の言葉・衣装・習慣をかれらとともに運んできた。それらは、かれらのアメリカの生活への参加を条件づける、永続的かつ多様な社会的パターンであった。「われわれは農民だ We are contadini.」という言葉は、当時、シシリア人移民の社会的態度をもっともよく表現していた。この言葉は、イタリア本国であれば Siamo contadini. といったであろうところを、シカゴでは英語のフレーズに contadini というイタリア語を混ぜて表現することで、自分たちがイタリア人であると同時にシシリア人であるということを外の世界にたいしてアピールしたものである。ひとつの教会塔のもとに住むということや、村びとである仲間たち＝同郷人のはみだしを許さない忠誠心をその内容とする「愛郷《カンパニリズモ》」の精神は、シカゴの都市生活に適応しようとするかれらの試みにとって重要なひとつの特徴であった。

リトル・シシリーを含む都心地域北側の地域には未成年者非行が多い。ゾーボー『黄金海岸とスラム』の説明によれば、未成年者の非行は国籍、人種、知性に特有なものではなく、スラムに特有なものである。それはとくに移民のスラムに特有なものであり、そこでは移民の第二世代が矛盾する「状況の定義」(9)をもつ二つの世界で生活し、その二つの世界が存在する移民居住地に適応しようと試みている。しかし、第二世代である子供は、同時に二つの社会的世界に暮らし、それに順応することはできない。

ゾーボーは、あるシシリア人の子どもの例をあげている。その子どもにとって、家族とイタリア人居住地は、「イタリア野郎の」「イタ公の」「外国の」などの形容詞によるかれのアメリカ人との接触によって、定義づけられている。かれは、イタリア人居住地と結びついているかぎりアメリカの都市で一定の社会的地位を得ることはない、と感じている。アメリカの都市で社会的地位を得ようとするかれの努力によって、かれは、家族やコミュニティとの「関係」を失う。子どもとその家族のあいだには、葛藤が生じる。だが一方で、人種、話し方、イタリア人居住地で生計を立てる必要性などのために、その子どもは、社会的地位とアメリカ人の生活への親密なる参加から排除されている。移民の第二世代は、みずから二つの社会的世界に生きようと試みる。第二世代の子どもにとっては同じ状況が、一方は学校によって、他方は家族によって、矛盾した言葉で定義される。もし子どもがアメリカ人の定義に従うなら、かれは家族の目から見て義務不履行者である。家族の定義に従えば、アメリカ人の法律から見て義務不履行者となる。[10]

　ゾーボーによれば、このような状況からギャングが生じる。それは少年たちに、唯一自分の地位や認知を生み出す社会的世界を提供している。しかし、かれらがギャングのなかで社会的地位に到達するのは、非行の諸パターンに従うことによってなのである。リトル・ヘルのすべての少年は少年ギャング団のメンバーである。これは、実質的に、第二世代のシシリア人少年の解体（コミュニティの社会秩序からの逸脱）の過程である。そこから、すべての社会解体の様式が成長する。しかしながら、シシリア人少女のあいだでは、比較的この解体は少ない。旧い家族支配が依然として、彼女たちの行動を効果的に限界づけているからである。他方、リトル・シシリーにおける旧い家族支配の残存は、離婚がないこと、遺棄が比較的少ないことにも現れている。この家族支配は家族内の緊張や家族をとりまくスラムの環境の経済的かつ文化的な諸緊張にもかかわらず、持続してきたものである。

『ハル・ハウスの二〇年』の記述によれば、ホールステッド・ストリートとシカゴ川のあいだには約一万人のイタリア人が住んでいたが、その多くはナポリ人、シシリア人、カラブリア人であり、ときにロンバルト人、ヴェネツィア人を見かけることがあったという（J.アダムス『ハル・ハウスの二〇年』、邦訳七二頁）。

　一九二〇年代のシカゴにおける都心地域北隣地区のリトル・シシリーに関して、さらに考察を深めるためには、リソルジメント以降に生じたイタリア半島の北部と南部との地域格差、およびイタリア人のなかの、とくにシシリア人に対する偏見の問題をとりあつかう必要があるだろう。

　一方、一九二〇年代、すなわち禁酒法時代のシカゴといえばわれわれはすぐにアル・カポネの名を思い浮かべるが、かれは禁酒法が全国的に実施された一九一九年に、ニューヨークのブルックリンからシカゴへとやって来ている。かれの両親はナポリ湾から二五キロほどのところにあるカステラマーレ＝ディ＝スタビアという村から、一八九〇年代の初頭にニューヨークにやって来た新移民であった。そしてかれの父は理髪師であった。この点で、カポネとその多くが農民であるシシリア人移民とは、一般には密接に協力をしたといわれるが、メンタリティがいくらかちがっていたと考えられる（シェーンバーグ『ミスター・カポネ』、邦訳上巻、二二六―二二七頁参照）。

**ゲットー**

新移民を構成する第二集団であった東欧・ロシアからのユダ

ヤ移民は、イタリア移民とは対照的に、家族単位での移民が多く、また教育熱心で知的関心が強く、社会的上昇志向が盛んだった。したがって、二代、三代と経つあいだに経済的に成功する者も多く、知的職業に進出する者が目立った。『ゲットー』の記述をベースに、都心地域西側の遷移地帯にあり、かれらの多くが居住し「ゲットー」と呼ばれた地域に目を転じてみよう。

ゲットーとは都市の「自然地域 natural area」(これは動物および植物生態学のアナロジーによって都市の発展や都市コミュニティの形成を考える、シカゴ学派の社会学者たちに特有の表現。この表現のもつイデオロギー性に関しては、小稿「グラムシとゲーテが出会う場所」の、都市空間における「共生」あるいは「共生的依存関係」をめぐる記述を参照されたい。斉藤日出治・岩永真治『都市の美学』一二〇-一二六頁参照)のひとつであり、都市全体の性格と機能を決定したものと同じ力によって、その位置、性格および機能を決定された地域を意味する。ゲットーという語の起源はヴェネツィアのユダヤ人入植地にあるといわれるが、それは歴史的には「都市のなかのユダヤ人地区」を意味してきた。

R・E・パークによれば、このゲットーという言葉は、二〇世紀にはいって普通名詞(人種的あるいは文化的に分離・差別されたあらゆる集団に適用される語)として用いられるようになった。しかし、ルイス・ワースのよく知られたモノグラフである『ゲットー』は、都心地域西側の遷移地帯を徹底してユダヤ人居住地区として描いている。

シカゴ川の西側には、都心地域の陰に寄り添うようにして、三、四階建ての建物が立ち並ぶ人口密集地帯がある。それはシカゴの移民街の大部分を包括しており、それらのなかに「ゲットー」と呼ばれる地域がある。その地域は幅二マイル、長さ三マイルにおよび、四囲を鉄道線路で区切られている。その外郭は、あらゆる種類の工場、倉庫、商業のため建造物によって幅広く取り囲まれている。そこはシカゴにおける最悪の人口密集地であった。この北側にはシカゴの移民労働者の「根城」すなわちホボの溜場があり、トルコ人、ジプシー、メキシコ人がひしめきあっていた。南側には、トルコ人、ジプシー、メキシコ人らによって北側から追い払われてきた、イタリア人とギリシア人の入植地がある。西側には、アイルランド人とドイツ人がいる。これら以外の地域、すなわち一五番ストリートの南を走る鉄道線路の堤とルーズベルト・ロードとローベィ・ストリートとカリントン・ストリートとに四囲を接する一角に、シカゴにおける最初のユダヤ人移民のほとんどが住んでいる。

シカゴにおけるゲットー形成の歴史を簡単に振り返ってみると、まず一八四〇年から四四年にかけて、シカゴでは二〇人ほど新しくユダヤ人移民が増えている。四九年にガレーナーシカゴ間に鉄道が開通すると、さらに大量のユダヤ人入植者の流入があった。一八四八年の社会革命が不成功に終わった後に、旧ヨーロッパ世界はその反動の嵐のなかにあったので、海外移住の新しい波が起こったのである。この流入によってシカゴのユダヤ人社会は大きくなり、さまざまな家系のもの(バヴァリア系、パラティン系、ポーゼンおよび東プロシア出身者が増加した)が今日の都心地域内の数ブロックに住むようになった。その当時、シカゴ川の西岸に隣り合わせたところには一人のユダヤ人が住んでいるだけであった。一八八〇年代になると、ロシアの五月法の影響で（ユダヤ人は「居住地の枠 Pale」内に住むことも許されず、一切の村落、農村から追放される）、イディッシュ語（東欧・ロシア系ユダヤ人のあいだで使われていたドイツ語に近い言語）を話すユダヤ系移民がシカゴにも増えてくる。そして九〇年代には、ゲットー地域が大きく捉えたばあいと小さく限定して捉えたばあいとに区別されて、言及されるようになった。

一九二〇年代には、シカゴにおけるゲットーは、つぎのような境界によって示されていた。東をかぎるのは鉄道線路と終着駅、南は鉄道の陸橋、西はローベィ・ストリートの市電のレール、北はウエスト・サイド（ルーズベルト・ロード）の幹線道路である。これらの境界は、当時のゲットーのおおよその障壁である。この地域の中心は、マックスウェル・ストリートとホールステッド・ストリートである。四つの市電のレール（ホールステッド、一四番、ブルー・アイスランドおよびレーシン街のレール）が、この地域をさらに異なった地域に分けている。ルーズベルト・ロード、ホールステッド・ストリート、マックスウェル・ストリートは、そしてある程度はジェファーソン・ストリートも、重要な商業通りである。商店や、商業上あるいは工業上の建物がない地域には、ストリートと名のつく通りはない。

この地域では、ピアノ、額縁、洋服、機械などの大工場が操業をしている。そしてアメリカの他の都市と同様、シカゴのこのゲットーにも廃品置き場が多い。また、ゲットーの人びとを結びつけているのは家族、村落共同体、同郷の絆であり、とりわけ同郷の人びとは、同じシナゴーグに所属し、同じ職業につき、仕事の相棒となり、近所に住み、かれら自身の集団内で結婚をとりきめている。同郷の人びとは、かれら自身の長老格のリーダー、集会所、相互援助組織、儀式、祭式をもっている。そしてそれらへの再三の訪問によって集団の思い出を絶やさぬようにし、ヨーロッパの旧世界に残っているユダヤ共同体とたえず連絡をとっているのである。

ゲットーに特異な雰囲気を醸し出し（これはロシア・ポーランド系ユダヤ人の移民一世において顕著であり、スペイン・ポルトガル系ユダヤ人、ドイツ系ユダヤ人、オーストリア系ユダヤ人のばあいには、かつて生活していた国々である程度ゲットーの外の空気を吸っており、広い地域に散らばって住む傾向があった。この対照性をもっともよく示していたのがロシア系ユダヤ人移民とドイツ系ユダヤ人移民であり、前者が村や小さな町の強制的ゲットーからやって来ていたのにたいし、後者は都会の、分離や隔離が法令や規則によって強制されないユダヤ人共同体からやって来ていた。また、旧世界のゲットーと新世界のゲットーには、ひとつの重要な相違があった。旧世界のゲットーは都市の一区画に集中した同質の組織体であり、共通の文化生活を示す傾向があるのにたいして、シカゴのゲットーは、一般にさまざまな区画に分裂し、多様なユダヤ人の民族的集団を含み込んでいたのである）、それを明瞭な文化領域として刻印する他の制度として、コーシェル kosher（ユダヤ教の厳格なしきたりに従い、ユダヤ人調理者が、「清潔《ターエール》」な動物を調理した食べ物。コーシェル肉をもっぱら使用すべし、という食餌法の遵守は、正統派ユダヤ人の常識のひとつであった）肉屋がある。そこでは、新鮮な肉とさまざまなソーセージが特製品として売られている。そこには肉屋のほかに、注文に応じて家禽を殺す屠殺人ショーヘット shochet（ユダヤ人が摂る家畜の屠殺をおこなうユダヤ社会の調理者）がおり、お祈りで口をもぐつかせながら、ひな鳥やアヒルや鵞鳥の喉をかれのハッラーフ chalef（儀式にのっとった肉屋の包丁）でかき切っている。魚屋の貯蔵室には、舌の肥えた人を満足させるために、いろいろな鰊、川かます、鯉がおいてあり、木曜日になるとそれをユダヤ人の主婦たちが、金曜日の贅沢な晩餐に民族料理である「いっぱい詰まった魚 gefüllte fish」を出すために買っていく。

他方、ゲットーには劇場があり、ロシア系ユダヤ人の劇作家の芝居がイディッシュ語で上演され、シャロム・アッシュやペレッツ・ヒルシバインらの作品が、シェイクスピアの翻案もの、イプセンのショーや猥褻気味なブロードウェイの喜劇の翻訳ものと並んで上演目録に登場する。だが、シカゴのイディッシュ語劇場は、イディッシュ語新聞と同様に、大部分はニューヨーク・ゲットーの単なるつけたりにすぎない。イディッシュ語新聞とイディッシュ語劇場は、ニューヨークから人材を呼び寄せている。さらに、知識人たちがシオニズム、社会主義、哲学、芸術、政治における新しい動向について議論したり、チェスやトランプ遊びなどのゲームに耽ったりする地下室や二階にある本屋、喫茶店、食堂なども、ゲットーに特有なものである。これらは、ロシアでのポグロムによって増えたロシア系ユダヤ人移民のしめす特徴でもあった。

ゲットーの中心は、二つの大通り、ホールステッド・ストリートとマックスウェル・ストリートによって代表される。前者には、堂々たる大商店、つまり家具、ソーセージ、毛皮、外套とスーツ、絹と反物、靴、帽子、タバコを、それぞれ専門に売っている店とデパートが両側に軒を並べている。ホールステッド街での商売は都心地域でおこなわれているものと同じで、商店は広告を出し、定価販売をおこなっている。ゲットーの大きな屋外市場であるマックスウェル・ストリートは、いわば一世代前のホールステッド・ストリートである。そこは色彩、活動、叫び声、臭気、汚物で満ちている。どこか中世ヨーロッパの市に似ている。ホールステッドで裕福な世帯を構えている主人は、大部分マックスウェルから卒業した者である。ホールステッド・ストリートの近代的な実業家は、マックスウェル・ストリートで手押し車を牽く男の子たちの理想なのである。

人で群れ溢れるマックスウェル・ストリートの市場は、「シカゴでもっともいきいきとしており、もっともおもしろい場所のひとつ」（スラッシャー前掲書、一二頁）である。多くの少年ギャングもここに潜んでいる。

金曜日はマックスウェル・ストリートの「魚の日」である。一方、日曜日は一週間のうちでもっとも忙しい日だ。ポーランド人、ロシア人、リトアニア人、ボヘミア人、黒人たちは、少数のドイツ人やアイルランド人とともに、かれらの必要を満たすためにマックスウェル・ストリートにやって来る。多くの露店や店は、それぞれのお得意連をもち、その品物の安価なことで知られている。さまざまな言語が、呼び声となりののしりあう声となり、礼儀正しい親しみのあるイディッシュ語の会話と入り混じっている。またマックスウェル・ストリートの市場は、地方政治の汚職の温床でもあり、ライバルの政治的指導者は、たがいにその市場の運営管理権を求めて競いあっている。

　さて、これほどさまざまな活動がありながら、ゲットーはそれでもひとつの小さな世界である。そこでの成功は小規模であり、表現の範囲もかぎられている。「ゲットーから抜け出さないかぎり、ユダヤ人は満たされた生活を真に享受することができない」（ワース前掲書、二七四頁）と、ワースは言っている。

## ブラック・ベルト

　一九世紀後半のアメリカ社会の特色であった新しい移民の大量流入は、二〇世紀初頭にはますます増大し、東・南欧からの移民が圧倒的に多くなったが、他方、そのような移民の民族的・宗教的背景の変化は、フロンティアの消滅にともなうアメリカの狭隘感と相まって、移民制限運動を盛んにした。一九一七年には識字テストにより移民制限をおこなう法律が成立したが、一九二一年には暫定的な移民制限法が制定され、一九一〇年の外国生まれの人口の三%を国別に割り当てることになった。一九二四年の恒久的移民制限法は、当面は一八九〇年の外国生まれの人口を出生国別に分けて、その二%をヨーロッパ各国に毎年の移民数として割り当て、一九二七年（実際には二九年）からは、ヨーロッパ移民の総数を毎年約一五万四〇〇〇人とし、それを一九二〇年のアメリカ人の民族構成に応じて諸国に配分する方式をとることを定めた。これらの規定は移民の全体数を減らすこととともに、東・南欧からの移民数を大幅に制限することを狙ったものであった。この割当移民法では、西半球からの移民（メキシコ人）は制限されなかった。

　他方、第一次世界大戦勃発後からアメリカ国内で顕著になるのは、南部の農村から北部の大都市への移住の増大であったが、そのなかでも特筆すべきは黒人の北部移住の増大であった。そうした意味において、南部から移住してきた黒人がつくりだすコミュニティもまた、一九二〇年代のアメリカ都市に典型的な存在であった。したがって、ここシカゴでも、黒人集中居住区の社会秩序を垣間見ることにしたい。

　リトル・シシリー、ユダヤ人街（＝ゲットー）、ギリシア人街、チャイナ・タウンなど、バージェスの同心円地帯論でいう第二地帯、すなわち遷移地帯（zone in transition）は、その内部に、古い母国社会の諸遺産とアメリカへの諸適応とが奇妙に結びついた多くの移民街をもっている。そしてここから押し出されたところに、「自由で無秩序な」生活をしている「黒人地帯」がある（バージェス前掲論文、邦訳五七頁）。それは、スラッシャーのギャング棲息地図では都心地域北側の失業・浮浪者の溜場、西側の荒れ地にたいして、南側の不良地区にあたる地域であり、第二地帯、第三地帯（＝労働者居住地帯）、第四地帯（＝住宅地帯）にまでその地域は足を伸ばしている。より正確には、都心地域の南側一六番ストリートあたりからはじまり、南へと六三番ストリートまで約六マイル幅を変えながら広がる、シカゴでもっとも広範囲にわたる黒人の居住地域、それが「黒人地帯」である。

歴史的には、一八七四年の二回目のシカゴ大火の再建処理の際、ビジネス街の区画を設けるためにそれまで少しばかり固まって住んでいた黒人たちが、四番街にあるハリソン通りの北の土地から南の方へ追いやられて移り住んだことが発端となって、都心地域南側に黒人居住の小さな核が形成された。その核が、その後「黒人地帯」と呼ばれるようになる。ある研究者は一九〇六年にすでに、アメリカの北部にある都市のなかでシカゴほど黒人の隔離の度合いが大きいところはない、と述べており、都心地域の南側に幅四分の一マイル、長さ三マイルの南北ベルト状の細長い黒人居住地域が存在することを認めている。

このベルト状の地域には当時二万三〇〇〇人の黒人が住んでいたが、他方、「エングルウッド」地域と「ウエストサイド」地域にもそれぞれ八〇〇〇人と六〇〇〇人の黒人が居住していた。しかし、黒人の人口は、次第に「サウスサイド」へと集中するようになる（黒人居住区が都心地域の南側にベルト状に伸びていったのには、不動産業者による居住誘導が大きな原因となっている。一九世紀末には白人不動産会社「ワトソン・アンド・バートレッツ」などによる黒人への意図的、集中的な家屋の貸付や売買によって、第一次世界大戦後にはシカゴ不動産評議会による黒人居住地域隔離の方針などによって、都心地域南側の黒人地域は拡大していった。だが、重要な点は、これらの黒人隔離政策がシカゴの白人社会全体の意向を実現するかたちでおこなわれたということであろう。以上の、シカゴにおける黒人居住区の拡大とその原因に関しては、竹中興慈『シカゴ黒人ゲトー成立の社会史』の第五章および結論を参照）。この集中は、都心地域のサウスサイドにあったユニオン・ストック・ヤード（家畜市場）の存在ともかかわりがあると思われる。二〇世紀初頭には、黒人はストック・ヤード工場における「理想的なスト破り」として導入されていた。黒人がストライキに対するスト破りとして初めてストック・ヤードに連れてこられたのは（イリノイ州のブレイドウッド炭鉱などでは、これ以前にすでに黒人がスト破りのために連れてこられていた）、一八九四年にユージン・デブスの率いるアメリカ鉄道組合（以後、ＡＲＵと略称する。これは、前年の一八九三年に産別の組合として組織されたもの）がプルマン社にたいしておこなったストライキに呼応して、シカゴ食肉産業労働者が同情ストライキにはいったときのことである。同年、シカゴの食肉産業には熟練職種にある程度まとまった数の黒人が雇用されていた。だが、この年のスト破りの主力は当時新参のポーランド人移民であった（竹中興慈前掲書、一三二―一四一頁参照）。

ちなみに、このプルマン・ストライキでその名をシカゴの歴史に止めることになったジョージ・Ｍ・プルマンは、一八五五年にニューヨーク州からシカゴに来て寝台車の改造をはかり、一時はコロラド州に退いたものの、六三年にふたたびシカゴに戻り、四年後の六七年にプルマン寝台車会社を創設している。

シカゴの黒人人口の増大には目を見張るものがある。一九〇〇年に三万人であった黒人は一九一〇年には四万四〇〇〇人になったが、一九二〇年には約一一万人となり、二〇年間に三倍以上にも増加した。とくに一九一〇年から二〇年にかけての増加率は一四八％であり、一九二〇年に黒人の人口が第一位であったニューヨークの六六・三％、第二位のフィラデルフィアの五八・九％という増加率と比べると、シカゴにおけるこの一〇年間の増加率の大きさには驚かされる。黒人人口の集中度の変化について見てみると、一九一〇年には黒人の割合が五〇％以上の調査区にシカゴ市の黒人人口の三〇・八％が居住し、黒人の割合が七五％以上の地域は統計上は存在しなかった（一九二〇年のセンサス区分法により統計を再整理して算出。T・L・フィルポットは、一九一〇年のセンサス統計の背後には多くの黒人居住隔離の実態が隠されていると指摘している。フィルポット『スラムとゲットー』、一二五頁参照）。ところが、一九二〇年のセンサスでは、黒人の割合が五〇％以上の調査区に市の黒人人口の五〇・五％が集中しており、しかもそのうち黒人人口の割合が七五％以上の調査区に、市の黒人人口の三五・七％が集中しているのである。

よりわかりやすく言えば、一九一〇年代から二〇年代にかけて黒人が多数を占める居住区へいっそう黒人が集中して住むという現象が進行した。その行く先が、「黒人地帯」であったのである。

この時代、シカゴにおける外国生まれの白人およびその他の人種は一九〇〇年に市の人口の三四・八％、一九一〇年に三五・八％、一九二〇年に二九・九％となっており、数の上では移民の方が黒人よりもはるかに多かった。しかし、「黒人地帯」をイタリア人、ユダヤ人、アイルランド人、ポーランド人などの移民居住地からきわだたせている重要な点がある。すなわち、移民たちにはスラムにおけるそれぞれの居住区からの脱出の可能性が開かれていたのである。シカゴの移民のなかで二〇年代にもっとも隔離されていたイタリア系移民のばあいでさえも、「金持ちになるとイタリア人地域から出ていってしまう」のが通例であった（竹中興慈前掲書、一二八頁）。移民とその子孫はかれらが貧困の状態にあるかぎりにおいて劣悪な居住環境にとどまっていたのである。[11] ところが「黒人地帯」では、過密でその居住環境がよくなかっただけでなく、黒人だけが他の地域から隔離されて集住し、そしてかれらの居住地域から脱出することができない状況にあったのである。

E・F・フレイジアは、その著書『シカゴの黒人家族』のなかで「黒人地帯」を北から南に七地区に分類し、それぞれ特徴付けをおこなっている。それによれば、第一地区は一九二〇年までに商業地区として知られるようになった。ここは、第二地区とともに南部生まれの黒人が多く、非識字率も他の地区に比べてはるかに高いが（一三・四％）、他方、混血の割合は低い地区である。第二地区は、黒人と白人の混在地区であり、男性の熟練職従業者（製造業部門の管理者・監督者・職員、ビルや工場の塗装工、ガラス屋など、多様な職種を含む）の割合と女性の専門職、公務員、商業、事務職の割合が第一地区の二倍ある。この地区は、「白人向けの歓楽街」である。第一、第二地区とも、南部のプランテーションからの黒人移住者が最初に住み着いた地区である。第三地区はもっとも面積が広く、混血の割合が高く、安キャバレー、娯楽場、賭博場、ナイトクラブ、売春宿など、「黒人向けの歓楽街」を構成している。

第四、第五地区は、第三地区と同じく黒人の下層が集中している地区であるが、男性の既婚率が高く、五歳以上の子供も多く、持ち家率もやや高く、家族生活面では安定した家庭が多数を占めている地区である。第六地区と第七地区は、両親が南部からの移住者であった、シカゴ生まれシカゴ育ちの黒人の居住区である。非識字率は両地区とも三％以下と低く、第七地区では混血率が男性四九・七％、女性四八・五％と高い。第六地区はビリヤード場が一ヵ所あるだけで、まったくの住宅地区である。ここはシカゴの黒人コミュニティのなかでも上層の黒人家族で占められている。第七地区は連邦職員、警官、実業家など、男女の専門職、公務員、商業、事務職の割合が全地区のなかでもっとも高い。また女性の熟練職（一六・六％）、プルマン寝台車のポーターに代表される鉄道ポーターも、全地区のなかで最高値を示している（一〇・六％）（以上、ブラック・ベルトの記述に関しては、フレイジア前掲書、本田創造『アメリカ黒人の歴史』、竹中興慈前掲書などを参照）。

スラッシャーは、二〇年代の「黒人地帯」には「『黒人と白人がともに出入りする』キャバレー、白人と黒人の売春街、極限状態のスラムなどが存在する一方で、黒人の高級近隣住宅地区もあった。その貧困区にはギャングが数多くおり、賭け事、強盗、殺人が日常茶飯事であった」（スラッシャー前掲書、一五一－一六頁）と書いている。それはそれぞれ、フレイジアの分類した「下層黒人のコミュニティ（第一－五地区）」と「上層黒人のコミュニティ（第六、七地区）」に対応する現実であった。一九一〇－二〇年代、「黒人地帯」ではこのような階層分化が徐々に進行していたのである。

エリザベス・コーヘンがその著書『ニュー・ディール政策の形成――一九一九年三九年のシカゴにおける産業労働者』のなかで述べているように、二〇世紀初頭のシカゴでは、「大衆文化」の始まり、すなわち広告、チェーン・ストア、ラジオ、映画などナショナルで同質的な好みを宣伝するあらゆるもののはじまりが、たしかにエスニック・アイデンティティに脅威を与えていた。ゴールド・コースト、労働者居住地帯、郊外住宅地が新たに形成されつつあった。しかし「リトル・シシリー」「ゲットー」「ブラック・ベルト」において見てきたように、少なくとも一九二〇年代の後半までは、エスニック・コミュニティはその独特の支配力を維持していたのである。パークの闘争→競争→応化→同化のモデルは、市民社会の私的な対立・競争が次第にナショナルな同質性、均質性を帯びていくプロセスとそのプロセスの形式を表現したものであった、といってよいだろう（だが近年では、人種・民族の「るつぼ」ではなく「モザイク」「サラダ・ボール」などの比喩によって、人種・民族の融合の難しさが語られることが多くなっている)。

バージェスは有名な論文「都市の発展――調査計画序論」において、都市の拡大とその結果としての諸地域への分化(differentiation)について、つぎのように言っている。「都市が拡大するばあい、個人や集団をその住居や職業によって、ふるい分け、分類し、再配置する分布の過程がおこなわれる。世界中から人びとがやって来るアメリカの都市に結果として見られる地域的分化は、ほんのわずかな修正はあるにせよ、すべては、原則としては一つのパターンに準拠している」(バージェス前掲論文、邦訳五七頁、訳文は一部変更した)。ワースはそれを、「非ユダヤ人のゲットー」の形成と都市との関わりをめぐって、『ゲットー』最終章の「ゲットーの社会学的意義」においてつぎのように捉えた。

……ユダヤ人はゲットーに吹き寄せられる。同じように、イタリア人はリトル・シシリーに、ニグロは黒人地帯に、そして中国人はチャイナ・タウンに住む。都市共同体を構成している異なった地域は、ある型の住民をひき寄せ、そしてひき寄せられた住民の経済的地位と文化的伝統は、各地に存在する自然的・社会的特徴に一層密接に順応する。各地域の住民にそれぞれ新しい増加分がつけくわわるとき、その増加分はまさにどこにでもいいという風に不規則にみずからの地域の位置付けをおこなうのではなく、それは大量の人間全体の再度のふるい分けを引き起こす。その結果、もっとも望ましい環境ではないにしてもともかくもっとも忌まわしいところではないようなある環境へと、最終的に新しい住民がそれぞれにつなぎ留められることになるのである(ワース前掲書、邦訳三四一頁)。

バージェスにとっての「都市の発展」は、同心円状に均質な地帯が重なり広がっていくものとしてイメージされている。第一節の引用部分でも述べたように、バージェスが同心円地帯論を発表した時期は(一九二三年に学会で発表、二五年に出版)、同時に、インディアン市民権法と恒久的移民制限法(ともに一九二四年)が制定されて(すなわち、すべてのインディアンがアメリカ市民となり、東・南欧からの移民数が制限され、アジア移民が最終的に禁止されて)、アメリカ社会の内包と外延が確定していく時期でもあった。すなわち、バージェスが「都市化」していく社会として考察していたものは、アメリカにおいてナショナルな市民社会が形成されていく過程でもあったのである。

それは、大衆文化的同質性、均質性の浸透(近代化、都市化の傾向)と都市空間の構造的差別化(「都市のなかのムラ」の存在)の同時併存的状況であった。この二つの原理の併存的状況は、山田盛太郎が戦後の日本の社会の現状を、マルクスの再生産表式があてはまる部分(近代資本主義の発展傾向)とケネーの経済表があてはまる部分(封建的要素の残存)の同時併存として捉えたのに似ている。ただし日本では、多様な人種・民族的要素による都市空間の差別化は生じなかった。一方、インディアン市民権法と恒久的移民制限法によるアメリカ社会の内包と外延の確定の裏側では、カポネ一家に代表されるギャングの犯罪世界が広がりを見せた。彼らの収入源は禁酒法下でのブートレッグ（酒類の密輸入・密造・販売）であったが、シェーンバーグによれば、「各種民族の雑然たる混合は、シカゴの産業や文化の力強さに貢献すると同時に、ブートレッグの『ビジネス』にも大いに貢献した」（シェーンバーグ前掲書、邦訳上巻一三二頁）のである。バージェスが書いた同心円の中心をそのままもちあげていくと、そこにはひとつの円錐ができあがる。それは地獄編、煉獄編、天国編と展開していくダンテの『神曲』における物語詩の世界を彷彿とさせる。ダンテの『神曲』は、空間の価値的ハイアラーキーのもっとも完全な表現であり、人間世界における罪と幸福の階層性の空間的隠喩であった。『神曲』の水先案内役は、小アジアの勇士アイネイアースがローマを建国する物語を書いた、ウェルギリウスであった。かれは、バージェスやワースが描いた二〇世紀初頭のシカゴでは、都心地域外周のスラム地域である遷移地帯から案内をはじめて、次第に郊外へと歩を進め、最後に同心円の中心にあるミシガン湖岸の都心地域北隣地区へと階段を登っていかねばならなかったろう。

### 社会改革運動の諸空間と断念の人びと

世界転換期から一九二〇年代にかけての、シカゴにおける移民貧困層をめぐる社会改革運動について触れてみよう。一九世紀の末までにシカゴは、ヘイマーケット事件やプルマン・ストライキなど、社会的実験の中心地として知られるようになっていた。それらに刺激されて、社会改革運動も次第に盛り上がっていった。「風の都市」は、階級的ストライキや社会不安ですでに有名であった。世紀転換期に中西部でもっとも急速に成長した大都市シカゴは、アメリカのビジネスのもっとも華々しい記念碑であっただけでなく、病める資本制社会の典型例でもあった。

ヘイマーケット事件は一八八六年にシカゴで起きた労働事件であり、八時間労働を求める労働者の運動は同年の五月一日にその絶頂を迎えた。四日には警官による労働者殺害に抗議する集会がヘイマーケット広場で催されたが、警官隊による解散命令や爆弾騒ぎをめぐって乱闘が生じ、警官と労働者の双方に多数の死傷者がでた。この事件後、五月一日は国際的な労働者の連帯の日とされ、それがメーデーの起源となった。他方、一八九四年六月にはプルマン鉄道車両会社の労働者がストライキにはいり、すでに触れたようにユージン・デブスはＡＲＵを率いてこのストライキを支援した。第二二代のアメリカ大統領であったクリーヴランドは、このストライキにたいしてスト禁止命令を発し、連邦軍を派遣してしてストを鎮圧した。スト鎮圧のためにシカゴに集まった警官、州軍、連邦軍は一万四〇〇〇人にものぼった。そのストライキをめぐってシカゴでは、七月七日の一日で一三人が殺され、五三人が重傷を負い、七〇〇人が留置された。デブスは逮捕された（以上、ヘイマーケット事件やプルマン・ストライキについての詳細は、H・ジン『民衆のアメリカ史　一八六五―一九四二』、第二章を参照）。

第四節では前節までにおもに移民をめぐる人種・民族問題に光をあててきたが、ここではまず、資本制社会における「制度化された妥協の一形態」（リピエッツ）として、移民貧困問題をめぐるジェーン・アダムズのセツルメント活動をとりあげてみたい。

シカゴにおいて、貧富の著しい差から生じる社会的不公平の解決のためにはやくからたちあがり、「断念の人びと[12]（die Entsagenden）」を志していたのは、女性の社会改革家ジェーン・アダムズである。アダムズは、一八八九年、都心地域西隣の河岸地区の真中に位置するポーク・アンド・ホールステッド・ストリートにハル・ハウスを開館した。それはアメリカで最初のセツルメント活動ではなかったけれども、アメリカでもっとも有名なセツルメント活動であり、セツルメント活動に関するアダムズの本はもっともよく読まれたといわれる[13]。

世界最初のセツルメント・ハウスは、一八八四年に社会改革に努めた歴史家アーノルド・トインビーを記念してロンドンのイースト・エンドにサミュエル・A・バーネットが建設した、トインビー・ホールであるといわれる。それは、オックスフォード大学やケンブリッジ大学の学生たちがセツルメント活動に従事する格好の場所となっていた。一八八七年暮れからヨーロッパ旅行に出かけたアダムズは、ロンドンの労働会館やこのトインビー・ホールを訪れる。そして帰国後、トインビー・ホールをモデルにしてハル・ハウスでセツルメント活動をはじめるのである。トインビー・ホール同様、ハル・ハウスでも、中産階級のレジデントの多くは大学の学生であった。かれらはセツルメント・ハウスを、移民貧困層や労働者階級の世界へつうずる窓であるとみなしていた。

ハル・ハウスはひとつのコミュニティ・センターであり、都心地域西隣地区の移民のスラムにある、中産階級的価値に支えられたひとつのオアシスであった。それは近隣の住民のために社交クラブの後援者となり、幼稚園を運営し、コーヒー・ハウスや体育館やアート・ギャラリーを経営した。さらにセツルメント・ハウスは、ダンテやブラウニングから料理、軍事にいたるまでのあらゆる本を、諸階級に提供した。毎日、平均して二〇〇〇人がその施設を利用したといわれている。ハル・ハウスのビル群は、しばしば無関心なシカゴの市民たちにたいして向けられた、「教育とリクリエーションは移民たちに拡大されるべきである」ということの、具体的な表現であった（アダムズ前掲書、邦訳一一二頁）。しかしアダムズは、セツルメント・ハウスを貧民救済の単なる道具とみなしていたわけではなかった。アダムズにとってセツルメント・ハウスは、富裕階級を啓蒙する手段でもあったのである。中産階級の男性や女性はハル・ハウスに住み込み、かれらほど豊かでない近隣の者たちと混じりあっていた。レジデントたちは、移民貧困層の諸要求と諸関心を徐々に理解していった。ハル・ハウスは、アダムズによれば、「諸階級の相互依存は互酬的である、という理論にもとづいて、まじめに開設されている」ものであった（アダムズ前掲書、邦訳六八頁）。

当時の新聞は、ハル・ハウスを、「シカゴのトインビー・ホール」と呼んでいる。セツルメントの運動において重要なのは大学の存在であったが、シカゴでオックスフォード大学やケンブリッジ大学の代役を果たしたのは、"Dig and Discover!"（「掘り下げ、発見せよ！」）をその精神とするミシガン湖岸のシカゴ大学であった。

シカゴ大学は、シカゴにある各企業からの寄付やスタンダード石油会社により巨万の富を築いていたロックフェラーの援助を受けて、一八九二年に創立された歴史的に新しい大学であった。新設の大学ではあったが、その大学の性格と威信は石灰石でつくられたゴシック様式の建物に表れており、古代ローマ風の荘重な建築物は、煤煙におおわれた冬のシカゴでは人目を奪うものであった。そして中庭の北側にあるマグラレン塔を模した建造物は、オックスフォード風の雰囲気をかもしだしていた。それはシカゴ大学とハル・ハウス、オックスフォード大学とトインビー・ホールを二重写しにするものであった。アダムズと大学の研究者（シカゴ学派第一世代の社会学者たち）との交流も深かった。

アダムズは『ハル・ハウスの二〇年』のなかで、こう書いている。

> 街路のぬかるみはどう表現したらよいものか。学校は不足し、衛生法は無視されている。街灯は少なく、舗装は十分にされていない。路地や小街路はまったく舗装されていない。厩舎は不潔であること言語に絶する。何百もの家々が、下水設備をもたない。古参のそれほど困窮していない住民は、余裕の許すかぎり一刻も早く引越したがっているかに見える。かれらは、市民の義務など与かり知らない新参の移民たちに場所を譲っていく。このような新旧の住民の交替は、地区の南と東の地域で、産業においてもなし遂げられている。ユダヤ人とイタリア人は、大規模な衣服製造の仕上げ作業に従事している。それは、以前にはアメリカ人、アイルランド人、ドイツ人の仕事であったのであるが、かれらは搾取制度のもとで自分の子供たちに満足なこともしてやれない極端な低賃金に服従することを拒絶したのである。その搾取制度の意図するところは、衣類の製造に家賃がかからないようにすることであったので、布地が裁断されたあとは「下請けの家庭内職」に切りかえられる。不埒な請負人は、地下室が暗いとも、厩舎の二階が不潔だとも、裏の掘っ立て小屋が一時しのぎにすぎないものだとも、考えない。なぜなら、これらの状態は低家賃を意味するからである。したがってこれらの仕事場は、搾取者がかれの安い地下室と家内労働の仕上げ人を見つけることが容易な外国人地区に数多くあるのである（アダムズ前掲書、邦訳七一－七三頁。訳は変えてある。強調は引用者）。

アダムズがハル・ハウスで乗り越えようと求めたものは、産業都市が生み出しているこのような社会環境であった。また、彼女は昔日の中西部の開拓者精神であるリンカーン・デモクラシーの回復を求めていた。ジョーンズ、ホーン、サンドバーグたちと同様、アダムズにとってのリンカーンは、アメリカ心臓地帯のデモクラシーを体現するものであった。

中西部は「デモクラシーの渓谷」であり、「アメリカでもっとも偉大な民主主義者あるアブラハム・リンカーンの故郷」であるとみなされていた。また中西部は、政治上のアメリカン・ドリームを真に体現する地域であり、そこでは垣根用の欄材を挽く人＝リンカーンが大統領になることができ、政府は現実に「人民の、人民による、人民のための」ものであると思われていた。この「丸太小屋から大統領へ」というサクセス神話が崩壊し、ジェファーソニアン・デモクラシーが破産した地点から、まさに本章で考察してきたような「メゾ・レヴェルにおける制御調整様式としての都市空間」、すなわち諸人種・民族的コミュニティによる「共生」（あるいは強制？）の秩序の具現化がはじまった。

彼女の仲間である中西部の改革者たちと同様に、ジェーン・アダムズは、荒廃した都市にリンカーンの理念を移植しようと努めた。ちなみに、アダムズは戦闘的な黒人週刊誌『フリー・スピーチ』の編集者であるアイダ・ウェルズ・バーネットと交友を深めるなど、黒人問題にもかかわりをもっていた。だが、一九一三年ごろまでには、彼女は全国黒人向上協会シカゴ支部の活動からも遠のいている。また、当時黒人のための「世界で唯一のソーシャル・セツルメント」といわれたインスティテューショナル教会は、アダムズの「ハル・ハウス」やG・テイラーの「シカゴ・コモンズ」を模倣したといわれている。

他方、都市のデモクラシーのための以上のような戦いを援助するために、セツルメント活動は、社会科学的な調査研究にも関心を向けていった。事実、一八九〇年代から二〇世紀初頭にかけてのシカゴは、社会調査研究の中心地としてその名を知られていた。シカゴは、都市病理の原因に関する「科学的な」研究に従事する人たちにとってのメッカであったのである。

ところで、ジェーン・アダムズとハル・ハウスが、唯一社会研究と社会的実験に関するこのような名声に与っていたわけではなかった。すでに触れたように、等しく重要であったのはシカゴ大学の存在であった。その大学はアメリカで最初の社会学部を誇っていた。それを率いていたのはアルビオン・スモールであった。かれはバプティスト派の牧師であり、社会調査が社会改革に役立つことを信じていた（プロテスタント的禁欲の独自な担い手としてのバプティスト派の分類とその性格づけに関しては、M・ヴェーバーの『プロテスタンティズムの倫理と資本主義の精神』を参照）。さらにスモールの考えでは、社会学者たちに必要とされるのは調査研究だけではなく、研究の成果である知識を世界の諸問題に応用することであった。スモールはアメリカで最初の社会学雑誌『アメリカン・ジャーナル・オブ・ソシオロジー』を刊行し、その創刊号にかれの活動家としての意見をつぎのように表明している。

> わたしは、(アメリカの学者たちに――引用者) 思想と行動の結婚を禁止する慣習法を廃止させるだろう。わたしはかれらが、知識に由来する知恵を行動に由来するより大きな知恵によって豊かにし、より深く、より共感に満ち、学者らしくなるようにするだろう (『アメリカン・ジャーナル・オブ・ソシオロジー』)。

スモールの同僚たちもこれに同意を示している。とりわけ信仰心に厚かったシカゴ大学社会学部第一世代のC・R・ヘンダーソンは、つぎのように言っている。「新しい状況に適応しようとする困難な仕事においてわたしたちを手助けするために、神は幸運にもわたしたちのために社会諸科学を案出し、そしてそれらをわたしたちにあたえたのだ」。かれはシカゴ大学社会学部が創られたその年から、学生を都市の各地域の観察に送りだしている。ヘンダーソン自身は一九一六年に他界してしまうが、教えを受けた第二世代の社会学者アーネスト・W・バージェスが、その後を引き継いだ。こうした経緯から、バージェスにとっても地域の各種機関と接触を保ちつつ研究を進めることは自然なことであった。また、かれにとって社会事業家たちとの共同作業は、都市の研究を深めていくための大量のデータ収集に、きわめて有益であった。同心円地帯論は、こうして形成されることになる。

バージェスがシカゴ大学社会学部に迎えられたのは、世界が新しい国際秩序を形成しつつあり、アメリカが経済的にも政治的にも世界の主導権を握りつつあった一九一九年のことであった。W・I・トマスはその前年に大学を去っていたが、ブッカー・T・ワシントンのもとで黒人教化事業に従事していたパークは、一九一四年にシカゴ大学に奉職していた。それはヨーロッパで第一次世界大戦が勃発した年であり、中西部第二の都市に成長していたデトロイトでは、ヘンリー・フォードがアセンブリー・ラインをつくりあげた年であった。

パークは一九一六年、全国黒人都市生活条件同盟シカゴ支部の初代会長に就任している。その都市同盟の目的は、アダムズらのセツルメント活動が移民にたいしておこなっていたのと同様、「本質的に農村的な人びとの、都市環境や近代生活への適応の困難さを労働、賃金、健康、住宅によって援助すること」であった (竹中興慈前掲書、三二三頁)。ここには、黒人の問題をイタリア人やユダヤ人などの問題と一括して「農村的な人びと」の問題としてとりあつかう視点が示されていた。後に、「ブラック・ベルト」が「リトル・イタリー」(「リトル・シシリー」ではなく) や「ゲットー」とともにアメリカで「都市のなかのムラ」と呼ばれることになるのは、こうした見方にもとづくものである (「グラムシとゲーテが出会う場所」前掲小稿を参照)。他方、さきにとりあげたF・M・スラッシャーの研究には、ある少年ギャング団がその集団のまま「健全なる」ボーイ・スカウトの一団に性格を変えられた事例が紹介されているが、この「健全化」の方向性も基本的には同様の視点からなされていると思われる。また、スラッシャーは同研究において、青少年ギャング団の「無秩序と暴力」について「市民社会の境界を越えでている」と印象を述べているが、それはアダムズが『ハル・ハウスの二〇年』のなかで新参の移民にたいして「市民の義務など与かり知らない」と記したのと同じ、アメリカにおけるナショナルな市民社会建設の観点からのものであるといってよいだろう。

ちなみに、パークは、かれの「自伝的ノート」の冒頭に「わたしの社会学上の関心は、ゲーテの『ファウスト』の読書へと遡ることができる。貴方がたは思い出すだろう。ファウストは書物に飽き、世界を観ることを欲したということを。かれは人間たちの世界（the world of men）を観ることを欲したのだ」と書き記している。これはよく知られており引用されることも多い文章であるが、ここでパークによって「人間たち」が“men”で語られている文脈が、アダムズやスラッシャーの市民社会についての考え方と同様一七世紀以来の西欧近代に特有の啓蒙プロジェクトの枠内にあるものであり、近代のフェミニズムその他の社会運動によって強く反省を迫られている理念や社会的文脈であることは、あらためて強調するまでもないだろう。

スモールらによって導かれたシカゴ大学の社会学部は、その開設時に、誇らしげに「シカゴという都市は世界でもっとも徹底した社会的実験室のひとつである。……世界の都市のなかで、シカゴほど広範囲にわたる社会問題の典型を提示しているところはない」、と述べている。

ハル・ハウスからちょっと市街電車に乗ればいけるところにあるシカゴ大学は、アメリカにおける社会改革運動の文字どおりの中心地になった。アボット、ブレッキンリッジ、メリアム、G・H・ミード、デューイ、マックドゥーエル、スモールたちはすべて、調査研究を通して社会科学者たちは荒れ狂う都市をなんとか制御する手段を発見できる、と信じていた。ジェーン・アダムズとともにかれらはシカゴを社会改革運動の拠点にし、その中心となる大学を学問のプラグマティックな探究のモデルにしたのである。

くわえて、かれらはロバート・E・パークの指導下で一九二〇年代に発展した、世界的に知られる「シカゴ社会学派」の土台を築いた。都市社会学というのは、高層建築や農業機械と同じくらい、シカゴの産物であった。一九二〇年代までに、シカゴは、他に類を見ない「都市の実験室」になっていた。日本で一九二三年に設けられた東大セツルメントの支柱のひとりであった穂積重遠は、留学の帰途、シカゴのハル・ハウスを参観している。それは述べてきたような文脈のなかにある社会改革運動であった。社会学者戸田貞三もこの時期シカゴ大学に留学して社会事業調査の実態を感得しており、帰国後、東京帝国大学文学部社会学科の学生たちに地域社会調査の指導を積極的におこなっている。これらの事実は今日、あらためて注目されてよいだろう。

一九二四年六月、東京帝国大学のセツルメント・ハウスが完成した。建築設計は今和次郎であった。帝大法学部の末広厳太郎と穂積重遠は二人でこのセツルメント運動を支えたといわれる。一方、文学部の戸田貞三も、「大学拡張運動」としてのこのセツルメント運動に重要な役割を果たしている。穂積重遠は、戸田の著書『家族の研究』の「紹介批評」のなかで、「現に東京帝大セツルメントが戸田君等の指導の下にその所在地たる本所区柳島元町の戸口調査をし、その成績は同セツルメントから発表されて居るが、其中にも内縁夫婦の統計があり、簡単小規模ながらそれ相応の意義はあった」（「〈紹介批評〉戸田貞三著『家族の研究』」、八八頁。表現は一部改めた）と、戸田と帝大セツルメントとのかかわりについて書いている。また喜多野清一は、名著『家族構成』の解説のなかで恩師戸田のシカゴ大学留学時の研究テーマが日本の社会事業を「ちゃんと筋立ったものにすること」であり、「一般的に言ってアメリカ社会学から理論的に学んだといふよりも、じっさいの社会現象をつかまえて深く研究してゆく学風に大いに学ぶところがあった」と戸田の言葉を紹介している（「解説――日本における家族社会学の定礎者戸田貞三博士」、三八三―三八四頁。戸田の経歴や学問上の評価に関しては、『著作集』、別巻、解題Ⅰ、Ⅱを参照）。

アダムズたちの社会改革運動は、シカゴ大学の第二世代の社会学者たちが社会的実践と距離を置くようになるなかで、国家レヴェルでの社会事業運動に力点が移動していく。「アメリカ社会事業協会」のための、アダムズ委員会の仕事のテーマを見ると、国家レヴェルでも、近隣住区の改善、移民政策が彼女の仕事の一貫したテーマであったことがよくわかる。要約的にいえば、アダムズたちの社会改革運動やシカゴ学派の都市社会学者たちの社会調査活動が目指したところは、アメリカにおける国民国家の建設の過程での、公的領域、私的領域、共同的領域の再構築であった。[14]それは争う複数の主体が諸妥協を一時的に制度化した都市空間の実現（＝新しく制度化された妥協の形成）の過程であった。そしてこの過程は、関連する諸活動の総体としては、空間の諸実践（第二部門の拡張を促進させる同質的、均質的な生産と消費の実践、人種・民族ごとのコミュニティ形成の実践、都心部高層建築物の建設と道路の拡幅・拡張の実践、新しいメディアを媒介としたコミュニケーションの実践、セツルメント活動による近隣住区改善の実践、変化する人びとの通勤・移動形態による日常空間の実践など）として表現された。

都市の歴史とは公共的領域と私的な領域との区別の歴史である。公共的領域と私的な領域のあいだの分業の歴史は、他方、市民社会の歴史でもある。アダムズたちの社会改革運動やシカゴ学派の都市社会学者たちの社会調査活動は、このような観点から言えば新しい都市の建設の運動であったのであり、新しいナショナルな市民社会の建設の運動であったのである。そして同時代に出現した電話、ラジオ、新聞、雑誌、市街電車、自動車、映画などは、そのような新しい都市空間（内に多くの人種・民族的コミュニティを抱えた）の、内的なコミュニケーションを充実させる交通の諸空間であった。

# 注

（1）カタログ販売やシカゴの超高層ビル、シアーズ・タワーで知られるシアーズ・ローバック社は、一八九三年、シカゴ万国博覧会開催の年に創設されている。その前身はR・W・シアーズ・ウォッチ・カンパニー（一八八六年設立）。シアーズの商売は当初、メイル・オーダーのカタログによる時計の売り込みであった（M・オマリー『時計と時間』、邦訳一九四－一九六頁、参照）。シアーズ・ローバック社がシカゴへやって来たのは一九〇六年のことであり、中西部の農民たちへの通信販売を軸に本格的に売上を伸ばしていった（秋元英一前掲書、一二九－一三〇頁、参照）。

（2）S・ユーウェン『浪費の政治学』における議論を参照。大量生産と大量消費をつなぐ広告業の発展ということで言えば、われわれはブルース・バートンの名を忘れることができない。かれは、テネシーの田舎町の巡回牧師から出発してシカゴ郊外の教会に落ち着いた、組合教会派の聖職者の息子であった。かれは量産による低廉な商品を用いることは消費者生活の質を物質的かつ精神的に豊かにすると考え、禁欲的倫理をもっていた人びとに消費行為の徳性を訴えるための広告文を書いた。かれのベストセラーである『誰も知らない人』（一九二五年）は、キリスト教の信仰を新しい消費文化に適合させるのに役立った（有賀貞『アメリカ史概論』二六一頁、参照）。

（3）大草原派（The Prairie School）といわれる建築家のなかでもっとも有名なのは、フランク・ロイド・ライトである。かれは、古代ギリシアやルネッサンス期のイタリアがわれわれの芸術や文明に貢献したのと同じくらい、シカゴと中西部は芸術や文明に貢献しなければならない、と信じていた。ライトが「師」と仰いでいたのは、ヨーロッパから受け継がれた建築のスタイルや一八九三年のシカゴ万国博覧会における新古典主義の建築群に反感を持っていた、ルイス・サリヴァンであった。一方、サリヴァンは、当時、「大草原派の精神的なリーダー」であった。一方、一九〇九年の「シカゴ・プラン」で知られるD・バーナムは、アメリカにおける近代都市計画運動の先駆者であったけれども、建築家としては、旧ヨーロッパ世界のモデルと古典主義の伝統の相続に没頭していた。

（4）ところで、H・W・ゾーボーは、前世紀初頭のシカゴを念頭に、少年ギャングなど未成年の非行が都市で発生するのは、移民のスラムにおける旧世界の文化とアメリカ人のコミュニティの文化とのあいだにある「諸々のすきま（interstices）」においてであると説明している（H・W・ゾーボー『黄金海岸とスラム』、および本章第4節の「二〇年代におけるシカゴの社会地図」を参照）。これは別の表現をすれば、少年ギャングなどの非行は、公的領域（学校教育など）、私的領域（職業生活など）、共同的領域（家族など）のあいだにできる「すきま」において生じているということである。一方、同様の「すきま」は、一九八〇年代以降の東京（あるいは日本）にも現れつつある。ともに「すきま」を埋める社会的役割を果たしているのはヴォランタリーな運動である。だが、一九二〇年代におけるシカゴのヴォランタリズムと一九八〇年代以降の東京におけるそれとのあいだには、決定的なちがいがある。二〇年代におけるシカゴの「すきま」を埋めるヴォランタリーな運動が目指していたものは、ナショナルな市民社会の建設であったが、八〇年代以降の東京におけるヴォランタリーな運動が志向しているのは、国境を越えたトランス・ナショナルな市民社会の建設であるように見えるからである。

（5）周知のように、ジェノヴァの船乗りであるクリストファー・コロンブスは、フィレンツェの天文学者トスカネッリの説を信じ、スペイン女王イサベルの援助を得て、一四九二年スペインのパロス港を出帆した（かれのスペイン語名はクリストバル・コロン Cristóbal Colón で、港は現在のスペイン最南西部のウェルヴァ Huelva にある）。かれはインドへの新しい航路を求める航海の途上で未知の島々にたどり着いたが、自分が「発見」した大陸をインドだと思い込み、そこで出会った人たちをインディオ（インディアン）と名づけた。

（6）シカゴの町は、一八三〇年の八月四日、検査官ジェームズ・トムスンが最初のコミュニティ・マップを作成したときに、法的、地理的に確認された。当時、その地域は一平方マイルの半分もなかった。シカゴが市（a city）としてイリノイ州の法律の下に編入されるのは、一八三七年三月四日のことである。

（7）シカゴ市の一九三〇年時の人口は三三七万人であり、その後の一〇年間で六七万人が増えた。デトロイトの一九三〇年時の人口は一五六万人であり、こちらも一〇年間で五七万人増えている。

（8）F・L・アレン『オンリー・イエスタデイ』、邦訳六一―六二頁。一九一〇年代を通して、シカゴの黒人人口は倍増していた。その多くは南からの移住者であった。詳細は、「ブラック・ベルト」の節を参照。

（9）個人が自分自身のおかれた状況を知覚し、その意味を解釈することを、行為者の状況の定義づけという。モノグラフ『ヨーロッパおよびアメリカにおけるポーランド農民』の著者であるシカゴ学派の社会学者トマスとズナニエツキにより、最初に用いられた言葉である。たとえば、リトル・シシリーにおいては、子供の労働についてアメリカ人とシシリア人とのあいだに見解の相違があり、それが矛盾する「状況の定義」となる。当時、シシリアではアメリカ社会とちがって、子供は比較的早い時期から働きに出るのが習慣であった。

（10）サラ・パレツキーによる今話題の女探偵シリーズの主人公、V・I・ウォーショースキーは、母がイタリアからの移民であった。パレツキーは、ある小説のなかで、イタリア系移民二世であるウォーショースキーに、つぎのような興味深い体験を告白させている。「わたしは汗びっしょりで目をさました。寝室は暗く、しばらくは自分がどこにいるのか思い出せなかった。ガブリエラ［ウォーショースキーの母親―引用者］がやつれた顔に目ばかり大きく、人生最後の苦痛に満ちた何ヵ月間かそうだったように透き通るような肌をして、わたしをじっと見つめたまま、助けてほしいと頼んでいた。夢はイタリア語だった。英語に、大人の自分に、このアパートメントにもどるまでに時間がかかった」（S・パレツキー『センチメンタル・シカゴ』、邦訳二一頁。強調は引用者）。

（11）事実、バージェスによる第三地帯の説明は、「頽廃的地域（第二地帯）から逃げ出したものの、なお勤務先に便利なところに住むことを望んでいる工業労働者の居住地域」「スラムからの逃避地域」「第二の移民居留地区……一般には移民第二世代の居留地区」（バージェス前掲論文、邦訳五三―五四、五七頁。訳文は一部変更）となっている。

（12）ゲーテ『ヴィルヘルム・マイステルの遍歴時代』を参照。関泰祐訳（岩波文庫）のタイトルは以上の通りであるが、ドイツ語原本のタイトルは、『ヴィルヘルム・マイスターの遍歴時代、あるいは断念の人びと（oder Die Entsagenden）』となっている。一九世紀初頭に出版されたゲーテのこの小説のなかに、今世紀初頭に出現したアメリカニズムの諸問題がすでに的確に描かれていることは、驚くばかりである。他方、M・ヴェーバーは、近代の職業労働が禁欲的な性格を帯びているということを教えてくれる著作として、ゲーテの『遍歴時代』と『ファウスト』をあげている（M・ヴェーバー『プロテスタンティズムの倫理と資本主義の精神』、邦訳三六四頁）。本章で「断念の人びと」あるいは「断念」という言葉を使うばあいには、基本的にはM・ヴェーバーがいうのと同じ意味においてであり、生きていく上で自己の生命活動を自由意志にもとづいて限定しなければならない（すなわち、近代における市民生活を営む）人びとやその人びととの活動の様式を念頭においている。

（13）アメリカにおけるセツルメント運動は、一八八六年、スタントン・コイト博士がニューヨーク市のローアー・イーストサイドに「近隣ギルド」（後に大学セツルメント）を開設したのが最初である。ハル・ハウス以外で有名なのは、リリアン・ウォルドが一八九三年に開設した、ニューヨーク市のヘンリー街セツルメントである。

（14）ここで公的な領域とは行政施策に直接関連する領域のことであり、私的な領域とは、第一に個人やプライヴァシーにかかわる領域のことであり、第二に民間の企業活動や市場に関連する領域のことである。また、共同的領域とは家族や地域などさきの二つのいずれにもはいらない社会連帯の領域を示している。「公共的領域と私的な領域の区別」とか「公共的領域と私的な領域のあいだの分業」と二分法的に表現する場合には、欧米語でいう公共的＝public（英）、publique（仏）、publik（独）、pubblico（伊）、publico（西）と私的＝private, privé, privat, privato, privado の対立や区別にほぼ対応させて考えている。

# 第４章　現代都市の発展と国民的市民権の動揺
## ――二〇世紀から二一世紀へ

ひとり善悪正邪等々についての知覚をもつということが、他の動物に比べて人間に固有なことである。…そして、家や国を作ることができるのは、この善悪等々の知覚を共通に有していることによってである

（アリストテレス『政治学』岩波文庫、三五頁）

Möge das Studium der griechischen und römischen Literatur immerfort die Basis der höhern Bildung bleiben.

（願わくば、ギリシア、ラテンの文学の研究が、いつまでも、より高い教養の基礎でありますように！）

（ゲーテ『ウィルヘルム・マイステルの遍歴時代』岩波文庫、下巻、二九八頁）

もっとも日常的な現象として、日本人は「家」を「うち」として把捉している。家の外の世間が「そと」である。そうしてその「うち」においては個人の区別は消滅する。妻にとっては夫は「うち」「うちの人」「宅」であり、夫にとって妻は「家内」である。家族もまた「うちの者」であって、外の者との区別は顕著であるが内部の区別は無視せられる

（和辻哲郎『風土』岩波文庫、一七二頁）

張公よ、試みに公が理想の首都を語れ、李老よ、卿試みに卿が理想の首都の状を語れ。……漸く人々個々の頭脳中に理想の東京の沸き出づべき時たる也

（幸田露伴『一国の首都』岩波文庫、五一頁）

可能態《デュナミス》においてあるものの完全現実態《エンテレケイア》がすなわち運動である

（アリストテレス『自然学』岩波書店、全集第三巻、八五頁）

## 1　世界都市東京と市民社会の再形成

マニュエル・カステルは「都市社会学における理論とイデオロギー」という論文のなかで、都市社会学の基礎になっているアーバニズム（urbanism）という概念は理論的定義ではなく社会文化の型を指すものであり、その意味において「都市社会学は特定の理論的対象をもっていない」し、また、都市社会学を特徴づけるものは都市のなかの研究の対象についてはっきりとした限定がなにもないことであり、その意味において「都市社会学は特定の現実的対象をもっていない」ので、都市社会学というのは科学ではなくひとつのイデオロギーであると、衝撃的な批判を展開した。一九六九年のことであった。それから四半世紀が経った。だが、日本の都市社会研究は、ごく一部をのぞいて、いまだにその批判があてはまる状況から抜け出せていないように思われる。

本章は、外国人居住者が急増し、経済活動がグローバル化し、

既存のコミュニティ・パラダイムが崩壊し、国家行政と都市行政の対抗やズレがより明確になってきている東京の世界都市化の現場を、都市社会研究の現実的対象とし、一方、その理論的対象を「制御調整様式としての近代都市の危機」[1]と設定することで、くだんの都市社会学批判に積極的に応えようとするものである。

次（第2）節では、冒頭で転換期の都市の現実を捉える視点が提示され、つぎに近代都市東京の歴史の時期区分をしながら、転換期以前（一九七〇年ごろまで）の東京の都市発展がフォーディズム論の観点から整理される。[2] 第3節では、フォーディズム的発展様式が危機に陥って以降の、すなわちアフター・フォーディズム時代の東京の歴史が、大都市圏の発展とグローバリゼーションが交差する地点において考察される。ここでは、時代の賭金としての空間をめぐる問題、新しい国際分業の出現、インナーシティ問題などが、東京の世界都市化の前段階的要素としてアクセントをおいて考察される。第4節では、東京を「世界都市」として分析する際の鍵となる視点がまず再吟味され、ついで一九八〇年代にはいってからの東京の文字通りの世界都市化の現実が整理される。そこでは、一九二〇年代同様、われわれが新しい時間と空間に出会っていることが示される。そして最後に、世界都市東京の現実をその可能態《デュナミス》においても、現実態《エネルゲイア》においても、したがってその完全現実態《エンテレケイア》においても、捉えるのに重要となるエスシニティ問題（外国人居住者の実態）について考察をする。考察の対象となるのは、豊島区池袋周辺の中国人居住区、荒川区日暮里の在日韓国・朝鮮人地区、南米系日系人が拠点としている横浜市鶴見区の三ヵ所である。

最終節である第5節では、まず都市社会（とくに東京）研究者のあいだで議論されることの多い "dual city" 論について考察をし、東京の世界都市としての種差性（＝独自性）を一定程度浮き彫りにする。つぎにその作業をへたうえで、一九八〇年代に世界都市化というかたちで東京に新たに生じた変化をそれ以前の社会構造との対比で再度整理し、そこから世界都市東京の現実が示唆する論理を「市民社会再形成の空間的諸圏域」というかたちで提示する。ちなみに、ここで提示された市民社会再形成の構図は、一九八〇年代以降の東京の現実と都市の世界システムを考慮して描きだされたものであり、ひとつの仮説にすぎない。また、現在の都市の世界システムがもっている中心—準中心—周辺構造を肯定するものではない。それはある新しい理念と現実を内包しているが（本書第10章を参照）、依然としていろいろな試みや模索を通じて修正、確認が繰り返されていかなければならない「委員会の論理」（中井正一「委員会の論理」長田弘編 1995、所収、参照）なのである。

第5節の最終部分「社会的実験室としての東京」では、それまでの考察をふまえて世界都市東京の現在に「市民社会の実験室」という位置づけが与えられ、さらに今後の市民権（あるいは市民の資格）のあり方、都市居住のあり方に具体的な示唆が与えられる。

## 2　東京の歴史と都市化現象

### 歴史、論理、都市

歴史の転換期には事実よりも論理が先行する。[3] 一八四八年のヨーロッパにおける諸社会革命、一九一七年のロシアにおける社会主義革命、一九三三年のドイツにおけるナチズムの政権奪取、一九六八年のフランスにおける五月革命、一九八九年のベルリンの壁の崩壊とそれに続くソビエト連邦の崩壊などは、そのよい例であった。その都度、人間の生命活動の社会的な分割と結合の諸力は、新しい交通（verkehr）の形態によって旧来の矛盾に満ちた外皮を剥がされてきた。独裁者の諸制度は打倒されるか、形骸化によって過去のものとされるかしてきた。この半世紀のあいだに、アフリカはヨーロッパ諸国にたいして、ラテン・アメリカは北アメリカ大陸にたいしてたちあがり、一方、アジアは日増しの勢いで独立した勢力になりつつある。帝国主義、ファシズム、共産主義による抑圧と独裁に世界中の人びとが抵抗し、そして解放されてきた。結局、歴史の教えてくれるところは、人びとがなにかをなす能力をもち、またそれをなしたいと願望していたのであれば、かれらの存在はすでに歴史の結果であったということである。

歴史上、社会変革の中心は都市であった。「文明の作業場（workshops of civilization）」（D・ハーヴェイ『都市と社会的不平等』、四一八頁）でありその中心をなすものとしての都市は、思想の坩堝、あるいは新旧さまざまな思想と行動が闘争する場であった。またわれわれは、都市において、人類史上つねに時間と空間の両方を精確に処理し、努めてこれを徹底的に利用するように強いられてきた。都市では、周知のように、地代があがって空間の浪費が不可能になるのに比例して時間もいっそう貴重なものになっていく。古代ローマ時代に都市に暮らしていた詩人ホラティウスはすでに、"Carpe diem."（「寸暇を惜しめ」）と歌っている。一方、アドルノは、プルタルコスの『倫理論集《モラリア》』を思いださせるその著作『ミニマ・モラリア』のなかで、つぎのように述べている。「大都会が興隆して以来認められるようになった、あわただしさ、いらいら、落ち着きのなさといったものは、いまや往時のペストやコレラを思わせるような伝染力で蔓延している。表面を賑わせているエネルギーの凄じさは、急ぎの用をもった一九世紀の歩行者から見ても想像を絶しているであろう」（T・アドルノ『ミニマ・モラリア』、二〇七頁）。時間と空間の利用における革新は、いつの時代も「都市的なもの（l'urbain）」の重要な要素であった。

ところで、ルイス・ワースが「生活様式としてのアーバニズム」（一九三八年）という有名な論文のなかで指摘しているように、世紀転換期から一九二〇年代にかけてのシカゴやニューヨークのようなアメリカの大都市ほどに、異なった諸特性をもった大量の人びとがきわめて物理的に密な接触のなかに放り込まれたことは、それまでの都市の歴史ではみられなかったことである（L・ワース「生活様式としてのアーバニズム」、一四二頁）。ワースによれば、シカゴやニューヨークでは「都市人口は再生産されないから、それはほかの都市、地方、そして外国から…その移住者を補充しなければならない。かくして、［それらの——引用者］都市は歴史的には人種、国民、文化の坩堝であり、生物学的、文化的雑種のもっとも好ましい成育土壌であった。都市では個人的諸差異が許されるだけでなく、それらが報いられる。かれらが均質的であり同じ心情をもっているからというよりもむしろ、かれらは互いに異なっており、そのために互いに利用しあえるという理由から、都市には地球の果てからも人びとが集まるのである」[4]（同上、一三四－一三五頁。訳文は変えてある）。ワースの理論は、「坩堝（melting pot）」論であり、都市になだれ込んだ多くの社会的に異質な人びとは、最終的にひとつの均質的な文化に融合していくものと想定されていた[5]。そしてすでにみたように、その均質的な文化とは都市大衆文化のことであり、形成されつつあったアメリカのモダンかつナショナルな市民文化であった（詳細は第3章を参照）。

一般に、都市の歴史とは公共的な領域と私的な領域との分業の歴史であり、また公共的な領域と私的な領域における多様な職業階層の分化と盛衰の歴史である。とりわけ近代都市の歴史は、移動と定住を繰りかえす人びとが自己の職業と生計の手段を獲得しつつ、地域コミュニティのなかで内面的、対外的に闘争、競争、応化、同化のプロセスをへて私的かつ市民的な社会秩序を形成する過程である。それはまた経済的、政治的、社会文化的あるいは宗教的な集団への所属を通して、都市の開かれた世界において、直接、間接に人びとが自分にとっての他者を定義し、再定義し続ける過程でもあった。そして、江戸——帝都——大東京——東京大都市圏——世界都市東京へと一世紀以上にもわたって目覚ましい成長、発展を遂げてきた東京の歴史もまた、このような個人と集団の葛藤の歴史であった。以下、一九八〇年代における世界都市の形成に至る東京の歴史を、戦前、戦後の都市化現象との関連において、簡単に振り返ってみよう。

### 第一次都市化、大衆文化、東京の歴史

一九世紀の半ばから二〇世紀の初頭まで、大都市発達の促進要因は蒸気機関車や蒸気船など蒸気の力であった。蒸気機関車や蒸気船に乗って人びとは移動をした。しかし、ワースの時代、すなわち一九二〇－三〇年代には、生活における市街電車や自動車の利用が一般化し、他方、リンドバーグやチェンバレンが飛行機で太平洋を横断することで地球はさらに小さくなっていった。そしてこの時代に、フォードのアセンブリー・ラインにはじまる分業と大量生産の全面的な開発は、生産過程や生産物の標準化・画一化と平行して進み、貨幣経済の体系（高賃金、宣伝広告、割賦販売など）はそのような生産体系と合致するようになった。また公共施設の事業、娯楽・教育・文化の諸制度の事業は都市大衆の要請に応じるようになり、学校、映画、ラジオ、新聞のような大衆を顧客とする文化的諸制度は、必然的に画一的で均質的な影響を人びとに与えずにはおかなかった。都市の政治過程も、近代的な宣伝技術による大衆《マス》へのアピールを

抜きには考えられなくなっていた。

このような傾向の文化的側面は、ベルリン、パリ、ロンドン、ニューヨーク、シカゴ同様、東京でも現れた。ニューヨーク、ロンドン、パリ、ベルリン、ウィーンの流行がほとんど同時に東京の人びとにも伝えられた。伊藤俊治は、一九二〇年代の東京について、「活動写真の普及、ラジオ放送の開始（一九二五年）、一〇〇万部を超す全国紙の発刊（一九二四年）、週刊誌の創刊ラッシュ、『キング』や『文藝春秋』などのマンモス大衆誌の出現」などによって、「大衆の時代」が演出されるようになったと整理している（「日本の一九二〇年代――東京を中心とする都市大衆文化の展開」、一九三頁）。伊藤によれば、とくに一九二三年の関東大震災以降、それまでの「上下左右の秩序感覚が破綻し、とめどなく大衆化していく」ことになった。

「機械の支配、科学と計量とスピードという新しい生活基準、都市化と都会主義文化、大量消費志向、マスコミの巨大化などによる二〇年代東京の大衆文化の多重構造、『大衆』の多様な存在のしかたを細かに観察するならば、大正末から昭和初期が日本においての真の意味で『大衆』がみずからの文化をつくることを自覚し拡張していった時代であったことがわかる。／それはそれ以前の日本近代社会の人間状況とは異質なものであり、…新しい大都市の上に開花した欧米式の消費享楽文化であった」（同、二〇一頁）。このような意味において、東京における一九二〇年代は、「『都市』を自覚する多面的な大衆文化の成立」の時代であった。

他方、一九二〇年代以降の東京は、京浜工業地帯の重化学工業化を動機とする「第一次都市化」[6]の時期、すなわち日本近代初の〝国内民族移動期〟（ここでは明治維新期の人の移動をのぞく）であり、「都市問題」の発見とその解決への試みがはじまる「近代都市空間の展開」（成田龍一「近代都市と民衆」成田編 1993、所収、参照）の時期でもあった。東京市に社会局が設置され（東京市社会局調査の歴史的背景や概要については、一番ヶ瀬康子 1995、社会局調査研究会 1992 などを参照）、マッピング法などシカゴ学派の社会学者たちの社会調査法を参考に多くの社会調査が実施され[7]、じっさいに社会事業やセツルメントなどのヴォランタリーな活動が芽を吹きはじめたのは、この時期であった。東京帝大や大阪北市民館のセツルメント活動など、東京や大阪では都市生活に特有のヴォランタリーな諸集団（voluntary groups）が顔をだしはじめた。一方、生活のパターンとしての都市は、一九二〇－三〇年代にすでに、その形式を作りあげていた（一番ヶ瀬康子 1995、二九－三〇頁）。だが、その内包ができあがるのは、戦後の高度経済成長期を待たねばならなかった。東京市が廃止されて東京都が設置されるのは、一九四三年のことである[8]。

日本における都市体系の観点から東京の歴史を整理すれば、つぎのようになるだろう。一八八〇年代から第二次世界大戦までは、封建的身分秩序が廃止されて近代的企業が発展してくるなかで、新中間層[9]を中心に能力主義、業績主義が台頭し、〝下からの大衆化〟としての都市下層の底上げ（中川清 1985、参照）と〝上からの大衆化〟としての山の手層の中流化（杉浦章介1993、参照）の両方が進んだ時期である。これが近代都市東京の第Ⅰ期である。一八六八年（明治維新）以前、日本の都市体系の中心は城下町である江戸と大阪、それに京都をくわえた三つであった。しかしこの時期、工業都市の発達により日本の都市体系は六つの核（東京、大阪、名古屋、京都、神戸、横浜）をもつようになった。第一次世界大戦の時期には京浜工業地帯の重化学工業化が進み、東京は政治都市から経済都市、工業都市へと変貌していった。[10]

近代都市東京の第Ⅱ期は、一九五五年から六〇年代後半ないしは一九七〇年代初頭までの、高度経済成長期である。この時期に日本の都市体系は、東京、大阪、名古屋の三大都市圏に札幌、北九州・福岡、岡山、広島などの地方中核都市を中心とする中小都市圏をくわえたものになった。戦後の高度経済成長期は、日本社会の大衆社会化が進んだ時期である。東京大都市圏はあらゆる意味でその中心であった。賃金生活者が増大して社交、家庭、仕事の場はますます分化するようになり、近隣生活は衰退の傾向にあり、人間の行動の個人化（〝孤独な群集〟）が指摘されるようになった（加藤秀俊1982、参照）。西武池袋線、東武東上線、小田急線、京王線、東横線など私鉄が発達して、都市圏域も拡大していった。

近代都市東京の第Ⅲ期は、一九八〇年代以降の時期であり、世界都市東京の発展の時期である。後に述べるように、この時期には東京一極集中が進み、国外から流入する人が激増して外国人居住者の人種・民族構成も多様化し、中流幻想が過去のものとなって新たな階層分化の兆しがみられるようになった。また、経済がグローバル化していくのに応じて、企業の海外駐在員とのネットワークや帰国子女が増大する一方、社会運動のネットワークも国境を越えるようになり、近代都市東京が前提にしている国民国家的な枠組みが強く反省を迫られるようになった。[11]

## 高度経済成長、第二次都市化、都市的生活様式の確立

都市社会学者たちがルイス・ワースのアーバニズム論を一定のリアリティをもって論じはじめるのは、戦後の「都市化」の過程においてである。ワースのアーバニズム論は、一九二〇－三〇年代に都市大衆型の生活様式がアメリカ社会を均質化していく過程を描いていたが、それと同型の過程が日本では、第二次世界大戦後の〝第二の民族運動〟を生み出した、「第二次都市化」（宮本憲一1980、二〇一－二一一頁、参照）の過程であった。一九二〇年代の東京や大阪は、都市大衆文化が開花はしたものの、それは依然として「農村社会のなかに浮かぶ島」であった。だが、一九五〇年代後半以降の、いわゆる高度経済成長期における都市化現象は、日本の国土全体が都市社会になっていく、いわば「全般的都市化」の過程であった。それは「二重の都市化」の過程であった。

一方で、戦後の市民的《ブルジョワ》諸改革、とくに農地改革（地主制の解体）、家族制度の改革（近代型家制度の廃止）および基本的人権の確立

は、旧来の農村共同体の基盤を掘り崩して離農・離村を促進させ[12]、農家の次男、三男を都市へと流出させた（大都市の発達）。

他方では、高度経済成長における産業構造の変化や技術革新の進展にともなう工業（製造業）労働者の増加と平行して、農業の機械化・省力化・兼業化が進められた（農村の都市化）。東京、大阪、名古屋へと人びとは集まり、三大都市圏が形成されるようになり、ワースが描いていた工業化段階の大量生産―大量消費型の生活様式が、まず東京などの都市中間層で成立し、やがてそれは農村にまで普及していった。一九六〇年代にはいると販売店のチェーン化や消費者の組織化など「流通革命」も進み、広告・宣伝は商品の性質をあきらかにするだけではなく、人びとの欲望をかきたてていった。新しい商品は新しい生活習慣をつくりあげていった。シカゴやニューヨークのように国外からの大量の移民こそなかったものの、それはスーザン・ストレイザーが『約束された満足』（一九四八年）のなかで描いているような、新しくモダンになりつつある今世紀前半のアメリカ社会の生活習慣の変化と同型のものであった（Strasser, S., 1989 参照）。

高度経済成長期には、テレビ、洗濯機、冷蔵庫、掃除機、炊飯器など耐久消費財がまず東京などの大都市を中心に普及しはじめ[13]、それまで家計上の「雑費」と言われていた教育・文化・レジャー支出も増大した。一九五八年にすでに『経済白書』は、「消費者革命がはじまった」と記している。一九六二年、東京都は世界初の一〇〇〇万都市になった。同年、日本社会学会編集の『社会学評論』と東京市政調査会発行の『都市問題』は、ともに「都市化」をテーマに特集を組んでいる（日本社会学会編 1962、東京市政調査会編 1962、参照）。一九六四年一〇月には、東海道新幹線が開通して日本が東京を中心に収縮し、東京オリンピックの開催が、大都市東京の名と姿を全世界にアピールした[14]。テレビはその前年にすでに、日本―アメリカ間初の宇宙中継によって、ケネディ暗殺を伝えていた。空の交通はプロペラ輸送機からジェット旅客機の時代にはいり、地球の収縮はさらに進んだ（図1参照）。

高度経済成長の時代に進んだ都市化は、大量生産に基盤をおく大量消費の拡大として東京を初めとして日本の国民にひろく生活様式の変化をもたらし、国土全体にわたって都市的生活様式を普及させた。一時的な不況の後、一九六〇年代の後半には、3Cと言われるカラーテレビ、自動車、ルームクーラーが普及するようになった。そのような過程で、勤倹節約の生活文化は使い捨てとレジャー追求の消費生活に変わっていった。それは、日本における都市的生活様式の確立であったと同時に、パン、コーラ、ジーンズ、洋式トイレ、自動車、郊外のマイホームなどに象徴される、アメリカ的生活様式（American Way of Life）の日本への浸透の過程でもあった。地方都市にとっては、それはリンド夫妻が『ミドゥルタウン』（一九二九年）のなかで、一九二〇年代の半ばにインディアナ州のマンシーという人口三万の小都市が被りつつあった変化について、つぎのように述べているのに匹敵する変化であった。「現在外部から輸入されたこれら空間拡大的余暇行動のための発明品――自動車、映画、

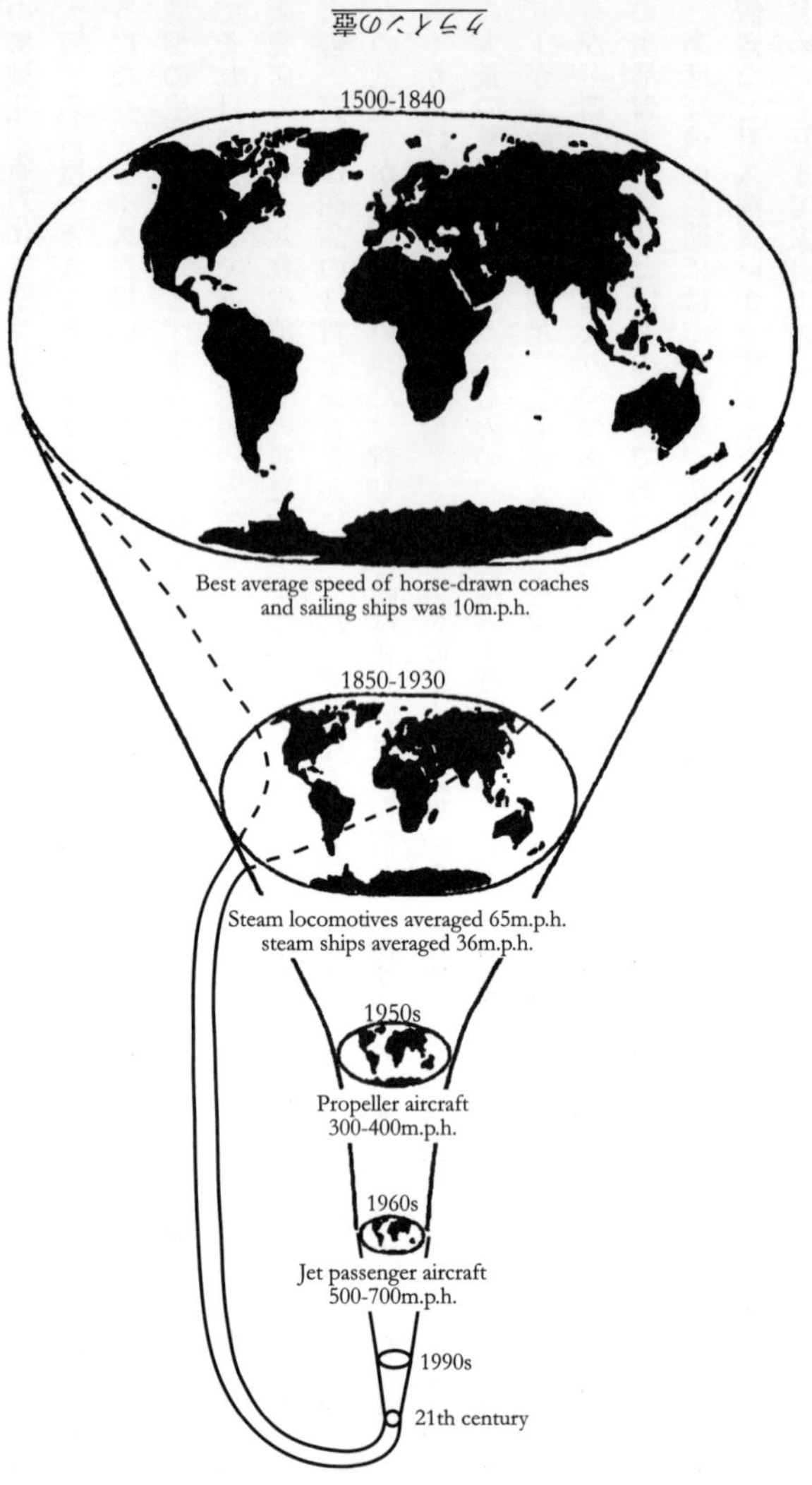


※ “時間を通して空間を絶滅する” 輸送技術の革新を通しての、世界地図の収縮（Harvey, D. 1989b, p.241.をもとに作成）。手書き部分をくわえた「クラインの壺」図（内が外になり外が内になる）は、人の移動が容易になり、また世界中の情報がリアルタイムで獲得できるようになればなるほど、したがって世界地図が収縮すればするほど、世界中の人や知識について直接知ることを要求されるようになるというパラドクスを示している。

図 1

ラジオ――が当市を一変させているのを目にするのであるが、この現代ほどミドゥルタウンを自足的、自己始動的地域社会として研究することが不可能なことを痛感させる時代はこれまでに一度も存在しなかった」（R・L・&H・M・リンド『ミドゥルタウン』、二〇一頁）。日本における戦後の都市的生活様式の確立とその普及は、同時に生活者の時間、空間体験の変化でもあった。

第二次世界大戦後の三〇年間は先進資本主義諸国が軒並み経済の高度成長を経験した「黄金の時代」であり、それは大量生産―大量消費のフォード的好循環が高賃金政策と福祉国家政策に支えられて実現したものであった。日本における高度経済成長期の大量生産―大量消費型の生活様式すなわち都市的生活様式の確立は、経済循環のメカニズムに多少の異同があるにせよ、同様の時代的な文脈のなかで成立したものであるといってよいだろう（山田鋭夫 1994、二〇二―二〇九頁および井上泰夫 1996、第一〇章を参照）。資本主義の一国主義的な発展モデルは、一八世紀後半の産業革命以来第一次世界大戦まで主流であった、外延基調の蓄積体制であるイギリス型の発展様式から、テーラー、フォードの時間―空間革命と両大戦間期における三つの発展モデルの競合（アメリカのニューディール型、旧ソ連の計画経済型、日・独・伊のファシズム型）をへて、第二次世界大戦後の内包基調の蓄積体制を代表するフォーディズム的発展様式へと変化してきた（山田、同上、第二章を参照）。一九六〇―七〇年代は日本における「大衆消費社会論」の展開期であり、それはアメリカで生まれたフォーディズム的発展様式（大量生産＝大量消費の経済社会体制）が国際的に普及する過程を裏書きしていた。

そのような変化にしたがって、先進資本主義国における国家の形態は、市民社会の私的な領域とは相対的に独立した「隔域国家」から、積極的に市民社会へと介入する「開発主義的国家」へと変貌し、戦後のフォーディズムの黄金時代には、産業、財政、金融、通貨、都市・地域、教育・文化、社会保障、余暇の各政策を通じて市民社会の内部（＝私的領域）に深くはいりこんで活動する「嵌入国家」へとさらに転換をとげた。国家は日常生活の「調整装置（regulator）」となり、市民社会の私的諸個人は社会的なクライアントの身分（status）を獲得することで制度化された異議申し立て者＝権利要求者となった。一九世紀に生じた「国家と市民社会の対立」は、二〇世紀にはいって「国家と市民社会の相互浸透」の局面を深めることになったのである[15]。

第二次世界対戦前から管理通貨制度への移行による国家の景気調節機能の飛躍的拡大などがあったことを理由に、経済過程への国家の介入を日本資本主義の本来的な特色であるとする議論がある。しかし、そのような介入は、今日からみれば「隔域国家」から「開発主義的国家」への移行期、すなわち国民国家と市民社会が接触する最初の局面にすぎなかった。日本では国家と市民社会が相互浸透へとむかうより積極的な局面は、まず一九六七年の美濃部東京都政や七一年の黒田大阪府政の誕生が、「都市問題」を媒介項にして、相互浸透の指標ともなる社会的クライアントを増大させるかたちで進んだ。また高度経済成長期には、拡張された高速鉄道などによって新しい郊外住宅団地が形成されていったが、そのような都市化の現象を念頭においたコミュニティ形成の問題提起（国民生活審議会コミュニティ委員会報告『コミュニティ――生活の場における人間性の回復』）や、その後の「共通・共同問題の専門家・専門機関による専門的な共同処理のシステムとしての都市生活様式」という認識が形成される過程は（国民生活審議会調査部会編 1969、倉沢進 1977、参照。これに関わるコミュニティ論としては、中村八郎 1976、松原治郎 1978、園田恭一 1978、金子勇 1982、奥田道大 1983 がある）、国民国家と市民社会の関係が深まる重要な局面であった。

## 3　東京大都市圏とグローバリゼーション

### アフター・フォーディズム時代の歴史的傾向

一九七三年の第一次石油ショック以降、フォーディズム的発展様式（大量生産―大量消費型の生活様式）は危機に陥った。その後の一〇年間は、新しいマクロな経済の発展モデルを模索し続ける、先行き不透明な「不確実性の時代」（J・K・ガルブレイス『不確実性の時代』を参照）であった。フォーディズム以降の、すなわちアフター・フォーディズム時代の歴史的に新しい傾向は、つぎの三つに要約できるだろう。

第一に、六〇年代からすでにその兆候が認められた新しい国際的、地域間的な分業が七〇年代にははっきりと姿を現し、それにともなって新しいグローバルな中心―周辺関係が形成されはじめた。日本の企業では、六〇年代に繊維や電気の分野で中南米や東南アジアを中心に海外生産が拡大しはじめ、七〇年代には海外投資の自由化、円の変動相場制への移行などの影響によって海外投資が本格化し、東南アジアなど発展途上国向けの投資が多様化した。日本経済に関しては、グローバル化が本格的に進んだのは七〇年代の後半以降である。そして、その影響が世界都市東京の形成となって現れるのは、一九八〇年代になってからのことであった。

第二に、新しいグローバルな移民の運動がはじまった。東南アジアやカリブ海諸国から北アメリカ大陸へ、東・南ヨーロッパから西ヨーロッパへ、インドや東南アジアからオーストラリア大陸へ、インド・ネパール・アフガニスタンなどからイランへと、人びとは国境を越えて流入した。グローバルにみたばあい、第二次世界対戦後の移民現象には、一九七三年の石油ショックと、一九八九年のベルリンの壁の崩壊とそれに続くソビエト連邦および東欧社会主義圏の瓦解の、二つの転機がある。日本に、そしてとりわけ東京にアジアの諸国や中南米から大量の人びとが流れ込むようになったのは、八〇年代の後半になってからである。

第三に、アフター・フォーディズム時代の重要な特徴として、情報技術の発展とその生産、生活場面への応用がある（情報化をめぐるより詳細な議論は、斉藤・岩永、前掲書、第V部および本書第6章を参照）。ロサンジェルス郊外のシリコン・バレーは、一時衰退の傾向がみられたものの、依然としてハイテクの「新しい産業空間」として地域経済の先進モデルであり続けている。七〇年代から九〇年代の今日まで、新技術の発見は、それらの応用の対象と同様に、情報関連であった。マイクロエレクトロニクスの目的は情報の処理加工であり、最終的には情報の生成である。テレコミュニケーション（遠距離高速交通網）の発達は大量の情報の送信を即座に可能にし、その送信コストをさげている。ニュー・メディアは、ますます脱中心化され、個別化された様式で、情報をばらまいている。この傾向をもっとも象徴しているのは、移動電話の登場である。最後に、遺伝子工学は生物の情報システムを解読し、それを人工的にプログラムしようと試みている[16]（すなわち、文化 culture による自然 nature の創造が可能になった）。これらの技術革新のうち、たとえばテレコミュニケーションの発達は企業のナショナルかつグローバルな中枢管理能力を増大させ、「東京一極集中」や「世界都市東京」を生み出す一要因になった。また、それは金融の国際化を引き起こし、「国際金融センター」としての東京の顔をつくりあげた。

### 空間の炸裂、新国際分業、グローバルな時代

　国内的な変化は一九六〇年代の後半からすでにはじまっていた[17]。

　一九六八年はひとつの転換点であった。前年の美濃部都政の誕生は新しい都市政治の空間を実現したが、この年、霞が関ビルの建設は超高層建築の時代を切り拓くことで、大都市東京の都市景観をシカゴやニューヨークがすでに一九二〇－三〇年代に実現していた近代的なものに追いつかせた。スモッグで曇りはじめていたものの、いまだ粗野で野暮ったく生活空間の上下秩序が未分化であった東京の自然な空は、創造的破壊（シュムペーター）を繰りかえしながら貫徹しようとする傲慢なモダニティの空間によって炸裂した。一九六八－六九年の東大紛争は、最終的に安田講堂を包囲した全共闘派の学生にたいして、前後上下の空間戦略に長けた機動隊の「封鎖解除」をもって終結した。六九年の日航機よど号のハイジャックと活動家の北朝鮮への渡航、七二年の浅間山荘事件での「たてこもり」と機動隊との銃撃戦のテレビ画像への収縮化は、すべて新しい時代の幕開けの象徴であった[18]。アポロ11号が月面着陸に成功し、新しい空間の領有と支配および利用の可能性が全世界に示されたのは、一九六九年七月のことであった。一九六〇年代末には、高円寺の阿波踊りが徳島での変化の影響を受けて個人の技能を中心にしたものに変わるなど、地域集団にも変化の兆しが現れはじめた[19]。〝自分の人生をあくせく生活費を稼ぐことに費やす〟ことへの批判が叫ばれたのも、六八年のことであった。

　ちなみに、東京大都市圏を含めた日本の国土空間の生産ということでは、一全総＝拠点開発構想（一九六二年）、新全総＝全国ネットワークと大規模プロジェクト（一九六九年）、三全総＝定住圏構想（一九七七年）、四全総＝多極分散型国土構想［と世界都市東京］（一九八七年）などの国土開発計画は、一貫して〈空間の生産＝社会の生産〉という方向で重要な役割を担ってきた。

他方、一九六〇年代の後半から顕著になった都市空間の画一的・均質的・機能的な生産の傾向は、ある意味において、戦時総動員体制下の一九四〇年代に出現したものが高度経済成長期にさらに徹底されるようになったとみることも可能だろう。だが、思考と好みの均質性が市民意識として現れるモダニティの普及の過程は、やはり戦後のものであった。「人間の間柄としての家の構造はそのまま家屋としての家の構造に反映している」と戦前に和辻哲郎は書いていたが（1979、一七三頁）、戦後の郊外および高層住宅における画一的、機能的な〈ｎＤＫモデル〉の居住空間の浸透は、確実に人びとの意識と行動様式を変えていった。[20] 終戦をひとつの転機として、貨幣経済の浸透と公共的、私的領域における社会的分業の発達は、交換と分配の正義、新しい市民的な矯正の正義を新たな争点にしたのである。その折り返し地点が、一九六八年であった。

一方、グローバルにみたばあい、一九六〇年代の後半から七〇年代にかけて新しい変化が起こりはじめていた。ここでは、一九七〇年代から八〇年代にかけての東京の政治、経済、社会、文化上の変化の前提となったと思われる、国境を越えた労働の社会的な分割＝結合のあり方について、種々の難点を抱えながらも依然としてパイオニア的な研究の地位を失っていないフレーベルら（一九八〇）の議論を吟味しつつ、若干の考察をくわえておこう。

フレーベルらは、一九六〇年代から七〇年代にかけて現れた新しい変化を、歴史的かつ分析的に、〝古典的な〟国際分業と〝新しい〟国際分業との対照において捉えている。かれらが古典的な国際分業と対照的に新しい国際分業（new international division of labor）を論じるときには、少なくとも二つの事実が問題であった。第一に、世界を二、三の工業国と単なる原材料生産者として世界経済に統合されている多くの開発途上国へと分ける、伝統的な二分法が掘り崩されているということ、第二に、製造業の諸過程が世界中の多様な産業立地場所の多くの部分的な作業工程に、ますます下位分割されるようになっているということ、である（Fröbel, F. et al., 1980, p.45）。ここではかりに、最初のものを「工業分散仮説」、第二のものを「グローバル工場仮説」と呼んでおこう。注意を要するのは、「工業分散仮説」イコール「グローバル工場仮説」ではないということである。すなわち、工業が国際的に分散していくという仮説は、ひとつのグローバルな工場のように組織された国際的な工業をかならずしも意味しないということである。フレーベルらの仮説によって示唆されていたのは、発展途上国が工業化していく段階での、世界経済システム内の中心—準中心—周辺構造の（したがって、グローバルな空間関係の）変容であった。

しかし、なぜ、新しい国際分業は一九六〇年代に現れ、それ以前には現れなかったのか。フレーベルらの議論は、つぎのようなものであった。一九六〇年代以前に資本家たちは、〝合理化〟、すなわち機械のより効果的な導入と労働力の規模と技能の縮小を通して、競争に生き残っていた。ところが六〇年代にはいると、この装置だけではもはや競争に打ち勝つには十分ではなくなった。世界経済の発展は徐々に、より多くの企業が安く、豊富に、かつよく訓練されているような新しい労働力を手に入れることができる場所への生産の再立地を通して、唯一生き残りを保証され得るような（したがって、新しい国際的な分業を強いているような）諸条件を創り出していたのである。企業の生き残りはますます、生産のトランスナショナルな再組織化を通してのみ保証されるようになった（op. cit.）。さらに一九七〇年代以降になると、製造業の生産部門だけでなく多国籍企業の中枢管理部門のグローバル化も生じた。さらに、これと連動しながら進行した金融・資本市場のグローバル化は、銀行や証券会社の多国籍化に拍車をかけた（町村敬志 1994、二九頁）。こうして、世界経済システムの構造変容を通して、一九八〇年代における東京の世界都市化の条件が整えられていった。[21]

もう一度、変化の国内的な条件へと視点をもどしてみよう。

## 産業構造の変化とインナーシティ問題

一九六〇年代後半以降の地域開発と生活環境の悪化という地域問題あるいは都市問題の顕在化は、住民運動の広範な成立という事態を生み出していた。過密、騒音・駐車、日照権の問題が「都市問題」としてクローズ・アップされていった（似田貝香門、前掲書、参照）。一方、一九七三年の第一次石油ショックにより日本は低成長の時代にはいったが、新幹線は一九七五年には博多まで延長され、日本地図は東京を中心にますます収縮していくことになった（新幹線の広域化やリニアの登場による国土空間のさらなるネットワーク化は、東京を中心にますます日本を収縮させることであろう）。東京大都市圏は、国土空間にある人間の生命諸活動《エネルゲイア》を再分割＝再結合しながら、またそれらによって制約されそしてそれらを制約し返すところの交通＝コミュニケーションの諸形態に依存しながら、新たな姿態転換をなし遂げようとしていた。

他方、東京において一九七〇年代から一九八〇年代にかけて生じたもっとも基本的な問題は、定住人口の減少にともなう地域社会の変容・崩壊・消失に関する問題であった。[22] 一九七九年には、「大都市圏の将来――繁栄か衰退か」（総合開発機構）が、大都市に関する国際研究フォーラムのテーマとして設定された。ロンドンやニューヨークほどではないにしても、東京でも「インナーシティ的状況」の地区や「地域活力の低い」地区が指摘された。問題を抱える地区として名前が挙がったのは、台東、墨田、荒川、北、大田、品川などであった（園部雅久「東京下町の社会的再編成」高橋勇悦編 1992、所収、参照）。八〇年代にはいってこの地域社会衰退の問題は、「東京問題」として脚光を浴びることになる。そのなかには、大づかみに言えば、三つの問題が含まれていた。それは第一に、都心部への昼間人口・就業人口とオフィスの過度の集中、地価高等と住宅問題、都心の空洞化（＝スプロール的拡大）、鉄道混雑・道路渋滞、ゴミ処理の増大、空き地・遊び場・自然の縮小や消失など、都市集中の過程で起こる問題であった。そして、第二に、工場、商店、住宅の分散・遠隔化にともなって生じる公害の分散や通勤・通学の遠距離化など、新しい分散の過程で生じる問題であった。

また第三に、上記の新しい都市の集中と分散の過程に付随して生じる、地域的、社会的分化の問題であった。これは、たとえば都心・インナーエリア・郊外などの地域格差の拡大、昼夜間人口の落差と夜間人口の減少（＝定住問題）[23]、職住分化の拡大、都心の空洞化と施設・機関の遊休化、階層分化（＝ジェントリフィケーション、高齢者の滞留、若年・青年層の流出）、外国人の流入や滞留などの問題である（以上、「東京問題」に関しては、高橋勇悦「東京のインナーシティ問題」（同編、前掲書、所収）の、とくに第三節（インナーシティ問題と東京問題）を参照）。「集中と分散の体系（a centralized decentralized system）」の拡大とそれをめぐる地域分化の傾向は、バージェスの説明によれば都市の発展の「自然的傾向」であったが（E・W・バージェス「都市の発展――調査計画序論」（大道・倉田訳 1972、所収）、五四頁、および斉藤・岩永、前掲書、第Ⅲ部における議論を参照）、「東京問題」が一九二〇年代のシカゴやニューヨークのものと決定的にちがうのは、それが世界都市東京を形成する新しい「グローバルな集中と分散の傾向」と重なりあっていたことである[24]。一九七〇年代から一九八〇年代にかけて東京大都市圏が直面したものは、「経済活動の〝空間的拡散〟と著しい〝領土上のハイアラーキー〟の両方」（Glickman, 1987, p.70）「空間的には分散するが、地球規模では統合された、経済活動のある組織」（Sassen, 1991, p.3）「フレクシブルな生産の場の空間的凝集と空間的〝分散〟の両方をめぐる、グローバルなネットワーク」（Silver, 1992, p.652）と呼ばれる、歴史的に新しい傾向であった[25]。

換言すれば、東京を中心に「経済社会《ブルジョワ・ソサイエティ》と市民社会《シヴィル・ソサイエティ》における二重のグローバル化」が進行しつつあったのであるが、それはまた、人間の生命活動をめぐる三つの境界が問い直される過程、すなわち社会的分業の総体が変貌を遂げる過程でもあった。グローバル・レヴェルでは新しい国際分業が出現し、ナショナル・レヴェルでは脱工業社会の時代が到来し、ローカル・レヴェルでは家庭と地域で性別役割分業が問い直されていったのである。それは東京に住む個々人が、自己と世界（あるいは他者）に対するかかわり方を問い直す過程でもあった[26]。分業と所有《ヘクシス》[27]の諸形態が、新たな段階にはいったのである。

## 4　世界都市東京の生成と変化
## ――新しい空間と時間の生産

### 世界都市形成の概念と現実

世界都市東京において生成しつつある現実は不完全であるが、それはある完成された姿を目指して自己を発展させている。別の表現で第2節の冒頭に述べたように、生成においてより後のものは自然においてはより先なのである。また事実の認識において重要なことは、反対のもののいずれか一方の生成は他方の消滅であり、一方の消滅はもう一方の生成であるということである。世界都市東京における中枢管理機能の集中は、同時に大阪、香港、シンガポールなど、一定の地域内にある都市の中枢管理機能の持続的、一時的な衰退または低下として現れた。オウィディウスのつぎのような言葉は、おそらく真実であろう。「この全世界に、なにひとつ滅びるものはないのだ。さまざまに変化し、新しい姿をとってゆくというだけのことなのだ。生まれるとは、前とはちがったものになることの始まりを言い、死とは、前と同じ状態をやめることを言う。あちらのものがこちらへ、こちらのものがあちらへ移行することがあるかもしれないが、しかし、総体から言えば、すべては不変だ」(『変身物語』下巻、三一一―三一二頁)。そして都市社会の変化とは、繰り返し述べるが、分業と所有の旧い形態が破棄されて新しい形態が姿を現すだけのことなのである

さらに重要な点は、分割(division)や分化(differentiation)という事実を個別化された差異の生成、発展とだけみないことである。レヴィ＝ストロースも強調しているように、諸々の人類文化の差異を、断片化する、あるいは断片化された観察に導かれて捉えてはならない。諸差異は、諸集団の孤立の結果というよりも、諸集団を結びつける諸関係の結果なのである(『人種と歴史』、一四―一五頁)。世界都市東京の形成を促進している諸現実は、歴史的にみてまったく新しい時代のものである。そこでは新しい地域的、社会的な分化が生み出されている。だがそれは、新しい社会的な結合の兆しでもあるだろう。

歴史を根底から変えた過去の大革命、たとえば新石器時代の革命や産業革命が生み出したものは、単なる社会集団の分化ではなく、経済的観点からの諸集団間の示差的な地位の樹立であった。新石器時代の諸発見は、古代オリエントの巨大な都市集中、諸国家、カースト、階級の出現となって現れた。産業革命はプロレタリアートの出現の条件となり、人間の労働を搾取する新しくより巧妙な諸形態を生み出した。二つの大革命は諸々の分化と同時に新しい社会関係の形成(それは人間にとっても自然にとってもかならずしも肯定的ではないが)をもたらしたのである。アフター・フォーディズム時代の情報革命は、世界都市の形成をめぐって、どのような社会関係を生み出すのだろうか。「事実としては最初のものがわれわれの認識にとっては最後のものである(Was der Sache nach das Erste ist, ist für unsere Erkenntnis das Spätest.)」というジンメルの言葉(ジンメル自身はこれを、〝アリストテレスの真理〟と表現している)をたよりに(『社会分化論』、六頁)、事実に立ち戻ろう。

## 一九八〇年代以降の東京の構造転換

一九八〇年代は日本の社会にとって、東京にとって、それまで以上に大きな転換の時期であった。一九六〇年代後半以降、グローバルには現れていた世界経済の再編傾向に、日本の社会とその首都である東京もまた呑み込まれていったのである。ロンドン、ニューヨークは再度、そして東京は人類の歴史上初めて、「世界都市(world city, global city)」としての自己形成を余儀なくされていった(グローバルな都市のシステムにおいて、初め

て中枢の地位を獲得するに至った。「世界都市論」の変遷に関しては、岩永1996cを参照されたい）。また、「空間と時間の経験」は、社会諸関係のコード化とその再生産にとっての第一の媒体である[28]が、東京の「世界都市」化は、新しい空間と時間の生産をも意味していた。新しい社会形成のための前提要件をも構成したのである。ここでは、一九八〇年代以降の東京の構造転換の諸局面を大づかみにみておこう。

一九八〇年代にニューヨーク、ロンドン、東京が世界都市として成長、発展していったのには、つぎの三つの要因が作用している。第一に、生産過程の新しい国際的な分割と配置やそれらをグローバルに管理するセンターの重要性の高まり、国際的な金融・資本市場の共時的成立（二四時間市場の成立、資本移動の自由化）など、経済的要因（ただし、バブル崩壊後の今日、金融市場の規模の縮小にともなう外国金融機関の撤退がみられるようになり、東京の世界都市としての位置づけが相対的に低下しているのではないかとの懸念が生じはじめている。国土庁・大都市圏整備局編1995、国土庁編1995などを参照）、第二に、国際的な人口移動の増加（移民労働者、多国籍企業の駐在員、観光客、難民）、国際的な情報通信・交通ネットワークの整備など、人口的・技術的要因、第三に、一九七〇年代の都市衰退・都市の危機（インナーシティ問題、財政危機問題）への対応としての新しい都市の「成長管理」政策、新自由主義的な都市・地域政策の採用（都市間競争の強調や規制緩和の実施）など、政治的要因である。

東京にひきつけてみていこう。まず、経済的要因に関して言えば、一九八〇年代における東京の世界都市化は、ニューヨークやロンドンとはちがい、高い国際競争力をもつ製造業を基盤にしていた。しかし、一九八〇年代以降の世界都市形成の核となる「生産者サーヴィス部門」（＝対事業所サーヴィス部門）」の拡大も、ニューヨークとロンドン同様に進んでいる（Sassen, S., 1991、伊豫谷1993、町村1994などを参照）。また東京は、日本企業の多国籍化にともない、意志決定センターとしての性格を明確にしていった。そして東京の世界都市化を押し進めている主役は、外資系多国籍企業ではなく、まちがいなく日本系の多国籍企業であった。一方、欧米諸国への輸出によって急速な成長を遂げた日本の製造企業は、すでに若干触れたように、一九七〇年代後半から貿易摩擦の解消や生産コストの低減の必要性に迫られてしだいに海外進出の道を余儀なくされていった（町村、前掲書、八四、一〇〇頁）。

人口的・技術的要因に関しては、八〇年代の後半、とくに八七年ごろから外国籍住民の増加に弾みがついていった[29]。一九八八年には、中国の経済開放政策や日本側の留学生の受け入れ政策などもあってまず中国からの就学目的の新規入国者が増加し、またバングラデシュやパキスタンなど南アジアや東南アジアからの人の流れも顕在化していった。一九八九年には、フィリピン、タイ、マレーシア、韓国、イランなど他のアジア諸国からの流入が増加し、外国人居住者の数も急激に増えた。九〇年代以降は、ブラジルやペルーなど南米からの日系人とその子孫の入国が目立っている（同上、第八章）。エスニックな実践の多様な空間は、宗教をめぐる多様な時間と場所、室内空間の利用やエスニックな料理、エスニックな言語空間の異質性を増大させた。それらは「現実の空間」であると同時に、「象徴の空間」でもあった。近年、エスニック・ビジネスの空間も次第に顕在化しつつある（伊藤泰郎「関東圏における新華僑のエスニック・ビジネス」『日本都市社会学会年報13』1995、所収、田嶋淳子「都市型エスニック・ビジネスの新生」奥田道大編 1995、所収などを参照）。一方、パソコン・衛星通信やインターネットとの接続など、テレコミュニケーション（遠距離通信網）によって生み出されつつある空間と時間は、一九八〇年代から九〇年代にかけて現れた新しい都市体験であった（この新しい時空間体験に関しては、Harvey, D, 1989; Melucci, A., 1991 における考察が示唆に富む）。

最後に、政治的要因に関してであるが、注意しなければならないのは、東京のばあい、たとえばニューヨークのように自治体が財政破綻にまで至るようないわゆる都市の危機とそれへの諸介入はみられなかったということである。東京都心部では、製造業のリストラや人口の空洞化はみられたものの、その荒廃現象はロンドンやニューヨークのばあいほど激烈ではなかった（高橋勇悦編、前掲書、参照）。他方、中曽根政権以降、新自由主義的な規制緩和策や都市・地域間の自由な成長競争は推奨されており、その過程で、都庁移転、幕張メッセの建設、ウォーターフロントを中心とした臨海部の開発などは新しい都市空間の生産を促し、ＪＲ・私鉄の高速化および車内空間の改良（映像メディアや座席の少ない車両の導入）や企業のフレックスタイム制の導入は新しい空間と時間の感覚を生み出しつつある（成田孝三 1995、第一三章を参照）。

## 地域社会の重層的形成と新しい断念

一九八〇年代後半から九〇年代にはいってからの東京の変化は、さまざまなレヴェルで生じてきているが[30]、ここではとくに地域社会レヴェルで現れてきている変化についてみることにしよう。近年、外国人居住者の急増をめぐって、新たな地域的、社会的分化が生じてきている。東京の労働市場における外国人労働者の新しい（二重の）役割の登場にくわえて、ロンドンやニューヨークに比べてこれまで東京ではあまりみられなかった、〝エスニックな住み分け〟が生じつつあるのである[31]。

ここではその東京における新しいエスニックな空間のうち、アジア系ニューカマーの社会空間の典型として豊島区池袋周辺の中国人居住区を、アジア系オールドタイマーの社会空間の典型として荒川区日暮里の在日韓国・朝鮮人居住区を、最後に、南米系日系ニューカマーの社会空間の典型として横浜市鶴見区を、とりあげてみたい。なお、ここで〝ニューカマー〟とは、とくに八〇年代以降、日本経済のグローバル化にともなってさまざまな理由から東京（あるいは日本）で生活を送るようになった人のことであり、〝オールドタイマー〟とは、戦前戦後を通じて、数世代にわたって東京（あるいは日本）に居住している在日韓国・朝鮮人、中国人、台湾人のことである（田嶋淳子「世界都市・東京にみる重層的地域社会の現実」奥田道大編 1995、所収、一一六頁）。

八〇年代の後半以降、東京の都心部は一九六〇年代までの地方出身者に代わって欧米系のビジネスマンやアジア系の就学・就労者とのパイプを太くしてきた。アジア系外国人の比率でいえば、豊島、新宿、荒川、台東、文京、中野、品川、目黒、北区の順に高いが、豊島区では在日の韓国・朝鮮人を含めて公式には区人口の六％弱がアジア系外国人であり、不法滞在人口をふくめるとその数は倍に膨れあがるという（奥田・田嶋編 1991、1995、参照）。そして東京で九〇年代にはいるころからとくに人の耳目を惹いたのは、留学・就学・就労者として急増した中国系ニューカマーの、豊島区池袋周辺への集住の状況であった。年によって変化はあるものの、八五年ごろから増えはじめていた中国からの新規入国者は、一九八八年には一年間で二万八〇〇〇人にのぼった（町村敬志、前掲書、二四三―二四四頁）。

豊島区における外国人居住者の特徴は、中国人（台湾人および中国籍香港人を含む）が半数を越える点にある。この特徴は一九八五年に中国人と韓国・朝鮮人の割合が逆転して以降ほぼ一貫しており、現在でも大きな変化はない（田嶋淳子、前掲論文）。注目されるのは、ウルグアイ国籍およびアルゼンチンでの永住権を取得した後にやって来た大陸出身の中国人、英国籍をもつ中国系の香港出身者、ポルトガル国籍をもつ中国系のマカオ出身者、日本国籍を取得した中国、台湾、香港人、さらに中国系マレーシア人や台湾国籍をもつ中国系ラオス人など、中国系の人びとの池袋地区での居住が、国籍上中国人として把握される以上の広がりをみせていることである。台湾国籍の中国系ラオス人は、ラオス出身者に独自のネットワークを維持している。

こうした池袋の現実は、中国国籍の概念とは別に中国系住民としてかれらの生活ネットワークを把握する必要を生み出しており（同上、一二二頁）、外国籍住民の増加としてのみ地域社会における変化を把握しようとする従来の研究姿勢に、反省を迫っている。

また、同じ中国系ではあるが、台湾人のばあいには台湾出身の本省人と大陸出身の外省人はニューカマーとしての大陸出身の中国人にたいして認識が異なり、ニューカマー同士であり同一言語であっても、政治的な立場のちがいによってエスニック・ネットワークがつながらないばあいがある（同上、一三〇頁）。当然、在日のオールドタイマーとニューカマーのあいだには、一定の認識のズレが存在する。池袋周辺の中国系住民の居住実態は重層的になりつつあるのである。

一方、荒川区日暮里地区は、戦前、戦後を通じて、在日韓国・朝鮮人の集住する地域である。東京都全体でみると一九九三年現在で、ニューカマーを含めて韓国・朝鮮人は九万七三一一人がいるが、このうち二三区内に八万一四五六人が住んでおり、都内の八三・七％を占めている。荒川区の居住者は六四六九人であり、都内では足立区の九二一六人、新宿区の七五一二人についで、三番目に多い。荒川区の地域的な特徴は、豊島区や新宿区とはちがって細かな消費関連の中小工場が多く、製造業が中心的な産業として地域経済を担っていることである。そのなかで在日韓国・朝鮮人は、カバン業に従事する者が多い。そして職住一体で製造業を営んでいる人が多い。道路にはできあがった鞄が山積みされている。また、朝鮮第一初級、中級学校があり、朝鮮マーケットがある。近年つくられたニューカマー向けの飲食店や美容院の店先には、ハングル文字の品書きが貼られている（同上、一四八頁）。

荒川区の行政施策は一般に住民の五％を占める外国人居住者には届いていないが、唯一おこなわれた施策は教育委員会が区立小中学校教師向けに人権啓発リーフレット『共に生きよう在日韓国人児童・生徒に関わる教育について』を作成したことである。これは在日の団体やボランティア組織が長年の交渉をへて、在日韓国・朝鮮人の子どもたちの存在を認めた教育の必要性を訴えてきた成果である。荒川区に在住する在日韓国・朝鮮人の生活世界を示す資料はほとんど存在しない。荒川区には戦後も在日社会に絶えず新しく韓国からの人の流れがみられ、郷土とのつながりが保たれている（同上、一五〇頁）。二世と匹敵するほどに一世が存在することが、荒川区の在日コミュニティの特徴である。二世では三〇－四〇代が中心であり、七〇代以上の人はみられない。在日コミュニティ全体としては、戦前期に来日した人びとが高齢化し、世帯交代が進むなかで、近年のニューカマーの増加もあり、戦後期の来住層が上回りはじめている。

新しい問題状況として指摘できるのは、近年のニューカマーのほとんどが韓国籍であり、オールドタイマーとしての在日韓国・朝鮮人のかれらに対する意見は、かならずしも肯定的ではないことである。在日の一世や二世では同胞とのつき合いが日本人とのつき合いを大きく上回り、地域での暮らしやすさでは三人に一人が地域に多くの同胞が暮らしている点を指摘しているが、ここで言う同胞にニューカマーの人は含まれていない。とくに二世、三世は日本で生まれ、日本社会で育った人びとであり、母国とはいえ、これまで文化的にまったく異なる社会で暮らしてきた「同胞」への思いは複雑である。ニューカマーの出身地がソウルや釜山などの大都市を中心とする人びとであることも、済州島を出身地とする一世とのちがいとして強調される（同上一五三－一五八頁）。在日コミュニティは、つねに母国から人が来たり、帰ったり、住み着いたりといった関係のなかで、二世、三世と世代を繋ぎながら、広がっているのである。

最後に、横浜市鶴見区を起点に広がっている日系南米人のエスニック・ネットワークについてみておこう。鶴見もまた京浜工業地帯のなかにあって中小工場の多い地域であり、生活圏としては横浜市よりは川崎市にはいる地域である。ここが現在、日系南米人のエスニック・ネットワーク形成のひとつの起点になっている（広田康生「エスニック・ネットワークの展開と回路としての都市」奥田道大編 1995、所収、参照）。鶴見に日系南米人が増加しはじめたのは一九八八年以降であり、「出入国管理法」が改正された九〇年以降は、ペルー系日系南米人の親睦団体である「ペルー日系アソシエーション」が組織され、南米系レストラン、旅行会社、その他エスニック諸施設の営業が増加した。また、それとともに家族を呼び寄せる日系南米人たちの生活問題、とくに児童生徒問題が注目されるようになった。日系南米人のエスニック・ネットワークが広がりをみせている背景には、その核となる施設や組織と、それをめぐる活動が存在している。沖縄県人会、旅行会社、ブラジル料理店、ペルー日系協会、ヴォランティア団体、インターナショナル・プレス、物産店、ディスコ、日本語教室などが、それにあたる。広田康生は、これらのうちとくにブラジル料理店を起点としてエスニック・ネットワークの広がりを関連づけている（同上、二一八－二一九頁の図「鶴見U地区『B－レストラン』を起点に描かれるエスニッタ・ネットワークの一断面」とそれをめぐる広田氏の説明を参照）。ネットワークの形成において興味深いのは、沖縄を中心とする戦前のハワイ移民や軍事的戦略にもとづく南洋諸島への移民たちが、戦後の引き上げ後に土地を買い建物を建てて身を寄せる場を確保したことにはじまる、「沖縄会館」の存在である。現在、鶴見区仲通りにあるこの会館は、鶴見の日系人コミュニティの形成にあたって象徴的な存在としての役割を果たしている。また、エスニック・ネットワークの広がりへの日本人のかかわりで言えば、ヴォランティア団体や日本人教員などが重要な役割を果たしている。

もう一点、横浜市鶴見区を起点とするエスニック・ネットワークの形成において注目されるのは、そのネットワークがフォーマル、インフォーマルを問わず、また就業、教育、娯楽、福祉といったジャンルを問わず、物理的には鶴見区を起点として横浜、川崎、東京、沖縄、さらにはブラジル、ペルー、ヨーロッパへと、国境を越えて広がりつつあることである（同上および同「都市社会学における異質性認識と市民像の展開」地域社会学会編 1994、所収、参照）。ネットワーク（＝人間の生命活動の社会的な分割と結合）が国境を越えて広がりをみせているという点は、その広がりかたと閉じかたに大小さまざまあるにしても、池袋の中国系居住者、日暮里の在日韓国・朝鮮系居住者のばあいにも言えることであった。

人間が集まって仲間をつくるところでは、かれらが共同して暮らしていこうとする様式がただちにできあがる（"Ubi homines sunt modi sunt."）。世界都市東京において生じている新しい生活圏を構成する試みは、国民国家の枠組みを越えて広がるその経験を、ニューカマーにも、オールドカマーにも、日本人（日本国籍をもち、かつ単一民族神話に憑かれていることが多い）にも、共通に与えつつある。それはまた、新しい市民的な断念の始まりでもある。(32)

## 5　世界都市東京の実験
### ──国民国家を再措定する市民社会

#### 東京は"dual city"か

一九八〇年代に世界都市東京の形成をめぐって起こった変化

のなかでもっとも目にみえる変化は、ナショナルかつグローバルにヒト、モノ、カネの東京への集中が明確になっていったことと、外国人を含めて東京の労働市場の縁辺部の再構成が進んだことであった。問題は、そのような状況が、よく言われるように「都市内部での世界の最上層と世界の最下層への分化」を生み出しているかどうかである。すなわち、東京は"dual city"であるか、ということである。この論点はこれまで、都市社会研究者のあいだで強く意識され、また東京の調査研究において若干言及されることが多かった。ここでは、この論点に関して若干の考察をくわえることで、東京の世界都市としての種差性をより明確にしておこう。

周知のとおり、カステルとモレンコフは『デュアル・シティ：ニューヨークのリストラクチャリング』（一九九一年）のなかで(J. Mollenkopf & M. Castells, 1991)、一九八〇年代以降の世界都市ニューヨークで生じている社会的な二極分化（social dualism）について、すなわち七〇－八〇年代にかけて世界都市形成の過程で生じた不安定な発展、社会的格差、都市下層などについて論じている。かれらによれば、生じている都市の二極分化（urban dualism）というのはひとつの社会的属性ではなく、ある新しい階級形成の社会過程であり、発展しつつある現実であった。カステルらの結論は、企業エリートの利害に対応した一九八〇年代のニューヨークの政治は矛盾と紛争を引き起こしたが、それらの諸紛争は、グローバルな企業の利害への奉仕において地域社会（local society）の大部分が排除される傾向を弱めることを求めるであろう、というものであった（op.cit., p.417）。

ロンドンやニューヨークにやや遅れてはじまった東京の世界都市形成も、はたして同じ種類の問題を抱えつつあるのか。これは、八〇年代の後半から九〇年代にはいって、日本の都市研究者にも強く意識されるようになった問題である。しかし、そもそもdual cityとは、どのような都市のことなのか。八〇年代半ばにいち早くこの問題を提起したマニュエル・カステルによれば、それは単に「富める者と貧しい者との対照」をあらわすのではなく、経済のリストラクチャリングと情報主義への転換のなかで新たに立ち現れた、都市形態の二極構造（structural dualism）である。この二極化は、三つの過程を通して進行する。それは、第一に、法人企業の先進的サーヴィスやハイテク産業の急成長と、伝統的なサーヴィスや製造業の衰退の同時進行の過程であり、第二に、機能的には結合されているが社会的には分断されているような、フォーマル・セクターとインフォーマル・セクターの分化の過程であり、第三に、法人企業の先進的サーヴィスやハイテク産業内の職業構造の分極化の過程である。

ニューヨークなどの世界都市で生じているこれらの三つの過程は、労働力の激しい分化を生みだしながら、多様なライフスタイルを派生させている。情報社会の新しい上流層は不動産開発やジェントリフィケーションを通して都市中心部と郊外の排他的空間を占有し、格下げされた労働者と新しい肉体労働者は、分裂した空間において防衛的なコミュニティを打ち建てる。他方、情報とコミュニケーションにおける分化は、鋭い空間的な分化を引き起こす。グローバルなコミュニケーションにつながれた上層の空間では情報生産者のコスモポリタニズムがみられる一方、少数民族、移民、労働者の防衛的コミュニティではコミュニケーション・ネットワークの地域化が進み、みずからの世界を特殊な文化と地域経験に縮小するローカリズムが支配する。要するに、「ニューヨークの現実にもっともよく適合するdual cityの意味するところは、…グローバルに相互連結されたフローの空間の結節点と社会的コミュニティのバラバラで力をもたない場所［locales］のあいだで観察される二分法」なのである（Castells, M., 1989、高橋早苗1993、吉原直樹編『都市の思想』所収、参照）。

このdual city論における新しい都市の二極構造の指摘は、しばしば世界都市に固有の社会的、経済的な二極分化の傾向、すなわち一方でのサーヴィス産業の高度化にともなう高度な専門職や高所得層の増大と、他方での低賃金・単純労働、パートタイム、スウェット・ショップ層の激増（とそれらの部門への新しい移民層の流入）現象、としてとらえられてきた（園部雅久、前掲論文、植木豊「『世界都市』空間の社会的編成」吉原直樹編、前掲書、所収、町村敬志1994、成田孝三1995などを参照。ただし町村1994は、この低所得層の増大と新しい移民層を短絡的に結びつけることを戒めている）。このdual city論が世界都市東京の形成に妥当するかどうかをみるばあいには、注意すべき二つの点がある。第一に、dual cityを論じているカステルらの議論には情報経済への移行が導く脱工業都市論はあるが、世界都市論は固有の論理として存在しないということである。第二に、世界都市を論じているフリードマンやサッセンの議論には情報経済や情報化社会がもたらすインパクトについての分析が、不十分であることである。世界都市東京がニューヨーク同様、dual cityであるかどうかを判断する基準は、東京における情報経済あるいは情報社会の発展の程度にある。結論を言えば、情報経済あるいは情報社会に一定の進展はみられるものの、ニューヨークほど情報、法律、会計、広告関連の高度な専門職・高所得層の形成はみられないという意味で、世界都市東京はdual cityではないと言えよう（この点は、前述のマニュエル・カステル氏のセミナー報告における議論を前提にしている。Castells, M., 1996をも参照されたい。また、園部雅久2001も参照のこと）。

## 乖離する国家と市民社会

一九八〇年代に世界都市東京の形成をめぐって起こった変化を、もう一度整理しておこう。

まず、一九八〇年代に生じた東京の地域社会構造の変化についてみてみよう。図2は、一九八〇年代以前の〈東京大都市圏の地域社会構造〉と〈一九八〇年代後半以降の世界都市東京の地域社会構造〉の対照を、図化したものである。「政治構造」は東京大都市圏を構成する地域諸権力（地方自治体）を、「社会構造」は東京大都市圏内の地域諸集団を、「住民の地域性」は東京大都市圏における地域諸生活を、それぞれ表している。

八〇年代以前、三大都市圏を構成していた東京大都市圏の経済

〈1980年代以前の東京大都市圏の地域社会構造〉

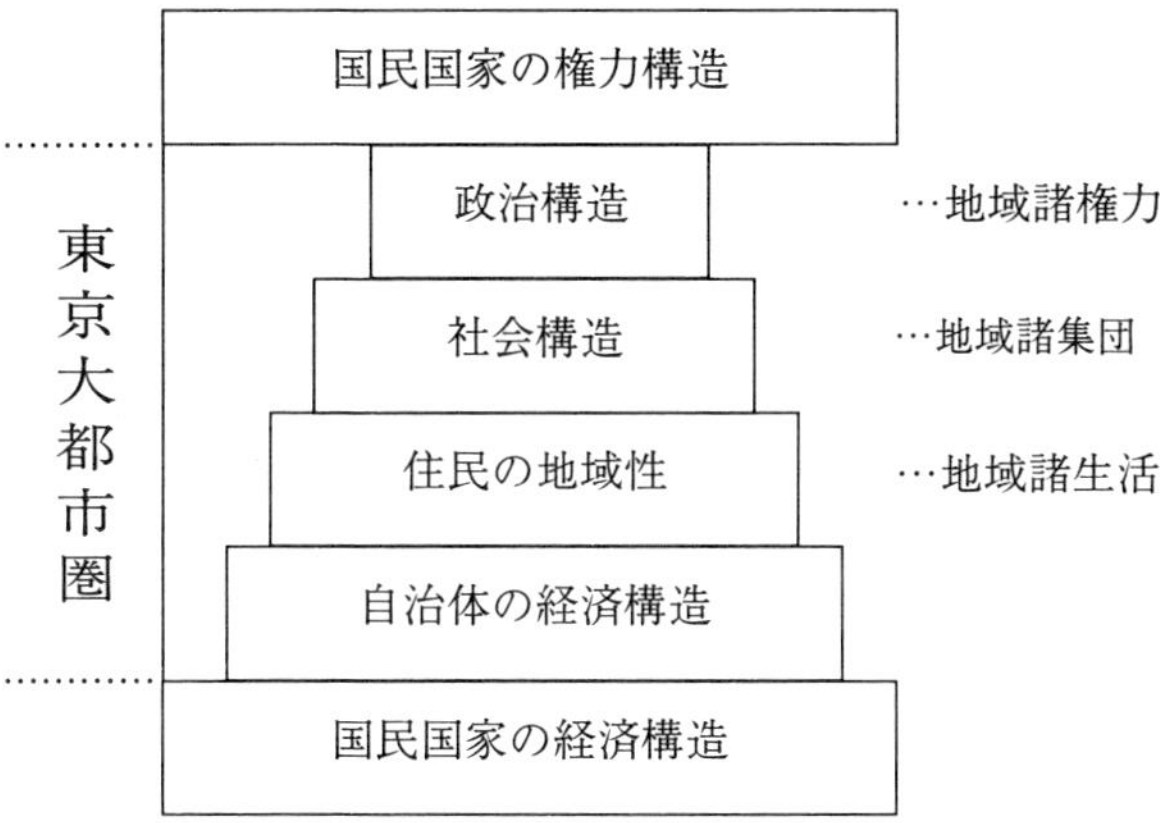


〈1980年代後半以降の世界都市東京の地域社会構造〉

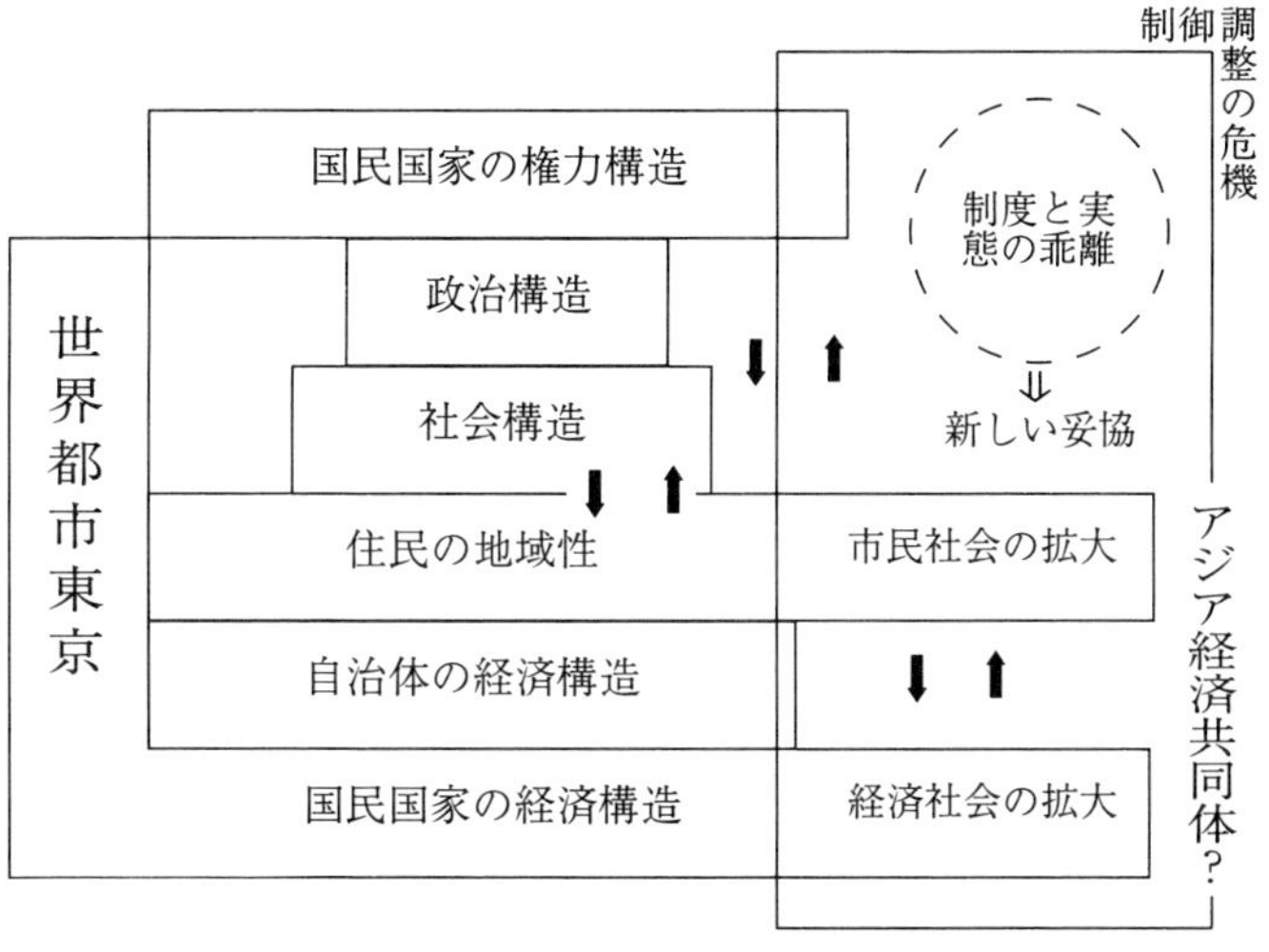


※⬇⬆は、1980年代以降に現れた新たな作用力。

図2

構造は国民経済の一部を構成しており、住民の地域性も、高度経済成長期に人びとが流入して地方色がそれなりに豊かになり価値観も多様化しつつあったとはいえ、依然として表面上は「均質的、同質的な空間」の体裁を保っていた。すでに述べたように、「郊外型コミュニティ」はその理念型であった。在日韓国・朝鮮、中国、台湾の人びとの祖国との行き来やかれらを頼っての大陸からの入国者は存在していたが、それほど大きな人の流れにはなっていなかった。地域諸集団はたいてい、町内会や自治会を中心に地域・地区ごとのまとまりをもっていた。政治構造は行政の単位ごとに、それらを上から掌握していればよかったのである。

一九八〇年代にはいると、経済社会のグローバリゼーションが東京一極集中をともなって進行することで、世界都市東京の経済構造はほぼそのまま国民経済の構造を表現するようになった。[33]また、八〇年代後半以降の欧米、アジア系の外国籍住民の増加は、国家を越えたネットワークの増殖を生み出した。一方、経済社会のグローバリゼーションは、同時に女性、宗教、環境、民族、反核・平和運動など市民社会における国境を越えたネットワークづくりを促進している。衛星通信、ファックス送信、パソコン・ネットワークなどテレコミュニケーションの発達が、この種のネットワークづくりを刺激している。地域諸生活は人種、民族、宗教、職業的に多様になり、それらが既存の地域諸集団にもインパクトを与えている。大久保の町内会が公衆衛生、風紀・教育上の観点から、増えつづける街頭の外国人売春婦の締め出しをはじめたことは、そのようなインパクトに対するひとつの反応であった。このような人種、民族、宗教、職業上の多様化というかたちですすんだ市民社会の拡大は、外国人労働者問題、少数民族基本法をめぐる問題、日系就労者や就学希望者に対する日本語教育の問題などこれまでになかったような問題を国家にたいして提起し、その対応を引き出そうとしている。[34]

図3は、〈世界都市東京における実践のエスニックな空間〉を類型化したものである。東京居住の外国籍住民は来住歴や抱えている市民権法上の立場や意識のちがいによって、（1）アジア系ニューカマー（中国、台湾、香港、韓国、タイ、フィリピン、マレーシア、ラオス、ミャンマー、パキスタン、バングラデシュ、イラン出身者）、（2）アジア系オールドタイマー（在日韓国・朝鮮、中国、台湾出身者）、（3）欧米系ニューカマー（イギリス、フランス、アメリカ、ドイツ、イタリア出身者）、（4）南米系日系ニューカマー（ブラジル、ペルー出身者）に分けられる。ただし、（2）のうち一世と二、三世、日本に帰化した者とそうでない者では、意識や問題状況がちがい、（4）のうち日本国籍をもち日本語にも通じている移民一世と外国籍であり言葉や生活習慣の問題を強く引きずる日系の二、三世では、意識や問題状況が違っている。

図4は、市民的権利要求の質のちがいを軸に、世界都市東京において生じつつある市民権再構成の運動のベクトルを図示したものである。東京で先端的に生じている新しい市民的諸権利の要求（フェミニズム、介護ヴォランティア、障害者、都市計画

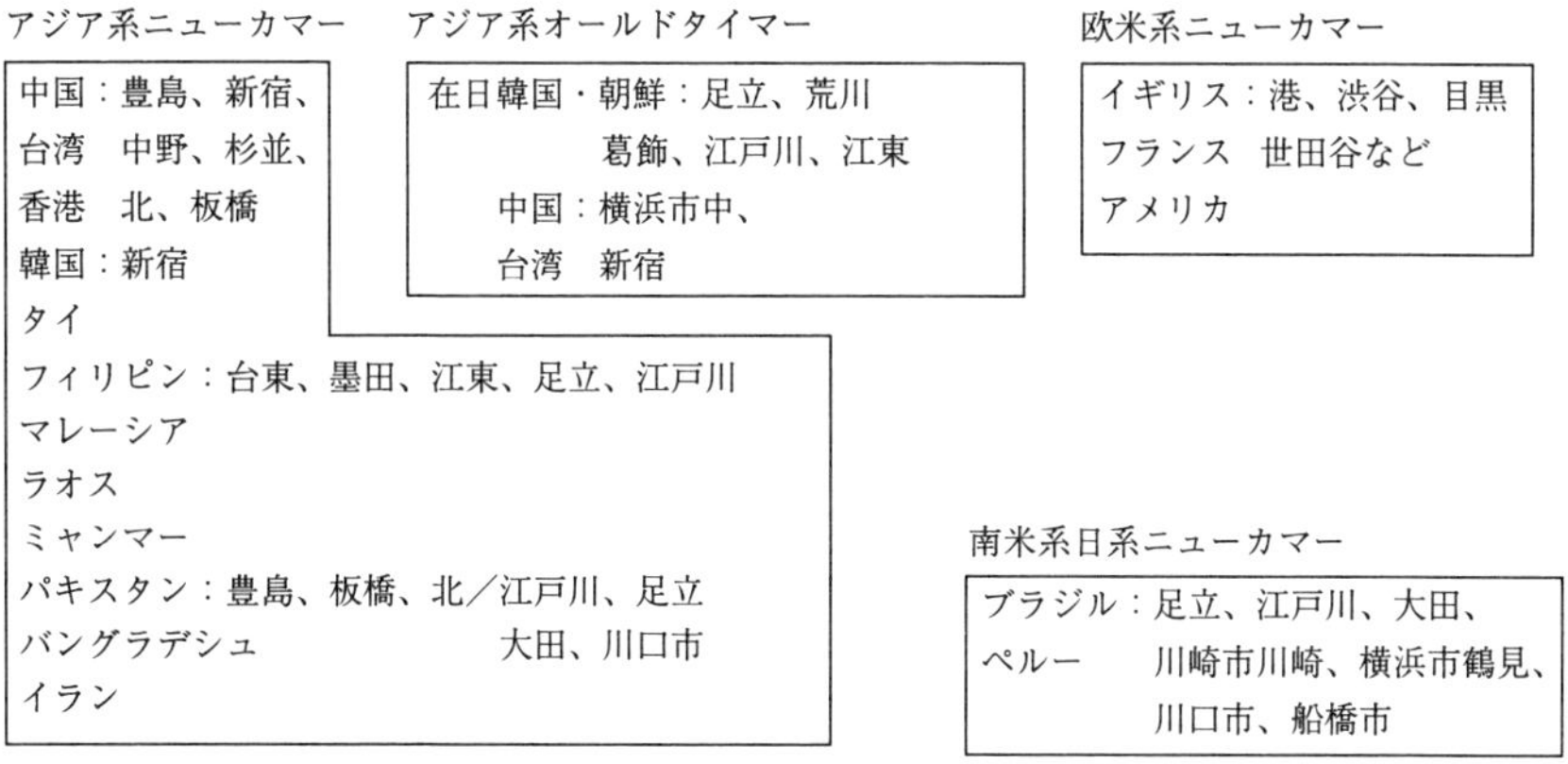


〈世界都市東京における実践のエスニックな諸空間〉

図３

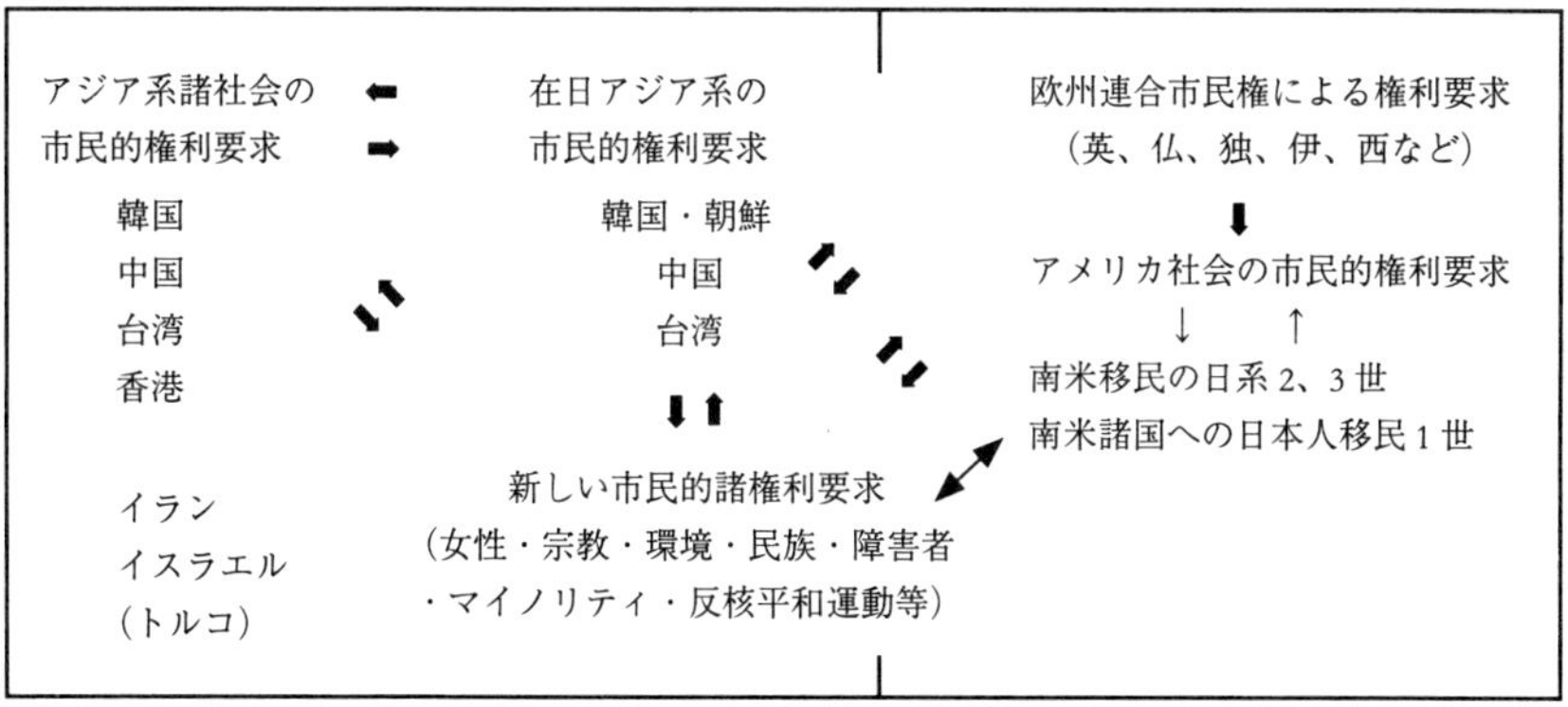


〈世界都市東京における市民社会再形成の概念図〉

図４

への参画、代理人、消費者、リサイクル、環境保全、反核・平和などの諸運動）（矢沢澄子編 1993、地域社会学会編 1994、似田貝香門 1994 などを参照）は、当然、在日アジア系の市民的権利要求と相互に影響し合い、在日アジア系の市民的権利要求はアジア系ニューカマーのネットワークなどを通して次第にアジア系諸社会の市民的権利要求と影響し合うだろう。一九七〇年代以降の新しい市民的諸権利要求とアジア諸国のそれも、相互に影響が出てくると思われる。ただし韓国、台湾、香港など近代市民社会的な権利意識がある程度成立しているところとそれ以外とでは、影響の度合いがちがってくるだろう。

一方、これから二一世紀の時代に世界都市東京の新しい市民的諸権利要求に重大な影響を及ぼすことになると考えられるのは、ＥＵの連合市民権にもとづく諸権利要求である。一九九二年二月のマーストリヒト条約の締結以降、ＥＵにおいて進められている経済的、社会的、文化的な実験は、きわめて重要な問題を学んでいる。一八、一九世紀における国民国家の誕生以来、市民権の構成する単位は国家であり、国家主権というものはいかなるばあいにもおかされてはならない絶対的なものであった。ところが、ＥＵにおいて進められていることはその絶対的な近代的国家主権のプール化である。市民権を構成する単位は一元的ではなくなった。ブルターニュやバスク（スペイン語でパイス・バスコ）の問題は、国民国家から相対的に分離したローカルな社会空間の建設を要求しているようにみえる。一言で言えば、ナショナルな市民社会のグローバル化とローカル化が同時に進行しているのである。

アジアでこの問題を受けとめると、世界都市東京における民族的、宗教的マイノリティと国家との関係の問題は、チベットの独立運動やウイグル人反政府運軌、グルジアやアゼルバイジャンにおける民族紛争の問題状況と同じ構造をもっていることになる。また、北京やミャンマーでの民主化運動など、アジア諸国の政治的少数意見に対する「寛容」の問題をめぐっても、東京における議論と運動は、韓国、台湾、香港などを核としながらアジアの地域社会全般に一定の影響を与えていく可能性が高い。東アジアから西アジアまで広く人びとは日本にやって来ており、[35]またアジアの各地域には、よくも悪くも日本の市民社会的要求を体現する海外駐在員が増え続けるであろうからである。また、アメリカ社会の市民的権利要求（アメリカ社会に対する人権確立の要求を含む）は、日本への情報発信量の多さから言って、これまで通り女性運動を初めとして東京の市民運動に大きな影響を与え続けると思われる。しかし、そのアメリカの市民社会も、いずれ何らかのかたちで欧州連合市民権の影響を受けることになるであろう。南米系の日本人移民一世や日系二、三世への市民意識上の影響も、差別問題に反転する可能性を孕みながらも、一定程度進行すると思われる。また、民族意識や地域文化については、アジアの地域社会や日系南米人のネットワークから日本の市民運動が教えられる部分が多いだろう。

以上みてきたような、市民社会の再形成とその空間形成の新しい方向性を、かりに図示するとすれば、図5のようになるだろう。[36] 経済社会のグローバリゼーションとそれをめぐって展開しつつある市民社会のネットワークのグローバル化は、世界都市東京の形成を促進し、国家の公的な総括領域と市民社会の展開の領域とのあいだに乖離を生み出しているのである。その乖離のエスニックな現場は、「地域社会の重層的形成と新しい断念」のところでみた通りである。また、沖縄の反米軍基地運動、福井の反原発施設運動、青森の反核施設運動なども、マスコミを媒介とした地元と東京での議論が、また別の意味で国家と市民社会のあいだにすきまをつくりつつあるが、これらの問題については、ここでは指摘するだけにとどめよう。

## 社会的実験室としての東京

最後に、一九八〇年代以降の「可能態としての（κατα την δύναμιν）世界都市東京」の現実を、「現実態としての（κατα την ἐνέργειαν）社会形成」の可能性において考察し、その完全現実態を展望してみたい。

和辻哲郎は、『風土——その人間学的考察』のなかで、「時間と空間との相即不離が歴史と風土との相即不離の根底である。主体的人間の空間的構造にもとづくことなしには一切の社会構造は不可能であり、社会的存在にもとづくことなしには時間性が歴史性となることはない。歴史性は社会的存在の構造なのである」（和辻哲郎 1979、一九頁。原文にあった強調はとりのぞいた）と書いている。それを世界都市東京の社会的文脈においてパラ

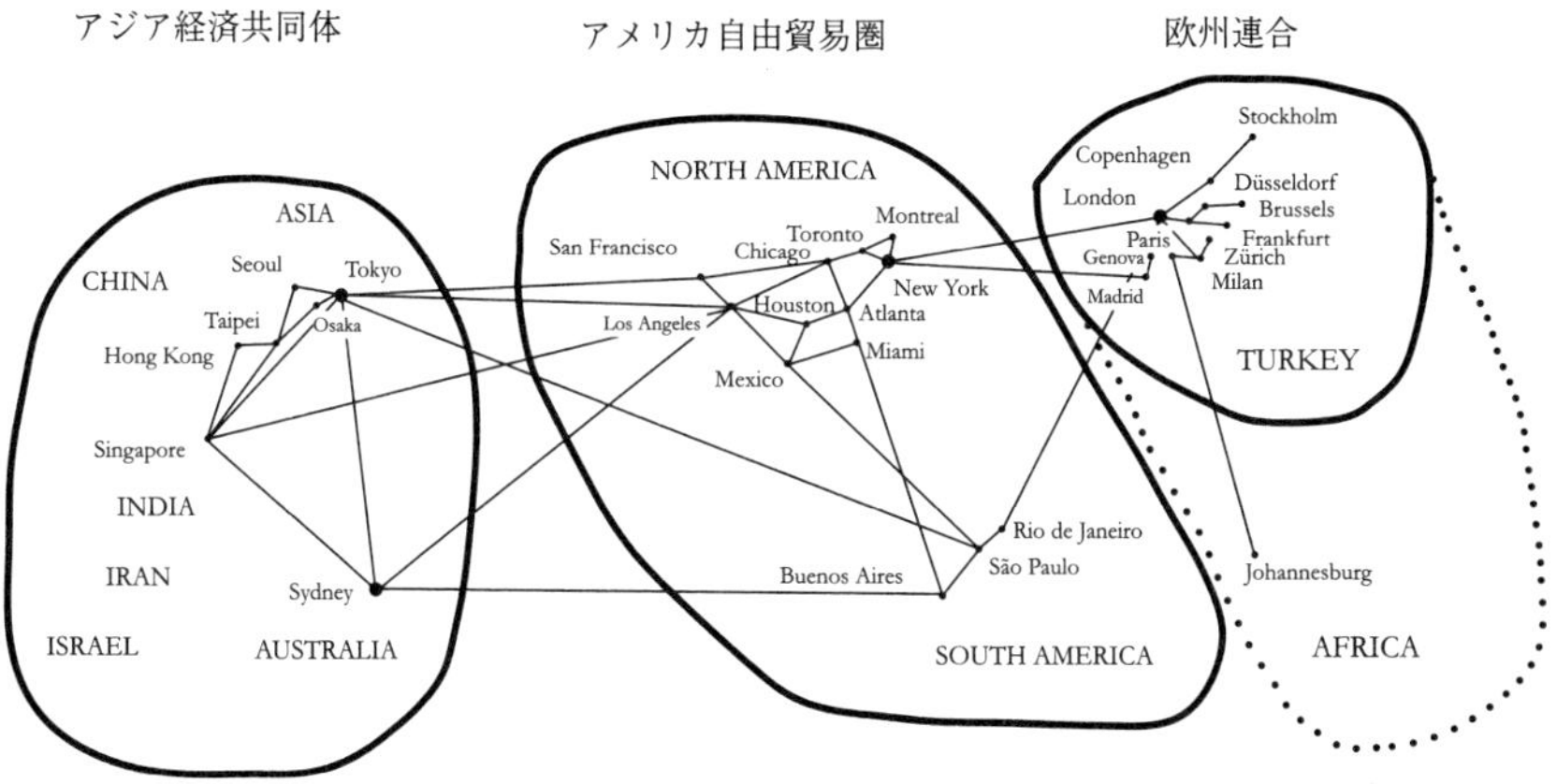


※ Cohen, R. B.（1981），Friedmann, J.（1986）（1987），Sassen, S.（1991），Martinotti, G.（1993），Lipietz, A.（1993），伊豫谷（1993），井上（1996），Castells, M.（1996）をもとに作成。

〈市民社会の再形成とその空間的諸圏域〉

図5

フレーズすれば、主体的人間のネットワークにもとづくことなしには一切の社会構造は不可能であり、その風土的存在にもとづくことなしには時間性が歴史性となることはない、ということになるだろう。そしてすでにみてきたように、世界都市東京の生活の現場で再発見されてきている風土性とは、〝アジア〟というカテゴリーにかかわるものであった。だがわれわれは、いったい、〝アジア〟という生活世界をどのように想像すればよいのだろうか。

　マーストリヒト条約の締結以降、ヨーロッパの人びとは、古代ローマ帝国時代の領土を基礎に新しい社会形成をはじめている観がある。われわれは、新しい社会形成の領土《テリトリー》・領域を模索するにあたって、歴史家ヘロドトスがフェニキア人の都市テュロスの出身である女エウロペについて、つぎのように書いていたことを思い出すべきであろう。「エウロペなる女がアジアの出身であることはあきらかで、この女が今日ギリシア人がヨーロッパと称している土地へ来たことはなく、せいぜいフェニキアからクレタ、クレタからリュキアまでしかいっていないことも明白である」（ヘロドトス 1971-2、中巻、三二頁。強調は引用者）。またヘロドトスは、「ペルシャからフェニキアのあいだには広大な土地が続き、この突出部はフェニキアからこちらの海（地中海のこと―引用者）沿いに、シリア・パレスティナからエジプトに至り、ここで終わる。…以上がペルシャ以西のアジアの形状である。…インドに至るまでのアジア地域には人が住むが、インドから東の地はすでに無人の境で、その情況を語り得るものは一人もない。／アジアの形状と大きさは右の通りである…」（同上、二七頁）とも書いている。ウェルギリウスがローマの建国を高らかに謳いあげた、大英雄叙事詩『アエネーイス』の主人公アイネイアースは、トロイア戦争でギリシア軍に破れた小アジアの勇士であった。[37]

　われわれの風土性の基礎は、このような人類史の境界のうえに、古代のメソポタミア、インド、中国文明、そしてモンゴル大帝国による領土形成の事実をくわえたものである。これがアジアの歴史である。それは、われわれの住むこの島国を大陸の縁辺部に位置づける。世界都市東京のなかで再発見されていく風土性とはこのようなものである。東京で日本、中国、台湾、韓国・朝鮮、香港、タイ、マレーシア、パキスタン、バングラデシュ、イラン人たちが日系南米人ニューカマーと一部共振しながら、欧米系ニューカマーにたいしてあきらかにしていく風土性とは、このようなものである。東アジアや東南アジアだけが〝アジア〟、ではないのである。[38] 一方、世界都市東京のなかで接触をはじめているアジア人のなかには、すでに近代市民社会的な権利意識を当然視している人たちもいる。日本、韓国、香港の人たちがそれにあたる。かれらは欧米系ニューカマーとアジア系ニューカマーとのあいだにいる。この中間的な存在とアジア系ニューカマーとのあいだにいるのが、アジア系オールドカマーである在日の人たちである。世界都市東京は多様で異質な人たちが交流する「実験室」になるであろう。[39] しかしそれは、いかなる意味において「実験室」であるのか。

パークは、「社会的実験室としての都市」という論文のなかで、なぜ都市が社会的実験室（social laboratory）であるかということに関連して、つぎのように言っている。「…都市あるいは都市環境とは、人間が思い通りに自分の住む世界を改造しようとした試みのなかでも、もっとも長続きをしまた全体としてもっとも成功した試みの成果なのである。けれど、都市が人間の創造した世界だとするならば、それはまた人間が今後生活し続けていくように運命づけられた世界でもある。こうして間接的に、そして自分の作業の本質的性格にはっきりと気づかぬままに、人間は、都市をつくる作業を通じてみずからを改造してきた」（R・E・パーク「社会的実験室としての都市」、一二頁）。パークによれば「社会問題とは基本的には都市の問題（city problem）であり、家庭や氏族、部族のなかで自然に成長してきた秩序や統制と同等の、社会秩序や社会統制を都市の自由のなかで確立する、という問題」（同上、同頁）であるから、そこで都市生活と対照されているのは当然、家庭生活、氏族生活、部族生活、あるいは農村生活などであろう。

これらは、アメリカの歴史に典型的な文明生活と非文明生活の対照である。だが、ここで注目したいのは、パークによって自明視されているつぎの一点である。すなわち、パークが「都市の自由のなかで確立する」といっているその「都市の自由」とは、なにによって保証されているのかということである。もちろんそれは、物理的に動き回れる「自由」をも意味するだろう。だがそのような自由も含めて、一般に「都市の自由」を保証してきたものはなにかという問題である。人類史のすべての時代を通して人間に自由で平等な生活の保証を与えてきたもの、それは、一定の市民権とそれにみあった意識の存在であった。[40]「都市において、もっとも重要なる事項は、何であるか。それは、市民である」（羽仁五郎 1969、一七頁）と、羽仁五郎は簡潔に表現している。世界都市の形成に関しては、市民社会《シヴィル・ソサイエティ》という言葉が欠けてはいるものの、そして市民《ブルジョワ》的理念の可能性と限界が十分に考慮されていないものの、植木豊のつぎのような問題設定が適切なものであるだろう。「等質な空間は、行為連鎖に占める項（メディア）の等質性にもとづいている。モノは、商品であることにおいて等質であり、ヒトは商品・貨幣に照応した『権利・義務の帰属点』たることにおいて等質なのである。このメディアの等質性によって、空間は、ヒトやモノが位置している地面を越えて社会的に有意味になる。そして、今日の等質性は世界規模であること、これが『世界都市』空間を可能にしている」（植木豊、前掲論文、二八三頁）。植木が示唆するものは、世界都市形成における、商品・貨幣を媒介とした新しい市民社会（＝分業と交換の新しい体系としての市民社会）の可能性である。

パークがいうように、社会問題とはたしかに基本的には都市の問題なのであるが、それはまた、都市の自由のなかでつねに時代の要求する市民社会的な株序や市民社会的な統制を確立するという問題なのである。しかし、このように主張することは、M・ヴェーバーのように、中世の、アルプス以北の市民団体的な性格の強い都市ゲマインデを都市の絶対的なモデルにすることではない。「都市こそイタリア史の基本原理」（C・カッターネオ）といわれるように、アルプス以南の、一一、一二世紀以降のイタリアにおける中世都市の成立と発展にも、またヘロドトスが描いている紀元前六－五世紀ごろの小アジアの都市にも、このような問題設定はあてはまるのである。市民権というものが歴史上実在しなかった他の都市については、つぎのようにいうことができるだろう。都市における自由の追求とは、実現はしなくとも、本来的に市民的な自由の、したがって社会的分業と交換の自由かつ公正な、そして自発的な要求であったのだ、と。

今日、われわれは、まったく新しい歴史の入口に立っている。グローバルにみたばあい、近代的な国家主権がもつ絶対性はその論理においてすでに崩壊している。「国家は主権の一部を喪失した」（Habermas, J., 1992、邦訳、二〇二頁）のである。だが、東京の世界都市化は、その事実において国民国家と市民社会の関係を問い直し、したがって「国民国家と市民社会」という二分法において社会を語ることを開い直しはじめている。ここでは、かつてライプニッツがラテン語で書いた"Omnem civitatem esse societatem sed non contra."（「すべての国家は社会であるが、逆は真ではない。」）という一文が、鮮やかによみがえってくる。国民国家を再措定（あるいは再定義）する市民社会としての世界都市東京、という問題設定が、ここには浮かびあがってくる。それは、繰り返し述べたように、二重の意味での市民社会の「制御調整装置としての都市」の危機を表現するものでもあった。

このような状況のなかで、東京における市民的諸権利を求める運動は今後、どのような領土《テリトリー》・領域性においてどのように自己を展開することが可能なのだろうか。最後にそのことを、若干の提案を含めながら考察したい。[41]

今後、東京を中心とした日本における市民社会の再形成は、おそらく二重の方向をとらざるをえないだろう。ひとつは、国民国家の時代に達成された成果とそのモダニティ（画一性、均質性、排他性、効率性など）への反省（教育、言語、経済、社会保障、医療などの領域における）を前提にしながら、アジアにおける連合市民権（Citizenship of the Asian Union）を確立するという方向であるマーストリヒト条約（＝欧州連合条約）における連合市民権（Citizenship of the Union）の内容と、それがわれわれにもたらすであろう問題の検討については、他日を期したい）。諸国家でアジア連合（第一段階として東アジア連合、第二段階としてその拡大版としてのアジア連合、最終段階としてはユーラシア連合）を構成し、構成国のすべての人はその連合市民になるという方向である。この方向で、司法や国内諸問題について緊密な共同行動を発展させ、連合市民権においてアジア諸国民の権利および利害の保護を強く求め、共同防衛政策、共通外交政策、地域の安全保障政策などをゆるやかに議論していく必要があるだろう。また、バランスがとれ、持続可能であるような経済的、社会的進歩を共同で促進し、最終的には域内国境なき地域の創設を通じて（図5参照）、アジア諸地域の経済的、社会的な結びつきをさらに強めていくことが求められる。もうひとつの方向は、風土性を前提として都市住民権（Citadanité）を確立することである。[42] 外国籍住民の地方参政権の確立と地域生活者のアイデンティティの確保を、地方分権を進めることによって実現する方向である。[43] この方向では、国民国家内の地方自治体の統治領域の再編成が問題になってくるだろう。[44]

現在、東京における世界都市形成の現場で生じつつある葛藤や運動が客観的に抱えている問題は、以上のような問題である。そしてこのような市民社会の再形成の空間的諸圏域は、世界都市東京において、エスニックな空間の自由な追求のなかで新しい市民社会的な秩序や市民社会的な統制を求めている。その意味において、世界都市東京の現在は、世界秩序の今後を占う重要な「市民社会の実験室」であり続けているのである（世界都市は、その完全現実態において、〝エスニックな個体としての自己を十分に自覚した市民性〟を表現する、文字通りの〝多民族都市《エスニ・シティ》〟であるだろう）。そこでは、国境を越える運動と世界都市東京での生活体験の堆積が響き合うのである。また、巣鴨のような老人の時空間と、渋谷のような若者の時空間との分離の傾向も問い直されてくるにちがいない。すなわち、少子化社会と高齢化社会における新しい権利と義務が問題になってくるだろう。[45] いずれにせよ、ルソーが『ジュネーブ草稿』のなかで言っているように、時代の文脈がちがうとはいえ、ここでも「世界都市をつくることは市民をつくること」なのである。[46]

トーマス・マンは、ゲーテとトルストイが共通に所有していた近代的かつ積極的な精神構成上の要素としてルソーの名を挙げているが（T・マン『ゲーテとトルストイ』、一二二頁）、もしそれが正しいとすれば、ゲーテによって創られた「世界都市（Weltstadt）」というドイツ語の言葉もまた、同じような響きを秘めた言葉であるだろう。

だが、いったいわれわれは、どのようにして新しい市民をつくるのか。この問題に関しては、ゴルギアスが市民の資格をどう定義するかと問われて、半ば答えに窮し、半ば皮肉をこめて言った、つぎのような言葉が依然として至言であるだろう。かれはこう言っている。「…臼作りによって作られたものが臼であるのとちょうど同じように、デーミウルゴスによって作られたものがラリサイオイである。というのは、デーミウルゴスのうちにはラリサイオイ作りもあるからだ…」と（アリストテレス『政治学』、一二五頁および三九九頁（第三巻第二章の註1）、『弁論術』の三三四頁および四八九－四九〇頁（訳註三三四・9）を参照されたい）。

## 注

（1）この危機は、〝近代的な市民社会の実存形態の危機〟と表現することもできるものである。

（2）フォーディズムとは、大量生産―大量消費のマクロな好循環が成立するアメリカ的な経済の発展様式のことであり、近代的なブルジョワ社会の戦後的実存形態のことである。

（3）ここでの「論理」という言葉の使用方法に関しては、松原・似田貝編『住民運動の論理』、蓮見・山本・似田貝『地域形成の論理』などを参照。また、それらの議論の背景にある知的努力としては、中井正一、前掲論文を参照。

（4）ここで、「都市と分業」というテーマについて若干の考察をくわえておこう。これはややエゾテリークな議論になるが、〝都市的なるもの〟の本質にかかわる重要な議論であるので、たちいって論じておくことにする。

ワースがこの引用文で述べているのは、アダム・スミスが「分業をひきおこす原理について」（『諸国民の富』第一編第二章）において問題にしているのと、同じ問題である。だが、結論が逆になっている。ワースは人びとの個人的な差異が分業の原因であるといっているのであるが、スミスは、人びとの個人的な差異は分業の結果であるといっているのである。すなわち、「さまざまな人の生得の才能の差異というものは、われわれが気づいているよりも、じつははるかに小さいものであって、さまざまな職業に携わる人びとが成年に達すると、天分に非常な差異があっていかにも他をひきはなしているように思われるけれども、多くのばあい、それは分業の原因というよりもむしろその結果なのである。もっとも異質的な人物のあいだの差異、たとえば哲学者と街頭のありふれた荷運人とのあいだの差異にしても、それは生得のものから生じるというよりも、むしろ習癖・習慣および教育から生じるように思われる」（A・スミス『諸国民の富』第一巻、一二一頁）といっている。スミスにおいては、分業論に関するかぎり、人種的、民族的、国民的差異はあまり考慮されていない。

一方、パークは、「都市――都市環境における人間行動研究のための若干の提案」という論文のなかでスミスのこれと同じ箇所をやや長めに引用しながら、「職業階級と職業類型」に関連づけて、分業がもっている人間鋳造の効果についてつぎのように言っている。「個人は、都市のなかで、いろいろなチャンスに、多種多様な利害や仕事を見出し、また広範囲にわたる無意識的な協業のなかで、自分自身の職業を選び出したり、自分の特殊な個人的才能を伸ばしたりする機会をもっている。…都市は個人個人の特殊な才能に対して市場を提供している。個人の競争は、それぞれの特殊な仕事に対して、その仕事をおこなうのにもっとも適した人を選ぶことになる。……個人的競争の条件のもとでは、成功するかどうかは、なにかひとつの仕事に専念するかどうかによって左右される。そしてこの専念は、合理的手段や技術的工夫や特殊技能に対する必要性を増長させる。もちろん特殊技能は天賦の才によるものではあるが、それを伸ばすためには、特別の準備が必要であるし、またそのことは職業専門学校の存在を促し、さらに職業指導のための部局の存在すら必要とするに至ったのである。すべてこれらのものは、直接、間接に、ただちに個人差を淘汰したり、強化したりするのに役立つのである。／商工業を促進するすべての工夫は、分業の細分化の道を開き、そのためにさらに仕事の専門化を促す…。そしてこれらの人びとは、そこにかれらの職業を見出す…。／このような過程の結果、地縁や血縁、分化や身分や地位などに基礎をおいていた社会の古い社会的経済的組織は破壊されたり、修正されたりする。そしてそれにとってかわって、職業や職業的利害にもとづいて形成される組織が出現してくるのである。／都市では、すべての職業は、たとえばそれが乞食といった職業であっても、専門職としての性格を帯びるようになってきている。…／職業の多様化と分業の結果、まず第一に、社会集団ではなく、俳優とか鉛管工とか材木工とかいうような職業上のいろいろなタイプが現れてきた。同じ商売や職業に従事している人びとがつくる同業組合とか労働組合とかいうような組織は、共通の利害にもとづいたものである。／だから、分業のもっている訓練の効果、すなわち、人間鋳造の手段としての効果は、それがつくりあげた職業タイプを研究するのが、もっとも当を得たものと言えよう」（R・E・パーク「都市――都市環境における人間行動研究のための若干の提案」、一一二－一一四頁）。これはスミスの議論を都市の文脈に押し広げたものである。ここでパークの主張は、基本的にはスミスと同じである。ただパークは、分業が「個人差を淘汰する」という観点をつけくわえている。もちろんこのばあい、諸個人間の「競争（competition）」が前提になっている。

他方、デュルケームは、分業（division du travail）の真の機能は経済的貢献にあるのではなく、人びとのあいだに連帯感を創出することであるといっている。すなわち、「われわれはみずからに欠けている性質を友人のうちに求める…。それは友人との交わりにおいて、われわれがいわば友人の性質にあずかり、それによってみずからの不完全さがいくらかでも補われたと感ずるからである。こうして、友人たちの小さな仲間うちが形成されるが、そこでは各自が自分の性格にあった役割をもち、ほんとうの用役の交換（un véritable échange de services）がおこなわれる。…友人結合をつくりだすのは分業であり、この結合のしるしをきざみつけるのは分業である」（『社会分業論』、五七－五八頁）といっている。デュルケームのこの主張は、かれ自身が『社会分業論』の序論で示唆するように、アリストテレスの分業論と関連のあるものである。アリストテレス自身、「共同関係（κοινωνία）の生ずるのは…医者と農夫とのあいだにおいてであり、総じて異なった人びとのあいだにおいてであって、均等な人びととのあいだにおいてではない」（『ニコマコス倫理学』、一八七頁）「ポリスはただ多数の人間からというばかりでなく、また種類のちがった（ἑτέρου）人間から出来ている。…というのは軍事同盟とポリスとは別なんだから」（アリストテレス『政治学』、六九頁）といっている。また、アリストテレスの分業論は、ポリス（都市）内の社会結合を、基本的には「交換の正義」によって説明する（岩永真治 1995b および本書の序章、参照）。

クセノポンは、大都市（μεγάλαισ πόλεσιν）と小都市（μικραῖς πόλεσιν）との決定的なちがいを、社会的分業の発達度のちがいとして述べている。かれは、ペルシア王の食卓にある食べ物はなぜ特別美味しいかという問いに答えるかたちで、大都市における社会的な分業の発達を証明する。すなわち、「小都市では寝台、扉、犂、机を作るのは同じ人であり、しばしば家を建てるのもかれである。そのようであっても、…かれは幸せに思うのである。…大都市では多くの人がそれぞれの品物を必要とするために、各自の技能（ἑκάστω τέχνη）はその技能者を生活させるのにひとつで十分である。ある者は男の靴を作り、別の者が女の靴を作る。そこでは、ある者はろう引き糸を引くことで、別の者は靴の甲を裁つことで、また別の者は銅を単に切り取るだけで、さらに別のものはそのような仕事はおこなわないが諸部分をつなぎ合わせることで生計を立てている…。したがって、もっとも範囲の限定された仕事に没頭するものはもっともすばらしいものの作り手であるように強いられるということは、必然的なことである』（Xénophon, 1978, pp.100-101）。料理のばあいも同様であり、ペルシア王の食卓の料理が美味しいのは、大都市に住むかれには専属の料理人がいるからである、と。

マルクスは、分業と人口の規模や密度との関係について、「マニュファクチュアのなかでの分業のためには、同時に充当される労働者の一定の数［工場内の労働者の数―引用者］が物質的前提をなしているが、同様に社会のなかでの分業のためには人口の大きさと密度［すなわち、都市―引用者］とが物質的な前提をなしているのであって、このばあいには人口の密度が同じ作業場のなかでの密度に変わるのである」（K・マルクス『資本論』第一巻第一分冊、四六二－四六三頁）といっている。ただし、このばあいの密度は相対的なものであって、「人口が相対的に希薄でも交通機関が発達している国［たとえば、アメリカ合衆国―引用者］は、人口はもっと多いが交通機関が発達していない国［たとえば、インド―引用者］に比べれば人口密度が高い…」とつけくわえている（同上、四六三頁。なお、スミスとマルクスの、社会―経済的分業をめぐる見解の相違については、伊藤誠 1995、八二－八九頁を参照）。近年では、J・ゴットマンが都市と分業の関連に着目している。「分業化のプロセスは、数世紀にわたって、より都市化され工業化された都市で進行してきている。この分業化は、あきらかに市場の大きさに関係をもっているが、とくに消費者の集中に対して関係が深い。メガロポリスの商業組織は、このような分業化をたえず発展させてきている…」（J・ゴットマン『メガロポリス』、一七四－一七六頁）。ゴットマンはこの都市化をめぐる分業の発達を、「分業の自律的純化（a self-refining division of labor）」と呼んでいる。

「都市と分業」に関する問題への日本人の貢献としては、高田保馬 1913『分業論』、倉沢進 1977「都市的生活様式論序説」、越智昇 1982「コミュニティの核を形成する思想」が挙げられる。また似田貝香門は、1991「現代社会の地域集団」のなかで、ここで議論しているのと同じ文脈でデュルケームの分業論をとりあげている（一四九－一五〇頁）。

単純な分業は村落生活等にも認められるが、社会的分業の発達と貨幣経済の浸透は、都市における「根本現象（Urphänomen）」である。「根本現象」という言葉の意味については、ゲーテ 1982 の八四、八八頁を参照。

(5) 幸田露伴もまた、論文 1899「一国の首都」のなかで、近代都市東京が多様な地方出身者を混ぜ合わせて人びとに均質性を創出するという〝坩堝〟論を展開していた。露伴はいう、「…薩長土肥を首として各地方の人びとの抱ける地方的感情、封建的思想は或点においては漸く熔融混和し去つて、首都といへる一大坩堝中に首都の民といへる新物質となつて倶に存在せんとする情勢を現はし来れり」（1993、四五頁）。他方、アメリカでは近年、〝サラダ・ボール〟という比喩によって、都市内部でのさまざまな人びとの融合の困難さ（多様な民族意識の残存）の方が語られるようになっている。

(6) 宮本憲一 1980、一七二－一七六頁、参照。ここで「第一次」といっているのは、後に述べるように、戦後の高度成長期の都市化現象（農村から都市への人の移動および大都市の発達を意味）を「第二次都市化」と呼ぶこととの対応関係からである。

(7) 東京帝国大学文学部社会学科の戸田貞三は、関東大震災後、シカゴ大学留学から戻り、学生たちに社会調査の指導を積極的におこなっている。その社会的文脈に関しては、斉藤日出治・岩永真治 1996 の第Ⅲ部および本書第3章を参照されたい。また、東京市社会局調査において中心的な役割を担った磯村英一は、大震災後にまず学生セツルメントの救済活動にくわわることから、シカゴ学派をモデルとする都市社会研究へとはいっている。

(8) 戦後第四代の都知事になった鈴木俊一は、一九四三年の東京都制施行に旧内務省幹部としてかかわった。かれは、一九八〇年代に中曽根民活、内需拡大路線とタイアップして土地利用や建築の実質的な規制緩和をおこない、東京が世界都市化していく条件を整える。それは、一九四〇年代に原型が作られた都市空間のモダニティの、さらなる追求の過程であった。しかし、逆説的なことに、鈴木が一九八〇年代に四〇年代以来の過程の延長としてもたらすことになった世界都市東京の現実は、フォーディズ的発展様式におけるメゾ・レヴェルの制御調整様式の危機として、東京の都市空間（＝国民国家をその根底において支える中枢としての都市空間）のモダニティを新しい危機に導いたのである。第一節でも述べたように、われわれはここに、今日、東京をフィールドとした都市社会研究の新たなる理論的対象を見出すことができる。

(9) 富永健一はこの新しい社会階層にたいして、自営の商人や職人からなる都市の「旧中間階級」との対比で「新中間階級」という表現を与えている。かれによれば、それは「…私企業の組織に旧制中学、旧制専門学校、旧制大学の新規学卒者としてはいって一定の昇進コースをたどり、管理職にまで昇進するキャリアー層」（『日本の近代化と社会変動』、三五三頁）のことであり、「教育と仕事の達成能力（achievement）のみを資本として、家柄も家産も必要とせずに、官僚制化された昇進コースをたどって中間ないし上層の管理職にまで到達することのできる新しいタイプの中間層」（同上、三五三－三五四頁）のことである。

(10) 石塚裕道 1977、1991 などを参照。ちなみに、一九二〇（大正九）年、一九二五（同一四）年の六大都市の人口をそれぞれみてみると、一九二〇年時は東京二一七万、大阪一七六万、神戸六〇万、名古屋六〇万、京都五九万、横浜四二万となっており、一九二五年時は大阪二一四万、東京一九九万、名古屋七六万、京都六七万、神戸六四万、横浜四〇万となっている（大都市制度史編纂委員会編『大都市制度史』、一〇五頁）。

(11) 日本における都市体系の観点から東京の歴史を整理すると、以上の三つの時期への区分が可能であるが、それは東京における公的領域、私的領域、共同的領域の関係の変化の観点からの（すなわち社会的分業＝人間の生命活動の社会的な分割と結合の観点からの）整理と符合する。こうした観点からの東京史の整理については、似田貝香門「都市政策と『公共性』をめぐる住民諸活動」（矢澤・岩崎編『都市社会運動の可能性』、所収）を参照。また公的領域、私的領域、共同的領域の区別に関しては、斉藤・岩永 1996、第Ⅲ部、一九三頁、註7の説明を参照。一九七〇年代は第Ⅲ期への導入期として位置づけられる。同様に、一九四〇年代半ばから五〇年代半ばまでは、第Ⅱ期への導入期として位置づけられる。

(12) だが、跡継ぎの重要性、先祖祭祀、扶養と相続の問題、結婚と家族内性役割分業など、家制度とともに存続してきた慣行や規範は、第二次大戦後も日本の家族のあり方を規定していると言われている。

(13) 欧米のフォーディズムのばあいには、自動車がまず耐久消費財として購買の対象になったが、日本では自動車に先立ってテレビ、洗濯機、冷蔵庫などの家電製品が購買の対象となった。この点については、井上泰夫 1996、一二二－一二三頁を参照。

(14) 戦後第二代の都知事、東龍太郎（一九五九年四月に当選）は、元東京大学教授で医学博士であり、また国際オリンピック委員会（ＩＯＣ）の委員でもあった。東都政（一九五九－六七年）はオリンピックをテコにして政府から資金を引き出し、オリンピック関連事業で戦災復興事業の仕上げをはかったと言われる。東知事は渉外に駆け回り、都政の実務は鈴木俊一副知事（後、一九七九年四月、都知事に当選）が担当した（土岐寛『東京問題の政治学』、第6章、参照）。だが近代都市東京の第Ⅱ期にあたる東都政の時代には、それ以前の安井都政の時代（一九四七－五九年）とはちがって都政と国政との対抗が基本的にはなくなり、中央各省庁と都庁各部局とが直結して都は国の下部機関になってしまった（同「東京の政治」東京市政調査会編『大都市問題への挑戦』、所収、二四四頁）。

(15) ここで「調整装置」と言うときの「調整」という言葉が指示するものは、仏語の régulation（レギュラシオン＝制御調整）という言葉のもつ意味内容に近い。この言葉は矛盾し対立しあう諸力の絡み合いを前提としており、国家などの機関による上からの介入を指す英語の regulation（レギュレーション＝規制）という言葉と、その意味するところは異なる（山田鋭夫『20世紀資本主義』、七－一二頁、参照）。

　一九六〇年代の後半以降、労働運動とは区別されるかたちで生活要求型の住民運動が台頭する。それは当時、労働力再生産の社会化（＝賃金以外の「必要生活手段」の「集団化」「社会化」）の問題として議論され、社会化の部分を補う都市政策の必要性が強調された（似田貝香門「現代社会の地域集団」、一五二頁、註1を参照）。美濃部都政（一九六七－七九年）はこのような都市政策を実施すべく誕生した。土岐寛は、つぎのように言っている。「美濃部革新都政を実現させた最大の要因は、東京における（大）都市問題の深刻化だった。住宅問題、都市問題、ゴミ問題、交通問題、水問題などへの自治体としての対応が強く求められていた…」（『東京の政治』、二五六頁）。この都市問題への「自治体としての対応」が、「都政の消滅」（東都政）から「都市政治の復権」（美濃部都政）への変化を生み出したといえるだろう（同上論文、参照）。理論的に表現すれば、国民国家と市民社会の相互浸透が矛盾を孕みながら深化していく過程において、公的サーヴィスの領域の拡大とその政策受益者（policy-taker あるいは client）の地位の向上によって、「市民社会の実存形態としての都市政治」が徐々に姿を現すようになったのである。

　美濃部都政の誕生以前に、東京都議会では、一九六五年七月の選挙によって議会構成に大変動が起こっていた。一九六三年四月の選挙では自民六九、社会三二、公明一七、共産二であったのが、この選挙の結果、自民三八、社会四五、公明二三、共産九、民社四となったのである。都議会は多党化＝多元化した。一九六七年四月の美濃部都政の誕生は、この多党化＝多元化した東京都の議会構成を背景にしていた。美濃部都政は、私的利害をめぐって闘争する市民社会の実存形態が「都市政治」として表現されたものである、といってよいだろう。

　なお、「国民国家と市民社会の相互浸透」という視点に関しては、J・ハーバマス『公共性の構造転換』、C・オッフェ『後期資本制社会システム』などにおける議論をも参照されたい。議論の焦点は、第一に、「社会的クライアントの増大」という現実を〝コーポラティズム〟の観点から捉えきれるかどうかというところにある。「メゾ・レヴェルにおける制御調整様式としての都市空間」を基本視座とする本論では、「社会的クライアントの増大」はより積極的な権利要求の場（loci）の拡大として捉えられている（「制御調整様式としての都市」という視点については、斉藤・岩永、前掲書、「はじめに」を参照されたい）。

第二に、この点が非常に重要なのだが、「社会的クライアントの増大」というかたちでの都市政治の場（loci）の実現は、「国民国家と市民社会の相互浸透」という方向で進みながらも、他方で「国民国家と市民社会（あるいは国家公民と私的市民）の矛盾・対立」という二分法を否定しはじめている。クライアント化の現実には、この二分法によってははっきりとした分割線を引けない。また、ハーバマスによってZivilgesellschaftと名づけられた領域（教会・文化組織・学術団体・メディア・スポーツ団体・リクリエーション団体・弁論クラブ・市民フォーラム・市民運動の他に、同業組合・政党・労働組合・オルタナティヴな制度を含む）の拡大もまた、「国民国家と市民社会の矛盾・対立」という二分法的な社会把握に反省を迫るものとなりつつある。そしてこれらの領域の拡大は、なによりも「都市」をおいて、そして東京においてみられるようになっている。第五節でわれわれは、世界都市東京を〝市民社会の実験室〟と呼ぶことになるが、その根拠のひとつはここにある（「国民国家と市民社会」という二分法的枠組みの反省に関しては、花崎皋平『アイデンティティと共生の哲学』の、とくに第五章および第八章を参照）。

再度確認をしておきたいことは、citizenship は今日、国民国家の成員資格を意味するだけでなく、市民的諸権利によって定義された身分をも意味するようになっているということである。

(16) 岩永真治 1992、参照。M・カステルは、一九七〇年代以来のテクノロジカル・パラダイムの変化を、一八世紀におけるイギリスの産業革命に匹敵する技術革命であるとして第二次産業革命と呼び、それをカリフォルニアのシリコンヴァレーにはじまるものだとしている。カステルによれば、それは正確には一九七三年にスタンフォードではじまった遺伝子工学的実験に端緒をもつものであり、アメリカでは金融・軍事部門などへの普及（一九七〇年代後半－八〇年代後半）→製造業部門への普及（一九八〇年代）→オフィス・コンピューターの拡大（八〇年代後半）→情報スーパー・ハイウェイ（一九九〇年代半ば）へと展開してきている（一九九五年五－六月に一橋大学でおこなわれた、カステル氏（カリフォルニア大学バークレー校教授）のセミナー報告にもとづく。この報告は後に、Castells, M. 1996 に収められた）。

(17) 一九六〇年代末、ＯＥＣＤ（経済協力開発機構）諸国では、ほぼ共通してそれまでそれらの国の経済の長期的成長を支えていたフォーディズムが衰退の傾向を深めていた（井上泰夫 1996、一四九頁）。

(18) ミシェル・フーコーは、時代の賭金が「空間」であることを見通していたように思われる（1984a、参照）。他方、デイヴィット・ハーヴェイは、一九六〇年代後半から七〇年代初頭にかけて、地政学への関心が呼び戻され、「場所の美学」が問題になるようになり、空間性の問題が一般的な再考察へとすすんで開かれるようになったと指摘している。すなわち、今世紀初頭に強く感じられた「時間—空間の圧縮 time-space compression」の傾向が、再び現れるようになったと指摘している（Harvey, D. 1989, p.284）。ハーヴェイによれば、ポストモダニズムの運動は、この「時間—空間の圧縮」の文化的表現である（1987）。ところで、私見を披瀝すれば、ポストモダニズムにおける差異の称揚は、長期的にみれば、国民国家が支配的になった歴史の一時期に関連のある市民権概念の、将来における終焉を意味するであろう。

(19) 松平誠 1995（小木新造編『江戸東京学への招待』第一巻、所収）、参照。また、すでに指摘したが、一九六七年四月の美濃部都政の誕生以降、とりわけ一九七〇年以降、市民活動団体（文化組織、スポーツ団体、リクリエーション団体、住民運動団体）と政策受益団体（医療、福祉、教育、社会教育の各団体）の結成が増えており、それらの諸団体と町内会・自治体などの従来の地域住民組織および行政組織とのあいだに新たな分業の関係が形成されはじめた。

(20) 似田貝香門 1994、参照。エドワード・サイデンステッカーは、終戦後の東京においてからくも空襲を免れた人から、つぎのような話を聞かされて驚くことがよくあったという。「幸運だったはずのこの（空襲を免れた—引用者）人びとが、自分の家も焼けてくれればよかったのにと言う。焼けていれば、もっと明るく近代的な家に建て替えていたろうにと言うのである」（『東京 下町 山の手』、三三頁）。かれは、さらにつぎのようにつけくわえている。「江戸の町人も、路地の入口の木戸が取払われ、さらには路地そのものが、文明開化の呼び声にうながされて明るい道に取って代られたとき、同じ思いを抱いたのではなかったろうか」と。空襲に遭遇した東京の住人の言葉とそれをめぐってのサイデンステッカーの想像には、人間の身体や社会関係とそれらの居住空間、都市空間との密接な関係性が、はからずも示されている。戦後の〈ｎＤＫモデル〉の居住空間の浸透は、このような関係性《ヘクシス》の変化を示すものであった。ミシェル・フーコーがいうように、「空間は共同生活のあらゆる形態において基底的なもの《ファンダメンタル》」であり、また「権力のどのような行使においても基底的なもの」なのである（1984b, p.252）。

ちなみに、一九八〇年代から九〇年代にかけて徐々にあきらかになってきたことは、画一的・均質的・機能的な〈ｎＤＫモデル〉の居住空間（戦後的な時間と空間のモダニティ）が、家族形態の変化、性役割分業の変化、就労形態の変化、人種・民族的構成の多様化などによって問い直されているということである。これは、東京が世界都市化するなかで現れてきた「制御調整様式としての近代都市の危機」の、重要な局面である。

一方、この「制御調整様式としての近代都市の危機」の局面は、東京において、町内会・自治会などの地域住民組織の変遷とその「近代化・民主化」を志向するコミュニティ・モデルの問い直しというかたちでも現れている。以下、その点について触れておこう。

東京における町内会は、一九〇〇年に東京府令により設置された町単位の衛生組合がおおむねその前身をなしたといわれる。この衛生組合自体は衛生事業の進捗とともに徐々にその存在意義を失うが、これを基盤に各地に睦会などの町内親睦組織が生まれる。第一次世界大戦後に、町内会の設置にはひとつのピークがやってくる。そしてその後、国民精神総動員運動の過程で重要な役割を担うようになった町内会は、一九四〇年四月の内務大臣訓令第一七号によって公的制度として完全に行政に包括されることになった。

終戦後の一九四七年五月、ＧＨＱによって日本の民主的、市民的《ブルジョワ》改革の重大な障害になるとみなされ、政令第一五号の施行によって町内会はフォーマルには禁止されることになった。しかし、インフォーマルには防犯灯、夜警などの防犯、防火あるいは保健衛生、日赤奉仕団などの名目で組織は存在し続け、サンフランシスコ講和条約締結にともなう政令第一五号の失効前後に、新たに町内会が叢生することになった。東京における戦後の町内会の本格的な復活は、一九五〇年代も後半になってからのことである。その先鞭をつけたのは豊島区、大田区の町内会であった。だが、一九六〇年代後半から七〇年代にかけての住民運動の広範な成立は、町内会・自治会などの既存の地域住民組織のあり方に問題を投げかけることになる。「地域の有力者」ではなく「市民的人間類型」を担い手とする「郊外型コミュニティ」が論じられるようになった。一九七一年に武蔵野市ではじめられたコミュニティ行政はその典型である。同様のコミュニティ行政は、その後目黒区、中野区、三鷹市などへ広がりをみせることになった。

ところが、一九八〇年代にはいると、このようないわば「地域住民組織の近代化政策」としてのコミュニティ政策は、変容を迫られることになる。「郊外型コミュニティ」を理念型とする都市コミュニティ論者も、次第に問題関心を都心部における地域社会の衰退や外国人問題に移すようになった。日常レヴェルでの地域社会形成の問題が東京の世界都市化の現実とであったのである。「郊外型コミュニティ」の理念の前提であった、男女の性差（ジェンダー）、人種・民族的異質性（エスニシティ）、老人と子どもの権利と義務、障害者の人権、エコロジーなどに十分な配慮をしない「市民的人間類型＝市民社会モデル」は、行きづまった。それは、戦後日本の社会科学的な啓蒙運動の大きな柱であった近代化論やマルクス主義にもそこに含みこむ、西欧近代を基準とする社会発展論、市民社会形成論が問い直される過程であったと同時に、一九四〇年代以降の町内会・自治会などを通しての国家権力による地域掌握や、国民国家における「メゾ・レヴェルの制御調整中枢としての都市空間」である東京都の地方自治体としてのありようが問い直される過程でもあった。

新しいコミュニティ（＝地域社会）、居住空間、人間関係のモデルがどのようなものであり得るのか。その明確な答えはまだでていない。だが、世界都市東京の都市空間では触れたような新しいモメントがすでに運動を展開しており、戦後の「都市的定住のモデル」を否定しつつ、新しい価値の体系、居住の体系、市民社会の体系を模索している。第四節において世界都市東京の現在を〝市民社会の実験室〟と呼ぶのは、このような意味においてである。東京における明治以来の地域住民組織の変容の過程については、吉原直樹「大都市地域住民組織の変容」(井上純一他『東京』、所収)を参照。

(21) アラン・リピエッツは、国際分業を「第一の国際分業」「第二の国際分業」「第三の国際分業」に区分する。「第一の(あるいは旧い)国際分業」というのは、フレーベルらのいう〝古典的な〟国際分業にほぼ該当するもので、具体的には先進工業国と発展途上国とのあいだの「工業製品/第一次産品」という図式で示される中心部—周辺部の関係を指しており、帝国主義による「従属」の再生産という古典的テーゼを前提に考えられていたものである(『奇跡と幻影』、第三章を参照)。これにたいして「第二の(新しい)国際分業」と呼ばれるのは、フォード的な労働三分割(a構想・研究開発・エンジニアリング、b熟練製造業、c熟練を解体された職務や組み立て作業、への諸活動《エネルゲイア》の分割)に依拠した国際的な産業部門内分業(la division internationale intra-industrielle du travail)(農業部門内(intra-agricole)ということもありうる)のことである(同上、第四章、参照)。リピエッツは「第一の国際分業」を一九六〇年代までのもの、「第二の国際分業」を一九七〇年代以降のものであるとしているが、それらは重なりあって存在していることを強調している。この重なりあい(=国際分業の二重化)は、NIEsにおける産業部門内分業の世界的展開が「中心部=製造業/周辺部=一次産品輸出」という旧い関係と複合したことから生じたものである(同上、一三六頁)。そして、「第三の国際分業」というのは、世界経済が三つの大陸ブロック(北米・EU・アジア)に組織されていく過程で生じる、各ブロック内の中心部と周辺部との分業である(Lipietz, A. 1993、および井上泰夫『〈世紀末大転換〉を読む』の第七、一三章を参照)。

ところで、リピエッツは『奇跡と幻影』のなかで、フレーベルら 1980 やエルンスト 1980 に代表される「新しい国際分業」論を、「内容が豊富でありしかも資料的裏付けがしっかりしている」(一三七頁)と評価しながらも、それらの研究の方向が「多様な過程が示す瞬時的結果としての現実からその現実の機能性(fonctionnalité)と目的性(intentionnalité)へとすでに再度変更されている」(一三八—一三九頁。訳文は変更)と論難している。したがって、リピエッツによればフレーベルら 1980 に代表される「新しい国際分業」論は、フォード的な労働三分割のなかの低熟練部分(上記cの諸活動)の海外移転に解消されがちなのである(私見によれば、この分析上の偏りが「工業分散仮説」イコール「グローバル工場仮説」ととらえられがちな誤解の原因になっている)。「新しい国際分業の形成はシステムの意図的あるいは機能的な組織化であると考えることができない」し、「『システムを形成する』部分的な規則性の総体とシステムの展開とを混同してはならない」と、リピエッツは強調する。かれにとって重要なのは、「各々の国民的社会構成体(あるいは社会形成体—引用者)をそれ自身として研究すること(étudier pour elle-même chaque formation sociale nationale)」、そして「継起的な蓄積体制と制御調整様式をこの構成体内部で確認すること」、さらに「蓄積体制と制御調整様式の興隆と危機を具体的に分析すること」である(三二頁)。かれによれば、国家(Etat)は「あらゆる制御調整の原型(la forme archétypale de tout régulation)」であり、そして「妥協を凝縮する制度的形態(la forme institutionnelle où se condense le compromis)」である(三三頁)。あらためて述べるまでもなく、本論は、リピエッツによる以上のような問題提起を、都市社会論のレヴェルで受け止めようとする試みである。

(22) 一九七〇年代の後半以降は、住民運動の「量的減少」が見られるようになるが、一方、一九七〇年代を通して文化、体育・リクリエーション、福祉、消費、医療・保険などの団体の結成が多くみられるようになった。伝統的地域組織、ヴォランタリー・アソシエーション、住民運動の関係が問題になってくるのであるが、そのあり方にも地域によって種差が存在する。町内会・自治会を中心とする市民生活関連の団体数が多いのは、足立、江戸川、江東、葛飾のような東部周辺地域(城東)であり、他方、文化、社会福祉、教育・青少年などの市民地域組織は、中野、世田谷、杉並、練馬、目黒などの西部周辺地域(城西)、豊島、大田のような副都心地域(山手)、南部インナー地域(城南)の一部に多い。そして、ヴォランタリーな地域組織が多数・多様に存在する西部周辺地域（城西）には住民運動の存在率も高いという特徴がある（似田貝香門「都市政策と『公共性』をめぐる住民諸活動」矢澤・岩崎編『都市社会運動の可能性』、所収、八六–八九頁）。

(23) 中林一樹「インナーシティにおける土地・住宅問題」（高橋勇悦編、前掲書、所収）、参照。都心部（千代田、中央など）における居住人口の激減は、町内会における非居住会員や法人会員の増加という、地域住民組織の変質をもたらしている。この点については、吉原直樹、前掲論文、一五五–一五九頁を参照。

(24) このナショナルなレヴェルとグローバルなレヴェルにおける「集中と分散の体系」の重なりによって、東京は「生活都市、首都、世界都市という三つの顔をもつ都市」（首都機能調査研究会報告『東京の新生——二一世紀社会の東京都心』、七頁）になった。

(25) 岩永真治 1993b、二六一–二六三頁を参照。このような歴史的に新しい傾向のなかで東京の国際金融・経済上の中枢管理機能が高まり、それを受けて都の政策も「マイタウン東京」から「世界都市東京」へと基調が変化し、臨海副都心開発などが急浮上することになった。一九八五年のことであった。さらに臨海副都心開発事業のお披露目とショーアップのために、一九八九年に東京フロンティア（世界都市博覧会）構想が打ち出されることになる。そして、八九年一二月には「東京フロンティア基本計画大綱」が、翌九〇年四月には「東京フロンティア基本計画」が策定された。このあたりの事情については、土岐寛、前掲書、第一六章を参照。

　周知のように、この東京フロンティア（世界都市博覧会）構想は、一九九五年四月の青島都政の誕生によって中止の決定が下されることになる。それは、東京の世界都市化の現実から言えば、重要かつ象徴的な意味をもっていた。斉藤・岩永 1996（とくに第Ⅲ部）でも述べたように、〝フロンティア〟というのはアメリカ（＝旧ヨーロッパ）人がインディアンが住む「野蛮な世界」と自分たちの「文明化された世界」との境界地帯を指すものとして使った言葉であり、一四九二年のコロンブスによる「新大陸」の発見以来の、先住民〝インディアン〟の土地の征服の歴史を正当化するニュアンスが強い言葉である。一方、〝世界博覧会〟というのも、同上書、第Ⅲ部の世界コロンビア博覧会の例で述べたように、帝国主義の現実とヨーロッパ（白）人社会の「進歩と発展」を称揚する傾向のある言葉であった。この二つの言葉を名称にもつ計画の頓挫によってはからずも示されることになったのは、「脱亜入欧」を志向して以来、一世紀以上にもわたって西欧近代を基準にした社会発展を求め、そしてそれに追いついてしまった日本社会が、もはや先進のモデルをもたず、これまでの西欧志向の延長では物事を考えることができないということである。外国人労働者問題、アイヌなど先住民族問題、障害者の地域復帰問題、高齢者問題、男女の性差（ジェンダー）問題、環境（エコロジー）問題などによって、そのことはすでに十分に示されている。また西欧的価値に対する反省とアジア的な思考の再評価がこの世界都市東京の生活の場で問われているともいえる。いずれにせよ、東京の生活の現場における新しいコミュニティ・パラダイムの想像（＝創造）の努力は、そのまま世界社会において「新しい共生のパラダイム」を産出する苦悩でもあるのである。世界都市東京の実験とは、アジア世界における市民権概念の確立と再構成の実験である。

(26) 都市を単位にしてこの社会的分業の変貌《メタモルポーシス》を捉えると、それは公的領域、私的領域、共同的領域のあいだの分業（役割分担）の変化として現れる。

(27) ギリシア語でヘクシス（ἕξις）とは、人間とその内的、外的な対象とのあいだにできる所有関係のことを意味する。ここではそれを、時代における個々人の行為の様式と社会的に生産されてゆく（＝分割され再結合されてゆく）労働《エネルゲイア》＝生命活動の様式とのあいだの関係性、あるいはそういう関係性としての個々人による空間の実践的な領有様式として捉えている。このヘクシス論を社会的行為論として展開する際のヒントは、ケネス・バーク『動機の文法』(Burke, K. 1945)、八八–九二頁に与えられている。バークはそこで、「動機の発生領域（locus）としての行為」について論じている。本書の序章、第八章、第九章も参照。

(28) 空間および時間が諸個人によってどのように表象されるかということは、社会的行為がどのようになされるのか、あるいは社会的行為の結果としての社会諸関係の形成がどのようになされるのかということについての、前提要件である。この観点に関する研究としては、Bourdieu, p.1977 が参考になる。

(29) 一九八〇年代の半ば以降、東京は外国人居住者（あるいは労働者）の急増に直面することになった。この背景には、労働力不足などを念頭においた日本側の出入国管理政策および労働政策の変化、送り出し国側の、外貨獲得策としての海外出稼ぎ政策や出国政策、さらには移動を促進する社会的制度やネットワーク（旅行業者・就職斡旋業者などのブローカー、友人・知人・親族・同郷などの）の形成、移動者が流入先にたいしてもつイメージの存在などがあると考えられる（町村敬志、前掲書、二四五－二四九頁、参照）。

(30) 一九九一年四月の都知事選では〝鈴木おろし対東京の自治を守る〟、すなわち〝国対都〟あるいは〝権力対自治〟という構図が、はからずも急浮上することになった。この構図は、四年後の青島都知事の誕生によって、さらに明瞭になっている。鈴木都知事は、一九八〇年代を通して「都行政の官僚的合理化」を押し進め、国の行政と都の行政を密接なものにしたが、結果としてみれば、皮肉にも一九六〇年代後半以降の「市民社会の実存形態としての都市政治」の発展に寄与することになった（鈴木都知事の再選が示したものは、じっさいには中央の支配から地方自治を擁護するものではなかったが、しかし一九九一年四月の都知事選における保守分裂・ねじれ現象自体は、中央政党の地方政党に対する制御調整の危機を示してあまりあるものであった）。また、鈴木都政下の一九八〇年代を通して、国の規制緩和政策のもとで公的サーヴィス領域は縮小されていくが、その「すきま」を埋めるようなかたちでヴォランタリーな市民活動組織が発展して来るのである（似田貝香門「現代社会の地域集団」、参照）。ちなみに、すでに触れたように、地域諸組織の活動領域の二分化的状況も指摘されている。注(22) を参照。

(31) 東京の労働市場における「外国人労働者」の二重の役割とは、第一に、小規模な都市工業や建設業の存続を可能にする労働者としての役割であり、第二に、都市経済のリストラクチャングのなかで新しく生まれたり拡大したサーヴィス業へと労働力を提供する役割のことである（町村敬志 1994、二六一頁）。なお、ここで東京において生じている諸変化のなかからとくにエスニシティをめぐる問題をとりあげて考察しようとするのは、花崎皋平のつぎのような見解に与するものであるからである。「…エスニシティの主張は、単に一時的で偶然的な、特殊事情による現象ではなく、人間生活に根ざした、人間の歴史に遍在する自覚のあり方であるとみなすべきであるし、現代の時点から振り返ってみれば、一時代の社会理論が前提としていた諸命題の再整理をうながすものだ…」（前掲書、一二九頁）。

(32) ここで言う「断念」の意味については、前章の注6を参照。花崎1993は、移民労働者（日本では、その法的立場から〝外国人労働者〟と一般に呼ばれるが）の人権をめぐって、つぎのような指摘をおこなっている。「労働力市場の国際化は押しとどめることのできない勢いで進んでいる。これからますますその傾向は増すだろう。国際労働力移動の量的増加は、やがて質的変化を引き起こすだろう。質的変化とは、それら移民労働者たちが人間としての権利を、現に労働している現地で主張し、当該国の制度や法の改革をせまるという変化である。労働は恩恵ではなく、生きる権利であり、義務なのだから。当該国家と国民は、自国民だけの特権という内実をもつ『人権』の虚偽を意識せざるをえなくなり、そういう特権を擁護しつづけるのか、批判してのりこえるのか、を問われる。国家を越える民主主義が、切実に求められることになる」（前掲書、一二三頁）。

(33) 東京の政治的資源に比較して、東京の社会経済的実体が異常に肥大しており、「行政のマンモス化と対照的に政治が矮小化」（土岐寛）されるような現実がでてきている。

(34) このような現実は、多様に組織された地域社会集団（コミュニティーズ）の諸権利相互の関係を「システムとしてととのえられた人権の秩序」として確立するという課題をもっている。だが、それは同時に、国家を「同じ権利を平等にもつアトム的な個人が構成員である一様等質な集団」であるとする法的仮象を否定することをも意味する。

(35) ラカンの言葉を借りれば、われわれは新たに「生体とその現実との関係──あるいはいわゆる内界（Innerwelt）と環界（Umwelt）との関係を確定する」（Lacan, J. 1966, p.96）必要がある。すなわち、「自己の内的世界と外的環境との関係」（＝ヘクシス）を新たに確定する必要に迫られている。

(36) 重要なことは、都市の世界システムを前提にして描き出されたこの「市民社会再形成の空間的諸圏域」は、市民社会が「分業と交換の体系」であり、そしてその「分業（social division of labor）」が責任の分任分担によって体系《システム》の信用を保証しなければならないものであってみれば、それは〝市民社会のモラル〟を再形成する領土《テリトリー》・領域でもあるということである。ここに、新しい経済社会《ブルジョワ・ソサイエティ》、新しい市民社会《シヴィル・ソサイエティ》、新しい政治社会《ポリティカル・ソサイエティ》が成立する根拠がある。二重の意味での市民社会と政治社会との関係については、平田清明『市民社会とレギュラシオン』、第三部「現代における市民社会と国家」を参照。

(37) ウェルギリウス 1976、参照。ここで二つのことを確認しておきたい。第一に、その言葉を引用したヘロドトスもウェルギリウスも、通常「西洋古典古代」の著作家であるといわれるが、古代ギリシアや古代ローマの諸著作はルネッサンス以降西欧において〝再発見〟された経緯があるのでそう呼ばれるのであって、七世紀以降のイスラーム世界にあってもそれらは古典であったし、われわれがそこに新しい価値を〝再発見〟するのであればそれらはわれわれにとっての「古典」にもなる。したがって、その意味では西欧近代的な価値基準の相対化が要請されている今日にあっても、人類史において「古典古代期」を設定することは可能である。いや、そうすることで歴史観を再構築する必要がわれわれにはある。しかし、その人類の遺産としての「古典古代期」は、もはや「西洋古典古代期」とは呼ばれないであろう。

第二に、それでもたとえば、ヘロドトスの著作に「文明と野蛮」という西欧近代的な価値基準の原型を見出すことはそれほど困難なことではない。しかしここでの引用の意図は、「ヨーロッパとアジア」が「文明と野蛮」あるいは「文明と非文明」というかたちで語られるようになった思考の原型において、ヨーロッパという名称がアジア出身の女性の名から採られたということにおいて、またローマが（小）アジア出身の勇士によって建設されたという伝説が存在することにおいて、それらの二分法そのものが否定されていることを示すところにある。そして、そういうかたちで「ヨーロッパとアジア」という優劣のイデオロギーを払拭したうえで、あらためて〝アジア〟という言葉の語源にたちかえり。それが示す生活世界としての領土《テリトリー》・領域について考えるところにある。

(38) この一文には、つぎの二つの意味が込められている。第一に、現在「アジア太平洋地域」という言葉で東南アジアを地理的中心として国境を越えた地域経済が議論されることが多いが、〝アジア〟経済共同体（これは東京の外部においてよりもその内部における人びとの交流の欲求から想定されるもの）ということで言えば、図5に示されるようにより広い領域《テリトリー》性において新たな社会形成を考える必要があるということである。第二に、アジアにおける社会連帯をそのようなより広い領域性において考えることで、日本企業のアジア進出をめぐって亡霊となって現れる想像力としての「大東亜共栄圏」的発想を打ち破り、より多様な人種・民族・宗教間の共存・共生を考えたいということである。

(39) もちろんそれは、いまから約一〇〇年前に幸田露伴が『一国の首都』において述べたのとは別の意味においてである。

(40) しかし、近代的市民権が国民国家を構成する人びとの権利に限定されて確立されてきた歴史は、たとえばアメリカ大陸における先住インディアンや黒人の苦渋に満ちた歴史でもあった。このことは同時に忘れてはならないだろう。また、女性がフランス人権宣言が確立される時点ですでに市民社会の担い手として十分に意識されていなかったことは、フェミニズム運動の高まりを背景に今日批判の対象となってきている。そのことも思い起こす必要があるだろう。他方、それらは、ルネッサンスがモデルとした古代の哲学者たちの市民社会についての考え方に由来する問題でもある。たとえば、アリストテレスの政治哲学では、ポリス生活への合理的な参加者として女性と奴隷は排除されている。そしてかれの時代、奴隷の多くはまた女性であった。ともあれ、問題は今日、都市と市民権との関連をどのようにするか、あるいは都市居住における「市民の資格」をどのようなものにしていくか、であると思われる。地域的、民族的諸集団の「差異における平等」をどのように「市民の資格」にもりこんでいくのか、このことがこれからのわれわれの最大の課題となるだろう。

(41) つぎのパラグラフは、「…『国民国家《ネーションステイト》』という政治的統合様式の内部矛盾がだんだん露呈してきており、一方ではより小さい地域単位の分権性が、他方ではより広域的な政治的秩序の構成が求められている…」(花崎皐平、前掲書、九六頁)という指摘を、より踏み込んで考えようとしたものである。

(42) 都市住民権の確立の問題は、アジアにおける共通文化(保護)政策や共通(少数)民族政策の形成にもかかわってくる。新しい市民権としての都市住民権に関する議論については、斉藤・岩永、前掲書、第Ⅴ部を参照。ところで、ここで言う都市住民権の前提としての「風土性」とは、「風土性としてのアジア」というようなグローバルな意味での「風土性」ではなく、関西、関東、東北、九州、四国、〝沖縄〟あるいは〝アイヌ〟などのアイデンティティを肯定するような、ローカルな意味での「風土性」のことである。もちろんどちらの「風土性」も、和辻哲郎が使った風土性の概念とは一致しない。そのことは、和辻の時代と現代とでは、時間—空間感覚にすさまじい変化が現れているという共通性を有するものの、人間の自然に対するかかわり方が大きく変化しているということを示唆している。われわれの時代には自然と文化の関係が逆転しており、「自然」を守る運動は「文化運動」になっているということの確認が重要である。

(43) 情報社会の進展によるネットワークのグローバル化とリフレキシヴな主体の成立が、自己反省の素材としてあらゆる地域的資源に光をあてはじめている。住むという行為のなかに、つねに"Who am I?"という問いが忍び込んでくる。「風土性」、すなわち人間と自然との関係性として表現されたアイデンティティがふたたび重要になってくる。情報化とリフレキシヴな主体の生成に関しては、斉藤・岩永、前掲書、第Ⅳ部を参照。

(44) 井上泰夫は、以上に述べた市民社会再形成の二重の方向性に関して、レギュラシオン・アプローチの観点からつぎのように問題提起している。「日本においても、東アジア諸国においても、地域・国民・アジアという三つの空間次元にかかわる社会的ヘゲモニーをめぐって、国民的妥協をどう再形成するかが現在共通に問われている」と(井上1996、二〇一頁)。

(45) また人との友愛《ピイリア》を意識したヴォランティア活動が、国民国家(公共的領域)と市民社会(私的領域)が乖離していくそのすきまにあって、新しい社会連帯の空間として拡大しているように思われる。そこにおいて今後重要になってくるのは、おそらく年齢、性、人種・民族、宗教、職業などにおけるアイデンティティを考慮した組織《ネットワーク》における〝時間の調整〟であるだろう。異なった時間のスケールを生きており、結果として非常に異なった世界を観、そして体験している人びとのあいだで、紛争が生じている。人間存在の根源を主体の時間的構成において捉えるハイデガー的関心が、今日ふたたび重要になっている。われわれは、M・オマリーが『時計と時間』においてアメリカ的な時間感覚の歴史を考察した際に、それとは異質なイスラーム世界における時間意識を念頭においていたことを忘れることができない。

(46) Rousseau, J.-J. 1964, t.3, p.287. フランス革命が人権宣言を国民主権の宣言と結びつけたときから、すなわち近代国民国家の誕生の瞬間から、世界都市東京において生じている市民社会再構成のモメントは存在していた。今日、その矛盾に満ちた歴史を十分に振り返る必要があるだろう。しかし、それでもなお、われわれは新しい時代の人びとにたいして「市民諸君」"Citoyennes et Citoyens!"と呼びかけるであろう。少なくともわたしは、歴史的転換期にある今日でも、本書の著者として、古い呼称「東京都港区の一市民(Le citoyen de la cité du Minato, Tokyo)」を使っている。

　何世紀か後に、ヨーロッパおよびアジアの大陸から人びとが新幹線で到着する品川駅には、まだ雨が降っているだろうか。

# 第2部　フォーディズムの危機と都市社会の変容

## ——文化、空間、環境の現実態に関する分析

# 第5章　フォーディズムの危機とポストモダニズム
## ——〈都市化された人間性〉の分析

The finest harmony is from difference, the discord the law of becoming.
（Herclitus）

人間の性質というものは変わりやすい
（マキアヴェッリ『君主論』岩波文庫、四〇頁）

われらの官能の一つが受けとる快楽、または苦痛、の印象ははなはだ強く、魂のただそれにのみ集中するとき
（ダンテ『神曲』集英社、煉獄編第四歌、三七頁）

感覚という語を、たんなる反省が心意識に与える効果に関して用いるつもりなら、知性的判断力よりもむしろ美学的判断力のほうが共通感覚（sensus communis）という名称を帯びてよい
（カント『判断力批判』岩波文庫、上巻、二三五頁）

フランス、つまりパリジャンの民族的形式は、われわれがまだ熊でしかなかったころに、洗練された形式に固まりはじめたのです。革命が貴族の遺産を相続しました。いまではこの上なく卑俗なフランス野郎でも、自己の創意によっても、魂によっても、心によってもその形式に参加することなしに、まったく洗練された形式の作法《マナー》や物腰、表現、さらには思考さえ持つことが、できるんです。そういったものすべてが相続によって手にはいったんですからね。かれら自体としては、もっとも内容空疎で、もっとも低劣かもしれませんがね
（ドストエフスキー『賭博者』新潮文庫、二四三頁）

空間と時間とは単なる〈現象の諸形式〉ではない。空間と時間とは本質（存在者）の諸条件であり、理性の諸形式である。すなわち、存在および思惟の諸法則である
（フォイエルバッハ「将来の哲学の根本命題」（四四）岩波文庫、一四四頁）

徳と知識は同じ類にはいる…。思うに、これらの各々は、状態《ヘクシス》であり、心的状態であるから
（アリストテレス『トピカ』岩波書店、全集第二巻、九四頁）

### 新しい都市研究の波とその後

歴史は驚きに満ちている。一九七〇年代の初頭にマニュエル・カステルの『都市問題』などの著作に刺激されて、とりわけヨーロッパで一連の新しい都市研究（今日では、「新しい都市社会学」とか、「フランス派都市社会学」とか呼びならわされている）が台頭して、二〇年あまりがたった。八〇年代にはいってこの新しい都市研究の波は、日本にも上陸し、『国際都市地域誌』『比較都市研究』『都市問題年報』『空間と社会』『アンティポード』などの雑誌論文が盛んに読まれはじめ、それらに刺激された多彩な都市研究が華開いた。吉原直樹、町村敬志、吉見俊哉らの仕事

がその代表例であるし、奥田道大、藤田弘夫、園部雅久、有末賢らの仕事にも、多かれ少なかれそれらの新しい波の影響が認められる。しかし、その日本における新しい都市社会学派の登場からも、一〇年がたった。このあいだに、フランスにおける左翼政権の誕生、サッチャリズム、レーガノミクスなどの新保守主義の台頭、東欧革命、ソビエト連邦の崩壊、ユーゴスラビアの民族紛争と分裂、チェコスロバキアの解体、欧州市場統合の達成など、世界の大都市の研究をめぐる情勢も激変をきわめた。

東欧、旧ソ連邦の社会主義および共産主義政権の瓦解の機をとらえて、フランス・レギュラシオン派の経済学者アラン・リピエッツは、「世界は一〇年早く二一世紀にはいった」(Lipietz 1990, p.2) と喝破したが、たとえば日本の都市研究の分野ではたして二一世紀を展望できるような研究の枠組みが提示されてきているかと問い直してみると、状況は心許ないかぎりである。コミュニティ研究に関する奥田道大の「ダイナミック・コンパラティブ・スタディ」の手法の提唱は(奥田 1993)、たしかに次世紀をにらんだ斬新なるコミュニティ分析モデルの提起である。ジョン・フリードマンやサスキア・サッセンの仕事にヒントを得て町村敬志がここしばらく取り組んできた、「世界都市」としての巨大都市・東京の分析も、グローバルなネットワークに依存したかたちでのその成長を示唆する点で、あきらかにこれまでとはちがった、すなわち二一世紀型の「世界の都市システム」を想定している(町村 1992b)。だが、世界の現実も日本の現実も、それらの試みを烏有に帰せしめるほどまでに、動き、混迷をきわめている。また世界の現実と日本の現実は、リアルタイムで、あるいは相互に依存しながら揺れ動いている。残念ながら、こうした状況とがっぷりと四つに組んだ都市研究は、日本にはまだ現れていないようにみえる。

### 欧米における新展開

ところが欧米では、そのような時代の不安定さにもかかわらず、七〇年代から八〇年代初頭にかけて一連の新しい都市研究の隆盛を担い、八〇年代半ば以降はなりをひそめていた都市研究者たちが、ここにきて、陸続と新しく骨太な著作を著しはじめている。カステルの『情報都市――情報技術・経済の構造再編・都市―地域過程』(一九八九年)やD・ハーヴェイの『ポストモダニティの状態――文化変容の起源の探究』(一九八九年)はいうにおよばず、M・P・スミス&J・R・フェギン編『資本制都市――グローバルな構造再編と地域政治』(一九八七年)、J・ヘンダーソン&M・カステル編『グローバルな構造再編と領土の発展』(一九八七年)、E・プルトゥセイユ『都市の激変と地域政策』(一九八八年)、M・P・スミス『都市・国家・市場――都市社会の政治経済学』(一九八八年)、J・H・モレンコフ編『権力・文化・場所――ニューヨーク論集』(一九八八年)、R・A・ボーリガード編『経済の構造再編と政治の対応』(一九八九年)、同編『都市のヒエラルキーの頂上で』(一九八九年)、M・ハーローほか編『場所・政策・政治――地域は重要であるか』(一九九〇年)、M・ミンジオーネ『分裂する社会――市場パラダ

# 春風社の本
# 好評既刊

## 政治・経済・社会

この目録は 2008 年 2 月作成のものです。

定価は税込（5%）です。これ以降、変更のある場合がありますのでご諒承ください。

ご注文は、愛読者カードの購読申込書をご利用ください。送料無料で小社よりお送りします。

春風社
〒220-0044　横浜市西区紅葉ヶ丘 53　横浜市教育会館 3F
TEL (045)261-3168 ／ FAX (045)261-3169
E-MAIL：info@shumpu.com　Web：http://www.shumpu.com

藤井信行
## 「日英同盟」協約交渉とイギリス外交政策
ISBN4-86110-071-2

ソールズベリは「名誉ある孤立」を破ったのか？　一九世紀末におけるイギリスの伝統的外交政策とは何だったのか。日英両国の外交文書を並列・精査し、政局が動く瞬間を緻密に描く欧州国際関係史。

四六判　二三〇〇円　一九六頁

---

奥野克巳
## 帝国医療と人類学
ISBN4-86110-062-3

帝国主義時代以降、世界中に広まった近代医療の自明性を問う。既存研究を整理し、植民地での複雑な交渉過程を検討、フィールドワークによる知見をも加え、病気や医療をめぐる人類学を再構築する。

四六判　二三〇〇円　二三二頁

---

遠藤英樹・堀野正人 編著
## 「観光のまなざし」の転回
### ――越境する観光学
ISBN4-86110-009-7

旅先で私たちは何を見るのか？　世界的にますます盛んになる「観光」をめぐって、歴史、リゾート論、まちづくり論、メディアとのかかわり、国立公園、内地観光団、ジェンダー、宗教、香港・インドの事例など、多様な観点で論じる。

A５判　二五〇〇円　二五〇頁

---

遠藤英樹
## ガイドブック的 観光社会学の歩き方
ISBN978-4-86110-126-7

シミュラークル、趣都、風景の政治学、擬似イベントなど斬新な切り口で、一〇の観光地を例にやさしく解説する「観光社会学」入門。これ一冊でまるわかり！

四六判　二一〇〇円　二一〇頁

---

古池嘉和
## 観光地の賞味期限
### ――「暮らしと観光」の文化論
ISBN978-4-86110-120-5

観光まちづくりに不可欠の要素とは？　暮らしの目線で国内外一三の事例を考察し、観光現象と地域文化の相互作用をとらえる。数々の地域の実践に参加してきた著者による、内発的・持続的な観光地づくりへの提言！

四六判　一八九〇円　二一二頁

椎野信雄

## エスノメソドロジーの可能性

——社会学者の足跡をたどる

ISBN9-78-486110-109-0

「客観」や「科学知識」はいかにして編成されるのか？ ガーフィンケルの提唱した社会学の研究法、エスノメソドロジー。ミード、ジンメル、ゴフマンらの足跡をたどりつつ、その可能性を探る。

A5判 四九〇〇円 三六八頁

---

水野剛也

## 日系アメリカ人強制収容とジャーナリズム

——リベラル派雑誌と日本語新聞の第二次世界大戦

ISBN4-86110-038-0

米国史上最大の「失政」とされる事件の真実を、当時のマスコミは伝え切れていなかった…。史料の綿密な検討から明るみに出される権力と報道との関係。ジャーナリズムの根幹を問う実証研究の精華！

A5判 四八三〇円 四二〇頁

---

アンソニー・W・マークス 著
富野幹雄／岩野一郎／伊藤秋仁 共訳

## 黒人差別と国民国家

——アメリカ・南アフリカ・ブラジル

ISBN978-4-86110-107-6

「白人統一」「社会安定」の大義のために、国家は人種差別を利用し、黒人たちは犠牲となってきた。なぜ「黒人」なのか？ 三ヵ国の詳細な比較研究によって差別の実態と謎に迫る！

A5判 六五〇〇円 五一〇頁

---

大津留厚

## 増補改訂 ハプスブルクの実験

——多文化共存を目指して

ISBN978-4-86110-097-0

巧妙な政策により多文化・多民族・多言語の共存を実現し、第一次大戦後に崩壊した帝国。それは不可能な試みだったのか？ 民族自決・国民国家の理念に依らない国家モデルとは？「実験」の意義を改めて問う。

四六判 二三一〇円 二二八頁

---

堀巌雄

## ロールズ 誤解された政治哲学

——公共の理性をめざして

ISBN978-4-86110-112-0

現代の政治哲学・倫理学に多大な影響を及ぼしたジョン・ロールズとは、何者なのか。博士論文から没後のテクストまでを精読し、ロールズ理論の全貌を描き出す。既存の解釈が見逃していた、その新たな可能性！

A5判 四九三五円 五〇〇頁

## ●頭山満《とうやまみつる》と近代日本

著者：大川周明
編者：中島岳志
定価：二三一〇円
四六判　二〇八頁
ISBN978-4-86110-134-2

革新右翼の理論家が、伝統右翼の巨人を描く。明治維新、西南戦争、大隈重信襲撃事件など、近代日本を形作った重要な局面に、頭山はどう動いたか。敗戦直前の緊迫する状況で書かれた「幻の原稿」ついに発見！

## ●ナショナリズムと宗教

――現代インドのヒンドゥー・ナショナリズム運動

著者：中島岳志
定価：三八〇〇円
四六判　三八四頁

ド国内メディアでさえ取材しい過激な宗教ナショナリ運動の内部深く入り、その実態と理念を明らかにす気鋭の論客による新しい民

## 話題の本

## ●フランス帝国主義と中国

――第一次世界大戦前の中国におけるフランスの外交・金融・商工業

著者：篠永宣孝
定価：六〇〇〇円
A５判　五一二頁
ISBN978-4-86110-136-6

フランスはいかに中国へ侵入していったか？　政府・企業の第一次史料から利権争奪の交渉過程と結果を跡づけ、国ごとに比較・分析し、その独自性を浮かびあがらせる。従来の研究の空白を埋め、帝国主義像に新たな視座を拓く。

## ●古代オリエント世界像からの脱出

――ピラミッド・テキストから原始キリスト教までの神話・宗教・政治

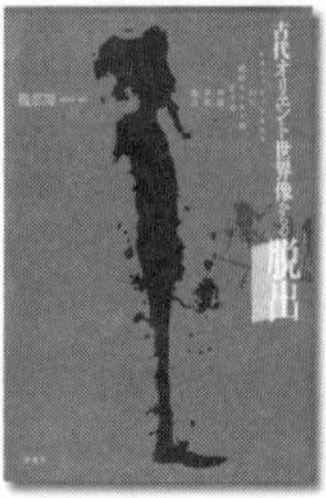


著者：磯部隆
定価：四五〇〇円
四六判　三八四頁

プトの王を基軸とする世界、イエスの死をもって転倒。変遷のプロセスとして、ポタミア文明、出エジプト、ユダヤ教、第二イザヤを接、思想・表現の類似性と根な差異性をとらえる。両極立する神々をとおして、世の意味を問う。

イムを越えた経済生活の社会学』（一九九一年）、C・G・ピックヴァンス&E・プルトゥセイユ編『国家の構造的再編と地域権力』（一九九一年）、M・ゴットディナー&C・G・ピックヴァンス編『変容する都市生活』（一九九一年）、J・H・モレンコフ&M・カステル編『デュアル・シティ——ニューヨークの構造再編』（一九九一年）、S・S・フェインスタインほか編『ひき裂かれた都市——現代世界におけるニューヨークとロンドン』（一九九二年）など、驚くほどの出版量である。また、H・V・サヴィッチ『脱工業都市——ニューヨーク、パリ、ロンドンにおける政治と計画』（一九八八年）、A・J・スコット『大都市——分業から都市形態へ』（一九八八年）、M・ドーガン&J・D・カサーダ編『大都市の時代 1——巨大都市の世界』（一九八八年）、A・ポルテスほか編『インフォーマル経済——先進国および発展途上国における研究』（一九八九年）、S・サッセン『世界都市——ニューヨーク・ロンドン・東京』（一九九一年）など、八〇年代後半に都市研究の分野に新しく参入し、斯界に少なからぬインパクトをあたえた論者・著作も多い。

### ハーヴェイ都市論の軌跡と動向

本章では、上記のような都市研究のまったく新しい状況のなかから、デイヴィット・ハーヴェイの都市研究をとりあげ、その軌跡と展開の現状について、紹介とレヴューをおこないたい。というのも、ハーヴェイの都市論は近年日本でも盛んにとりあげられるようになったが、その取り扱いが部分的であったり不十分であったりするように筆者には感じられるからである。また、ハーヴェイの都市論の軌跡と動向をあらためて整理してみることは、ハーヴェイがその運動のなかにあった一九七〇年代初頭以降の、一連の新しい都市研究の誕生—転回—沈黙—刷新の現状と課題の一端をあきらかにすることにも役立つのではないか、と思われるからである。この二〇年間の都市論の動向の整理は、管見のかぎりでは、都市研究全体の動向についてはもちろんのこと、個別の論者についてもなされていない。ハーヴェイの都市論を再論する所以である。

## 1　意識・時間・空間……都市

### 都市とは

一九七三年に出版されたデイヴィット・ハーヴェイの『都市と社会的不平等』（原題は『社会的正義と都市』）は、その「結論と反省」の部分が、つぎのような文章で結ばれていた。「すなわち、「開発＝利用＝搾取《エクスプロイテーション》のうえに建設された都市的生活様式（urbanism）は、歴史の遺産である。都市的生活様式を正真正銘人間的なものにすることは、これからなされなければならない。開発＝利用＝搾取《エクスプロイテーション》にもとづく都市的生活様式から人類に適合した都市的生活様式へと至る途を示すことが、革命的理論に残された課題である。そして革命的実践に残された課題は、そのような姿態転換《トランスフォーメーション》を成し遂げることである」（ハーヴェイ

1980 四一八頁)。このような問題意識は、ハーヴェイが論理実証主義の哲学的基礎を理論・計量地理学にあたえる作業から、地理学の史的唯物論的再構成へむけての基礎作業へと転身した際の、核となるものである。『都市と社会的不平等』は、〝都市的生活様式論批判・序説〟であったのであり、その作業を介しての〝都市的生活様式の批判〟でもあったのである。今日のハーヴェイの仕事の文字通りの出発点が、ここにある。

一九八五年出版の『資本の都市化』(邦訳『都市の資本論』)のむすびの部分で、ハーヴェイは、『都市と社会的不平等』の上に引用した部分をひいて、「この目標は、依然として存在しつづけている」(ハーヴェイ 1991 三〇五頁)と再強調している。しかし、この短い文章の後にすでに、つぎのような一文がつけくわえられていた。すなわち、「だが、いまやわたしは、それをより広いパースペクティヴのもとに置くことにしたい」(同三〇五頁)。〝より広いパースペクティヴ〟とは、『資本の都市化』のなかで分析されている「時間による空間の廃絶」「資本の第二次循環」にくわえて、『意識と都市の経験』において積極的に導入されている「個人と集団の多様なアイデンティティにもとづく地域社会の形成」の視点のことであろう。そしてハーヴェイは、この段階で、都市をつぎのように定義した。「都市は、資本流通の時間的過程のなかで使用される労働によって打ち建てられた、生産諸力の凝集体である。それは、世界市場における交換のための資本制的メタボリズムによって滋養されており、また、その制限内で組織された生産と分配の高度に洗練されたシステムによって、支えられているのである」[1](Harvey 1985b, p.250)。また、「都市は社会的再生産の示差的な地域社会へと分節された、階級諸力の特殊な提携によって支配されており、不連続ではあるが空間的には近接している労働市場、つまり、そのなかで労働力に対する職業機会の日々の代用が可能であり、ある特定の示差的な労働力の量と質が見出されるような労働市場として組織されているものである」(ibid, p.250)と。

## 「建造環境」の分析から、「都市化された人間性」への問題へ

ハーヴェイと言えば、なんといっても「資本の第二次循環」の説明による「建造環境の生産」の分析で著名であるが、『意識と都市の経験』以降のハーヴェイは、「意識の都市化を資本の都市化との関連で理解」(ibid, p.252) する必要性を強調する。言いかたをかえれば、「資本の都市化」に関連づけられた「意識の都市化」の説明こそが都市現象の分析には不可欠である、という認識に達したのである。G・ジンメル、L・ワース、R・セネットなどにくらべて、K・マルクス、M・ヴェーバー、E・デュルケームといった社会理論家たちは、〝意識の都市化〟の問題を思考の片隅においやってきた。〝意識の都市化〟の問題に真正面から取り組んだという意味では、ジンメル、ワース、セネットらは、たしかに優れた都市の研究者であった。しかし、いまや、都市現象について「ジンメルやワースのような著作家たちが成し遂げた詳細な彫琢を、マルクスのパースペクティヴのなかで打ち建てる」(ibid, p.252) ことが必要である。ハーヴェ

イの問題構制はこう変わっていく。そしてかれは、つぎのように書く、「資本主義は、都市化と異常な広さと複雑さをもった建造環境（built-environments）の創造を通して、〝第二の自然（second nature）〟を作り出してきた。そして、意識の都市化、社会諸空間の生産、意識形成をめぐる異なった場所のあいだの特殊な相関構造を通じて、新しい種類の人間性（human nature）をも作り出してきたのである」（ibid, p.273）と。都市空間の〝第二の自然〟がいかにして、またなぜ生産されるのか。七〇年代から八〇年代初頭にかけてのハーヴェイの主要な仕事（『都市と社会的不平等』『資本の限界』『資本の都市化』）は、おもにこのような問いにかかわるものであった。一方、八〇年代の半ば以降のかれが積極的に取り組んでいるのは（著作としては、『意識と都市の経験』『都市の経験』『ポストモダニティの状態』）、引用文のなかでふれられているような〝新しい種類の人間性〟の問題である。

〝都市化された人間（urbanized human nature）〟。この新しい種類の人間性には、時間・空間・貨幣に関する文字通り特殊な感覚が授けられており、また都市生活の一方面から他で失われるかもしれないものを取り戻すための、洗練された能力と戦略が授けられている。しかし、この新しい人間性は、いったいどのようにして形成されてきたのか。どのような必要に応じて洗練されてきたのか。ハーヴェイはここで、〝フォーディズム〟に関するグラムシの洞察にあふれる説明を援用する。つまり、資本制的蓄積の歴史のフォーディズム的段階において、〝労働と生産過程の新しい型に適合した新しいタイプの人間をつくりあげる必要〟が生じたのであり、そうした社会全体の必要を受け入れるかたちで洗練され、陶治されてきたのが、新しい種類の人間性、すなわち「都市化された人間性」であると説明するのである。ハーヴェイがこうした説明を採用する背景には、『都市と社会的不平等』から『資本の限界』をへて『資本の都市化』へと至るかれの仕事にたいして、〝決定論的傾向〟という批判をあびせかけられることが多かったことがあるであろう。しかしたとえば、『資本の都市化』における結論などは、「都市化は資本主義の必然的な帰結であるのではなく、資本主義の発展に必要である剰余の創造と交換に関する空間の組織化を表現している」というものであり、都市現象の説明に関して経済還元主義的な傾向は認められるものの、それほど単純な決定論であるわけではない。それでも、七〇年代初頭から八〇年代半ばまでの一〇年あまりのほとんどをマルクスの著作の研究に費やし、その研究のノートめいたものをいささか教条的な調子で論文として発表してきたハーヴェイであるから、さきに指摘したような批判を浴びせかけられたのは、当然と言えば当然であったろう。都市社会学の分野では、いわずもがなである。

## 資本主義下の時間と空間

ところで、時間は、資本主義のもとではもっとも重要な要素である。というのも、社会的労働時間は価値の尺度であるからであり、さらに社会的剰余労働時間は、利潤の源泉であるからである。さらに重要なのは、資本の回転期間（turnover time of capital）である。生産、マーケティング、資本回転のスピード・アップは、個別の資本家が利益を増大させるためのもっとも強力なる競争手段だからであり、経済危機、とりわけ競争の熾烈な時期には、回転期間のより速い資本家が、その競争相手に比してよく生き残るからである。結果として社会的時間の地平は縮小し、労働と生活の強度は傾向的に強まり、変化のペースは加速する。そしてハーヴェイによれば、同じ種類の命題が、空間の経験にもあてはまる。空間の障害の除去と〝時間によって空間を廃絶する（annihilate space by time）〟ための闘いもまた、かれに言わせれば「資本蓄積のダイナミズムの全体にとって重要なもの」（ibid.1990, p.425）なのである。そしてそのような闘いは、資本の過剰蓄積の危機において、とりわけ熾烈なものとなる。

振り返ってみれば、新しい領土（territories）への地理的な拡大を通しての、またまったく新しい一連の空間関係の構築を通しての、資本の（そしてときには労働の）余剰の吸収は、驚くべきものであった。アンリ・ルフェーヴルがするどく観察しているように、(2)空間の諸関係とグローバルな空間経済の構築および再構築は、二〇世紀まで資本主義の生き残りを可能にしてきた重要な手段のひとつであった。「資本主義が部分的にはますます都市化される空間の生産を通じて、二〇世紀を生き残ってきたということを、われわれは知っている。その結果がある特殊な種類の都市の経験だったのであり、それは量的にも質的にも、世界史のそれに先立ついかなるものからも根本的に異なったものであった」（1989a, p.251）のである。そして、「時代の趨勢は、回転期間の加速（生産、交換、消費の世界のすべては、より速く変化する傾向にある）および空間地平（space horizons）の縮小へとむかっている」（ibid, p.425）。一般に「資本主義下で作用している社会諸過程は、空間と時間に関するわれわれの感覚を再秩序化している」（ibid.1991a, p.76）のであるが、この時間と空間の経験は、一九七三年の政治的―経済的危機以降、急速に変化してきた。

## 2　モダニティと〝フレクシブルな蓄積〟

### モダニティの原理

もしわれわれが永遠なもの（the eternal）、不変なもの（the immutable）を得ようと努力するのなら、われわれは、混沌としたもの（the chaotic）、はかないもの（the ephemeral）、分裂したもの（the fragmentary）のうえに、われわれを刻印づけるよう強いられるのである。ハーヴェイがこう語るとき、念頭にあるのは、ボードレールの以下のような一文である。「現代性（la modernité）、それは一時的なもの、移ろいやすいもの、偶発的なものであり、これが芸術の半分をなしている。他の半分は、永遠なもの、不変なものである」（ボードレール 1964、三〇六頁）。一時的で、移ろいやすく、絶えず変貌をとげる近代美術のもつこの二面性のうちに、ハーヴェイは、モダニティの原理的なものをみるのである。つまり、ハーヴェイにとってモダニティのもつ力とは、ものごとを革新してやまない力なのである。この原理は、資本制的蓄積の歴史にもあてはまるが、それだけではない。それは文化変容の諸原理としても表現されているものである。ハーヴェイにあっては、こうして「意識の都市化」と「資本の都市化」の関連の問題は、文化変容と資本制的蓄積体制の転換との関連の問題へとおきかえられていく。そして、こうした枠組みのもとで一九八七年以降登場するのが、かれのポストモダニズムに関する分析である。

## ポストモダニズム再考

〝ポストモダニズム〟としてよく識られている文化運動は、ダニエル・ベル（『資本主義の文化的矛盾』一九七六年）、マーシャル・バーマン（『すべては煙と消えゆく』一九八二年）、フレドリック・ジェイムソン（「ポストモダニズム、あるいは後期資本主義における文化の論理」一九八四年）のような多様な著作家の書物において、時間と空間のいくらか新しい経験へと関連づけられてきた。しかし面白いことに、そうした考えを前進させながらかれらのだれも、それによって意味されるところのものを正確には教えてくれない。「時間と空間のこれらの新しい経験が打ち建てられている物質的な基礎と、その資本主義の発達の政治経済学との関連は、等閑視されたままである」（Harvey 1990, p.426）。ポストモダニズムという文化運動はこの二〇年間、先進国の大都市文化にたいして少なからぬ影響力をもってきた。他方、脱工業化や大都市経済のリストラクチャリングの問題は、都市経済学、都市地理学、都市社会学などの分野で盛んにとりあげられてきた。この二つはじつはセットになってやって来たのではないか、そうハーヴェイは考えるのである。

その際議論の媒介となるのは、もちろん、「時間と空間の新しい経験」である。どの程度までポストモダニズムは、一九七三年の政治的―経済的危機から生じた時間と空間の新しい経験と関連づけることによって、明快に理解することができるのか。一九七〇年ごろからの地政学への関心の復活、場所の美学、空間性の問題を一般的な再考察へとすすんで開こうとする関心の復活（社会理論におけるものも含めて）は（たとえば、Gregory, D. & J. Urry, eds. 1985. *Social Relations and Spatial Structures.* や Soja, E. 1988. *Postmodern Geographies.* などにみられる）、どのような社会的基盤のもとで現れたのか。これが、「都市生活の表象：T・J・クラーク著『現代生活の絵画』によせて」（一九八七年）「都市化を通じてのフレクシブルな蓄積：アメリカの都市における〝ポスト・モダニズム〟の考察」（一九八七年）以来今日までの、ハーヴェイの主要な研究課題になっている。それは同時に、一九七〇年代初頭以降現れつつある〝新しい種類の人間性〟の探究プログラムでもあった。

## フォーディズムから〝フレクシブルな蓄積〟へ

一九七三年以降のフォーディズム的―ケインズ主義的システムの解体により、急激な変化、流動、不安定の時代がはじまった。ハーヴェイによれば、それは、フォーディズムから〝フレクシブルな蓄積（あるいは蓄積体制）〃とも呼べるものへの変化である。レギュラシオン・パラダイムで通常、「ポスト・フォーディズム」「フレクシブルな専門化（あるいは特化）」などとして議論されたりするものを、かれはこう呼ぶのである。〃フレクシブルな蓄積〃という言葉じたいは、とりたててかれに独創的なものではない。E・スウィンゲドゥやA・J・スコットも同じ表現をもちいて議論をしている。ハーヴェイにオリジナルなのは、新しいシステムのほとんどすべてが資本蓄積を目的として動員されているという意味で、〃フレクシブルな蓄積〃という言葉を用い、その新しいシステムの根幹に「時間と空間の経験」の変容があることをみすえている点である。旧いシステムに対する新しいシステムの特徴を把握する際のキーワードは、〃フレクシビリティ（柔軟性）〃である。表1にあるように、それは（四つないし）五つの次元で把握されている。労働過程、労働市場、国家政策、地理的移動性のそれぞれの次元で〃フレクシビリティ〃が増大し、それにともなって、消費の諸実践も急激に変化した。そして企業主義と新保守主義のリバイバルが、ポストモダニズムへの文化的転回と結びついたかたちでやってきたのである。ハーヴェイは、「戦後のフォーディズムは、単なる大量生産のシステムというよりは、トータルな生活様式（a total way of life）とみなされるべきである」（ibid.1989b, p.135）と書いている。その総体が、一九七三年以降危機に陥ったのである。

## 〃フレクシブルな蓄積〃と「時間―空間の圧縮」

〃フレクシブルな蓄積〃は、表1にあるように、フォーディズムの硬直性・一貫性（rigidities）との直接的な対比によって特徴づけられるものである。しかし、注意しなければならないのは、〃フレクシビリティ〃という概念じたいはけっして新しいものではないということである。資本家はいつの時代もそれを求めてきたし、またそれを評価してきた。しかし、一九七〇年代初頭以来生じてきたことは、社会のあらゆるレヴェルにおける〃フレクシビリティ〃の増大であり、その〃フレクシブルな総体〃が〃資本蓄積の切り札〃であるとみなされるようになっていることである（そこでは二つの基本的な戦略の統合、すなわち、「絶対的剰余価値」獲得の戦略と「相対的剰余価値」獲得の戦略の再結合が問題になっている）。生産の新しい部門、商業・科学技術・組織に関するイノヴェーションの異様な強化率のすべてが、このことによって性格づけられるものである（ibid, p.147）。同時に〃フレクシブルな蓄積〃は、資本主義の世界において「時間―空間の圧縮」の新しいラウンドを伴ってきている。私的・公的部門の両方において意思決定の時間基準（time horizons）が短くなってきている一方、衛星通信および輸送コストの減少は、これまでより一層広範囲で、かつ多彩な空間への瞬時の決定の広がりを、ますます可能にしてきている。そしてハーヴェイによれば、フォーディズムの危機をめぐる以上のような時間と空間の変化が、「少なくとも部分的には、ポストモダン主義者の文化的実践および哲学的言説の根底にあるもの」（ibid, p.197）なのである。

**表 1　フォーディズムからフレクシブルな蓄積へ**

| | フォーディズム | フレクシブルな蓄積 |
|---|---|---|
| 基本価値 | 硬直性・一貫性<br>(rigidities) | フレクシビリティ<br>(flexibility) |
| 時期 | 1945 〜 1973 | 1974 〜 |
| 労働過程<br>(1) | アッセンブリーライン<br>構想・実行の分離<br>財の生産 | フレクシブルな労働<br>脱技能化と再技能化<br>サーヴィスの生産 |
| 労働市場<br>(2) | 完全雇用 | 労働市場の２極分化<br>(臨時雇用化) |
| 国家政策<br>(3) | 規制<br>(福祉国家) | 規制緩和<br>(民営化) |
| 地理的移動性<br>(4) | ナショナルな社会・経済圏 | グローバルかつローカルな社会・経済圏 |
| 消費過程<br>(5) | 財の消費から | 流行の動員（大衆市場）　1)<br>サーヴィスの消費へ　2) |
| 〈文化形態〉 | モダニズム<br>(1848/1910 〜　……) | 「ポストモダニズム」<br>(時間―空間の圧縮＊の新しいラウンド) |
| a. 時　間 | “交替する時間”　alternating time | a. 短命・はかなさ　ephemerality<br>(or volatility) |
| b. 空　間 | 冷淡に幾何学的　coldly geometrical<br>系統的　systematic | b. 分裂・微粉状態　fragmentation<br>(or pulverization) |

**注**

※（1）〜（4）の区分は、“Flexibility.”（1991a）にしたがった。（5）は、引用者が他の著作から補ったものである。
※ フレクシブルな蓄積は、フレクシブルな蓄積体制（regime of flexible accumulation）とされることもある。ちなみに、ハーヴェイが参照しているレギュラシオン・アプローチでは、蓄積体制（regime of accumulation）＋制御調整様式（mode of regulation）で発展様式（mode of development）の概念が構成される。
※ ハーヴェイの著作において“フォーディズム”の概念が初めて使用されたのは、The Urbanization of Capital.（1985a）であると思われる。しかしこの時点ではまだ、フレクシブルな蓄積に関する概念の構想はできていなかった。

**フレクシビリティの諸相：上図の〈フレクシブルな蓄積〉の（1）〜（5）に対応**

※ 1 人の人間への、多様な仕事の割り当て、労働者のコントロールによるコオペラティヴなど。
※ 下請け、パート・タイマー雇用の増大、生産のある部門から別の部門へとすばやく労働力を再配置できる多様な手段。
※ 資本がある部門から別の部門へと展開するのに障害として作用するような、諸制度（ex. 労働組合）への国家による援助の縮小と、対になっている。
※ テレコミューティング、ホームワーキング、オフィス機能の分離と製造部門の地理的分散、グローバルなアッセンブリーライン？“分散化戦略を通しての”、高度に集権化されたコントロールの維持。
1) 消費のペースを加速する手段を提供：衣服・装身具・装飾・レジャーとスポーツの習慣・ポップミュージックのスタイル・ヴィデオ・子供のゲームなど。
2) サーヴィスの“寿命”を短縮：個人・ビジネス・教育・健康サーヴィス、娯楽・見世物・ハプニング・気晴らしなど。

＊“時間―空間の圧縮”＝「空間と時間の性質を根本から変えるために、われわれがわれわれ自身にたいしてする世界の表象の仕方を、ときにはまったくラディカルな方法で変えることを強いるような諸過程」（1989b; 240）

## 集中と分散をめぐる新しい問題

ところで、「フォーディズムの危機は大部分、時間・空間形態の危機である」(ibid, p.196) が、それゆえそれは地理学的、地政学的な危機でもある。集中 (centralization) と分散 (decentralization) のあいだの、資本主義内での歴史的緊張は、いまや新しい様式で作用しつつある。産業生産の極端な分散と拡散は、ベネトンやローラ・アシュレイの製品を、最終的に、先進資本主義世界においてほとんどすべて連続して生産されたショッピング・モールにおいているのである。われわれが目撃しているのは、「経済活動の〝空間的拡散〟と著しい〝領土上のハイアラーキー〟の両方」(Glickman 1987, p. 70) であり、「空間的には分散するが、地球規模では統合された、経済活動のある組織」(Sassen 1991, p.3) であり、また、「フレクシブルな生産の場の空間的凝集と空間的〝分散〟の両方をめぐる、グローバルなネットワーク」(Silver 1992; 652) である。

ここで問題になっているのは、より具体的には、第三イタリア(エミリア・ロマーニャ)、シリコン・ヴァレイ、ルート128、フランダース地方などの、産業の新しい集中と分散の機能と形態である。しかしこうした現象も、分業とは結合労働であるという、アダム・スミスの社会的分業論の基本的な発想をおもいおこすことができれば、理解はさほど困難なことではない (Smith, A. 1976、内田 1953、野沢 1991)。

ハーヴェイ自身は、こうした現象のなかに、今日の資本主義がかかえている中心的なパラドクスを指摘する。それはつぎのようなものである。「空間の障壁の重要性が少なくなればなるだけ、空間内の場所のヴァリエーションに対する資本の感受性はますます大きくなり、そして諸々の場所を資本に魅力的なやり方で分化させるインセンティヴが、ますます大きくなる。その結果は、資本フローの高度に一本化されたグローバルな空間経済内での、分裂状態、不安定さ、束の間の不均等発展の生産であった」(Harvey 1989b, p.95)。世界の地理を構成している分化した空間の質 (qualities) に、資本家が敏感になればそれだけ、それらの空間を支配する人びとや権力は、高度な移動性をもった資本をよりひきつけるようなやり方でもってそれら空間の質を変えることが可能である。たとえば、地域の支配的エリートは、地域的な労働のコントロール、技能の向上、インフラの供給、租税政策などの諸戦略を、特殊な空間内での発展を誘引するためにおこなうことができる。地域内の「場所の質 (qualities of place)」はそれによって、空間の抽象作用の増大の只中にあって、強調されることになる。ハーヴェイにしたがえば、今日、「特殊な質をもった場所の積極的な生産が、地域、都市、圏域、民族間の空間の奪いあいの重要な柱になっている」(ibid, p.265) のである。

他方、正確な情報とスピーディーなコミュニケーションの必要は、金融と企業のシステムにおいて、いわゆる〝世界都市〟の役割を強調してきた。金融、法律、ビジネス、インフラの広範囲にわたるサーヴィス同様、テレポート、空港、固定されたコミュニケーション・リンクを備えたセンターの役割が強調されているのである。空間の障壁の減少は、いまある「グローバルな都市のシステム」のなかでの、ハイアラーキーの再肯定と再構成へと帰結しつつある。こうした都市システムのグローバル・ネットワークの集中と分散のなかにあって、「特殊な質をもった、あるいは低コストである物質的資源の、地域的な利用可能性（local availability）が、いままで以上に重要になりはじめている」（ibid, p. 295）のである。

さて、〝フレクシブルな蓄積〟に対応するポストモダン主義者の思考、感覚、行為の儀式とは、いったいどのようなものなのか。いくつかの例をあげながらみてみよう。

## 3　歴史的、地理的条件としてのポストモダニティ

### 文化的、社会的〝状態〟としてのポストモダニティ

都市の諸空間について考えてみる。モダニズムはそこに〝社会的機能の随伴現象〟をみるが、ポストモダニズムは、諸機能への依存から都市空間を解放する傾向がある。また、都市空間にポストモダニズムは、いかなる単純な歴史決定論からも独立した〝レトリカルかつ芸術的な〟戦略を組みこんでいる。たとえば、ボルチモアのインナーハーバーの空間づくりがその典型である。文学では、イタロ・カルヴィーノが、現代の小説についてつぎのように述べている。「今日書かれた長編小説は、おそらくひとつの矛盾である。そのような小説のもつ時間次元は破壊されてきた。それぞれが自身の軌跡を持ち去るような、また瞬時にして消えていくような時間の断片のなかでしか、われわれは住んだり考えたりすることができない。時間の連続性をわれわれが再発見できるのは、時間がもはや止まるとは思われず、そしてそれがまだ破裂してきているようにはみえなかった時期の小説においてだけである。わずかに一〇〇年ほど続いたある時期においてだけである」と。哲学の領域では、ジャン・フランソワ・リオタールが例の『ポストモダンの条件』（一九七九年）という著作のなかで、「その場かぎりの契約（temporary contract）が、事実、政治上の問題においてと同様に、職業、情緒、性、文化、家族、国際関係における、恒久的な制度にとってかわりつつある」と指摘している。『資本主義の文化的矛盾』（一九七六年）におけるダニエル・ベルの、固定したブルジョワ的価値の崩壊、労働者階級における労働倫理の衰退にたいするあの嘆きのなかにも、似たような認識を指摘できる。

時間的にははかなさ（ephemerality）、空間的には分裂状態（fragmentation）、これが今日強調されているものである。たとえばそれは、商品生産の領域では、〝即時性〟（インスタントで手間の要らない肉やその他の食品）と〝可処分性〟（コップ、皿、ナイフやフォーク、包装、ナプキン、衣服など）の価値と長所を強調することであった。そしてそのことは、生産された財の使い捨て（途方もなく不毛に処分する自由の問題）を意味する以上に、価値、ライフスタイル、安定した関係、もの・建物・場所・人びとへの愛着、行為と存在のひろく受け入れられた様式を使い

捨てにすることができることをも意味した。他方、衛星通信と結びついた大衆テレビの所有は、多様な空間からほとんど同時に大量のイメージを経験することを可能にし、そこで世界の諸空間は、テレビ画面上の一連のイメージへと崩壊する。全世界がオリンピック・ゲーム、ワールド・カップ、独裁者の没落、政治サミット、身の毛もよだつような悲劇をみることができる一方、マス・ツーリズム、すなわち見世物の敷地内で作られた映画は、世界が含んでいるものの、広範囲にわたる模造あるいは身代わりの諸経験を、多くの人が手に入れることが可能なようにするのである。場所と空間のイメージは生産にたいして開かれたものになっており、そしてそのはかない使用は、あらゆる他者にたいして開かれたものになっている。以上、手短に言換えれば、「われわれは資本主義の動力の核心部に絶えずあった、時間を通して空間を廃絶する過程において、すさまじい新たなラウンドを目撃している」(Harvey 1989b, p.293) のである。

時間的に短命ではかなく、空間的に分裂し、圧縮し、微粉状化されているような状態、これが今日のわれわれの文化と社会の状態《ヘクシス》なのであり、〝フレクシブルな蓄積〟のもとで充溢しつつある、〝ポストモダニティの状態《ヘクシス》(the condition of postmodernity)〟なのである。ハーヴェイは、冒頭でふれた『ポストモダニティの状態』という著作のなかで、フリードリヒ・エンゲルスの『一八四四年のイングランドにおける労働者階級の状態(The condition of the working class in England in 1844.)』(一八四五年)を高く評価している。政治的宣言の文書であり、経済分析の書であり、同時に文学でもあるこのエンゲルスの著作にヒントを得て、おそらくハーヴェイは、『ポストモダニティの状態』(以下、『状態』と略する)という著作をおおやけにしたのであろう。ところで、この『状態』の記述には、エンゲルスの『状態』がそうであるのとちょうど同じように、弁証的な否定=肯定の二つの次元を指摘することができる。ここまでは、ハーヴェイの言う〝ポストモダニティの状態〟の、わりあい否定的な側面をみてきた。最後に、その肯定的な側面の方をみておきたい。

### 〝啓蒙プロジェクト〟の復活

現在、資本のよりフレクシブルな移動と蓄積は、新しいもの(the new)、束の間のもの(the fleeting)、はかないもの(the ephemeral)、移ろいやすいもの(the fugitive)、偶発的なもの(the contingent)を強調している。ここには、持続的な価値を肯定できないある種の〝疎外状況〟が表明されている。だが、「存在するするすべての事実は、ポストモダニティの状態がある微妙な発展を経験しつつあり、おそらく自己解体の地点からなにか異なったものへと到達しつつある、ということを示唆している」(ibid, p.358) のである。「史的唯物論と啓蒙プロジェクトの、ある再生が存在する」(ibid, p.359)。ハーヴェイによれば、最初のものを通してわれわれは、〝ポストモダニティ〟をひとつの歴史的—地理的条件(an historical-geographical condition)として理解することができる。その批判的な基礎にたって初めて、われわれはイメージにたいしては物語の、美学にたいしては倫理学の、存在論にたいしては生成のプロジェクトの、対抗戦略を発することができるのである。かつ、〝差異のなかの統一（unity within difference）〟を探究することができるのである。これは、かつて語られた〝多様性のなかの統一〟などとは別のものである。歴史学的―地理学的唯物論の再生は、ある新しい型の啓蒙プロジェクトを模索しているのである。

　ここで、ポストモダニズムという文化運動のもつ二つの肯定的な側面が問題になってくる。ひとつは、それが日常生活における「民主化」の問題にかかわっているということである。ポストモダニズムはこれまで、「文化的大衆《カルチュラル・マス》」[3]（D・ベル）内の声の民主化と結びついてきた。それゆえ、権威と権力の源（白人、男性、エリーティズム、プロテスタントなど）に対する闘争の多くは、これまでポストモダンの旗印のもとにとりあげられることが多かった。ハーヴェイの言うように、「ジェンダー、人種、エスニシティ、あるいは宗教的抑圧等の多様な形態に対抗する……努力は、社会の多くの他の部分でよりも、文化的大衆のなかでもっとも成功をおさめてきた」（ibid.1991a, p.75）のである。もうひとつは、ポストモダニズムの論争じたいが、「時間と空間の新しい経験」の問題をきりひらいてきたということにある。たしかにポストモダニズムは、「そのもっとも熱烈な崇拝者でさえ認めているように、諸関心の混乱したごちゃまぜである。その多くは軽率で反動的、恥知らずなほど商業主義的であり表層的である」（ibid, p.76）。しかし、ハーヴェイによれば、「ここには……まじめにとりあげるべき重要な諸論点が存在している」（ibid, p.76）のである。そして、とりわけ「時間と空間の新しい経験」に関する論争の領域は、「ポストモダニズムによって拓かれたものであり、注意深い考察に値するもの」（ibid, p.76）なのである。

〝時代の充足〟を待つものとしての the condition of postmodernity。この言葉は、ハーヴェイの今日の都市研究に関する思想的到達点を集約している。

## むすびにかえて

いま、世界のより多くの人が場所や近隣社会、民族、エスニック・グループ、宗教的信条へと執着している。それらがアイデンティティの特殊な表徴となるのである。アイデンティティの眼にみえ触知可能な諸表徴の探究は、ハーヴェイの言うような時間と空間のすさまじい圧縮の只中にあっては、容易に理解できるものである。自分たちのルーツの探究への一貫した衝動が、依然として存在している。他方、イメージの流れはますます加速しつつあり、placeless な状態の瀰漫も激しくなっている。テレビやヴィデオの画面は、通常アイデンティティの表徴となるような〝場所性〟とは、おそらく別のものである。われわれはいったいだれなのか。どんな空間や場所に、われわれは個人として属しているのか。世界（world）、民族（nation）、地域（locality）。われわれはいったい、どこの市民なのか。どの領土・

領域(territory)において、われわれは自分たちの citizenship を表明すればよいのか。フレクシブルな蓄積下での、時間と空間の社会的構築物の変容は、深刻なアイデンティティの危機をも生み出しているのである(欧州市場統合下で国境やポンド紙幣のなくなる可能性の高い、ハーヴェイの住む英国では、こうした危機意識もとりわけ強いにちがいない)。

「ポストモダンの道徳劇」(一九九二年)という論文のなかで、ハーヴェイは、かれの『状態』への批判にこたえて、つぎのように書いている。「『状態』におけるわたしの議論は、土台(経済)と上部構造(文化)のあいだに作られるいかなる区別の根拠も、もしそれがこれまでにあったとしても、いまではまったく消滅してしまっている、ということである。文化の生産は、高級なものも低級なものも、資本制的な価値の支えとなるものもそれに批判的なものも、いまでは非常に商品化されてきているので、結果として、貨幣の評価と流通のシステムに完全に巻き込まれているのである」(Harvey 1992a, p.314)と。また「『状態』は、商品と貨幣の使用者の、および労働市場と資本の流通過程への参加者としての、われわれの状態への共通性をも、強調したのである。しかし、共通性を強調することは、差異を否定することではない。適切になされれば、それは諸差異の理解を高めることができ、同時に、ひとつの社会システムとしての資本主義にかかわるすべてのものの制限の外側で、批判理論を書こうという人びとの著作を評価するための批判的基礎を提供するのである」(ibid, p.304)と。

「世界には多様で〝有意味な(significant)〟な諸差異が存在する……そこには、人種、階級、ジェンダー、エスニシティ、宗教等の差異と同時に、付随的に、《場所の差異》が含まれている」(ibid, p.309:《 》は引用者)。このことの認識が重要である。空間は社会過程をともなっているのであり、社会過程はかならず、空間形態をもっている。このような観点から、空間的想像力(地理学)と社会学的想像力(社会学)のどちらか一方をのみあつかう学問形態を批判したのが、じつは、『都市と社会的不平等』という著作であった。その中身が、ここで言い換えられているのである。さらに重要なのは、「[差異のもつ]有意味さの基準は、いつも、論争にたいして開かれている」(ibid, p.309)ことである。たとえば、ジェンダーをめぐる議論にふれてハーヴェイは、「[そのような議論は]……有意味さのどんな基準が[ジェンダーの間の]差異の確認において展開されるべきか、すなわち、われわれはひとを結びつける共通性をどのように確認するのか、に関する深刻な論争を含んでいる。……諸差異は、実存主義的な諸断片ではなく、現代の政治的、経済的生活の共通枠組みのなかに共に存在し、そして内在的にかつ弁証法的に相互に関連づけられるものとして概念化されなければならないような、複雑な豊かさ(rich complexities)であるとみなされ得るのである」(ibid, pp.323-324)と、書いているのである。

『状態』のなかでハーヴェイは、「空間と時間の経験における危機、金融システムにおける危機、あるいは大規模な経済における危機が、政治的および経済的変容のための必要条件を形づくる一方で、その十分なる諸条件は、思想と知識の生産の内面化された弁証法（the internalized dialectics）により深く埋め込まれている」（1986b, p.345）のだと書いた。というのは、マルクスの言うように、〝われわれは現実にわれわれの建造物を打ち建てるまえに、まず想像（imagination）のなかでそれを構築する〟からである。そしてその〝内面化された弁証法〟は、今日、「差異（difference）」と「共通性（commonality）」の〝弁証法〟として定式化されつつある。ハーヴェイ曰く、「共通性と差異の〝弁証法〟は、わたしの関心の中心にあるもの」（1992a, p.309）なのである。衆知の通り、〝差異〟という概念は、ポスト構造主義やポストモダニズムの議論において鍵となる概念である。しかし、ポスト構造主義やポストモダニズムにおける〝差異論〟は、その議論の抽象性がしばしば論難の対象となった。あらゆるもののなかに〝差異〟がつくりだす根源的エネルギーを見出すことで、それは「大きな物語」の信奉者からアナーキーズムとしてのレッテルをはられ、迫害されることもしばしばであった。いまや、ハーヴェイが、その議論により堅実なる土台を据えようとしている。最高の調和は差異から生まれる、不一致は生成の法則である。われわれがまずなすべきことは、本章の冒頭に掲げた古代人ヘラクレイトスのこの言葉にたちかえってみることなのかもしれない。

## 注

（1）したがって、ハーヴェイにおいて、〝都市的なるもの（the urban）〟とは「もの（a thing）ではなく過程（a process）」なのであり、それは「現実の空間と時間における資本蓄積の特殊な見本」なのである（1989a, p.247）。ただし、本章で論じることになるのだが、ハーヴェイは近年、諸個人が主体的に都市を構築し、再構築している側面の分析に力を注ぎつつある。以上、二つの分析的視点のからみあいは、それは都市社会の研究においてミクロ分析とマクロ分析を接合しようという努力でもあるが、つぎのようなかれの文章に示されている。「空間と時間における個人の諸運動は（それは他のいかなる身体の運動においても同じだが、追跡し、地図を作成することが可能なものである）、都市の空間と場所に意味をあたえる。わたしが都市を歩くときにはいつでも、わたしはわたし自身のために都市を構築し、再構築している。個人の諸活動は、さらに、いつも生産と再生産の両方の関係のなかにある」（ibid, pp. 248-249: 強調は引用者のもの）。

ちなみに、日本の都市研究においては、労働力再生産過程の分析に蓄積のある「生活構造論」のマクロ的視点と、経験的、実証的に都市・地域社会（コミュニティ）の研究に取り組んできた「都市社会学」の、ミクロ次元の分析枠組みとの論理の区別と接合が、ハーヴェイの問題意識をひきうけるかたちで、問題になってくるだろう。

（2）本章ではあまりふれられなかったが、ハーヴェイの「都市空間の生産」に関する議論は、アンリ・ルフェーヴルの『資本主義の生き残り』（一九七三年）『空間の生産』（一九七四年）といった著作に、とりわけ後者に多くを負っている。日本では、いまだルフェーヴルに関して、七〇年代に議論された都市論と八〇年代の後半から脚光をあびつつある「空間の生産」をめぐる議論とが、区別されずに論じられる傾向がある。「空間の生産」に関するルフェーヴルの議論のエッセンスを手軽に知りたいむきには、『空間の生産』（フランス語版、第三版、一九八六年出版）に収められている、「空間の生産：新版への序文」という短い一文をおすすめしたい。この序文は、一九八五年一二月四日に、パリで執筆されている。

なお、一九九一年に出版された英語（訳）版『空間の生産』には、ハーヴェイによる「あとがき」(1991b) が付されている。それは、九〇年にわたるルフェーヴルの波瀾に満ちた知的および政治的人生と、文字通り膨大な著作のなかにあって、『空間の生産』という著作がどのような位置を占めるかについて、共感の滲む筆はこびとなっている。一九六八年五月のあの〝瞬間〟と『空間の生産』の諸テーマとの関係、ルフェーヴルによる『空間と社会（Espaces et Sociétés）』という雑誌の刊行とそこから産み出された若き思想家たち（そのなかでもっとも知られているのは、もちろん、マニュアル・カステルである）との関係など、それは興味溢れる内容となっており、さきの「新版への序文」とあわせて、参照されたい。

（3）独立した文化的生産者の世界をもち得るほどに大きな観衆であり、職業的には、知識およびコミュニケーション産業にたずさわっている人びとのことである。より具体的にいえば、高等教育、出版、雑誌業界、電子メディア、演劇、博物館などで働き、まじめな文化的生産物の伝達をすすめ、文化に関して影響をおよぼすことのできる人たちのことである。ベルによれば、「文化大的衆」には、〝文化の創造者〟〝文化の伝達者〟〝文化を吸収する市場〟の三つの側面がある（ベル 1976 上巻、一九九—二〇〇頁）。

[備考]

＊引用文中［ ］で挿入されているものは、引用者が説明の都合上いれたものであり、そのままの表現としては原文にないものがある。

[追記]

本稿脱稿（初出）後に、ハーヴェイの論文「社会的正義、ポストモダニズム、都市」（『国際都市地域誌』第一六巻第四号、1992b）を入手した。これは、一九九一年一〇月九日にベルリンで開催された「ヨーロッパの諸都市における建造環境の改善と社会統合に関する研究集会」におけるハーヴェイの発表用原稿を、全文再録したものである。内容は、『都市と社会的不平等』から『ポストモダニティの状態』に至るまでの、ハーヴェイ自身の二〇年にわたる知的および政治的な軌跡を、ホームレス問題など現今の諸都市問題をまじえながら、「二一世紀の都市環境づくり」へむけての課題提起の観点からまとめたものである。八〇年半ば以降のハーヴェイの都市論の基調については、上記論文読了後も、本章で示したものでおおよそ誤っていないだろうと筆者は考えている。

# 第6章　フォーディズムの危機と空間の諸形態
## ――〈情報型発展様式〉のインパクト

魂が視覚、その他の感覚を通して、つまり肉体の助けをかりてなにかを考察するばあい、…このばあい魂は、肉体によって、瞬時も同一でない事物のほうへひっぱられ、…魂自身さまよい、掻き乱され、…酔ったようにふらふらする。なぜなら魂は、まさにそのような対象に触れているからだ

（プラトーン『パイドーン』新潮文庫、一五三頁）

分業というものは、…広大な効用をまったく眼中におかぬところの、人間の本性のなかにある一定の性向、つまりある物を他の物と取引し、交易し、交換するという性向の、ひじょうに緩慢で漸進的ではあるが必然的な帰結である。それは、すべての人間に共通で、しかも他のどのような動物類にも見出すことができない

（アダム・スミス『諸国民の富』岩波文庫、第一巻、一一六－一一七頁）

分業による生産力の発展に応じて「法」がいかに発展してきたか、そのあとを追求することこそ、アダム・スミスの終生のプランとされていた

（内田義彦『経済学の生誕（増補版）』未来社、二〇五頁）

ちょうど労働の分割（＝分業）のさまざまな発展段階の数だけ所有のさまざまな形態がある

（マルクス『ドイツ・イデオロギー』大月文庫、四四頁）

ユダヤ教は政治あるいは投機を指向する「冒険商人」的資本主義の側に立つものであって、そのエートスは、一言にしていえば、賤民《パーリア》的資本主義のそれだったのに対して、ピュウリタニズムの担うエートスは、合理的・市民的な経営と、労働の合理的組織のそれだった

（マックス・ヴェーバー『プロテスタンティズムの倫理と資本主義の精神』岩波文庫、三二〇頁）

もろもろの状態《ヘクシス》は、それに類似的な活動《エネルゲイア》から生ずる

（アリストテレス『ニコマコス倫理学』岩波文庫、上巻、五八頁）

### 情報技術革命と空間の変容

技術革命は、従来の生産、消費、組織、生活、死に関する様式を根底から変えようとしている。都市と地域もまた、新しいテクノロジーの影響を受けて変容しつつある。変わりつつあるのは、それぞれがもっている空間の形態である。この章は、一九八〇年代以降をおもに対象として、先進資本主義諸国におけるＭＥ化、高度情報化、経済のグローバリゼーションなどによって各国・各地域の空間構造や日常生活の空間がどのように変化しつつあるのかを考察し、それをもって二一世紀への向けての都市社会のありかたを模索するための、一助としようとするものである。

## 1　空間研究の新しい課題

### 八〇年代後半から九〇年代にかけての課題

新しい都市社会学（New Urban Sociology）によってシカゴ学派都市社会学のイデオロギー性が批判の俎上にのせられて以降、都市社会学は、都市と国家、空間と社会、経済システムと都市など、よりマクロで新しい課題と取り組まざるを得なくなった[1]（町村 1983、吉原・岩崎 1986）。一九七三年以降の、第二次大戦後初の主要な景気後退に直面して、主要先進資本主義国におけるいわゆる「都市の危機」は、「都市社会学の危機」として現れざるをえなかったのである（吉原 1983）。

しかし、今日、事態は新たな様相をみせつつある。とりわけ一九八〇年代の後半以降、それまでの、新しい都市社会学が提起したフレームワークでは解けないような問題が噴出してきている[2]。国家による規制緩和、新しいテクノロジーをめぐる高度に熟練化した構想者・エンジニアと未熟練作業員との分化、国境を越えた地域間関係の形成、地域の特化、経済のリストラクチャリングの下での再開発問題などがそうである。他方、家庭はますますイメージ、サウンド、ニュース、情報交換の自己充足的世界を備えるようになっている。ヴィデオ録画はこの自己充足を補強し、テレビ観賞の時間と内容により大きな可能性を与えている。同時に、家庭は地上の情報のインスタントなレシーバーとなり、イメージやサウンドの選択的消費の個人的な避難所になっている（Stark, 1984）。新しいテクノロジーのインパクトは、労働現場や都市─地域空間の構成にだけでなく、われわれの家庭生活の場面にも及んでいるのである。「都市」の社会学は、なによりも「都市社会」の学として、こうしたマクロ─ミクロの変化をトータルに扱える視点を現実から要求されているといえよう。

ところで、空間は「社会の反映」ではない。空間が社会である[3]（Giddens, 1981; Castells, 1984; Leborgne & Lipietz, 1988）。空間は社会の基本的な物質的次元のひとつであり、空間を社会関係から独立したものとみなすことは、現実には自然を文化から分離することであり、あらゆる社会科学の基本原理を破壊することである。その基本原理とは、物質と意識とは相互にかかわっているということであり、さらにはこの物質と意識の融合が、歴史と科学の対象の本質であるということである。空間形態は、少なくともわれわれの惑星にあっては、人間の行為の所産なのである。したがってまた、空間的諸形態は、所与の生産様式と発展の特殊な様式によって諸利害を表現し、実現することであろう。われわれの時代の特殊な発展様式とはどのようなものか。レギュラシオン学派によれば、先進資本主義諸国における第二次世界大戦後の発展様式は「フォーディズム（Fordism）」と呼ばれるものである（Aglietta, 1976; Lipietz, 1986; Boyer, 1986; Giddens, 1989, 1990; Harvey, 1989）。

### フォーディズムとその危機の時代

かれらによれば、「発展モデル［様式］（Model〈Mode〉of

Development)」としての「フォーディズム」は三重に分析することができる（Lipietz, 1989a; 1989b; 1990; Leborgne and Lipietz, 1990a, 1990b; Delorme, 1990）。第一に、労働組織の一般原理として、あるいは「テクノロジカル・パラダイム（"Technological Paradigm"）」[4]として「フォーディズム」は、テーラー主義＋機械化より以上のものではない。テーラー主義が意味するものは、生産管理部（Organization and Methods Office）の業務である労働過程の構想と、作業現場での標準化され、形式的に定められた業務の遂行とのあいだの、厳格なる分離である。機械化とは、O＆Mの集団的知識の、物的装置への埋め込みの形態（Form of the Embedment of the Collective Knowledge of O & M into the Material Apparatus）である。これは一般には〝フォード・システム〟と呼ばれてきたものであるが、その最大の特徴は、組立工（したがって人間）自身の「機械化」にある[5]（渋井 1991）。この側面に還元すれば、「フォーディズム」はたしかに「大量生産」を誘発する。

第二に、マクロ経済的パターン（あるいは蓄積体制）としての「フォーディズム」が意味するものは、生産性の上昇が、利潤によりまかなわれる投資の拡大と賃金生活者の購買力の増大の両方と調和する、ということである。生産財と消費財の販路は生産性のペースで拡大するようになった。繰り返し注意しなければならないのは、「フォーディズム」は単一の企業において存在するものではないということである。

さらに第三に、協調（Coordination）の規則の体系（あるいは調整様式）としては、「フォーディズム」は、余剰労働力に対する厳しい制限をともなった長期の賃金契約を意味する。そこには、物価と生産性にインデクセーションされる賃金上昇のプログラム化と、福祉国家と社会保障を通じての大幅な所得の社会化による賃金稼得の恒久的な保証、の二つが含まれる。その見返りは、経営特権の組合による承認である。そのことの結果として、上にあげた労働過程の組織原理とマクロ経済的パターンの双方が尊重されることになるのである。

先進資本主義諸国においては、このように三重の原理として分析される「フォーディズム」が、一九七〇年代以降危機に陥ったとされている。これについてはさまざまな説明がなされている（Glyn et al, 1988; Lipietz, 1985; 1989b; Boyer, éd. 1986）。「ポスト・フォーディズム」をめぐる論議もかまびすしい（Kato and Steven, 1989; Badham and Mathews, 1989; Itoh, 1990; 宮本 1990; Coriat, 1990）。しかしここでは、「ポスト・フォーディズム」をめぐる議論には直接は立ち入らない。この本書では、一九七〇年代初頭までの先進資本主義諸国におけるマクロな経済の発展モデル（様式）を基本的に「フォーディズム」であったと承認し、それ以降を幾人かの論者にしたがって「フォーディズム以降の（After-Fordist）時代」と規定することにする（Leborgne & Lipietz, 1990a, 1990b; 山田 1991; 若森 1991. また、この規定に関しては本書の第4章注（2）、第5章、第7章も参照）。そのうえで、今日の空間諸形態の変容について考察を進めていきたい。

## 2　技術革新、経済のリストラクチャリングおよび都市―地域過程

### 技術革新の新しい傾向

フォーディズム以降の経済的・社会的発展の第一の特徴は、最初に触れたように、それが技術革新に主導されていることである。しかもその技術革新には、つぎのような二つの特徴がある。第一は、技術の発見の対象が、それらの応用の対象と同様に、情報であることとである。マイクロエレクトロニクスがなすことは情報の処理加工であり、最終的には、情報の生成である。テレコミュニケーションがなすことは情報の送信であり、それはループとフィードバックの相互作用の複雑さの増大をともなっており、そのスピードはますます大きくなり、そのコストは低くなっている。ニュー・メディアは、潜在的にはますます脱中心化され個別化された様式でもって、情報をばらまく。さらに遺伝子工学は、生物の情報システムを解読し、かつそれをプログラムしようと試みる。

第二の特徴は、技術革新の結果が生産物指向（Product-Oriented）であるよりも過程指向（Process-Oriented）である、という事実にかかわっている。つまり、ハイ・テクノロジーはある特定の技術ではなくて、生産と組織の一形態なのであり、それらの作用を変革し、プロセスそれじたいの知識を増大させることで、より大きな生産性もしくはよりよい作業を達成させるようなものなのである。後にみるように、技術革新のこの第二の特徴は第一の特質にささえられて、フレクシブルな企業間ネットワークの構築を可能にしている。

したがって、なによりも現在の技術革新の重要なインパクトは、経済の領域で感じられている、そして、ハイ・テクノロジーが都市―地域の空間構造を深く修正するのはおもに新しい経済を通してだ、というのが、わたしの主要な仮説のひとつでもある。[6] 多くの論者たちが議論してきたように、資本主義のシステムは、一九七二―八二年の一〇年間に主要な危機を通り抜けてきた（Boyer, 1986; éd. 1986; Lipietz, 1985; 1989a; 1990; Delorme, 1990）。しかし、七〇年代後半以降の経済的・社会的発展を捉えるような概念は、まだ存在しない。「フォーディズム以降」というのは、確立した新しい産業的発展モデル（様式）に対する呼称ではない。ひとつの時期区分の試みであるにすぎない。しかし、さきにあげたような特徴をもつ技術革新に主導された経済的・社会的発展のある歴史的傾向は、たしかに存在するのであって、ここではとりあえずそれを「情報型の発展様式（Informational Mode of Development）」と呼んでおこう。もちろんそれは、新しい蓄積体制と新しい調整様式の確立を意味するものではない。「フレクシブルな専門化」などはそれ自体、「ポスト・フォーディズム」ではない。[7]「情報型発展様式」によってわたしが示唆しようとするものは、テクノロジカル・パラダイムをめぐる問題にすぎない（Leborgne & Lipietz, 1990a, 1990b）。

郵　便　は　が　き

料金受取人払

横浜中央局承認

4034

差出有効期間
平成21年1月
31日まで

2 2 0-8 7 9 0

横浜市西区紅葉ヶ丘53
横浜市教育会館3F

春風社
営業部行

フリガナ

ご芳名　（　歳）（男・

〒（　-　）

ご住所

電　話　-　-　ご職業

e-mail　ご所属名

ご購入方法　1 書店で　2 ネット書店　3 当社から直接　4 その

# 春風社の本　愛読者カード

春風社の本をご購読いただきましてありがとうございます。
後の編集に皆様のご意見を反映させていただきますので、下記の設問にお答えください。

◇ご購入された書籍のタイトルをお書きください。

（　　　　　　　　　　　　　　　　　　　　　　　　　　　　　　）

◇この本を何でお知りになりましたか？

新聞（　　　　　　　新聞）②雑誌（雑誌名　　　　　　　）③書店で見て
知人に勧められて　⑤書評を見て（媒体名　　　　　　）
パンフレットを見て　⑦ホームページを見て
その他（　　　　　　　　　　　　　　　）

◇この本をなぜ買おうと思いましたか？

著者のファンだから　②書名にひかれたから　③内容が面白そうだから
本のデザインが好きだから　⑤帯の文にひかれたから　⑥人に勧められたから
学習や仕事で必要だから

◇この本を読んだ感想をお書きください。

◇今後読んでみたい著者名・テーマは？

（　　　　　　　　　　　　　　　　　　　　　　　　　　　　　　）

---

## 購読申込書

お近くの書店にご注文ください。
お近くに書店がない場合は、この申込書にて直接小社へお申し込みください。
送料無料にてお送りします。

（書名）　　　　　　　　　　　　　　　　　（　　）部

（書名）　　　　　　　　　　　　　　　　　（　　）部

### 情報型発展様式の生成・展開

フォーディズム以降、あるいは一九四五ー七三年のケインズ・モデル以降と言ってもよいが、さきの二つの特徴をもつ技術革新に主導された先進資本主義諸国の発展の新しい歴史的傾向は、つぎの三つの過程に依存している。まず第一に、資本―労働間の力関係の基本的な変化。戦後の労働運動の成果（賃金や諸規制）にたいして、資本がふたたびイニシアティヴを獲得している（Portes & Walton, 1981; Gordon et al, 1982; Sabel, 1982; Carnoy & Shearer, 1980）。第二に、国家と公的部門の新しい役割。経済への政府の介入は、少なくなっているというよりも、集団的消費（Collective Consumption）から資本蓄積へ、正当化（Legitimation）から支配へ、その強調点が変わっている（O'Connor, 1984; Wilensky, 1974; Gough, 1979; Crouch, ed. 1979; Dumas, ed. 1982; Leontieff & Duchin, 1983）。第三は、新しい国際的・地域間的分業の形成である。そこにおいて資本・労働・生産・市場・管理は、大企業の戦略に可能なかぎりベストな条件であるように、連続した可変的な幾何学へと立地を変えている。領域的の特殊なユニットに対する社会的・政治的な諸結果にかかわらず、である[8]。この三番目のものは、新しい空間の発展の傾向を示唆している（Palloix, 1977; Frobel et al, 1980; Bluestone & Harrieon, 1982; Sawers & Tabb, eds. 1984; Scott, 1986; 1988）。以上の三つの過程において、新しいテクノロジーは主要な役割を演じているのである。

　さて、技術革新に主導された「情報型発展様式」のもつこれらの新しい傾向は、都市―地域空間の形成に、どのようなインパクトをあたえているのであろうか。それを次節では、産業組織の変容との関連に限定してみていきたい。

## 3　産業組織の再編と都市
## ―地域空間構造の変容

### 産業組織の再編と都市―地域社会への影響

フォード主義的発展モデルにおける産業組織の古典的な形態は、テーラー主義的原理に従った工場間の企業内分業（設計および組織管理事務所、熟練による機械制生産、アセンブリーラインのような不熟練作業、のあいだの分業）であった。この「技術的分散」ははっきりしているので、工場設備間の分業は企業間の分業として実現される。しかし、この技術的分業はしだいに、さまざまな地域における多様な工場設備として、すなわち「領域的分散」として実現されるようになる。この領域的分散は、低熟練の下請け業者に関するかぎりでの、分離した諸企業間の「垂直的分散（戦略的に重要な業務をのぞく業務の大幅な下請け化）」とも把握される。それはリピエッツによって、「産業部門内分業（Circuits de Branches）」として把握されているものである[9]（Lipietz, 1985; 1986）。このばあい、諸種のタイプの工場設備は、三種類の地域（高度の熟練労働力と複雑な市場を抱えた地域、古典的な半熟練労働力の工業地域、低熟練・低賃金の地域）に分散する傾向がある。

ところが、近年産業地理学者が積極的に取り組んでいるのは、「垂直的分散」への広範なる傾向である（Stoper, 1985; Walker, 1985; Scott, 1988)。もちろんこれは、労働力市場の特定の地理的条件を求めて必然的に空間的分散が生じたことの結果でもあるが、重要なことは、基軸的な業務（研究開発、組織管理、マーケティング）は「垂直的に統合（同一企業内部の諸種の技術的業務が統合）」されたままである、ということである。すでにみてきたように、企業は技術革新によって設計、製造、販売、購入の各プロセスの緊密かつ柔軟な連結を可能にしており、「ジャスト・イン・タイムの原則」が企業内部から企業間関係全般にまで徐々に浸透するようになっている。技術革新の主要な特徴はその対象が情報でありかつ過程指向であることをさきに述べたが、現在、ＣＩＭ（Computer Integrated Manufacturing）などの導入によって親会社と関連企業・系列企業のあいだに総合的な情報ネットワークが張りめぐらされ、企業の取引関係はより緊密なものになろうとしている（今井・金子 1988）。また、ＦＭＳ（Flexible Manufacturing System）による生産工程の自動化もすすめられている（須藤 1990; 1991）。

この段階では、企業内分業の企業間分業への展開が、国内および国外の諸地域への空間的な拡大＝展開となって、新しい都市—地域空間の形成が促されるようになってくる。一九八〇年代になって顕著になってきた世界各地での新しい（領域的に特化された）生産空間の形成は、たいていのばあい、みたような新しいテクノロジーに主導された産業組織の再編をめぐって生じてきているとみることができる。たとえば、サンタ・クララ地方（"Silicon Valley"）、ボストンの産業地域（"Rout 128"）、南部フランス、英国のＭ４回廊地帯などの生産地帯の形成がそうである（Glasmeier, 1985; Saxenian, 1985 など）。また、日本、韓国、第三イタリア、バーデン・ヴュルテンベルクなどの発展の軌跡や、米国、英国、フランスなどの諸国家・諸地域の世界経済システム内での地位の低下傾向なども、新しい空間的分業（New Spatial Division of Labor）[10]の発展の論理で理解すべきであろう。フォーディズム期の一九六〇年代に、ポルトガル、スペイン、ポーランド、ルーマニア、メキシコ、東アジアのフリー・ゾーンが世界経済システム内で半周辺ないし周辺国化していったのとは、あきらかにちがった論理が作用しているのである[11]（Lipietz, 1985）。

この新しい空間的分業にともなう新しい都市化の形態の理解のために参考になるのが、「垂直的準統合（La Quasi-Intégration Verticale）」の概念である（Houssiaux, 1957; Courlet et al, 1987a; Coarlet, 1987b; Leborgne & Lipietz, 1987; 1990a, 1990b; 須藤 1990; 1991）。これはフランスの社会学者ウーシォなどによって提起された概念で、経済学では、ハイアラーキー（企業組織）と市場との中間領域を照らし出す概念として有効である。リピエッツとルボルニュによれば、この垂直的準統合を特徴づけるのは、供給者と顧客との結びつきが安定していることであり、供給者の回転における顧客の貢献度が大きいことであり、下請けの活動が製造から設計にまでおよぶことであり、企業間関係の非市場的形態がハイアラーキーから協力関係にまでおよぶことである（Leborgne & Lipietz, 1987）。このばあい親企業は、「垂直的統合」と「垂直的分散」の双方の恩恵に浴することになる。[12]

この垂直的準統合に欠かせないのが、じつはＣＩＭである。ＣＩＭは、生産工程の高度技術化・高度情報化と販売・購買、企画などの間接部門の情報ネットワークを統合し、需要動向に即応できるフレクシブルな経営システムを確立しようとするものである。しかし、ＣＩＭの導入は、同時に、親企業と関連企業あるいは系列会社のあいだの総合的なネットワークを可能にし、企業間関係を地域空間を越えて緊密なものにするのである。こうして、企業と地域を越えて、技術移転、共同研究、ジョイントヴェンチャー、その他の戦略的同盟が一般化してくる（須藤 1990; 1991）。

垂直的準統合という産業組織の新しい形態を、職業構造（あるいは労働市場）や都市形態の面からみてみよう。垂直的準統合がとる職業構造の特徴として、まずあげなければならないのは、高度に熟練した設計士や技師と、不熟練の単能工とのあいだの分離である。これは技術革新に主導された垂直的準統合の展開が、部門間で［Ⅰ］研究開発、構想、［Ⅱ］熟練労働作業、［Ⅲ］単能工作業の三つのレヴェルをともなっていることと関係している（Lipietz, 1985; 1986; 平田 1989）。一方では、専門（研究開発・構想）部門の急速な発展にともなって、少数の労働者の職業上の地位の格上げがなされる。他方で、多くの労働者は、労働集約的サーヴィスか職業ハイアラーキーのなかで格下げされた製造業のどちらかにあって単純作業につくようになり、より低賃金の仕事へと限定されてくる。じっさい、先進資本主義国では、こうした傾向を指摘している論者が多い（Markusen, 1983; Hirschhorn, 1984; Storper, 1985; Glasmeier, 1985; 斉藤 1988; 熊沢 1989; Lecler & Mercier, 1989）。

こうした二極分化した職業構造（あるいは労働市場）は、それじたい収入分配に反映し、〝ミドル・クラスの消滅（Disappearance of the Middle Class）〟と呼ばれているものへとつきすすむ（Thurow, 1984）。リピエッツとルボルニュの言葉を借りれば、先進資本主義国は、「二層型の」、「砂時計型の」、すなわち「ブラジル型の」社会へと進んでいくであろう（Leborgne & Lipietz, 1990b）。二重化された都市社会の興隆である。都市形態への影響は、空間のセグリゲーションとして現れてくる可能性が高い。研究開発、設計、金融、高度な第三次的職務は、わずかの核心的な中心部に集中する。より正確に言えば、これらの業務は、郊外と、二次的都市センターと、周辺的な事務仕事の専門別生産エリアとによって序列的に編成された、いくつかの中央商業地区（ＣＢＤ）に集中するのである（Ibid, 1987）。

### 分業の国際的・国内的展開と新しい空間形態の形成

垂直的準統合の組織展開が都市―地域空間の形成にかかわるのには、いくつかのパターンがある。第一に、国境を越えて国際分業というかたちで展開されるばあいである。たとえば、ＩＢＭなど、米国の主要な多国籍企業の他国への移転にみられるものである。この類型は「領域分散型」と呼ばれる。英国、フランスの企業にもこの類型がみられる。この類型の展開は、国境を越えて中心―（半周辺）―周辺の都市―地域構造を形づくる。日本のハイテク熟練作業地域と第三世界の未熟練・不熟練作業地域と米国のいくつかの地域との関係がそうである(Scott, 1988)。「領域分散型」のばあいには、諸国家・諸地域内で産業の著しい空洞化を引き起こしたり、ハイテク・イノヴェーションの他産業への普及が緩慢であったりする傾向がある。

垂直的準統合という社会的分業の新しい形態がもたらす都市―地域空間形成の、第二のパターンは、国民経済圏や地域経済圏においてネットワークが形成されているばあいで、「領域統合型垂直的準統合」とも呼べるものである。親企業がノードになって専門家企業（下請企業のなかで、高度技術を蓄積することのできた、革新能力の高い企業）、金融システム、公共部門を、一定の経済圏内部において統合するものである。このばあい、マクロ経済的な加速―増幅効果は、依然として一国一地域内部にとどまっており、この一国一地域は直接的な地域内結合を通して、ハイテク・イノヴェーションの普及を指揮する。イタリアのエミリア・ロマーニャ、ドイツの多くの州、フランスのイゼール、サヴォワなどの地方、米国のマサチューセッツ州、あるいはスウェーデンに典型的にみられるものである[13]。

どちらのばあいにも、模索されているのは分業の新しい形態である。争われているのは（都市―）地域空間の意味[14]（Locality）である(Getimis & Kafkalas, 1989)。「垂直的に準統合」されることも、「領域分散型」が可能になることも、いずれも社会的分業のある新しい形態とその地域空間内での展開が問題になっているのである。レギュラシオン学派のシェーマで言えば、マニュファクチュア、機械制大工業、フォーディズムにつづく社会的分業のある新しい形態の領域的形成が問題になっているのである。分業の側面に限定すれば、ピオーリとセーブルが〝新しい産業分割〟として示唆しているのも、同様のことであろう(Piore & Sabel, 1984)。空間の理論とその調査研究は今後ますます、方法論一般に関して、また経済学・地理学・社会学のどの学問分野においても、ひとつの批判的で包括的な見方を維持するために、〝地域空間（Locality）〟にこだわりつつ、なお〝地域空間〟を越えて考察をすすめていく必要があるだろう。

ところで、生産と再生産、分業と生活様式は、同時に一方を他方に還元できないような二つの次元である(Bobroff, Campagnac, Veltz, 1980; 岩永 1989; 1990)。情報型発展様式の影響は、日常生活の空間にはどのようにでてくるのだろうか。若干の考察を試みたい。

## 4 日常生活における空間形態の変容

### 「場所の空間」から「フローの空間」へ

フォーディズムに典型的な生活様式は、〝オートモービリゼーション〟と家庭における〝メカニゼーション〟に象徴的に表明されているものである（Davis, 1984）。大量生産と高賃金に裏打ちされた大量消費型のこの生活様式は、一般に、〝アメリカン・ウェイ・オブ・ライフ〟として知られているものである（Lipietz, 1990; 矢澤 1990. 本書第3章参照）。フォード的妥協は第二次世界大戦後の世界全体で、アメリカ的生活様式として受け入れられた（本書第4章参照）。この生活様式は、生産至上主義と「快楽主義」を旨とするモデル、つまりすべての人が商品の消費の増加を通して幸福を追求するモデルである。[15] このモデルに異議を唱えたのは、ヘルベルト・マルクーゼのようなごく少数の知識人だけであった（Marcuse, 1964）。

核家族と耐久消費財に象徴されるこの生活様式のもつ空間形態は、いまだ「測定可能な」現実であった。[16] 空間の知覚は、既知の次元への参照と、蓄積された経験との比較によって構築されていた。ところが今日、われわれはそうした空間との関係を失いつつある。メルッチによれば、最近の二〇年間に生じたことは、[17] かぎりなく小さな空間への情報の蓄積である。情報の移転や交換はもはや物理的次元とは直接の関係をもたない。直接経験にもとづかない空間との接触がはじまったのである。ヴィデオ、ホーム・コンピュータなど、空間は多面的で、非連続的になった（Melucci, 1989）。

だが、依然として、われわれは空間を取り扱わなければならない。「場所の空間[18]（Space of Places）」をではなく「フローの空間（Space of Flows）」をである（Martin, 1981; Castells, 1984; 1985; 1989）。機能と権力関係の階統が民族（Nation）と世界（World）とをめぐってテリトリーを組織しているのであり、生産・分配・管理の機能（Functions）と単位（Units）を分離してそれぞれをもっとも条件のよい地域（Area）に配置しながらではあるが、すべての活動をコミュニケーション・ネットワークを通して接合しているのである（Friedmann & Wolf, 1982; Friedmann, 1985; 町村 1986）。組織の論理がしばしばかわり、社会・経済システムが大規模な組織の多様性に対応するようになるにつれて、[19] われわれはますます変わりやすい幾何学の空間に住むようになっており、そこではおのおのの場所の意味[20]がその歴史や文化や制度から逃れており、情報の戦略と決定の抽象的なネットワークによってコンスタントに再定義されている。

## 「場所の意味」の喪失と分断

消えていく傾向にあるものは、人びとの意識における「場所の意味（Meaning of Places）」である。おのおのの場所、おのおのの都市は、その現実的な社会的意味を、ひとつのネットワークの階統における位置からうけとるようになるだろう。そのネットワークの階統とは、そのコントロールとリズムがおのおのの場所から、さらにはおのおのの場所をもつ人びとから逃れているようなものである。[21] さらに人びとは、増大する特化空間の連続的再構築に従って移動させられるかもしれない。情報型の発展様式が日常生活空間へともたらす影響の第一は、およそ以上のようなものである。空間は（情報の）フローへと解体されている。都市は、居住者の知らない決定に従って爆発したり消滅したりするような、シャドーになっているのである。

以上のような、「組織の空間」と「経験の空間」との分離傾向が意味するものはなにか。[22] この歴史的傾向が意味するものは、なによりもまず「人間的経験」の破壊[23]であり、「コミュニケーション」の破壊であり、したがってまた「社会」の破壊である。内的な体験は外的な体験から、切り離されている。[24] 新しく試みられている〝都市の意味（Urban Meaning）〟は、生産物と歴史から人びとを、空間的・文化的に切り離すことであるようにみえる。「地域のアイデンティティ」「近隣の防衛」「生活の質の追求」をめぐる異議申し立ては、そのような過程とは無関係ではないであろう。[25] 問われているのは〝もうひとつの都市の意味〟であり、新しい「コミュニケーション」の論理なのである。

幸福を追求する権利が現在、「所有の欠乏（Manque d'Avoir）」によってではなく「存在の欠如（Manque d'Être）」によって制限されていると言われるのも、同様のことを意味しているのであろう。今後は、空間体験と時間体験をもつ人間のあり方そのものが、ますます問われてくるであろう。

## 5　アフター・フォーディズム時代の空間的諸形態

### 都市的な問題構成の変化——間接的接触から物理的接触へ

この二〇年のあいだに、都市をめぐる問題構成はすっかり変わってしまった。レギュラシオン学派の述語を使った「ポスト・フォーディズム」論議はまだ落ち着くところを知らないが、技術革新に嚮導されたある新しい産業的発展様式が、「都市的な問題構成（La Problématique Urbaine）」をまったく変えてしまったのである。したがってまた、都市空間をめぐる問題の位相も変わった。フォーディズム期の都市は、ほぼ均質的な労働力の集団的再生産の、空間的単位であった。今日でも、都市は依然として、労働力の集団的再生産の単位ではある。しかし、集団的に再生産される労働力の質は、都市内部で二重化してきている。[26] 農村地域が、均質な労働力の集団的な再生産の「空間的な」単位に、機能的に割り当てられる可能性も出てきている。都市は、単なる労働力の集団的再生産の空間的な単位ではなくなった。というよりも、空間の意味そのものが変わったのである。

空間の意味が機能的なユニットによって割り当てられるようになるにつれて、われわれの日常の空間感覚もまた、変化した。都市的世界は、リズム、サウンド、記号の内的世界へと集約されるようになり、空間的な近接が人間同士のコミュニケーションの第一条件ではなくなった。都市的社会関係の特質のひとつであった「間接的接触」（Wirth, 1938）は、単なる「物理的接触」におきかわった。[27] われわれは、単にだれともあわず、世界全体からニュースを受信しながら、あるいは経験の全体的な領域をみずからの眼と耳を通しながら家に居ることができるようになるだけでなく、同時に、われわれの内的体験から離れることなく家から出ることができるようになっている。コミュニケーション体験の個別化が生じているのである。高度に特殊化されたラジオ放送局やポータブル・オーディオやヴィジュアルな装置が、これらの新しい傾向をもっともよく表現している。

それゆえ、ひとつの傾向として、つぎのようにいうことができるであろう。新しいテクノロジーは、生産・労働の組織においてと同様、私生活の領域においても、経験の「脱領域化(*Delocalization*)」を推し進めている、と。家庭は近隣や都市とかかわらなくなりうるのであり、しかも依然として、ロウンリーで孤立した場所ではないのである。[28] 声・音・ニュース・色・イメージ・ゲーム・アイデアに抱かれて人は住むだろう。だが、われわれはワン・ジェスチャーで、すべてをスイッチ・オフすることもできるのである。

厳密に技術的な観点から言えば、個人と、衛星で通信され特定の人びとと特定のモードにターゲットを絞られた世界文化とのあいだの媒体は、もはや存在しない。したがって、そのあいだには、もはや社会も存在しないし、都市も存在しない。少なくとも、われわれの知るかぎりそうである。にもかかわらず、社会関係は技術の変化の直接的結果ではないし、そうであるなら、新しい都市の形態は他の過程によっても同時に形づくられるはずである。たとえば、エスニック・カルチャー、ローカル・ネットワーク、コミュニティ組織などの持続性によって。草の根運動(Grassroots Movements)は、たしかに、情報型の発展様式と新しい国際分業による空間の再構成の加速化をめぐって生じてきている[29](Costella, 1983a; 1984; 1989)。しかし、独り暮らしの増加、家庭サイズの縮小、核家族の危機などをわれわれが知るとき、現在の技術トレンドは、個別化への社会的傾向を補強しているようにもみえる(近代科学技術《テクノロジー》を含めた広い意味での人間の技術《テクネー》がもつ問題については、本書の第9章を参照)。

新しい空間のフローは歴史的真空のなかでは発展しない。それらはこれまで存在してきた都市文明の諸構造の上に形づくられ、社会的排除の旧くて新しい状況と交錯する(この点については、第7章、第8章および第10章を参照)。フローは機能的に有効で、社会的に価値のあるネットワークを結びつけている(Baldwin et al, 1980)。結節の場所はもっとも重要な活動を保障し、新しい居住エリートを歓迎している。スケジュール化された個人主義的な家庭は、終わりのない郊外化のスプロールのなかで自身の論理と価値へとむかい、みずからのドアを直接的な周囲の環境にたいしてとざし、みずからのアンテナを銀河系全体のサウンドとイメージへとひらいている。[30] フローをめぐって組織されるそのような構造のなかでは、価値のない(あるいは価格をつけられない)人びと・活動・文化が容易にそのネットワークからスイッチ・オフされる、という問題も生じる(Williams, 1982)。

われわれは、かつてあったような都市的—地域的な危機に直面しているのではない。われわれがいるのは、たがいに知ることはないがじっさいには同じシステムの部分であるような、諸要素間の相互の発展過程である。[31] 別の言い方をすれば、同じ空間構造内での、多様な社会的、文化的、経済的な論理の、矛盾をはらんだ共存を目撃しているのである。新しい都市社会学は、「都市の危機」を主要な分析の対象にしていた。その意味では現在、ポスト新都市社会学の生誕が待ち望まれているのかもしれない。

さらに指摘しておきたいのは、単一の意味をもつ場所が最高の機能とかかわる場であるような都市では、すなわちひと握りの者にとって意味をもつ空間の形成によって、同じ空間が、多くの人にとっては排除の空間となる傾向があるということである。こういった傾向は、公的空間(Public Space)をレジャー空間(時間とお金をもっている人にとっては)と放浪の空間(労働と居住の機能的割り当てにフィットしない人にとっては)とに還元するようなやり方で、時間と空間の機能地帯制(Functional Zoning of Time and Space)を増大させている。(32)

アフター・フォーディズム時代における空間的諸形態をささえているのは、「空間の分散」と「領域的ハイアラーキー」(最高レヴェルでの都市的集中を含めて)、およびそれらを「機能的に連結」しているある論理である。それを本章では、産業組織の新しい形態(あるいは社会的分業の新しい形態)としての垂直的準統合という概念であつかった。また、日常生活の空間の変容を、「フローの空間」の生成の観点から考察した。しかし、アフター・フォーディズム時代における空間的諸形態の変容の分析は、社会の技術経済的リストラクチャリングと、現在進んでいる過程の形態を形成し、変更し、逆転させようとすら試みている社会的、政治的、文化的諸闘争の、両方を含まなければならない。本章では後者の分析を充分にすることができなかった。それはまた別の機会にゆずることにしたい。(33)

### 「都市空間の社会的生産」と都市の社会学的分析

日常生活空間の個別化とフロー化は(ライフスタイル論の隆盛はこの現象の裏返しであるが)、みてきたように、技術経済的リストラクチャリングの社会的・文化的諸結果のひとつである。それは新しい空間(と時間)の体験でもある。「都市空間の社会的生産」というテーマは、今後ますます重要性を帯びてくるだろう。そしてそれは、都市社会学のパラダイムの再構成をうながさずにはおかないであろう。それは、シカゴ学派都市社会学と新しい都市社会学のパラダイムの総合を求めることでもあるだろう。そのとき、都市社会研究はどのような姿をみせることになるのか。その行方はまだだれにもわからない。

空間の社会的生産というテーマに都市社会学者が積極的に取り組むようになってから、まだ一〇年はたっていないのである。

## 注

(1) 一九七〇年代に新しい都市社会学がおもにとりあげたテーマは、「資本主義的都市化」「低開発国(従属国)の都市化」「不動産資本と都市」「集団的消費(Collective Consumption)」「都市社会運動(Urban Social Movement)」などであった。当時活躍した人たちに、J・ロジキーヌ、M・カステル、C・G・ピックヴァンス、M・ハーロー、R・E・パール、J・レックスらの名が挙げられる。

(2) R・E・パール、D・ハーヴェイ、M・カステルなどは、七〇年代のフレームワークを再構成しながら、果敢に新しい課題に取り組んでいる。それぞれに独自の理論的地平を切り拓きつつあるが、なかでもハーヴェイとカステルの仕事ぶりには圧倒されるものがある（Harvey, 1985a; 1985b; 1989; 1990; Castells, 1983b; 1984; 1985; 1989）。他方、新しい都市社会学のフレームワークが抽象的で難解なものに傾く傾向があったことへの反省もあって、シカゴ学派都市社会学のパラダイムへの回帰現象（〝再発見〟）もみられる（吉原 1991）。新しい都市社会学はその生誕の地名を採って、フランス派都市社会学（French School of Urban Sociology）とも呼ばれるが、そのおひざもとでも状況は同じようである（Topalov, 1989, pp.644-645）。

本章は、新しい都市社会学が切り拓いたマクロな理論的地平を継承しながらも、ミクロな（日常生活上の）問題とそれとの接点をどのようにみいだせるのかということを、積極的に問うていくような立場にたっている（岩永 1989; 1990）

（3）H・ルフェーヴル（Lefebvre,1974）以降、〝空間〟を主題に据えた都市社会研究が着実に増えてきた（Lipietz, 1977, 1983; Gottdiener, 1985 など）。日本では、経済学で金倉忠之（1991）、地理学では松原宏（1988; 1990）、社会学では大谷信介（1986）が、本章のテーマに近い領域で研究をおこなっている。ただし、大谷は、その後研究のテーマを変えている。

（4）「労働編成モデル」「産業化モデル」「産業パラダイム」とも呼ばれる（Lipietz, 1989a: 1989b; 1990; Delorme, 1990）。

（5）組立工個人の「機械化」として考えるときには、それぞれの熟練工の習得技術およびかれのもつ知識の〝内容〟が、さらに問題になってこよう（Boyer, 1989）。

（6）しかし本論は、技術決定論や経済還元主義の立場を採るものではない。

（7）フォーディズム以降を展望するために、さまざまな概念が提起されている。W・ハラルは、産業パラダイムの古い資本主義にたいして脱工業パラダイムの新しい資本主義を、七つの点（〈1〉進歩のフロンティア〈2〉組織〈3〉意思決定〈4〉制度的価値〈5〉経営・管理の焦点〈6〉マクロ経済システム〈7〉世界システム）にわたって特徴づけている（Halal, 1986）。すなわち、〈1〉スマートな発展〈2〉市場のネットワーク〈3〉参加型のリーダーシップ〈4〉多様な目標〈5〉戦略的な経営と管理〈6〉民主主義的で自由な企業〈7〉資本主義と社会主義の混合、である。アグリエッタ&ブレンデール（1984）、ラッシュ&アーリー（1987）、スウィンゲドゥ（1986）、ハーヴェイ（1989）、マーレイ（1988）も、それぞれに〝ポスト・フォーディズム的な〟社会についての概念提起をおこなっている。

なお、レギュラシオン・パラダイムにおける〝発展様式〟の概念は、もともと「フォーディズム」「ポスト・フォーディズム」にたいして使われるべきものであるが、本章で「情報型発展様式」というばあいは、言葉の意味をそれよりもややゆるやかに捉えて使っている。

（8）地方自治体の諸制度や地域の民俗・習俗などは、いかなる主体の脱地域的な行動にたいしても、基本的には制限となる。

（9）ゲティミスとカフカラスは、国境を越えた産業部門内回路（分業）の展開を、強調しすぎることに異議を唱えている（Getimis and Kafkalas, 1989, pp.5-7）。

（10）これは、水平型／垂直型の、二重の国際分業として展開している（平田 1989、一二―一七頁）。

（11）リピエッツはこれらの国の発展モデルを、〝周辺部フォーディズム（Le Fordism Périphérique）〟と名づけた（Lipietz, 1985, pp.73-77. 邦訳 1987, 一一三―一一八頁）。

（12）そのことのひとつとして、同一企業内部の分業の空間的・領域的拡散が可能になる。

（13）「領域統合型垂直的準統合」の事例研究では、フランス、イタリアの例をあつかったクールレたちのものがすぐれている（1987a; 1987b）。「準統合」のヴァリエーションについては、ルボルニュ（1987）、レーグル（1989）が参考になる。

（14）後に述べるが、情報のフローのネットワーク（「フローの空間（Space of Flows）」の形成は、〝地域空間の意味（Localities）〟を新しい社会運動のひとつの争点にする。

（15）音楽・ヴィデオ装置、ホーム・コンピュータなどの、ME革命によってもたらされた新製品は「時間消費型」であり、車、洗濯機などのフォード主義的商品は「時間節約型」である（Lipietz, 1989b, pp.22-23）。

（16）車に乗っていける郊外住宅がそうであった。スウィングドゥとケストルートによれば、郊外化による消費空間の組織化は、フォード主義的な発展様式に典型的なものである（Swyngedouw and Kestloot, 1990, p.259）。

（17）メルッチ、ハーヴェイ、カステル、レギュラシオン学派など、転換期のスパンをこの二〇年とする捉え方は、論の振幅とは反対に、奇妙にも一致している。

（18）「フローの空間」とは、技術的観点からみれば、情報の流れが物的な制約を越えて形成する範域のことである。

（19）その意味でわれわれは今日、〝ディス・オーガニゼーション・マン〟であることを強いられている（Whyte, 1956. cf）。

（20）これは、本来、ローカルなもの（"Locale"）である。

（21）こうしたネットワークの階統の頂点にたつのは、ＩＢＭのような多国籍企業か、ニューヨーク、ロンドン、フランクフルト、ロサンゼルス、東京のような、数少ない大都市である。

（22）山之内靖はこれを、社会システム論の観点から、〝フレクシブル・アイデンティティ〟の問題としてあつかっている（山之内 1991a; 1991b）。〝脱組織人〟と〝柔軟な個性〟は、アフター・フォーディズム時代の人間性の特質であるように思われる。

ところで、山之内のばあい、「社会秩序はいかにして可能か」という社会学的な問いが問題設定の根底にあるが、都市社会学の観点から言えば、それは「〝都市的な〟社会秩序はいかにして可能か」という問題でもある。

（23）具体的な場の、物質的な制限のもとで生活してきた人間の、生活感覚の破壊である。しかし、このことは他方で、新しい人間関係、新しい社会、これまでとはちがったコミュニケーションのありかたをも示唆している。

（24）内的な体験と外的な体験の分離は、内的な時間と外的な時間との分化でもある。すなわち、人為的に広げられた内的時間の拡大でもある（Melucci, 1989, pp.103-117）。

（25）高級官僚やビジネス・エリートはべつにして、ふつうひとは、具体的な場所（Places）に囚われ、制限されている。われわれは所与の文化のなかで生活しており、特定の場所をめぐってみずからの生活を組織し、領域に基礎づけられた諸制度を通じて、みずからの力を行使するのである。諸社会運動（フェミニズム、エコロジーなど）もまた、しかりである。しかし、諸社会運動は現在、「フローの空間」の形成をめぐって、ファンダメンタリズムであるがゆえに社会運動のなかで一般的な利害をつくりだせずにいるようにみえる（Castells, 1989, p.203）。それらは、歴史に根ざした地域社会のダイナミズムに高度に依存しており、その領域的基礎をめぐって組織される傾向がある（Castells, 1983b, pp.311-336）。すなわち、特殊な場にもとづいた利害を防衛する傾向がある。

（26）注（21）で挙げたような大都市で、とくにこの傾向がみられる。その他の都市は逆に、特定の労働力を必要とするようになりつつある。たとえば、日本では、東京は中枢管理機能都市、名古屋は産業技術都市、関西は学術文化研究都市といったふうに都市―地域圏の発展には特定化の傾向がみられるが、その傾向の促進には、国の政策が重要な意味をもっている（自治省 1986; 国土庁計画・調整局 1986 など）。

（27）ウォークマンや ipod をつけて歩いているひとの、その周囲の環境との関係をみよ。

（28）この状況は、D・リースマンの『孤独な群衆』（Riesman, 1950）における議論を前提にして考えるとき、ひとつの社会的性格としてはどのようなかたちでの把握が可能なのであろうか。

（29）したがって、新しい社会運動にとっての重要な課題は、「フローの空間」における社会的意味の再構築である。グローバル・レヴェルでの「フローの空間」の展開と、歴史と文化によって形づくられた地方レヴェルの社会的制御の共同的実践との対立が、ひとつの新しい弁証法として浮かびあがってこよう。その際、後者の組織決定のキー・アクターとなるのは、地方自治体（Local Governments）である。地方の自立と都市の自己管理（Self-Management）が、ひとつのアピールとして、いままでとはちがった意味で今後力をもってくるにちがいない。それは、国家と市民社会の関係の再構築を模索するものでもあるだろう。

　このことが重要なのは、市民社会と政治システム（制度）のギャップが現在、広がりつつあるからである。政党は硬直し、新しい社会運動は（フェミニズム、エコロジー、対抗文化など）によって表明された価値や要求を受け入れるのが困難であるようにみえる。運動の「制度化」じたいがもつ問題も、指摘されている（Offe, 1989）。

(30) なにもせずしてすべてを知り、すべてを知りながら、じっさいにはほとんどなにも知らないという状況が生じる。都市社会学は今後〝都市環境〟における人間ではなく、〝情報環境〟に生きる人間を研究の対象にしていく必要があるだろう。〝擬似環境〟という言葉とはちがった意味において。それでも、基本的な対立はいつも、自然と人間のあいだにある。

(31) ひとつのたとえでしかないが、〝都市的なスキゾフレニアの興隆（Rise of Urban Schizophrenia）〟とも言うべき状況にいる（Lipietz, 1989b; 1990; Castells, 1985）。

(32) このことが重要であるのは、情報型の発展様式が基本的に、精神労働（Mental Labor）の質に依存しているからである。（労働力の）再生産過程の質が、組織の論理の重要な論点になりつつある。社会の再生産が高度に地域社会（Local Society）に依存しているのであってみれば、環境の質、集合的消費の質とレヴェル、文化的革新をつくりだす能力など、情報の生産のプロセスのあらゆる鍵要素は、〝生活の質（Quality of Life）〟と呼ばれるものに今後ますます依存するようになるであろう。

(33) この領域には、いわゆる社会運動と、もう少し日常的なレヴェルの諸実践の、二つの次元がある。後者については、P・ブルデュー、M・ド・セルトーらの仕事が参考になる。〝空間の実践〟に焦点をしぼった理論研究としては、D・ハーヴェイのものが（Harvey, 1989）、ひとつの方向を示唆してくれる。〝空間の実践〟に関しては次（第7）章を参照。

# 第7章　フォーディズムの危機と空間の諸実践
## ——場所の構築に関する社会学的分析

*ἐκ δὲ τοῦ μεταξὺ μεταβάλλει· χρῆται γὰρ αὐτῷ ὡς ἐναντίῳ ὄντι πρὸς ἑκάτερον· ἔστι γάρ πως τὸ μεταξὺ τὰ ἄκρα. διὸ καὶ τοῦτο πρὸς ἐκεῖνα κἀκεῖνα πρὸς τοῦτο λέγεταί πως ἐναντία·*

（Aristotle. *Physics*, Loeb Classical Library, 224b.）

変化というものは二つの正反対のものの中間からはじまる。というのは、変化する際に中間のものは、両極端のいずれに対しても反対のものとして役立つからである。それゆえ、中間のものは両極端に対してある種反対のものであり、両極端は中間のものにある種反対のものであるとみなしてよいだろう

（アリストテレス『自然学』岩波書店、全集第三巻、一九三‐一九四頁）

はじめは力の弱かった表象が、最初からより強度のエネルギーをもっていた表象と結合することによって、それ自身もまた強度を増して、その結果意識のなかへはいり込むだけの力をもつようになる

（フロイト『夢判断』新潮文庫、上巻、二三〇頁）

奥様をロンドンへなり外国へなり、気散じにお連れになるようにクリフォド卿に申しあげてください。あなたには気散じが、ほんとうに必要なのです

（D・H・ローレンス『チャタレイ夫人の恋人』新潮文庫、一二五頁）

状態《ヘクシス》はいっそう固定的で、いっそう長続きするものであることによって状況《ディアテシス》とは異なっている／種差を発見することは、同と異についての推論に対してばかりではなく、個々のものが何であるか［本質］を意識するためにも役に立つ

（アリストテレス『カテゴリー論』岩波書店、全集第一巻、三二頁／同、三五頁）

包むものの第一の不動の限界、これが場所である

（同『自然学』岩波書店、全集第三巻、一三八頁）

### 空間の諸実践とはなにか

La fantasmagorie a été extradite de la nature.（「幻像空間が自然から抽出されたのだ」）[1]。ボードレール「現代生活の絵画」のなかにでてくるこの一文。これは、ヴァルター・ベンヤミンの「グランヴィルあるいは万国博覧会」というエッセイのなかのつぎのような文章、すなわち「万国博覧会は商品の交換価値を美化する。…万国博覧会は幻像空間《ファンタスマゴリー》を切り開き、そのなかにはいるのは気晴らし（Zerstreuung）のためとなる。娯楽産業のおかげで、この気晴らしが簡単に得られるようになる。…人間は、自分自身から疎外され、他人から疎外され、しかもその状態を楽しむことによって、こうした娯楽産業の術に身をまかせている。商

品を王座につかせ、その商品を取り巻く輝きが気晴らしをもたらしてくれる。これこそは［画家］グランヴィルの芸術のひそやかな主題である」[2]と、同一の主題を扱っている。しかし、一方はより繊細な場所の構築を問題にしており、他方は商品のより拡大された、ある意味で都市的な世界を問題にしている、という種差が存在する。この同一性と種差の問題は、デイヴィッド・ハーヴェイの都市論のなかでは、ハイデガーとマルクスの問題関心の共通性と種差という問題のうちに立ち現れている。ハーヴェイにおいて、「空間の諸実践に関するグリッド」をめぐって展開されていると思われるこの問題の輪郭および問題が念頭に置いている具体的な事実を提示すること、それが本章の課題である。

## 1　〝ルフェーヴリアン・マトリックス〟とはなにか

デイヴィッド・ハーヴェイは、近年、場所の構築における経験（experience）、知覚（perception）、想像（imagination）のあいだの弁証法的な相互作用を問題にするために、〝ルフェーヴリアン・マトリックス（Lefebvrian matrix）〟へと立ち戻ろうとしている[3]。それは、あきらかにかれにとって『社会的正義と都市』にはじまり、『資本の限界』を経て、『資本の都市化』に至るまでの[4]、決定論的かつ教条主義的なマルクス主義からの脱皮の試みである。ところで、ハーヴェイにとってマルクス主義とは何であったのか。それは、社会的実践の思想であるよりも、どちらかと言えば社会科学方法論上の問題であったように思われる。比較的最近のものでは、アメリカ地理学協会年誌の第八〇巻第三号（1990）に掲載された「空間と時間のあいだ——地理学的想像力に関する考察」という論文のなかのつぎのような言葉に、そのことは表現されている。「わたし自身は、よく知られているように、明白にマルクス主義者である。そのことは、歴史的地理的唯物論（historical geographical materialism）の諸基本原則に従って探究を組織化することを意味する。客観的な諸定義は、第一に、思想や観念の世界（そのような研究はいつも、価値のあるものなのだが）へと訴えることによって理解されるのではなく、社会的再生産の物質的諸過程の研究から理解されなければならない」。この言葉の主旨は、ニール・スミスの言葉を引くかたちでこれに続く一文に着目すれば、さらによく分かる。すなわち、「空間の相対性は哲学上の問題ではなく、社会的かつ歴史的な実践の産物なのである」[5]。

「空間は社会的な産物である L'espace est un produit social.」というアンリ・ルフェーヴルの主張をある意味でパラフレーズしたハーヴェイのこの文章は、かれが最近そこへ繰り返し戻ろうとする空間＝社会分析の手段へと必然的につながっていく。〝ルフェーヴリアン・マトリックス〟と呼ばれるその空間＝社会分析の手段は、一九八九年に表1[6]のようなかたちで提示されたものであり、「空間の諸実践に関する〝グリッド〟」と名づけられているものである。そこには、マルクス主義者における「社

表１　空間の諸実践に関する“グリッド”β

| | 近接性と距離拡大 | 空間の領有と利用 | 空間の支配と制御 | 空間の生産 | |
|---|---|---|---|---|---|
| 物質的な空間の諸実践（経　験） | 財、カネ、ヒト、労働力、情報のフローなど；輸送と通信伝達のシステム；市場と都市のハイアラーキー；凝集体 | 土地利用と建造環境；社会諸空間と他の“なわばり”の名称；通信伝達と相互扶助の社会的ネットワーク | 土地の私的所有；国家と行政の空間分割；限定的コミュニティと近隣住区；排他的なゾーニングと他の形態の社会 的制御（治安維持と監視） | 物的なインフラストラクチャーの生産（輸送と通信伝達；建造環境；土地のクリアランスなど）；社会的なインフ ラストラクチャーの領土上の組織化（フォーマルなおよび インフォーマルな） | ※フィジカルなおよび物質的なフロー、移転、相互作用。生産と社会的再生産を保証。 |
| 空間の諸表象（知　覚） | 社会的、心理的、物理的な距離の測定；地図の作製；“距離の摩擦”の諸理論（作用力最小限の原理、社会物理学、申し分のない・中心的な場所の範囲、および他の形態の立地理論） | パーソナルな空間；占有された空間のメンタル・マップ、空間のハイアラーキー、諸空間のシンボリックな表象；空間の“諸言説” | 忘れられた諸空間；“領土に関する命令”；コミュニティ；地域文化；ナショナリズム；地政学；ハイアラーキー | 地図作製、視覚の表象、通信伝達の新しいシステムなど；芸術および建築に関する新しい“諸言説”；記号論 | ※記号・意味・コード・知識のすべて。物質的諸実践（表の最上段）を、語られ理解されるようにする。日常の常識によるばあいと、学問上の専門用語（工学技術・建築術・地理学・計画・社会生態学などの分野における）を通してのばあいとがある。 |
| 表象の諸空間（想　像） | 誘引／反発；距離／欲望；接近／拒絶；超越“メディアはメッセージである” | 親しみ；暖かい家庭；オープンな場所；民衆の見世物の場所（ストリート、広場、市場）；図象とらくがき；広告 | 不慣れ；恐れの空間；財産と所有；モニュメンタリティと儀式の構築された諸空間；シンボリックな障害と象徴資本；“伝統”の構築；抑圧の諸空間 | ユートピアの諸計画；想像上の諸風景；サイエンス・フィクションの存在論と空間；芸術家のスケッチ；空間と場所の神話体系；空間の詩学；欲望の空間 | ※精神上の創造物（コード・記号・“空間の言説”・ユートピアの計画・想像上の風景、さらに、シンボリックな空間・特殊な建造環境・絵画・博物館などのような物質的構造物を含む）。空間の諸実践のための新しい意味や可能性を想像する。 |
| | ※人間的事象における“距離の摩擦”の役割のこと。距離とは、人間の相互行為への障害と、人間の相互行為に対する防備の、両方である。それは、生産と再生産のいかなるシステム（とくに、あらゆる社会的分業、貿易、再生産の諸機能の社会的分化に基礎づけられたもの）にたいしても、取引のコストを賦課する。距離拡大とは、単純に、空間の摩擦に打ち勝って社会的相互行為を適応させる程度の測定のことである。 | ※空間が諸物体（家、工場、ストリートなど）、諸活動（土地利用）、諸個人、諸階級、あるいは他の社会的諸グループ分けによって占有されている方法。体系化され、制度化された領有は、社会的連帯の、領土的に境界づけられた諸形態の生産をともなうだろう。 | ※諸個人や勢力のある諸集団がいかに法的ないし法外的な手段を通じて空間の組織と生産を支配し、距離の摩擦か、かれら自身や他者による空間の領有のされ方のどちらかにたいして、より大きな程度の支配制御をすることになるか、を表している。 | ※土地利用、輸送と通信伝達、領土に関する組織などの新しい諸システム（現実的なあるいは想像上の）が、いかに生産されるのか、さらに、新しい表象の様式（たとえば、情報技術、コンピュータによる地図の作製、あるいはデザイン）がいかに生じるのか、を検討する。 | |

［出典］ルフェーヴル著『空間の生産』（1974）に、部分的にインスパイアされた。
・Harvey, D. 1989b; 220-221 より。
＊表右側および表下側の※の部分の説明は、引用者が補い入れたものである。

会的再生産の物質的諸過程の研究」からははみでてしまうような研究の領域が整理され、埋め込まれている。[7] それは、イー・フー・トゥアンが「人間的な現実をよりよく理解するためには、人びととかれらの仕事を、リアリズムと夢想（fantasy）が混ぜ合わされたものと理解するのが役に立つ。この二つの世界によって獲得された概念は、人間性と文化を探究するためのとっかかりを与えてくれるのである。しかしながら、それはつかまえにくいとっかかりである。というのも、〝リアリズム〟と〝夢想〟は概念的に明確かつ反対の意味をもっているけれども、それらの現実の生活諸状況への適用は、しばしばあいまいでハッキリしないものであるから」[8] と言うときに念頭においているような、人間的事象（human affairs）のより精神的、身体的な問題をも含み込むものである。

ハーヴェイによれば、社会変革のあらゆるプロジェクトは空間的、時間的な概念と実践の変容のいらだたしいほどの複雑さを把握しなければならない。「空間の諸実践のグリッド」の構築は、この複雑さのいくばくかの把握を試みようとするものである。表1を参照していただきたい。〝グリッド〟の左側の欄には、以下のような三つの次元が並べられている。

1　物質的な空間の諸実践（material spatial practices）によって言及されるのは、物理的および物質的なフロー、転移、相互作用である。それらは生産と社会的再生産を保証するようなやり方でもって、空間の内側で、そして空間をめぐって、生じている。

2　空間の諸表象（representations of space）には記号と意味、コードと知識のすべてが含まれており、それらは上記の物質的諸実践を、語られ、理解されるようにする。日々の常識（common-sense）によってであれ、空間の諸実践を取り扱う学問上の諸分野（工学技術、建築術、地理学、計画、社会生態学など）の、ときに秘境的な専門用語を通してであれ。

3　表象の諸空間とは精神的に創造されたもの（コード、記号、〝空間の言説〟、ユートピアの計画、想像上の風景、さらにシンボリックな空間、すなわち特定の建造環境、絵画、博物館などのような物質的な構造物）のことであり、それらは空間の諸実践のために新しい実やもろもろの可能性を想像する。

ルフェーヴルはこれらの三つの次元を、経験されたもの the experienced、知覚されたもの the perceived、想像されたもの the imagined として特徴づけている。[9] かれはこの三つの次元のあいだの弁証法的な関係を、「それを通して空間の諸実践の歴史が読まれ得る、劇的な緊張の支点」[10] であるとみなしている。表象の諸空間は、それゆえ、空間の表象に影響を与えるだけでなく、空間の諸実践にかかわる物質的な生産力として作用する潜在能力をもっている。[11] しかし、経験されたもの、知覚されたもの、想像されたもののあいだの諸関係が、弁証法的には

因果的に決定されたもの以上のものである、と議論することは、物事をあいまいにする。(12)

〝グリッド〟の上段には、以下のような、より慣習的な理解から引きだされる空間の実践の四つの側面がとりあげられている。

1　近接性（accessibility）と距離拡大（distanciation）とは、人間的事象における〝距離の摩擦（friction of distance）〟の役割のことを言っている。距離（distance）は人間の相互行為への障害と、人間の相互行為に対する防備の、両方である。それは、生産と再生産のいかなるシステム（とくに、あらゆる洗練された社会的分業、貿易、再生産の諸機能の社会的分化に基礎づけられたもの）にたいしても、取引のコストを賦課する。距離拡大(13)とは、単純に、空間の摩擦に打ち勝って社会的相互行為を適応させる程度の測定のことである。

2　空間の領有（appropriation of space）では、空間が物体（家、工場、ストリートなど）、活動（土地利用）、個人、階級、あるいは他の社会的グループ分けによって占有されている方法が検討される。体系化され、制度化された領有は、社会的連帯の、領土的に境界づけられた（territorially bounded）形態の生産をともなうだろう。

3　空間の支配（domination of space）は、個人や勢力のある集団がいかに法的ないし法外的な手段を通じて空間の組織と生産を支配し、距離の摩擦か、かれら自身や他者による空間の領有のされ方のどちらかにたいして、より大きな程度の支配制御《コントロール》をすることになるか、を表している。

4　空間の生産（production of space）では、土地利用、輸送と通信伝達、領土に関する組織などの新しいシステム（現実的なあるいは想像上の）が、いかに生産されるのか、さらに、新しい表象の様式（new modes of representation）（たとえば、情報技術、コンピュータによる地図の作製、あるいはデザイン）がいかに生じるのか、を検討する。

いくつかの但し書きをしておこう。まず、空間の実践に関するこの四つの次元は、たがいに独立しているものではない。つぎに、距離の摩擦は空間の支配と領有のいかなる理解にも内在的なものであるが、一方、特定の集団によるある空間の一環した領有は（たとえば、街角にたむろしているギャング）、その空間を〝事実上〟支配しているに等しい。最後に、空間の支配は、それが距離の摩擦を減らすかぎりにおいて（事例としては、資本主義の〝時間を通しての空間の絶滅〟）、距離拡大、および領有と支配の諸条件に変更をくわえる。

ハーヴェイは、「…グリッドを作製するわたしの意図は、グリッドのなかの諸位置の、あらゆる体系的な説明の試みではない。…わたしの目的とするところは、モダニズムとポストモダニズムの歴史における空間の経験の変容の、より深い議論を許容するようないくつかの入り口をみつけることである」[14]という。「空間の諸実践に関するグリッド」は、それだけでは、われわれになにも重要なことを教えない。空間の諸実践は、それらが演じられるようになる社会諸関係の構造を通してのみ、社会生活におけるその効力を引き出すことができる。たとえば、資本主義の社会諸関係の下では、グリッドに描かれた空間の諸実践は階級的な意味合いを吹き込まれるようになる。ちなみに、ハーヴェイによれば、このようにいうことは、空間の諸実践が資本主義から派生したものであると議論することではない。空間の諸実践は階級、ジェンダー、コミュニティ、エスニシティ、あるいは人種のような特定の社会諸関係の下でその意味を獲得するのであり、社会的行為の只中にあって〝使い古され〟たり〝手をくわえられ〟たりするようになるのである。また、資本主義的な社会諸関係と諸命令の文脈におかれるときには、このグリッドは、「思考のモダニスト的様式からポストモダニスト的様式へ」の移行に結びついた、空間の経験の変容の理解に普遍的にみられる複雑性のいくばくかを解明するのにも役立つ。

それでは、このようなグリッドを通して把握される「空間的、時間的な概念と実践の変容のいらだたしいほどの複雑さ」とは、どのようなものなのか。

## 2　「時間―空間の圧縮」の歴史的段階

空間的、時間的な概念と実践の変容の歴史とは、ハーヴェイにおいては、「時間―空間の圧縮」の歴史にほかならない。しかし、〝時間―空間の圧縮〟とは、いったいどのような事態を意味するのだろうか。

「時間―空間の圧縮」についてハーヴェイは、「…私はしばしば、〝時間―空間の圧縮〟という概念に言及するだろう。そのような言葉によってわたしが意味させているものは、空間と時間の客観的な質が変革されることで、ときにはまったくラディカルな方法で、われわれがわれわれ自身に対して世界を表象する仕方を変えることを強いるような諸過程の表示である」[15]といっている。また、なぜかれは〝圧縮〟という言葉を使用するのだろうか。それは「資本主義の歴史は生活のテンポのスピード・アップによって特徴づけられてきたが、一方で、それは非常に空間の障害を乗り越えていくので世界がときどき内側からわれわれの上に崩壊してくるようにみえる、という、確固たる証拠を示し得るから」[16]である。さらに「〝圧縮〟は、すべての先立つ物事の状態に対して相対的なものとして理解されるべきである」[17]。ハーヴェイは「時間―空間の圧縮」をこう定義づける。その上でかれは、「いくら自民族中心主義的に」と注意深く限定をくわえながら、ヨーロッパの事例における「時間―空間の圧縮」の歴史的過程のスケッチを試みる。

以下、ヨーロッパを中心に見た「時間―空間の圧縮」の歴史的段階を、その前提となる封建時代をも含めて五つの時期に区分し、概説を試みたい。

**封建時代**

ヨーロッパの封建時代の相対的に孤立した時代には、「場所(place)」は社会的諸関係の相対的自律性や、所与の領土的境界の内側にあるコミュニティを表示する、明確に法的、政治的、社会的な意味を帯びていた。個々人が知ることのできる世界の内側にあって、空間の組織は経済的、政治的、法的な義務と権利の混乱した重なり合いを表していた。そこでは、場所の、中心のある限定された諸質(相互依存、義務、監視、支配制御の複雑な領土)が、〝永続する時間(enduring time)〟(ギュルヴィッチの用語を用いれば)の無限性と不可知性において固定された、日常生活における時間尊重のルーティーンと調和する。もちろん、封建的な世界には、階級紛争、権利をめぐる論争、生態的な不安定性と人口の圧力、サラセン人の侵入、十字軍などの、破壊的な諸力が存在した。とりわけ、貨幣鋳造の進歩(伝統的コミュニティへの破壊的な影響をともなった)と商品交換の進歩は、第一には諸コミュニテイィ間で、しかし後には商人交易というより独立した形態を通して、封建的な秩序を支配したものとはまったく異なった時間と空間の概念を示唆した。

**ルネッサンス以降の啓蒙運動期(一五世紀末―一九世紀初頭)**

ルネッサンスにおいて、西欧世界は、時間と空間に対する見方のラディカルな再構築に出会った。「発見の航海(voyages of discovery)」は、ともかくも理解され、表象されなければならなかったより広い世界についての、驚くべき知識の流れを生産した。それらは、測定可能であり、潜在的には知ることが可能である地球の存在を示していた。地理学上の知識は、社会がますます金儲けを意識するようになるなかで、貴重な商品になった。富、権力、資本の蓄積は、空間に関する個人化された知識、および空間をめぐる個人的な支配に結びつけられるようになった。個々の場所は、交易、領土内部の競争、軍事的行動、新しい商品すなわち金塊の流入などを通じて、より広い世界の直接的な影響を受けやすくなった。

遠近法(perspective)の基本的諸規則(中世的芸術や建築の諸実践と根本的に手を切り、二〇世紀の始まりまで支配することになった諸規則)は、一五世紀中ごろのフィレンツェで、ブルネレスキとアルベルティによって洗練されたものである。これはルネッサンスにおける基本的な達成物であり、四世紀にわたって観る様式(way of seeing)を形づくった。それは〝高尚でよそよそしく(is elevated and distant)、造形あるいは感覚の範囲のまったく外側にあるものである〟。それは〝冷淡に幾何学的(coldly geometrical)〟で〝系統的(systematic)〟な空間の感覚であるにもかかわらず、〝自然の法則との調和感覚〟をもち、〝それによって神の幾何学的な宇宙のなかの人間の道徳的責任を強調する〟

空間の感覚を生み出した。無限の空間（infinite space）という概念は、少なくとも理論上は神の無限の知恵に挑戦することなく、地球を限定された全体性として把握することを許容した。

空間は、無限だけれども、人間の占有と行為のために征服と囲い込みが可能であるように思えた。ルネッサンス期の文学の空間と時間の心象の異常な強調は、表象の文学的様式における空間と時間の新しい感覚のインパクトを証明している。シェイクスピア、ダン、マーヴェルの詩の言語には、そのような心象があふれている。ブルデューが示唆するように、空間と時間の経験が社会関係のコード化と再生産の第一の媒体であるならば、前者が表象されるようになる様式は、ほとんどたしかに、後者におけるある種の変化を生み出すものである。「空間と時間の概念に関するルネッサンスの革命は、多くの点で、啓蒙プロジェクトのための概念的基礎をおいた[18]」。

人類史上初めて、地球上の全住民がひとつの空間のフレームのなかに位置づけられることが可能になった。モンテスキューからルソーに至るまで、地球上の人口の配分、生活様式、政治制度を秩序づける、物質的で合理的な諸原則についての思索がはじめられる。全体化する地図の捉え方は、地理上の諸差異の只中で、ナショナル、ローカル、パーソナルなアイデンティティの強力なる感覚が構築されるのを可能にした。より重要なことは、同質的かつ普遍的（homogeneous and universal）な時間概念の、利潤率（アダム・スミスがいう、時間をめぐる資本金の収益率）、利率、時間当たりの賃金、その他の資本家的（capitalist）な意思決定にとって基本的な尺度となる概念に対する意義であった。宇宙に関するニュートンの機械的な見方の枠内で想定された、同質的な時間と空間の絶対性は、思想と行動を限定する容器を形づくった。「ルネッサンスは、経験から生じるより流動的な概念と、時間と空間の科学的で事実にもとづいたと思われる感覚とを、区別したのである[19]」。

## 資本主義の成長期（一八四八年前後）

一八世紀を通しての空間と時間の合理化の実践（オルドナンス・サーヴェイ、あるいは一八世紀末のフランスの、体系的な土地台帳の作製の興隆により示される進歩）は、啓蒙思想家がかれらのプロジェクトを計画した文脈を形成した。一八四八年以降の、モダニズムの第二の転回が生じたのは、このような構想にたいしてであった。一八四八年以前、ブルジョワジー内の進歩的な要素は、啓蒙的な時間感覚（ギュルヴィッチが言う〝前進的な時間 time pressing forward〟）を正当にも保持することができた。しかし、一八四八年以降になると、その進歩的な時間感覚は、多くの重要な点で疑問に付されるようになった。ある程度循環的な時間感覚（一八三七、一八二六、一八一七年の経済的混乱へと戻って結びつくであろう資本主義的成長過程の必然的な構成要素としての、ビジネス・サイクルという考えに関する関心の成長）を引き合いにだすことがより容易になったのである。人びとが階級的な緊張に十分注意深くあったのであれば、マルクスが『ルイ・ボナパルトのブリュメール18日』においてしたように、ひとは〝交代する時間（alternating time）〟という感覚を引き合いにだすであろう。「〝われわれはどんな時間のなかにいるのか〟という問題が、一八四八年以降、啓蒙的思考のもつ数学的に単純な諸前提に挑戦するようなやり方で哲学上の問題に参入してきたのである」[21]。物理的時間と社会的時間の感覚は、それは啓蒙思想と一緒にやってきたものであるが、もう一度分岐するようになった。そのとき、芸術家と思想家が新しい方法で、時間の性質と意味を探究することが可能になったのである。ヨーロッパはすでに、経済生活および金融上の生活においてあるレヴェルの空間的統合に達していた。大陸において同時に噴出した政治的諸革命が強調したことは、資本主義的発展の通時的次元と同時に共時的次元であった。絶対空間と場所の確実性は変化する相対空間の不確実性に道を譲ったのであり、そこでは、ひとつの場所における出来事が、他のいくつかの場所において即時的で分岐的な諸効果をもつことができた。ヨーロッパの地方の多様な労働運動は、突然、明確な境界をもたないような一連の出来事と政治的諸変化にみずからが押し流されていることに気づいた。愛国主義的な労働者は、パリでは外国人嫌いの態度を示すが、かれらに特殊な諸空間における政治的および経済的解放のためにかれら同様に闘っているポーランドやウィーンの労働者に共感を示すことができた。『共産党宣言』の普遍主義的命題が少なくない意味をなすのは、このような文脈においてである。場所の遠近法を変容する相対空間の遠近法と一致させる方法は、第一次世界大戦の衝撃まで、モダニズムが勢いをもって取り組むことになる深刻な問題になった。モダニストによる最初の偉大な文化上の攻撃が、一八四八年以降のパリで生じたのは、偶然ではなかった。マネの筆づかいは絵画の伝統的空間を分解し、その枠組みを変えはじめた。光と色の断片の探究をはじめたのである。ボードレールの詩と内省は、はかなさ（ephemerality）を越え、永遠の意味を求めて制限された場所の政治を探究した。そして、フローベールの小説は、空間と時間におけるかれに特有の物語の構造をともなって、氷のようによそよそしい言葉と結びついた。これらのすべては文化的感覚に関する根源的な断絶のしるしであったのであり、それは不安定性の世界において、そして急速に空間の地平を拡げながら、空間と場所の意味すなわち現在、過去、未来の意味への深刻なる問いを反映していたのである。

### フォーディズムの形成期（一九一四年前後）

一八五〇年以降、鉄道建設における過剰投機が最初のヨーロッパ規模の過剰蓄積の危機を引き起こしていたとき、その危機の解決は、時間的および空間的な転移（displacement）に頼っていた。信用と会社の組織形態、すなわち分配（大規模な百貨店の新しいシステムは、生産における技術および組織上の革新（たとえば、分業における断片化、専門分化、熟練解体の増大）と結びついて、大衆市場における資本循環のスピード・アップに役立った。より力強く、資本主義は、空間を征服する長期間の大量の投資という、途方もない局面に巻き込まれるようになった。電信の出現、蒸気船の発達、スエズ運河建設をともなった鉄道網の拡張、世紀末におけるラジオ通信と自転車、自動車旅行の始まりのすべてが、時間と空間の感覚を根本的に変えた。また、気球旅行や高所からの写真が地球の表面に関する知覚を変える一方、印刷と機械の再生産に関する新しい科学技術は、より広い人の層へのニュース、情報、文化的構築物の普及を可能にした。

外国貿易と投資の非常な拡大は、一八五〇年以降、グローバリズムの道へと資本家の主要な力を開いたが、しかしそれは、第一次世界大戦――最初のグローバルな戦争――においてその極点に達することになった、帝国主義的な征服と帝国主義者間の競争を通してなされた。その途上で、世界の諸空間は脱領土化され、それらが以前にもっていた意味を奪われ、そうして植民地および帝国の行政の都合に応じて再領土化された。相対空間が輸送および通信伝達上の技術革新を通して革新されただけでなく、その空間が含んでいたものもまた、基本的に再秩序化された。世界の諸空間を支配する地図は、一八五〇年から一九一四年のあいだにあった認識をすべて変えた。

合理性はいまや、地図とクロノメーターに助けられた計画以上のなにものかを意味していた。あるいは社会生活のすべてが時間と運動の研究へと従属していることを意味していた。[21]相対主義と遠近法主義の新しい感覚が発見され、空間の生産と時間の秩序化へと応用されることも可能であった。この種の反応の多くは、後にもっぱらモダニストのものであると称されるようになった。一九二〇年以降の〝英雄的な〟モダニズムは、文化の生産の領域内での、地方主義者の感性に対する普遍主義者の感性の頑固な闘い、として解釈できる。英雄的なモダニズムは、ローカリズムとナショナリズムをどのようにして乗り越えることができるのか、そして人間の福祉を前進させるグローバルなプロジェクトのある種の感覚をいかにして回復することができるのか、を示すことを求めた。このことは、空間と時間に関するスタンスの明確な変化をともなった。

アンリ・ルフェーヴルは、つぎのように述懐している。

一九一〇年ごろに、ある特定の空間が粉砕された。それは常識、知識、社会的実践、政治権力の空間であったのであり、従来日常の言説のなかに秘められていたある空間であり、コミュニケーションの環境と回路においてと同様に、まさに抽象的な思想のなかに秘められていたある空間であった。……ユークリッド的かつ遠近法主義的な空間は、参照の体系として消滅してきており、くわえて町、歴史、父性、音調の体系、伝統的道徳のような他の以前の〝共通の諸場所（common places/lieux communs）〟も消滅してきている。これは真に重大なる瞬間であった。[22]

この重大なる瞬間の、すなわちアインシュタインによる一九〇五年の特殊相対性理論と一九一六年の一般相対性理論のあいだの十分に意義深い瞬間の、二、三の局面について思い起こしてみよう。ヘンリー・フォードは、一九一三年にかれのアッセンブリー・ラインを創設している。かれは仕事を細分化しかつそれらを空間上に振り分けて、生産の効率を極大化し、生産の流れをめぐる摩擦を最小限におさえた。時間はそのとき、生産がもつ空間秩序を組織化したり断片化したりすることを通じて設立されたコントロールによって、加速化（スピード・アップ）されうるものとなった。同じ年に、最初のラジオ信号がエッフェル塔から世界へ向けて放たれた。こうして普遍的な公共時間における瞬間の同時性へと、空間を崩壊させる能力が強調された。無線の力はその前年「タイタニック号の沈没」に関するニュースのすばやい伝播によって、あきらかに証明されていた。公的時間は空間をめぐって、以前にもまして同質的かつ普遍的なものになりつつあった。さらに、大規模な輸送システムの組織化と、大都市生活を耐えられるものにする他のすべての時間上の調整もまた、いくらか普遍的でかつ共通に受け入れられた時間感覚が確立されることを前提にしていた。一九一四年に合衆国でなされた三八〇億以上もの電話の呼び出しは、日常的かつ私的な生活への、公的時間と公的空間の介入力を強調した。事実、私的時間への言及が意味をなし得るのは、そのような公的な時間感覚によってのみであった。モダニズムの著作家のなかでももっとも感受性の高い者のうちの一人であったドイツの社会学者ゲオルク・ジンメルが、あれほど説得的に「破滅」の意味について書くことができたのは、このような環境においてであった。

### フレクシブルな蓄積への移行期（一九七〇年ごろから）

空間と時間の利用と意味は、フォーディズムからフレクシブルな蓄積への移行とともに、どのように変わってきたのか。ハーヴェイによれば、一九七〇年ごろからわれわれは、文化的、社会的生活においてと同様に、政治的―経済的諸実践すなわち階級権力の均衡にたいして方向を喪わせ、破壊的であるようなインパクトをもつ「時間―空間の圧縮」の強烈なる局面を体験してきている。フレクシブルな蓄積への移行は、部分的には、生産における新しい組織形態と新しいテクノロジーの急速な展開を通じて成し遂げられたものである。新しいテクノロジーは軍事的優位の追求に起源をもっているけれども、その応用はすべて、フォーディズムの硬直性の回避と、一九七三年に開かれたフォーディズム―ケインズ主義の絶えず鈍痛をともなう諸問題[23]への解決策としての回転時間の加速に、かかわっていた。スピード・アップが生産において達成されたのは、垂直統合へと向かうフォーディズムの傾向を逆転させ、増大する金融の集中に直面してさえ、生産の迂回性の増大を作りだした垂直的脱（あるいは準）統合――下請化、外部化など――への組織の変化においてであった[24]（詳細は前章を参照）。

組織上の他の変化は（たとえば、在庫品を減らす〝ジャスト・イン・タイム〟のような）電子制御、スモール・バッチ生産などの新しいテクノロジーと結びついて、生産の多くの部門で（エレクトロニクス、工作機械、自動車、建設、衣服など）回転時間を減らした。生産における回転時間の加速は、交換と消費において相等しい加速をともなう。コミュニケーションと情報のフローのシステムの改良は、分配技術の合理化（パッケージ化、在庫管理、コンテナ使用、市場へのフィードバックなど）と結びついて、より速いスピードで、市場のシステムを通じて商品を流通させることができるようにした。電子銀行とクレジット・カードは、貨幣の逆のフローのスピードを改良した技術革新の例であった。金融サーヴィスと市場も（取引のコンピュータ化によって）スピード・アップし、世界の株式市場では二四時間が文字通り長時間になった。

消費の領域では、とくに二つの発展が重要である。第一に、マス（エリートに対立するものとしての）・マーケットにおける流行の動員は、消費のペースを加速する手段を提供した。衣服、装身具、装飾だけでなく、より広くライフスタイルとリクリエーション活動（レジャーとスポーツの習慣、ポップ・ミュージックのスタイル、ヴィデオと子どものゲームなど）をめぐっても消費のペースを加速する手段を提供した。第二に、財の消費からサーヴィスの消費（個人、ビジネス、教育、健康サーヴィスから、娯楽、見世物、ハプニング、気晴らしのサーヴィスに至るまで）への移行が生じた。それらのサーヴィスの〝寿命〟は（博物館訪問、ロック・コンサートや映画に出かけること、講義への出席、ヘルスクラブなど）、一台の自動車や洗濯機よりも、はるかに短い[25]。はかない消費サーヴィスの供給への旋回は、資本家にとって意味があるものである。ある特定のイメージに関する消費者の回転時間は、じっさいに、文字通り短時間であり得る（資本循環の観点から、マルクスが最良のものとみなした〝一瞬のまばたき〟の理想へと肉薄している）。多くのイメージは、空間をめぐって、即座に、多量販売されることも可能である。

以上が、「時間―空間の圧縮」の歴史的段階の概観である。ところで、この「時間―空間の圧縮」の歴史がわれわれにたいして根本的に提起してきた問題はなにか。それは、人間や社会にとっての「場所」の問題である。〝グリッド〟を念頭に言い換えれば、近＝現代的な文脈における、「空間の諸実践を通しての場所の構築」の問題である。そして、ハーヴェイによれば、この、近＝現代的な文脈における「場所の構築の問題」への接近には、二つの有効なアプローチが存在する。ハイデガーの現象学とマルクスの唯物論である。「場所の構築」をめぐるこの二つの知的伝統の問題関心はどのようなものであり、それらのあいだには、いったいどのようなちがいや共通性があるのであろうか。分析という同一平面上の、理論分析と現実分析という種差のうち、次節は前者を問題にしており、第四節は後者を問題にしている。

## 3　ハイデガーとマルクスの問題関心における同一性と種差

### ハイデガーと場所

「場所は存在の真実のありかである（Place is the locale of the truth

of Being.)」と、ハイデガーは言っているが、多くの著作家たち（とくに現象学的な伝統のうちにいる人びと）は、ハイデガーからこうした言説をしばしば引用する。ここではまず、ハイデガーの場所をめぐる議論[26]がどのようにして開かれたのかを簡単にみることにしよう。つぎに引用する文章は、ハイデガーにおいて場所をめぐる議論が生じてくる文脈を、比較的よく説明するものである。

> 時間と空間におけるすべての距離は収縮している…。だが、すべての距離の狂乱した廃止は近さ（nearness）をもたらさない。というのも、近さは距離の不足からなるものではないからだ。映画の映像やラジオの音のおかげで、距離の点でわれわれからそれほど遠く離れていないものが、われわれからはるかに遠いままであり得る。距離の点でわれわれから計算できないものが程遠いものが、われわれに近いもの（near to us）であり得る。…すべてのものはいっしょくたにされて一様な距離のなさ（uniform distancelessness）へと変わる。…人の心を不安にさせ、したがって恐れさせるものはなにか。それは、すべてのものが存在する〝様式〟のなかに、すなわち距離の一切の征服にもかかわらずものの近さ（nearness of things）が不在のままであるという事実のなかに、みずからを示し、みずからを隠す。[27]

ここに示されているものは、空間の障壁の除去における恐怖の感覚である。ハーヴェイに従えば、これは、〝時間―空間の圧縮の恐怖〟である。この恐怖は、日常生活のなかに避けがたく存在する。なぜなら、人間（mortals）はすべて〝もののなかのかれらの滞在によって空間を通して生き残る〟からであり、それゆえ、もののなかにある空間諸関係の変化によって永続的に脅かされているからである。物理的な近さ（physical nearness）は、それとともに、ものの適切な理解をかならずしももたらさないし、ものを適切に評価する能力やものを適切に割り当てる能力さえもたらさない。空間的諸関係における変化の達成は商品化と市場交換の産物である、ということを、ハイデガーは認識している。かれは、つぎのようにも議論している。

> 科学技術支配の対象的性格は、地球上を、より一層はやく、無慈悲に、そして徹底的に拡がっている。それはすべてのものを、生産過程において生産可能なものに確立するだけではない。それはまた、生産の産物を市場を通して配達する。傲慢なる生産において、人間の人間らしさ（humanness）と物の物らしさ（thingness）を、市場のもつ計算された市場価値へと分解する。その市場は世界市場として地球全体に及ぶだけでなく、意思に対する意思として存在の本質において取引（trade）し、したがって存在するもののすべてを、数の必要がないそれらの領域にもっとも頑固に支配力を振るう計算という取引きへと従属させるのである。[28]

## 商品物神論との関係──〝住むこと〟への回帰

この文章にみられる関心は、マルクスの商品物神論により密接な関係があるものである。しかしながら、ハイデガーは、ここで述べられていることのすべてに、文字通り特殊なやり方で反応する。かれは世界市場から撤退し、瞑想や黙想を通じて人間の実存と意味の真実を発見するための道を求めるのである。かれが焦点をあてる概念は、〝住むこと（dwelling）〟という概念である。かれはそれを、ブラック・フォレストの農家《ファームハウス》生活の描写[29]をもって例証する。住むこととは、人間と物とのあいだのある精神的な統一体へと到達する能力である。〝住むことができるときにだけ、われわれは唯一打ち建てることができる。〟だが、建造物は、〝それらがそれら自身のために純粋に追求され、獲得されるときには、それ自身の本質にとどまることを否定しさえするかもしれない〟とハイデガーは主張する。[30]

近代世界においては、より深刻な故郷喪失性（homelessness）が見出される。多くの人びとはかれらのルーツ、すなわちかれらの母国との結びつきを喪ってきた。物理的に場所のなかに留まっている人びとでさえ、コミュニケーションの近代的な手段（たとえば、ラジオやテレビのような）の襲撃を通じて、故郷喪失者（ルーツを喪った者）になるかもしれない。〝根づいていること（rootedness）、すなわち人間の土着性は、今日、その核心部において脅かされている〟。もしわれわれが住む能力を喪うならば、そのときわれわれはわれわれのルーツを喪い、われわれ自身が精神的滋養のすべての源泉から切り離されていることを見出すだろう。実存の貧困化は、計算できないものである。芸術のあらゆる純粋な作品の開花は、土着の魂におけるそのルーツに依拠している。こうハイデガーはいう。〝われわれは植物である。われわれ自身にたいしてそれを認めることを好むと好まざるとにかかわらず、エーテルのなかで花を開き実を結ぶために、われわれのルーツをもって地上に生じなければならない植物である〟。[31]芸術は、そのようなルーツを剥奪されて、それ以前の自己の意味のないカリカチュアに還元されている。問題は、それゆえ、意味をもったルーツが確立されうるような生存能力のある母国（homeland）を再発見することである。ハイデガーにとって、場所の構築はルーツの再発見、すなわち住むことの芸術（the art of dwelling）の再発見に関連すべきものなのである。

さらに、場所は、住むことの真正性（authenticity of dwelling）が空間の変容と場所の構築の政治的─経済的諸過程によって掘り崩されつつある程度に応じて、より重要になる。ハイデガーが提出したもの、そして多くのそれに続く著作家たちがかれから引用してきたものは、そのようなある種単純なる資本主義的（あるいは近代主義的）な論理への抵抗ないしはその拒否の可能性であった。それは当然、社会生活への（あるいは、ハーバマスを含めて多くの著作家たちが〝生活世界〟と呼ぶものへの）科学技術的合理性、商品化と市場価値、資本蓄積の貫徹の増大が、「時間─空間の圧縮」をともないながら、場所のオールタナティヴな構築に焦点をあてた諸抵抗の増大をおそらく引き起こすであろう、という議論につながる。今日、多くの急進的かつエコロジカルな運動のなかにあるコミュニティの真正な感覚や自然に対する真正な関係の探究は、正確にはそのような感性の推進力によるものである。

## 同一性と種差——場所への根づきの感覚をめぐって

だが、ハイデガーは、直接に感覚的で瞑想的な経験の世界を越えでる道徳的責任のあらゆる感覚を、全体として拒否する。かれは、国際分業を媒介とした商品、貨幣、科学技術、生産のいかなる取り扱いをも、拒否する。かれは、ものの経験の本質的で内在的な質に関する諸問題に答えるために、非常に狭い経験的な世界にかれの視野を制限するのである。かれが主張するのは、住むことおよび場所と環境の経験の特殊性の非還元性である。そう主張することにおいてハイデガーは、あきらかに多くの人びとに力強く影響を与えている近代的生活の、コミュニティ、ルーツ、住むことに関する欠如の感覚を呼び覚ます。問題は、そのような感覚を、強烈にナショナリストのもの（したがって、ハイデガーのばあいはナチズムに対する尊重）ではなくとも、排他的かつ地方主義的な両方の性格をもつ共同体主義の解釈や政治に容易に役立てることである。ハイデガーは、他のもの（物や人）との媒介された社会的関係性（市場や他のあらゆる媒体を通しての）を、あらゆる種類の真正性があらゆる方法で表出したものとみなすことを拒否する。じっさい、この種の媒介された関係性はアイデンティティや自己の真実の感覚にとって脅威になると感じられている。他方、根なしに貢献したりその気味のあるものは、徹底的に拒絶される（このことは、ユダヤ人の国外離散《ディアスポラ》や根のなさへのかれの敵対心を説明するのだろうか）。経験は、ある特定の範囲を超えては伝達できないものになる。かれによれば、本物の芸術と純粋に美的な感覚は、場所への強力なる根づきからのみ生じる。

一方、マルクスによる貨幣と商品生産の世界の分析は、その複雑な社会諸関係や普遍的な質のすべてをともないながら、道徳的、経済的、政治的な責任の等しく普遍的な領域を定義づける。それは疎外と搾取によって性格づけられているけれども、グローバルなものであり、政治的—経済的な戦略によって救われなければならないものである。このことは、市場のフェティシムズのなかにある日常の経験的な世界とは無関係である、ということを意味するのではない。じっさい、正確にマルクスの論点は、そのような経験は非常に本当らしくあるので、われわれは永続的にそれらが存在するもののすべてであるとみなすように誘われ、そうすることで全体としてそのフレームのなかで、存在、道徳的責任、政治的参画に関するわれわれの感覚を基礎づけるように誘われる、というところにあった。マルクスはそのような枠組みを越えることを求め、かれが初期の著作で言っているように、個人が地球上の他者とのアソシアオンを通してのみかれらの十全な個体性（individuality）を実現するような類の政治によって、〝類的存在（species being）〟の感覚を構築しようと試みる。これはよく知られているように漠然としたものであり、不確かなレトリックである。しかしそれが示唆していることは、われわれは後戻りできないということである。すなわち、すべての人びとがグローバルな経済に巻き込まれることによって達成されてきた社会性の世界を拒否できないということであった。われわれはこの達成物の上になにものかを打ち建てるべきであり、それを疎外のない経験へと変革しようと求めるべきである。資本主義的発展の論理を通して、構築された諸場所のネットワークは、たとえば、拒絶されたり破壊されたりするよりも、むしろ進歩的な諸目的のために変革され、利用されなければならない[32]。

ハイデガーとマルクスのあいだにある問題関心の同一性と種差、あるいはハーヴェイ流に言って共通性と差異（commonality and difference）は、つぎのように要約されるだろう。ハイデガーは、真正のコミュニティを、言説の領域で単独に構築されるものとしてよりも、むしろ住むことを通して物質的にも物理的にも特別な場所に根づいたものとしてみることを主張している。こうしたハイデガーの主張は、〝解釈的コミュニティ〟の創造を唱えるポストモダンな思考にも、幾分通じるところがある。「しかし」と、ハーヴェイはいう。「もしわたしが正しく、そしてモダニズム（いま一般的に解釈されているような）とポストモダニズムはモダニティの長い歴史のなかの弁証法的に組織された諸対立であるならば（表2参照）[33]、そのときわれわれは、これらの議論を相互に排他的なものとしてではなく、他方を含んだ諸対立として考えることからはじめるべきである[34]」。こう考えることで、ハイデガーとマルクスとのあいだにある同一性（あるいは共通性）もまたみえてくるのである。マルクスは、フェティシズムのなかにある経験を、十分に信ずべきもの（authentic）ではあるが表層的かつミスリーディングなものであるとみなした。一方、ハイデガーは、商品交換と科学技術的合理性が支配するその同じ世界を、拒絶されなければならない日常生活の非真正性（inauthenticity）に根づいたものであるとみている。問題の根の知覚に関するこの同一性は（マルクスにはとくに資本主義的なものとして特殊化され、ハイデガーには近代主義的なものとして［おもに、資本主義的なものと社会主義的なものの両方として］特殊化されたけれども）、場所に関するよりよい理解を再構築するための共通の土台を提供するものである。

## 差異の弁証法的な諸対立

ところでこのように、諸差異を和解しがたい矛盾としてよりも、むしろモダニティとポストモダニティの両方の状態に固有の弁証法的な諸対立として理解するとき、われわれの世界理解は、いったいどのようなものになるのか。

答えは簡単である。われわれは場所における感覚的な接触と個人間関係的な接触のあいだにある普遍的な緊張の世界に生きており（時間的な諸経験が開かれるその場所の質に関する強烈なる知覚をともなって）、そしてわれわれと、たとえば今朝テーブルの上にわれわれの朝食をおくのに直接、間接の役割を果たした他の何百万という人びととのあいだに存在する義務と物質的な結合を、多かれ少なかれ認識しているもうひとつの知覚の次元

表２　フォーディズム的モダニティ vs. フレクシブルなポストモダニティ，
あるいは資本主義社会全体における対立的諸傾向の相互浸透

| フォーディズム的モダニティ | フレクシブルなポストモダニティ |
|---|---|
| 規模の経済／支配的な記号の体系／ハイアラーキー<br>同質性／労働の細かな分割［細部にわたる分業］ | 範囲の経済／個人言語／無秩序<br>多様性／労働の社会的な分割［社会的分業］ |
| パラノイア／疎外［状態］／症状<br>公共住宅／独占資本 | 精神分裂病／変わり者［になること］／欲望<br>ホームレスの状態／企業家精神主義 |
| 目的／設計・構想／専門知識の蓄積／限定性<br>生産資本／普遍主義 | 戯れ／チャンス／消尽／有限性<br>擬制資本／地域主義 |
| 国家権力／労働組合<br>福祉国家主義／大都市 | 金融権力／個人主義<br>新保守主義／反都市化 |
| 倫理学／貨幣商品<br>教父／物質性 | 美学／勘定貨幣<br>聖霊／非物質性 |
| 生産／独創力／権威<br>ブルーカラー／前衛主義<br>利益集団による政治／意味論 | 再生産／模倣作品／折衷主義<br>ホワイトカラー／商業主義<br>カリスマ政治／レトリック |
| 中央集権化／全体化<br>総合／団体交渉 | 地方分権／脱構築<br>反定立／地域契約 |
| 操作的な経営・管理／支配的な記号の体系<br>男根崇拝の／画一的な仕事／原点 | 戦略的な経営・管理／個人言語<br>両性具有の／多様な仕事／痕跡 |
| メタ理論／物語／深さ<br>大量生産／階級政治<br>技術的・科学的合理性 | 言語ゲーム／イメージ／表層<br>多品種少量生産／社会運動<br>多元主義的他者性 |
| ユートピア／贖罪芸術／集中<br>労働の専門分化／集団的消費 | 異所性／見世物／分散<br>フレクシブルな労働者／象徴資本 |
| 機能／表示／シニフィアン<br>製造業／プロテスタントの労働倫理<br>機械的再生産 | 虚構／自己言及／シニフィエ<br>サーヴィス／臨時契約<br>電子工学的再生産 |
| 生成／認識論／規制<br>都市再開発／相対空間 | 存在／存在論／規制緩和<br>都市の再活性化／場所 |
| 国家介入主義／工業化<br>インターナショナリズム／永続性／時間 | レッセ・フェール／産業の空洞化<br>地政学／短命／空間 |

・Harvey. D., op.cit., 340-341 より。
※［　］内の挿入は、引用者による。

の世界に生きている。より一般的な言い方をすれば、空間的諸関係が特別な諸場所において続いているものから独立して理解されない以上に、ある場所において続いているものは、その場所を支えている空間的諸関係の外側では理解され得ない、ということである。そして、ハーヴェイはこの点を強調するのであるが、もしマルクスが正しく、想像と表象はいつも生産に先立つのであれば、[35] そのときハイデガーの見解は、物質的な体現を待っているまさにひとつの可能な種類の想像された場所になる。ハイデガーは、素朴な言語の長く深い過去と外見上は遥かなる永続性を呼び覚ますだろう。しかし、かれはまた、ブラック・フォレストの農家生活においてつくられた世界へと後戻りすることは不可能であり、その時間と場所にふさわしい新しい種類の〝真正の〟コミュニティを建設するために、前進する必要があることをも認識していた。この点も、マルクスの議論との同一点である。ただし、ハイデガーのばあいには、ナチスの国家社会主義がその当時展望を与えるようにみえたやり方においてではあったが。

さて、資本主義の長い歴史地理学は空間的諸拘束からわれわれを解放してきたので、われわれは既存の場所から独立したコミュニティを想像し、以前には不可能であったようなやり方でコミュニティに住居を提供する新しい場所の建設を企てることができるようになった。トマス・モアやフランシス・ベーコン以後のユートピアの歴史は、その有益な論証点である。しかしながら、いつでも困難なのは、そのような変革の諸実践と、場所への付着が生成しうる親しみやすさ、安全性、深い所属感覚を維持しようという欲望とを、和解させることである。そこで第五節では、「時間—空間の圧縮」をめぐって物質的な空間の諸実践（経験）、空間の諸表象（知覚）、表象の諸空間（想像）がどのように絡まり合いながら、文字通りの場所が構築され、この和解が可能になるのかを、ニューヨーク市のタイムズ・スクエアの事例を通してみてみよう。

## 5　空間の諸実践を通しての場所の構築
## ——タイムズ・スクエアの事例

### 経験、知覚、想像の相互作用

「場所」の構築とその経験的な質にともなわれる物質的な諸実践と諸経験は、場所が表象され、想像されるその両方の方法と弁証法的に関係づけられなければならない、ということはすでに述べた。そしてこのためにわれわれが、〝ルフェーヴリアン・マトリックス〟へと戻る必要があることも、繰り返し述べた。それは、場所が物質的な人工物としてどのように構築され、経験されるかについて熟考する手段となるからである。あるいはまた、場所が言説おいてどのように表象されるのか、そしてそれはひるがえって表象されたものとして、すなわち〝象徴的な場所〟として現代文化においてどのように使用されるのか、について熟考する手段となるからである。こうして、場所の構築における経験、知覚、想像のあいだの弁証法的な相互作用が関心の的になる。しかし、われわれはまた、第一節の〝マトリックス〞の説明のところで述べたように、場所の距離拡大（存在／不在および空間のスケール）、領有、支配、生産のあいだの諸関係をめぐっても同時に徐々に進む必要がある。ハーヴェイによれば、この作業は、〝マトリックス〞が階級、ジェンダー、コミュニティ、エスニシティ、あるいは人種という社会諸関係が作用する単なるフレームワークを提供するときにはどちらかといえばひとの気力をくじくものであるが、他方、それは、一方でマルクスのアプローチとハイデガーのアプローチに表現された関心のあいだにある種の橋を見出しながら、一貫した方法で場所の構築の社会諸過程の複雑な豊かさに取り組むための、唯一の方法である。タイムズ・スクエアの事例で敷衍しよう。

### 不動産投機によるタイムズ・スクエアの創造と変容

ニューヨーク市のタイムズ・スクエアは、一八九〇年代に、新しい娯楽地区の創造をめぐる不動産とビジネス投機の純粋なる部分として建てられた。一九〇〇年代の初頭には、その名前が、ちょうどスクエアに移転してきていたニューヨーク・タイムズ社によって強引に通された（結局、その巨大な競争相手であるニューヨーク・ヘラルド社は、さらにダウンタウンのヘラルド・スクエアに立地した）。タイムズ社は、宣伝用の仕掛けとして、花火による盛大な新年前夜の祝賀を組織し、そして究極的には、舞踏会という品位を落とす祝賀を組織した。何千もの人びとが、その日だけでなくその年を通してそこで娯楽を試し、人びとを観、食べ、最新のファッションを調査し、ビジネスからあらゆるものに関するゴシップや情報を集めるためにそこへやってきた。そして不動産は、娯楽の最新の潮流や高名な人びとの私生活を取り扱った。まもなくそのスクエアは、それ自身群衆を引き込んだ、広告のスペクタクルの中心地になった。タイムズ・スクエアは、要するに、場所の構築の政治経済学において、商業主義的で、けばけばしく、煽動的で、投機的であり得るようなすべてのものの表象として、創造されたのである。それは、ハイデガーがいう、ブラック・フォレストにおけるあの真正に住まうことからは遠いものであった。そして少なくとも表面上は、それはたしかに、もっとも模造的なものとしての、あるいは文芸批評家がそう呼ぶのを好むであろうように、まったくの〝偽物の場所〞としての、資格を与えるべきものである。だが、それはまもなく、ニューヨーク市のシンボリックな中心になり、そして一九五〇年代以降のその衰退（主としてテレビの影響のもとでの）までは、多くのニューヨーカーの一体感やコミュニティ感覚の焦点であった。タイムズ・スクエアは、すべての人びとが祝い、悲しみ、そしてかれらの怒り、喜び、あるいは恐怖を共同で表現するために集まる、〝文字通りの〞場所になったのである。政治経済学の様式において生産され、支配されたが、そこは、まったくことなった流儀でもって大衆によって占有されたのである。タイムズ・スクエアは、それが物質的な社会的諸実践の空間として純粋に投機的でかつ商品化されたスペクタ

タイムズ・スクエア

クルの性格のすべてをもっていたとしてさえ、想像に対するある特徴的な支配力をともなった、表象の真正な場所になったのである。では、どのようにしてこのようなことが可能であったのか。

　タイムズ・スクエアは、五つの地区と無秩序に拡がる郊外をもつ近代的なニューヨーク大都市圏が形づくられはじめるにつれて、目立つようになった。その興隆は、不動産投機のすさまじいブームと一致したのであり、その都市内での人びとのあいだの空間の諸関係の性格の全体を変えた大量輸送システムの到来と一致したのであり（一九〇一年に、タイムズ・スクエアまで地下鉄がきた）、情報と貨幣の流れに関する、すなわちコマーシャリズムと大衆消費財としての流行や娯楽のマーケティングに関する、インターナショナルおよびナショナルな通信伝達の新しい諸システムの成熟（とくにラジオ）と一致したのである。これは、スティーヴン・カーンも示唆しているように[36]、急激な「時間—空間の圧縮」の一局面であった。そして多くのニューヨーカーでさえもが、かれらのアイデンティティの感覚を失うように思われた瞬間であった。急激な都市成長のストレスは、ニューヨーカーたちを、急激な変化のただなかでときどきある種の安全性と永続性の感覚を得ていた脆弱な移民と近隣住民の諸制度の土台をいわば永続的に掘り崩しながら、〝走らせ〟続けた。しかし、その古き良き時代のタイムズ・スクエアに関して非常に特別であったと思われることは、タイムズ・スクエアが社会のすべての階級を混ぜ合わせる公共空間である、ということであった。階級のない（あるいはどちらかといえば複数階級の）場所として、それは差異（difference）を認識するが統一（unity）もまた称賛するような、コミュニティ感覚の焦点であるためのポテンシャルをもっていたのである。高級売春婦たちはその貴族精神をもって肩を擦り合わせ、あらゆる種類の移民はそのスペクタクルを分かち合うことができ、そして貨幣の民主主義は、受けもたれているようにみえた。だが、このばあいのコミュニティは、顔と顔を見合わせるようなかたちでの（face-to-face な）相互作用によって形づくられたものではなかった。すなわちそれは、タイムズ・スクエアのスペクタクルに直面した共同存在という行為（act of a common presence）によって達成されたのである。そしてそのスペクタクルというのは、恥知らずにも貨幣のコミュニティとすべてのものの商品化に関するものであった。ニューヨークのタイムズ・スクエアは、たしかに貨幣のコミュニティを表現した。しかし、それはまた、まさに共同の記憶（collective memory）におけるその独特のシンボリックな意味と場所のゆえにこの特別な公共空間を変え、そしてそれを再開発するための計画を今日に至るまでも争うであろう何百万ものニューヨーカーの、心《プシューケー》と感情におけるコミュニティという、まったく異なった概念の表象にもなったのである。

## ルフェーヴリアン・マトリックス再考

タイムズ・スクエアの事例から読み取ることができるように、〝ルフェーヴリアン・マトリックス〟による場所の構築の分析の強みは、正確にはつぎのことにある。すなわち、それは物質性、表象、想像を分離した世界であるとみなすことを拒否し、そしてひとつのいかなる領域も他の領域にたいして特権化することを拒否し、他方、同時に、活動のすべての形態の究極の重要性が記録されるのは、日常生活の社会的実践においてのみである、と主張するところにある。〝マトリックス〟は、物質的な基礎づけが依然としてその力と特徴を維持しているような場所の構築の諸過程の吟味を可能にする。しかし、その過程において、われわれはまた、場所の構築の諸過程を通しての政治的動員は物質的諸活動にたいしてと同様に表象的かつシンボリックな領域の諸活動にも負っているということも、理解するのである。場所への忠誠（loyalty to place）は政治的意味をもち得るし、もっている。その場所にいる人びとの日常的な諸実践がほんの少ししか共同性（commonality）を示さない状況のもとにあってさえ、そうなのである。タイムズ・スクエアの例で言えば、〝ニューヨーカー〟のようなカテゴリーがその場所を占有している数ヵ国語を話す何百万もの人びとにたいして意味をなすことができるという事実は、その現場においてと同様に人びとの心《プシューケー》に関連して、場所の構築の諸活動を通して動員され、行使され得る政治的な力を正確に証明しているのである。そして、振り返れば、あのパリ・コミューンの勃興時にもそのような力が作用したのである。

そこには諸個人が諸場所に投資し、その結果、そのような投資のおかげでかれら自身を共同に力づけるような方法でかれら自身の品質証明を見出すような、物質的、表象的、象徴的な諸活動の弁証法的な分類を導く、場所の構築に対する政治が存在する。その投資は、血、汗、涙、労働に関係する（触知可能な類の）ものでありうる。あるいは、場所の特別な質やヴァナキラーな伝統の維持を通じての、感情的な忠誠の、言説による構築でありうる。あるいは、場所を称賛したり場所のシンボルになるような（建造環境の人工物をともなっているような）、新しい芸術作品でありうる。そして、コミュニティ、国民（nation）などのような他の政治的な諸価値の場所との絡まりあいが、その作用をはじめるのは、まさにこの領域においてなのである。

だが、このような場所の構築の活動は、〝蓄積のための蓄積〟という目標が、その政治的、社会的あるいは生態学的結果がたとえどんなものであろうとも挑戦され、チェックされないできたような世界において、続いている。また、現在、場所に対する力の分散化の膨大な徴は存在するが、同時に、多国籍企業や金融制度における力の再集中の方向への強力なる運動も存在している。[37] この後者の力の存在は、以前にないスケールでの諸場所に対する破壊、侵入、リストラクチュアリングをこの二〇年のあいだ意味してきた。現実的な諸場所の生存能力は、資本主義的発展内での、空間の諸関係と時間の諸基準のラディカルな再組織化と結びついた、生産、消費、情報の流れ、コミュニケーションの物質的諸実践を変えることを通して、強力に脅かされているのである。

## むすびにかえて
### ——対立する二つの力と場所の想像の問題

アリストテレスは、『自然学』第五巻第一章において、対立する二つの力とその中間にある力についてつぎのように述べている。「変化というものは二つの正反対のものの中間からはじまる。というのは、変化する際に中間のものは、両極端のいずれにたいしても反対のものとして役立つからである。それゆえ、中間のものは両極端にたいしてある種反対のものであり、両極端は中間のものにある種反対のものであるとみなしてよいだろう」。ハーヴェイによれば、すでに触れたように、モダニズムとポストモダニズムの対立は「モダニティの長い歴史のなかの弁証法的に組織された諸対立」「資本主義社会全体における対立的諸傾向の相互浸透」と把握される。そこでは、対立するものの中間形態は時とばあいによって異なり、不明瞭である。しかし、〝ルフェーヴリアン・マトリックス〟による場所の構築の分析に関して言えば、それはむしろ逆で、強調点は明白である。中間形態は「空間の諸表象（知覚）」の領域であり、「空間の領有と利用」の領域である。この二つの領域とそれらの両極端（3×3のグリッド＝「空間の生産」のグリッド、とみて）との関係の変化から、「新しい空間の生産」ははじまる。

ハーヴェイはいう、「場所は、…ポストモダニティの発見などではない」[38]。場所となわばりの政治、地域アイデンティティと民族＝国民（nation）の政治、地域と都市の政治はすべて、資本主義の地理的不均等発展にともなって存在してきた。またそれらは、資本主義の地理的不均等発展のなかできわめて重要な存在であった。「場所」の再発見は、その多層な意味のすべてをともなって、現在、文化的大衆のレトリックのなかで、そしてかれらのレトリックを通じて政治のレトリックのなかで、重要なものになっている。そのことは、世界がある様式で変わりつつあり、その結果、場所の政治経済や文化政治が過去においてよりも現在より重要なものとなっている、という事実よりも、重要であるように思われる。だが、じっさい、後者の命題もまた真実である。われわれは、資本蓄積を継続させるために場所の安全性が脅かされ、「世界地図」が命がけの投機的なギャンブルの一部分として再調整されてきたような、「時間―空間の圧縮」のすさまじい時期に直面しており、ここ二、三年われわれが晒されてきたリストラクチャリングの真只中に、依然としているからである。

　こうして、場所の安全性に関する喪失感覚が、オールタナティヴの探究を促進することになる。場所において想像もされ、触知可能でもあるようなコミュニティの創造の追求がなされる。他方、現実に場所の種類の創造の仕方が、政治的な生き残りにとってと同様経済的な生き残りにとっても、至上命令となっている。「ボルチモア、シェフィールド、リールの市長と話してみるがいい。そうすれば、あなた方は、このこと［＝どのような場所を創造するかということ］がこの二、三年のかれらの文字通りの専心事であったことに気づくであろう。そして、ここでもまた、文化的大衆の政治はかなりの重要性を帯び得る」と、ハーヴェイは書いている。「もし、マルクスが主張するように、われわれはすべての労働過程の終わりにわれわれの最初の諸想像の産物であるような結果を手にするのであれば、そのとき、われわれが未来のコミュニティと場所をどのように想像するかということは、われわれの未来が何であり得るのかということの第一歩になるのである」[39]と。そして、そのような観点から、場所の政治―経済上の政治と、文化上の政治のあいだの争いは、モダニズムとポストモダニズムのあいだの争いと同様に、場所の想像の問題に関して多くを教えてくれるのである。ここでは、「精神のない専門人と心情のない享楽人」、すなわち近代における人間の生命活動の社会的な分割と結合を担う者たちは、けっして文化発展の最後に現れる「末人たち（letzte Menschen）」ではないのである。

## 注

（1）Baudelaire, C., 1923, p.221. 邦訳 1964 三〇五頁。

（2）Benjamin, W., 1982, pp.50-51. 邦訳 1993 一四頁。

（3）これは最初、ラディカル地理学の雑誌『アンティポード』第一九巻第三号（1987）に掲載されたハーヴェイの論文「都市化を通じてのフレクシブルな蓄積―アメリカの都市における〝ポストモダニズム〟の考察」のなかで、以下のようなかたちで表現されていた（表3参照）。また、ハーヴェイの既発表論文を再編集した『都市の経験』（1989a）のなかでも、同じかたちで再提示されている。

（4）Harvey, D., 1973=1980, 1982=1989, 1990, 1985=1991.

（5）Harvey, D., 1990, p.422.

（6）注（3）で紹介した1987、1989aのものに、加筆修正がくわえられている。もっとも大きく変わったのは、〝グリッド〟の横欄に「空間の生産」の次元がつけくわえられたことである。

（7）「表象の諸空間＝想像」の部分がそれにあたる。これは従来のマルクス主義ではイデオロギー分析の領野に該当するが、それとの決定的なちがいは、社会形成にあたってより肯定的なモメントを読み込もうとするところにある。

（8）Tuan, T.F., 1990, p.435.

（9）ハーヴェイはこう書いているが、じっさいのルフェーヴルの表現は、知覚されたもの perçu ―理解されたもの conçu ―生きられたもの vécu の、空間的には空間の実践 pratique de l'espace ―空間の表象 représentation de l'espace ―表象の諸空間 espaces de représentation の、三部構成 triplicité になっている。この点に関しては、ルフェーヴルによる「空間の実践」

**表3：空間の諸実践の“グリッド”α**

| | 近接性と距離拡大 | 空間の領有と利用 | 空間の支配と制御 |
|---|---|---|---|
| 物質的な空間の諸実践（経験） | 財、カネ、ヒト、労働力、情報のフローなど；輸送＆通信伝達のシステム；市場と都市のハイアラーキー；凝集体 | 都市の建造環境；都市＆他の名称の“なわばり”の社会諸空間；通信伝達＆相互扶助の社会的ネットワーク | 土地の私的所有、国家＆行政の空間分割；限定的なコミュニティ＆近隣住区；排他的なゾーニン"グ＆社会的制御の他の形態（治安維持と監視） |
| 空間の諸表象（知覚） | 距離の社会的、心理的、物理的な測定；地図の作製；“距離の摩擦”の諸理論（作用力最小限の原理、社会物理学、申し分のない・中心的な場所の範囲、＆他の形態の立地理論） | パーソナルな空間；占有された空間のメンタル・マップ；空間のハイアラーキー；諸空間のシンボリックな表象 | 忘れられた諸空間；“領土に関する命令”；コミュニティ；地域文化；ナショナリズム；地政学；ハイアラーキー |
| 表象の諸空間（想像） | “メディアはメッセージである”空間の取引の新しい諸様式（ラジオ、T.V.、映画、写真、絵画など）；“趣味”の拡散 | 民衆の見世物—街頭の示威運動、暴動；民衆の見世物の場所（ストリート、広場、市場）；図象とらくがき | 組織された見世物；モニュメンタリティ＆儀式の構築された諸空間；シンボリックな障害と象徴資本の暗号 |

［出典］ルフェーヴル著『空間の生産』（1974）に、部分的にインスパイアされた。
・Harvey, D., 1989a : 256-278 を参照。

「空間の表象」「表象の諸空間」の定義づけも含めて、Lefebvre, H., 1974, pp.42-43, 48-57 を参照のこと。

（10）Harvey, D., 1989b, p.219.

（11）〝マトリックス〟をじっさいの分析に応用する際には、どの程度この力関係を析出できるかがポイントになってくる。第四節で紹介した、タイムズ・スクエアの事例分析の焦点も、この点である。

（12）この点に関して、ハーヴェイは、フランスの社会学者ピエール・ブルデューの議論を一度ならず参照している。かれは、つぎのように言っている。「かれ［＝ブルデュー］は、〝知覚、評価、行動のマトリックス〟が、一時的にかつ同時に〝無限に多様な仕事を達成する〟ように柔軟に作用させせられ、他方では、同時に、それが〝最終審級において〟（エンゲルスの有名な言葉）〝客観的な構造〟の物質的な経験から生み出され、そしてそれゆえ〝当該社会構成体の経済的基礎から〟生み出されることが、どのようにして可能であるのか、について説明を与えている。媒介環は、〝ハビトゥス（habitus）〟という概念によって提供される。ハビトゥスとは、〝諸実践を生産する〟ような〝調整された即興の永続的に設置された生成原理〟であり、その〝諸実践〟が翻って、最初にハビトゥスの生成原理を生産した客観的諸条件を再生産する傾向があるようなものである。…ブルデューの結論は、…想像されたものの、経験されたものに対する力への制約を、非常に印象的に描いている」（op.cit., p.219）。この論点に関しては、本書の「まえがき」も参照。

（13）〝距離拡大 distanciation〟に関して、ハーヴェイは、イギリスの社会学者であるアンソニー・ギデンズの著書『社会の構成』（1984）のpp.258-259 を参照するようにすすめている。そこには、ギデンズが提起する〝時間—空間の距離拡大 time-space distanciation〟という概念は直接的なかたちで権力の理論に結びつくこと、そして時間と空間をめぐる社会諸システムのいかなる調整も必然的に二つの型の資源、すなわち配分的資源（allocative resources）と権威的資源（authoritative resources）の一定の組み合わせをともなうことなどが書かれている。

（14）Harvey, D., op.cit., p.222.

（15）Harvey, D., op.cit., p.240.

(16) Harvey, D., op.cit., p.240.
(17) Harvey, D., op.cit., p.240.
(18) Harvey, D., op.cit., p.249.
(19) Harvey, D., op.cit., p.244.
(20) Harvey, D., op.cit., p.261.
(21) フレデリック・テイラーの工場へのストップ・ウォッチの導入による「単位時間の研究」(Taylor, F. W., 1903=1969) などを参照。
(22) Harvey, D., op.cit., p.266, または Lefebvre, H., op.cit., p.34. ここでは、ハーヴェイの訳文に従った。
(23) フォーディズム―ケインズ主義システムの崩壊の合図のひとつは、USドルの金との兌換性に関するブレトン・ウッズの合意の崩壊であり、変動相場制というグローバルなシステムへの移行であった。一九七三年以降、貨幣は貴金属と公的なあるいは触知可能な関連をもはやもたなくなり、そのためにあらゆる他の触知可能な商品との関係をもたないという意味で、〝脱物質化され〟てきた。価値を表象する確実な手段としての貨幣の崩壊は、それ自体、先進諸社会においてある表象の危機を創造してきた。それは「時間―空間の圧縮」の問題によってさらに強化され、危機としての重みを増してきた。
(24) フォーディズム以降の垂直的準統合の諸形態と、そのトランスナショナルな展開が生み出す諸問題については、拙稿「アフター・フォーディズム時代の空間的諸形態」(1992) および本書第6章を参照されたい。
(25) 時間に関して言えば、フォーディズム時代の典型的な商品である自動車や洗濯機は「時間節約型」であり、ここに述べられたような最近の諸々の商品は「時間消費型」である。この点に関しても、前掲の拙稿および本書第6章を参照されたい。
(26) これは後期ハイデガーに属する議論である。
(27) Heidegger, M., 1971, p.165.
(28) Heidegger, M., op.cit., pp.114-115.
(29) ドイツ南西部の森林地帯であるシュヴァルツヴァルト[=ブラック・フォレスト]の農家生活の風景は、ハイデガーが〝住む〟ということを考える際の原点であった (Heidegger, M., op.cit., p.160 参照)。
(30) Heidegger, M., op.cit., p.156.
(31) Heidegger, M., 1966, pp.47-48.
(32) マルクスの社会理論については諸説紛々あるが、少なくともこれまでの日本では、こうした見方は正当なものとはみなされてこなかったように思う。
(33) Harvey, D., op.cit., pp.340-341.
(34) Harvey, D., , pp.14-15.
(35) Marx, K., 1967, pp.177-178. 邦訳 1968 二三四頁。
(36) Kern, S., 1983=1993 参照。
(37) Harvey, D., 1989b, op.cit., 参照。
(38) Harvey, D., 1993b, op.cit., p.27.
(39) Harvey, D., op.cit., pp.27-28. この後の方の、想像の役割をめぐってハーヴェイがマルクスからよく引用する部分は、全集刊行委員会訳『資本論』では、つぎのようになっている。「労働過程の終わりには、そのはじめにすでに労働者の心象のなかには存在していた、つまり観念的にはすでに存在していた結果がでてくるのである」(1968 二三四頁)。なお、引用に際して表現を若干改めた。

＊引用文中の[ ]は原文にあるもの、[=]は引用者による挿入である。

# 第8章　フォーディズムの危機と新しい都市環境の発展

## ——環境と社会の分析的、展望的理解

世帯、家族、同業者組合《ギルド》、保険団体、教会地区、尼僧団、村落、都市、地方等…どの集団も即座にあらゆる必要を充足しうるものではなく、いくつかの等格の集団かその連合体が不可欠である

（ギュルヴィッチ『法社会学』日本評論社、八七頁）

神が田園を作り、人が都市を作った

（ウィリアム・クーパー「課題」『ウィリアム・クーパー詩集』慶應義塾大学法学研究会、四九頁）

町育ちの洒落者《しゃれもの》と田舎育ちの伊達男《だておとこ》

（メルヴィル『白鯨』新潮文庫、上巻、四一頁）

都市にも人為的なものと、人為的でないものがある

（ドストエフスキー『地下室の手記』新潮文庫、一〇頁）

母によって欲望されているものとしてのファルスが問題なのです。構造の観点から見れば、ファルスに対する母の関係にはいくつかの異なった状態が存在します。ファルスは、母の主体的な構造化において原初的な役割を果たしており、対象としてさまざまな状態のうちにあります

（ジャック・ラカン『無意識の形成物』岩波書店、上巻、二九二頁）

もし物事が最初から成長してくるところを観るなら、…もっとも見事な観察をすることになるであろう

（アリストテレス『政治学』岩波文庫、三二頁）

知識する人は、知識にしたがって、ある状態《ヘクシス》にあると言われる

（同『トピカ』岩波書店、全集第二巻、一〇九頁）

### 打ち砕かれる身体と渇望される意味のまとまり

時間があれば、パソコンの前にいないで、町に出て、本屋によって、映画を観て、喫茶店に立ち寄ろう。

このようなメッセージは、社会生活の断片化に抗して、人間がかつて知っていた意味のまとまりを、その領域を取り戻そう、という欲求を表現している。それは、近年よく耳にし、また目にする表現を使えば、現代の社会生活のなかに「癒しの時間（healing time）」を創り出す、ということでもあるだろう。

〝町に出る〟ことによって人の流れのなかで都市生活に特有の「相対的な自由と孤独」を味わい、〝本屋によって〟出会った本や雑誌の特集で人生の意味を再発見し、〝映画を観て〟感動することによって「人間的である」と言われるある種の感覚を呼

び戻し、〝喫茶店に立ち寄り〟なにがしかについて思索にふけってみる。いまではレトロな感覚さえ惹起させるこのメッセージの背景になっているのは、パソコンと向き合うことでかぎりなく拡大しつつある生活の可能性と、同時にその可能性の選択と享受を通して個人がうけとめなければならない「社会生活の断片化」である。

### 原理的問題としての「ラカンのひらき」

このようなメッセージは、ＩＴ技術を媒介とする生活の脱境界化と、その延長としてのグローバル化がもたらす、特異な身体感覚から発露されるものである。ジャック・ラカンはかつて、「わたし」の構成をめぐって、「わたしは、わたしの存在しないところで考え、わたしの考えないところに存在する（Je pense où je ne suis pas, donc je suis où je ne pense pas.）」と書いた。[1]デカルトのコギトの読み換えである、ラカンのこのフレーズに表現されている、「物理的身体の存在する場所」と「精神的自己が存在する場所」の構成する身体感覚の二重性が、その二重性の〝ひらき〟が、いま問題になっている。

「ラカンのひらき」問題は、今日環境の身体的構成を考える上で、原理的な問題である。

## 1　変容する身体環境

### 環境の身体的構成（第一の環境）

現代の社会生活のなかで、とくに現代の都市の生活において、人間を取り巻く環境はどのように変わってきているのだろうか。「ラカンのひらき」の問題を、激変する環境の身体的構成の変容の問題として捉えなおしてみよう。

一般に〝環境〟と言われているものは、その身体的構成（＝環境Ⅰ）、社会的構成（＝環境Ⅱ）、自然的構成（＝環境Ⅲ）の三つの側面からなっている。

まず、環境の身体的構成（あるいは環身体ヘクシス）[2]と言うのは、人間の自己自身との関係のことである。ミシェル・フーコーがいうような魂や徳に関する「統治のテクノロジー」がそれにあたる。[3]お肌の手入れや化粧、身だしなみなども、身体を構成する環境的要素だといえるであろう。ライフスタイルをめぐる価値の選択も、この問題領域の内にある。

この領域での変化には、目に見張るものがある。

職場や自宅の部屋でパソコンに向き合っている自己を想像してみよう。ひとつの部屋のなかで自分は、仕事上の関心や趣味関心に従ってネットサーフィンをしている。必要な情報を捜し求め、仕事や生活の可能性と結びつけながら情報を分類し、取り出している。あるいは、物理的には取り出さずに、パソコンのハードディスクや、フロッピーディスク、フラッシュメモリーなどのなかに、情報を整理・蓄積する。かつて、読みかけの本やノートの類として机や本棚に並んでいたものは、すべてファイルを開かなければ目には見えず感じることさえもないようなものとして、しかし、たしかに自分の〝近くに〟しまわれている。

一方で、購入したはずがないものが、知識や情報としてブロードバンドによって瞬時にして、自分の部屋に居ながらにして手にはいる。そこには、買い物の機会があれば、映像や音声のコンテンツによる文化享受の機会も開かれている。このような状況下で、環境の身体的構成は、環境の社会的構成と関係をもってくる。パソコンを介したネットワーク上での自己実現＝自己表現（あるいは、ミシェル・フーコーにならって「主体化＝従属化のポリティクス」と呼んでもよい）が、ネットワーク上での他者の存在と結びついてくるからである。E-commerce における売買関係や、Yahoo や Microsoft の Messenger における友人、知人、あるいは家族との関係が、それにあたる。

「ラカンのひらき」の問題は、環境の身体的構成の問題として、パソコンネットワーク上の、あるいは記憶媒体メディアのなかの、無限の知的・文化的可能性や表現と、具体的な部屋のなかの机、椅子、本棚、コーヒーカップ、テーブルランプなどにたいして五つの感覚を働かせる人間の肉体との関係として現れている。具体的な位置関係《ディアテシス》をもった部屋のなかの物と肉体《ソーマ》とのあいだにある物理的関係と、アイデンティティをめぐるパソコンのなかの知的・文化的な資源としての情報とのあいだの関係は、今日、〝スキゾフレニック〟に引き裂かれていると言えるだろう。

## 2　変容する社会環境

### 身体の社会的構成（第二の環境）

人間にとって第二の環境である、身体の社会的構成（あるいは環社会へクシス）は、かつての身体の感覚、社会関係の感覚から言えば、いわば〝宙吊りの状態〟にある。ネット上の商店で仔細に商品の写真を見、映像をチェックして商品購入をきめる買い手は、ネット上の売り手（これは、具体的な氏名をもっているばあいと、メールアドレス用の仮の店舗名をもっているにすぎないばあいがある）とのあいだに、親密な「物理的関係」や「物理的距離」をもっているわけではない。それでも、売買関係という社会契約の関係がそこには成立する。そこにあるのは、親密な位置関係あるいはネットワーク上の場所間関係（site 間の関係であったり、ＩＰアドレス間の関係であったりする）である。環境の身体的構成の激変は、環境の社会的構成の変容と結びつき、またそれを生み出しているのである。

環境の身体的構成の変容の問題、あるいは環身体へクシスの再構成の問題が、人間を取り巻くより根源的な生命環境の変容を表現しているとすれば、環境の社会的構成の変容の問題、あるいは環社会へクシスの変容は、コミュニケーション環境の変容や、デスクトップ、ラップトップを問わずパソコンを介した新しいネットワーク環境（したがって、社会関係）の創造を表現している。環身体へクシスの再構成が環社会へクシスの変容とその方向性を文脈づけている。また、環身体へクシスと環社会へクシスの融合が生じているのである。

他方、環身体へクシスの再構成と環社会へクシスの変容の問題は、個人の時間の利用可能性の増大を示してもいる。これは、アンソニー・ギデンスが指摘するような「近代性（モダニティ）の強化」の一局面として把握することも可能であるが[4]、ポストモダンなアイデンティティ形成の多様な機会の享受と理解することも可能である。また、この問題は、一個の物理的に限界をもった肉体が膨大な知識と向かい合ったり、同時に人間の肉体にとって物理的距離を飛び越えた物や人へのアクセスが飛躍的に容易になることに現れているように、人間の空間利用の形態を一変させている（この点のより詳細な分析は、本書第6章を参照）。すなわち、環身体へクシスの再構成と環社会へクシスの変容は、「時間―空間感覚の再構成」をともなっているのである。これは、今日の文化変容の核心にある問題である[5]。

## 3　変容する自然環境

### 身体の自然的構成（第三の環境）

最後の、人間にとって第三の環境は、身体の自然的構成と言えるものである。これは、人間の外にあるいわゆる〝自然環境〟だけでなく、その加工物としての都市環境との関係をも示唆している。人間の自然的構成としての、この第三の環境は、よく知られているように、さきの二つの環境構成要素とはちがった次元で深刻な問題となっている。

今日、「自然と社会生活の調和」「循環型社会の構築」「エネルギー政策の転換」など、人間の、あるいは人間生活の対自然関係の再構築を謳う標語《スローガン》は、枚挙に暇がない。その背景には、水質汚染、大気汚染、森林伐採による生態系の破壊、地球温暖化、土壌汚染、生物の多様性の減少など、人類が謳歌してきた、産業革命以降の生活における近代性（モダニティ）を問い直す深刻な事態がある。それは、表現を換えれば、経済のマクロな好循環をうみだす経済発展モデルとしての大量生産―大量消費体制が問い直されているとも言えるだろう。

この経済発展モデルの問題は、じつは、身体環境や社会環境にも通底する時代に普遍的な「文化の問題」を含んでいる。なぜなら、経済のマクロな好循環をうみだす大量生産―大量消費の経済発展モデルは、〝アメリカ的な（あるいは物質的な）豊かさ〟を表現しており、環境問題を念頭においたそのような経済発展モデルへの批判は、〝アメリカ的な豊かさの再考〟を意味しているからである。この社会的価値における対立は、じっさいに、EUと米国を中心軸にした政治経済的な対立にまで発展している。議論されることが少ないが、日本が主導した『京都議定書』をめぐる軋轢は、この対立を端的に表現している。

自然を利用するだけでなく、自然と共生する身体《ソーマ》とその活動が求められている。自然環境への負荷の少ないライフスタイル、「生態的に持続可能な文化（ecologically sustainable culture）」としてのライフスタイルが、今日都市でも農村でも求められていると言えるだろう。

つぎに、以上の問題を、具体的な都市環境の文脈でみてみよう。ここでは、事例として「ボストン―ケンブリッジＭＡ」地域をとりあげてみよう。

## 4　融解／沈殿する都市環境としてのボストンとその近郊

### 都市環境の社会的構成

ボストンと言えば、米国ニューイングランド地方の主要都市である。そのボストンに関して、ボストン育ちでカリフォルニアで働く若者が、「ボストンはこの二〇〇年なにも変わっていない」などと嘆くのを耳にすることがある。それほど、ボストンは、旧イギリス植民地時代の面影を残す米国では旧い都市である。アテナイやローマやヴェネツィア、また奈良や京都やセヴィーリアにくらべれば、歴史的に新しく創られた都市であるが、米国人にとってはその国民的アイデンティティの形成にかかわる旧い由緒ある都市なのである。しかし、そのボストンの都市―生活環境も、今日大きく変化しつつある。ボストンとその近郊は多くの大学を抱える大学町でもあるが、なかでも米国最古のハーヴァード大学が立地する、チャールズ河をはさんで隣町のケンブリッジ市を含めて、ここでは考察の対象としたい。


まず、この「ボストン―ケンブリッジＭＡ」地域において、環境の身体的構成はどのように変容しているのか。

パブリックガーデンからマサチュセッツアヴェニューまでのびる通りのひとつに、ボストンでももっとも瀟洒な商店街である「ニューベリー通り（Newburry Street）」がある。〝ボストンのロデオドライヴ［ビバリーヒルズの高級店街］〟とも呼ばれる、この高級ショッピングストリートに近年、「無料の無線ＬＡＮ接続を提供し、宣伝に利用する企業」が現れた。テック・スーパーパワーズ（ＴＰＳ）社という、アップルコンピュータ社製品を販売する会社である。[6]

### 構築されるネットワーク

この会社がニューベリー通りに構築しているネットワークは「ニューベリー・オープン・ネット」と名づけられ、歩いて二〇－三〇分ほどのニューベリー通り全体の約四分の三をカヴァーしている。このネットワークのアクセスポイントは、ニューベリー通り沿いの喫茶店、レストラン、書店など、計八ヵ所にある（二〇〇三年三月調査時）。接続料金や会員登録、ログイン画面は一切ない。だれでも無料でこのネットワークにログオンできる。ウェブページの閲覧中に三、四時間ごとに現れる広告を見せられるが、それをのぞけば何の制約もない。ＴＳＰ社の最高経営責任者（ＣＯＥ）マイケル・オー氏によると、このウェブ利用には常連がいて、ある喫茶店では八－一〇人の常連客がノートパソコンをもって浸りきっているという。

この通りに張りめぐらされたネットワークは、もちろん、通りを歩いているだけではわからない。しかし、じっさいには、通りを歩く人、商店で物を売る人とはべつに、通りに張りめぐらされたネットワークにアクセスして通りの情報を得ている人たちが存在するのである。マニュエル・カステルは、このような空間の変化を「場所の空間からフロー（情報）の空間へ」と表現したが、[7] そのような現実がたしかにここにはある。「通りの空間利用の二重化」とも表現できるこの現実は、環身体ヘクシスの再構成と環社会ヘクシスの変容を、つまりは「ラカンのひらき」の問題を如実に示している。

### ネットワークのなかの大学と地域

他方、学内ＬＡＮに接続されたハーヴァード大学の個人研究室は、コンピュータを介した「モニター映像」と「音声」とで、他者とのコミュニケーションから遮断された静謐《せいひつ》な空間から、〝直接的な相互作用〟のコミュニケーション環境へと変容する。このコミュニケーションは、机の上におかれた電話で外の世界とコミュニケートするのとは、はるかに安上がりで、その意味で容易である。国境を越えたコミュニケーションさえ、学内ＬＡＮに接続しているかぎりは、無料である。それだけではない。音声と映像をともなったコミュニケーションが、ハーヴァード大学の研究室と東京の自宅とで、容易におこなえる。このばあいのコミュニケーションは、映像とクリアな音声をともなっているので、国際電話以上にリアルなコミュニケーションである。その意味で、厳密にはフェイストゥーフェイスの、文字通り直接的相互作用とは言いがたいが、たしかにたがいに顔と顔を見ながら話しているのであり、〝直接的相互作用〟と言ってもいいようなコミュニケーション環境が再現されている（このような環境は、いまでは他の国や都市でも、町角のインターネット・カフェでしばしば見られるようになっている）。

一方、大学のワイドナー記念図書館の一室にはいると、そこには大きな七つの机があり、各机の中央の照明の下には四つの有線ＬＡＮコードの差込口と四つの電源コードの差込口がる。ノート型パソコンを接続して作業をするためのもので、ひとつの机で四人が同時に学内のネットワークに接続が可能で、興味があれば大学のネットワークの外の「ニューベリー・オープン・ネット」に出かけることもできる。この部屋の壁際にはさらに五つのデスクトップパソコンがあり、きわめて静かな環境のなかで、多くの学生、院生や研究者が勉強や研究をしたり、休息に学内ネットワークの外に出かけていったりしている。しかし、そのことは、個々のパソコンの前にいってみないとわからないことである。窓際には、クラシック調の（ウィングバックの）モダンな布製一人がけソファーが一〇脚、中央の背の低い長細のテーブルをはさんで二手に分けておかれている。

ここには、落ち着いた知的環境がある一方、他者への人間的配慮と同時に猜疑心が満ちあふれている。人よりぬきんでようとする野心と壊れた感情がここかしこに見出せる。

### まちを歩いて

ボストンのまちなかに戻ってみよう。まちを歩いていて気づくことは、まず、分類されずに捨てられているゴミの山である。それから、商店で買い物をした際にわたされる、ありあまるほど（つまり、必要以上）の包装紙である。[8] マクドナルドでフライドポテトの脇におかれる紙ナフキンも同様である。半分以上は使用せずに捨てる。暗くなってくるとうち棄てられたように安全でなくなる街区（あるいは通り《ストリート》）や地下鉄の駅も、ボストンにかぎらず米国の大都市に共通の社会―空間的現象である。環境の身体的構成（あるいは環身体へクシス）と環境の社会的構成（あるいは環社会へクシス）に関する特徴としては、つねに熱く議論するけれども相手のない感情の放出が突然物や他者への暴力と化す人間性と、他方での普段の人のよさ、を指摘することができるだろう。

ところで、レンガ造りの旧い町並みが残されているのは、ビーコンヒルなどの一部の地区であるが、チャールズ河沿いのバックベイ地区などにも、旧い様式の建物がある。これは、旧い様式で新しく建てたものである。こうした建物と、新しい近代的な建物との混在が、ボストンのビジネス・官庁街の景観の特徴である。旧式の建物のなかには、もちろん、教会もある。ボストンコモンと呼ばれる公園を中心にした、述べたような景観と、それを挟み込むチャールズ河と海が、ボストンにおける環境の自然的構成の特徴である。この構成の特徴は、ボストニアンのアイデンティティにかかわって、長く維持されているものである。

最後に、ボストンの都市環境を全体として変容させかつ維持しているプロジェクトがある。〝ビッグディッグ（大穴掘り）〟と呼ばれているこのプロジェクトは、ボストンのまちなかを通り抜ける幹線道路を地下に埋めようとするもので、何十年もかけて、かつ巨額の投資をしておこなわれている一大プロジェクトである。二〇〇三年三月二八日に、その主要部分（一部）が完成（開通）して、祝典がおこなわれた。このプロジェクトの目標は、ボストンの主要幹線道路を地下に埋めることによって、都市空間の複雑さをとりのぞき、損なわれた伝統的で落ち着いた町並みを取り戻そうとするところにある。もちろん、主要幹線道路を地下に埋めることで都市景観の近代的要素のすべてがとりのぞかれるわけではないが、少なくともヒューマンスケールの通り《ストリート》や街区が戻ってくることはまちがいない。〝ビッグディッグ（大穴掘り）〟と呼ばれる、この環境の自然的構成の大改変は、環境の身体的要素および社会的要素に、ある種の意味の回復をもたらすことを意図しているし、そうなるであろう。

## むすびにかえて
## ――環境と社会の今日的関係

これまでの議論の流れのなかで十分に言及できなかった論点を補足して、環境と社会の今日的関係を分析的、将来展望的に理解することを目標とする、この章の、まとめとしたい。

第一に、環境の身体的構成、社会的構成、自然的構成のすべてにかかわって、生殖技術の飛躍的発展が大きなインパクトをもっている。人間の身体に意図的に介入してその生殖行為を文脈づけること、それは、そのことによって創出される親子関係、代理母関係、さらには近隣その他の関係にまで広がって、環境の身体的、社会的構成にエポックメーキングな変化をもたらしている。また、そのことは「自然の論理を創出する人間の行為」として、環境の自然的構成に、すなわち自然に対立し、それを支配・利用することによって創り上げられてきた人間と自然とのあいだの関係に、根源的な変化をもたらしている。人間は生態系の内側にはいりこみはじめたのである（この論点は、次（第9）章において、さらに理論的に再把握されることになるであろう）。

第二に、環境の自然的構成にかかわって、すでに指摘した「大量生産―大量消費の経済発展モデルから持続可能な経済の発展モデルへの移行」が、グローバル、グローバル・リージョン、ナショナル、ナショナル・リージョン、ローカルのすべてのレヴェルで問題になっている。最後のレヴェルでは、〝環境都市（Sustainable City）〟、つまり「持続可能な都市の発展モデル」が議論されている。個人のレヴェルに落とすと、これは「持続可能な経済発展」を下支えするような方向でのライフスタイルの転換が問題になる。「都市の発展」と「市場」と「自然環境」の調和という観点からは、市場を通じたエコツーリズムの発展が議論され、期待されている（この論点も、次章において、さらに微に入った分析がなされるであろう）。

第三に、環境の自然的構成の変容がその社会的構成や身体的構成におよぼすインパクトの格差が問題になっている。都市の環境政策が十分におよぶ地域社会では、近代性（モダニティ）の環境的負荷が徐々にとりのぞかれる方向で、政策のポジティヴな結果を享受できるようになっている。ボストンの〝ビッグディック〟が都市の生活空間に与える影響は、このようなものであるだろう。一方で、化学工場が土地の安さや低廉な労働力の存在ゆえに貧困なアフリカ系アメリカ人のコミュニティの近隣に建てられ、環境の自然的構成がポジティヴに再構成されつつある都心部の豊かな地域とは対照的に、環境への悪い影響にそのコミュニティの人びとが傾向的にさらされるといった問題が、米国などで指摘されている。〝環境における人種差別（Environmental Racism）〟と呼ばれるこの種の問題は、「環境の正義（Environmental Justice）」と命名される新しい議論の領域をわれわれに提示している。

最後に、グローバルには加速度的に進展しつつある「都市化現象」が、二一世紀の今日、豊かな先進国の現象というよりも、依然として貧困にあえいでいる発展途上国の、人口爆発とセットになった社会現象であることも、グローバルな環境の社会的構成および身体的構成の変化として押さえておくべき事柄であるだろう。

## 注

（1）Lacan, J., 1966, p. 517.

（2）古典ギリシア語の〝ヘクシス〟という言葉は、繰り返し述べるように、人間の身体とその対象とのあいだにできる習慣的特性のことを指し示している。この論点に関しては、拙稿（1999, 2002）および本書の序章、第9章も参照。

（3）Foucault, M., 1990 参照。

（4）Giddens, A., 1994 参照。

（5）デイヴィッド・ハーヴェイ（Harvey, D.）は、今日の時間・空間感覚の変容を「時間—空間の圧縮」と捉えているが、それがどこまで妥当な把握であるかは厳密な検討を要するであろう。とりあえず、Harvey, D., 1989 および本書の関連する章を参照。

（6）Kahney, L., 2003,3.12 参照。

（7）Castels, M., 2000 参照。

（8）これと対照的なのが、ベルリンのスーパーマーケットでの買い物袋の取り扱いである。そこでは、通常一〇セント（約一六円）を支払って、ビニールの買い物袋を消費者が買わなければならない。しかし、たいていの消費者は買い物袋の購入すら避け、自分で使いまわしている薄汚れた布袋を持参している。ごみ置き場で〝分類されたごみの収集缶〟も、ボストンの現実ときわめて対照的である。つまり、ドイツの「環境主義」は、アンチ・アメリカニズムあるいはアンチ・アメリカ的生活様式の側面を色濃くもっているのである。この現実は、教育における「エラスムス計画」の創り出す複数言語主義とともに、今日ではＥＵレヴェルの社会規範（あるいは社会連帯の内実）になりつつある。ＥＵにおける複数言語使用の新しい現実に関しては、本書の第13章を参照。

# 第9章　フォーディズムの危機と持続可能な発展
## ——技術と身体をめぐる環境問題

徳を所有しているものは、その徳によってよい状態《ヘクシス》にある
（アリストテレス『弁論術』岩波文庫、六六頁）

人間が自然によって生きるということは、すなわち自然は、人間が死なないためには、それとの不断の過程のなかにとどまらねばならないところの、人間の身体である
（マルクス『経済学・哲学草稿』岩波文庫、九四頁）

かれらは自然に感じたが、われわれは自然なものを感じる。…自然に対するわれわれの感情は、健康に対する病人の感情に似ている
（フリードリッヒ・シラー「素朴文学と情感文学について」『美学芸術論集』冨山房百科文庫、二五一頁）

「感覚」は「感覚することができるもの」と同時に生じる
（アリストテレス『カテゴリー論』岩波書店、全集第一巻、二九頁）

環境保護運動とは、端的に言えば、都市の環境保護運動である
（アラン・リピエッツ『勇気ある選択』藤原書店、八五頁）

技術は意図をもってはいない
（アリストテレス『自然学』同、全集第三巻、七八頁）

## 環境と技術

### 科学技術《テクノロジー》と技術《テクネー》

本章のねらいは、環境と技術の古典的＝本来的関係をあきらかにし、そのことを通して環境と技術の近代性《モダニティ》とその到達点、問題点をあきらかにすることにある。

本章を読むであろう読者には、ポール・ヴァレリーがかつてかれの聴衆にむかっておこなった「詩」に関する講演のなかでのように、まず、つぎのように言わなければならない。わたしがここで「技術」というばあいには、皆さんが知っている近代の科学技術《テクノロジー》という言葉をまず忘れてもらいたい、と。

じっさい、わたしがここで注意を喚起したいのは、古典ギリシア語の技―術《テクネー》（τέχνη）という言葉の意味範囲である。それは、第一に、術、技能、熟練、こつ（技巧）、あるいは芸術や職業に関係なくある物が獲得される方法、様式、手段、第二に、芸術、手工業、交易、第三に、特殊な技術、おもに作ったりおこなったりする組織的な手順や方法、第四に、芸術作品、手工品、を意味する。ラテン語の技―術《アルス》（ars）という言葉も、おおよそ似たような意味範囲をもっている[1]。

この古典ギリシア語とラテン語の言葉は、ともに人間と、その魂《プシューケー》、身体《ソーマ》、生活、職業、交易、学問、美術、自然に対するかかわりの総体を表現している。ひるがえって、われわれが日常的に「科学技術」あるいは「技術」と言っている言葉は、古典ギリシア語やラテン語の対応語のほんの一部分、上述のギリシア語の意味分類で言えば、第三の意味内容を表現しているにすぎない。

### 環境という語

他方、環―境（environ-ment）という近代語は、S・C・ウッドハウス編『英語―ギリシア語辞典―アッティカ語語彙集』[2]によれば、「境界に存在するもの（περιόντα）」という古典ギリシア語に対応している。このギリシア語は、あきらかに「終わり、限界、境界、終了、完了」を意味するペラス（πέρας）と、「存在するもの、ひとがもっているもの、財産」などを意味するオンタ（ὄντα）の、合成語である。

以上の語源学的な分析からすれば、本章の主題「環境と科学技術《テクノロジー》」は、「作ったりおこなったりする組織的な手順や方法」と「境界、終了」の関係という、理論的対象および現実的対象をもっていることになる。しかし、本章のもうひとつの主題「環境と技術《テクネー》」からすれば、それはきわめてかぎられた主題にすぎない。

この二つの主題のあいだに存在する〝失われた環《ミッシング・リンク》〟について考えることが、この章の内容となるであろう。それは環境と人間を媒介する技術の古典的＝本来的性格について考え、その近代的＝特殊的性格に言及することである。さらに、そのことを通して、自然環境と社会環境のあいだに「善と平等の術（ars boni et aequi）」をひとつの知の形態として媒介させることである[3]。

## 1　環境を所有する人間／人間を所有する環境

### 所有の一形態としての技術

人間は環境を所有し、環境に所有されているが、それは人間がもっている技術《テクネー》を通してなされる。そして、技術もまた、人間の所有物《ヘクシス》の一形態である。これがすべての出発点である。

しかし、環境とはなにか、技術とはなにか、についてさらに明確な規定を得るためには、まず人間とはなにか、人間と環境、人間と技術の関係とはなにか、という大きな問題にたいして、おおまかな定義を試みる必要があるであろう。ソシュールが言っているように、言葉の意味はものごとの相互関係のうちにしかたち現れないからである。

### 知性的卓越性と倫理的卓越性

さて、人間の魂には理性（アポロ的なるもの）と非理性（ディオニュソス的なるもの）の二つの部分がある。その理性部分は、また二つの部分に分かれ、一方は知性的卓越性を構成し、他方は倫理的卓越性を構成する。前者、すなわち知性的卓越性を構成する部分は、さらに知性《ヌース》、感覚《アイステーシス》、欲求《オレクシス》からなり、これらの要素によって人間の実践《プラクシス》と真理《アレーテイア》の認識が産み出される。後者、すなわち倫理的卓越性を構成する部分は、われわれが「習慣」とか「精神」と呼んでいるものを表現している。

知性は、認識と論理からなり、認識は理解と学問によって知恵を産み出し、他方、論理は見識《プロネーシス》と技術《テクネー》からなっている。見識は、理解と対照的な位置にあり、統治の技術である「政治術」と同一の状態《ヘクシス》を示している。この見識は、理性《ロゴス》を具えた実践可能な状態《ヘクシス》であるが、技術《テクネー》は、理性《ロゴス》を具えた制作ができるという状態《ヘクシス》を意味する。ちなみに、学問は、論証ができるという状態《ヘクシス》を意味している。

ところで、人間の身体は、運動の始原であるという意味で実践の端緒《アルケー》であり、それは知性的な性向《ヘクシス》と倫理的な性向《ヘクシス》の両方をともなっている。人間の魂はこのふたつの性向《ヘクシス》によって、自己の物質的自然である人間の身体と、それと相互作用の関係にあり、かつその外にある自然環境と、ある関係にはいりこむ。この人間と自然の関係性には、人間が自然の論理（あるいは制約）のなかに生存するばあいと、自然が人間の論理（あるいは欲望）のなかに存在するばあいの、二通りがある。前者を人間と自然の前近代的＝脱近代的関係性と呼ぶなら、後者は、人間と自然の近代的関係性と呼ばれるものである。最後に、人間の実践は選択にもとづいている。この選択を成立させるものが、知性と倫理の性向である。

## 環境、あるいは感覚と感覚対象との関係

感覚は感覚することができるものと同時に生じる。だから、「感覚はうそをつかない」といったゲーテは正しい。われわれがなにかを感じるとき、そこにはそう感じさせるなにものかが対象として現れているのだ。人間の身体は感覚をもっているが、感覚はその対象として感覚されるものをもっている。Ａという感覚はＡａという感覚対象をもっており、Ｂという感覚はＢｂという感覚対象をもっているのである（図1参照）。

ここで感覚の対象（感覚されるもの）と言っているものが、

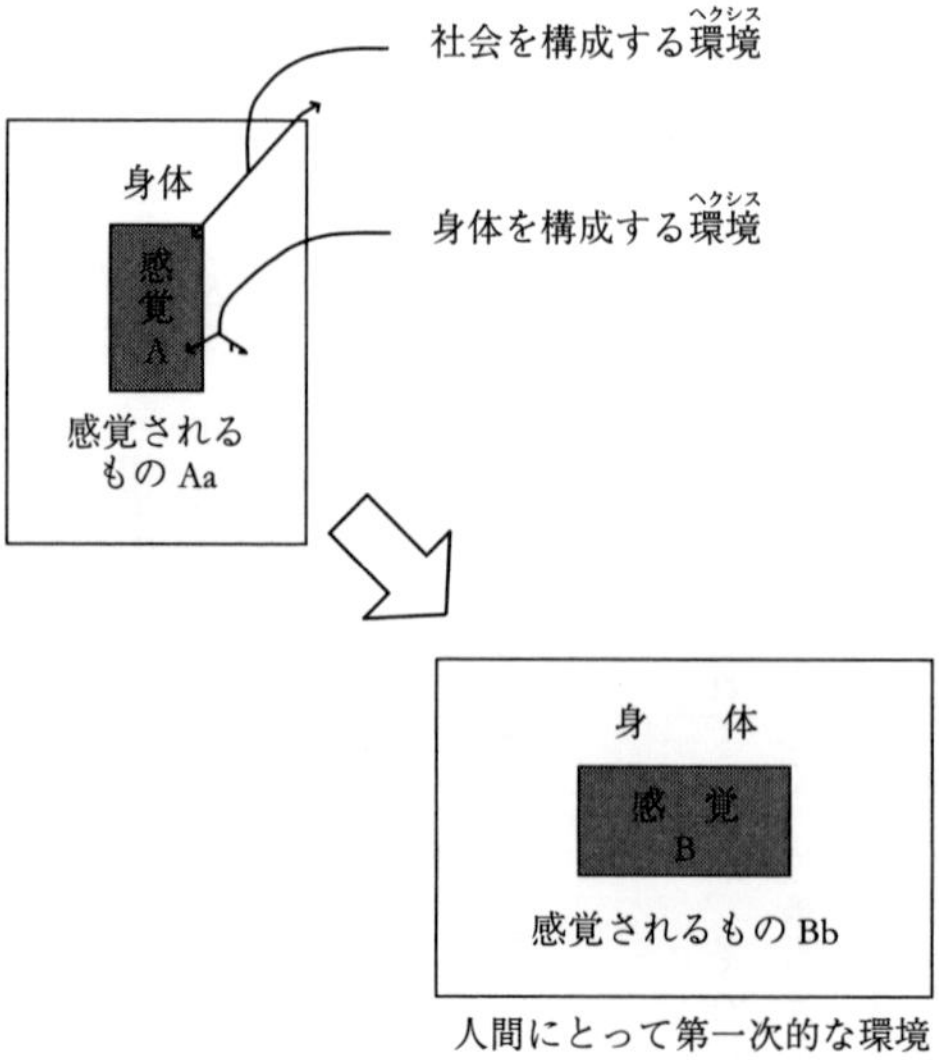


図 1

人間にとって第一次的な環境である。人間の身体《ソーマ》がもっている感覚とその直接的な感覚対象のあいだには、ある所有関係が存在する。それを本書では、身体を構成する環境《ヘクシス》と呼ぶ。他方、人間の身体がもつ感覚と社会関係とのあいだには、別の所有関係が存在する。それをここでは、社会を構成する環境《ヘクシス》と呼ぶことにしよう（この点については、第8章も参照）。

これらの所有関係《ヘクシス》は、なにものかをもっている関係と、なにものかをもっていない関係とに大別される。いずれにしても、これらの所有関係は人間による維持・獲得行為であることにはまちがいない。

世の中には、意識と物質の二要素しかない。この意識と物質を形態形成によって媒介しているのが、技術《テクネー》である。技術は、人間の手を通じて、物質的要素にかたち《エイドス》を、目的合理的なかたちを与える。自然のなかの物質的要素がかたちをとるのは、技術によってである。物質的要素だけではない。たとえば、人間の魂《プシューケー》も、あるいは魂の健康も、医者の技術＝医術によって、ちょうど大工が家をつくりだすのと同じように、かたちを与えられるのである（本章の注（1）を参照）。数学者は数式にかたちを与え、弁論家は演説にかたちを与える。

その技術《テクネー》は、いまだ寝台にも、家にも、魂や身体の健康にもなっていないのであれば、すなわちただ可能態においてのみ寝台であり、家であり、魂や身体の健康であるならば、われわれはそこに技術が存在するとは言わない。この事実には二つの意味が含まれている。ひとつは、技術は自然的要素にあるかたちを与えたばあいにのみそれが技術として認められるということであり、このことは素材《ヒュレー》と完成品《エンテレケイア》のあいだにある技術の媒介的性格を示している。もうひとつは、素材と完成品のあいだにある技術は、完成品の需要がなくなればそれと同時に消滅するということである。「家（＝具体的な完成した家《エンテレケイア》）は木や石（家の材料《ヒュレー》）から生まれる」が、「家（＝建築家の心・魂《プシューケー》にある家のかたち《エイドス》）は家（＝具体的な家《エネルゲイア》）を生む」とも言われる。この二つの過程を媒介しているのが技術《テクネー》と言われるものに他ならない。[4]

しかし、人間は人間から生まれるが、寝台は寝台から生まれない。このことが意味するのは、人間が、あるいは人間の身体が、技術が媒介する過程の始原であるということである。すなわち、人間は身体の運動によって、技術《テクネー》を通して環境をわがものとし、環境は技術を媒介として、人間の身体の運動をみずからのうちに取り込むのである。こうして、環境と人間のあいだに技術を媒介とした相互《ヘクシス》の運動が成立する。

## 2　人間環境あるいは都市環境の問題から、グローバルな環境問題へ

### 技術の今日的意味

前節で、見識は統治の技術である「政治術」と同一の状態《ヘクシス》＝環境を示している、と書いた。古典ギリシア語の〝技術《テクネー》〟という言葉の意味を想起すれば、今日、それは五つ

（あるいは六つ）のレヴェルでその作用を確認することができる。第一に、魂《プシューケー》および身体《ソーマ》の統治という、個人あるいは人間（person）のレヴェル、第二に、自治体の施策やコミュニティ問題への対応が焦点となる、都市や地域（city-region）のレヴェル（このレヴェルは、第一〇章で、第四のレヴェルとの関連で焦点化されるであろう。また、このレヴェルよりも少し上位に、ナショナル・リージョンのレヴェルがある）、第三に、国家（state）あるいは現在では国民国家（nation-state）のレヴェルである。この第三のレヴェルでは、グローバリゼーションの過程で、国家が領域国家あるいは交易国家に変質しつつあるとの指摘がある。第四の作用領域は、比較的新しいもので、国家を超える地域形成（global region）のレヴェルであり、最後に、文字通りの地球規模《グローバル》のレヴェルがある。

この五つ（あるいは六つ）のレヴェルで、現在、統治の技術《テクネー》としての「政治術」が問題になっている。とりわけ、都市地域《シティリージョン》レヴェル、国家を超える地域形成《グローバル・リージョン》レヴェルでは、市民共同体《キウィタス》の統治技術としての「政治術」が求められており、これはガヴァナンス（governance）の問題として議論されている。(5) 他方、第一の魂および身体の統治のレヴェルでは、リズムや生殖行為の統治が問題になっており、第三レヴェルの、統治の技術《テクネー》としての「政治術」の変容に関しては、「国民的アイデンティティ」の維持と変容や主権概念の再構成に議論が集中しているようにみえる。(6)

ここでは、かつてレギュラシオン学派が国家（state）レヴェルで考えた「制御調整様式《レギュラシオン》」を、グローバル化する経済の展開のなかで、五つの、すなわち複数のレヴェルで考えなければいけない状況が存在する。第二、第三、第四のレヴェルでは、市民の集合体あるいは全社会的共同体としての「制御調整《レギュラシオン》」が問題になっているが、そのうち第二と第四のレヴェルでは、グローバルな経済の発展の局域的原動力（regional motors）が問題になっている。さらにこの二つのレヴェルは、たとえばＥＵではリール地域とＥＵ、シチリア地域とＥＵといった具合に、国家のレヴェルを飛び越えて都市・地域政策上の結びつきを深めている。かつ、国家のレヴェルは、都市地域と国家を超える地域形成の両方のレヴェルとコンフリクトを増大させている。換言すれば、一九六〇年代後半にフォード主義的発展様式の国家的妥協の形態が危機に陥って以降、主権国家（sovereign state）の調整能力が限界に達しているのである。

以上の意味で、グローバリゼーションは、完成にむかっているのではなく、はじまったばかりである。社会的単位としての地域（region）が再―強化されつつあり、地域経済のモザイクのなかで政治的結合《ポリティカル・アソシエーション》の問題が市民資格《シティズンシップ》（市民権）の変容の問題として注目されるようになっている。このような状況のなかで、大都市地域は政治とアイデンティティの焦点になりつつある。それだけでなく、後で述べるように、グローバルな環境問題への対処の焦点にもなりつつあるのである。また、統治の技術《テクネー》の問題としては、地域的《リージョナル》な局地政治をどうしていくのかという課題が横たわっている。これは、「地域経済の新しい政治的アイデンティティの問題」と表現できるものである。

## グローバリゼーションと環境問題

さて、今日の環境問題は、国民国家の単位で完全に対応できるものではなく、〝グローバル化〟していると言われている。エネルギー革命の特集を組んでいる『ドイチュラント』誌第五号（二〇〇〇年）[7]によれば、そのグローバル化は五つの側面をもっている。

第一に、地球上の平均気温の上昇、大気中の$CO_2$濃度の上昇、小島・デルタ地帯の水没などの問題である。また、地下水資源の塩分濃度があがる、土壌水分の低下や侵食によって耕作に適した土地が減少する、さまざまな気候現象が現在より極端なかたちで現れるようになる、山火事の増加、熱帯の伝染病が北半球にも広がる、海洋の熱塩循環が衰える、などの問題がある。さらに、大気中の$CO_2$濃度が一八五〇年の二倍になると、地球上の平均気温はセ氏で一・五度から四・五度上昇する可能性があることが、気候モデルによって確認されている。

第二に、人類の活動に起因する生物多様性の減少という問題がある。生物多様性の減少の規模と速度に関しては、二一世紀には野生動植物種が二桁の割合で絶滅してしまうという予測がある。一般に、生物の多様性は生態系の安定にとって重要であると説明されている。ここでは、人間の身勝手な用途のために、「進化の芸術品」（E・O・ウィルソン）である野生動植物の種を犠牲にすることは倫理的に正しくない、という主張がなされるようになっている。

第三に、世界の食糧の確保という問題がある。世界人口は増加の一途をたどっているのに、一人あたりの耕地面積は減少しており、急速な都市化で食糧不足が起きている、と言われている。だが、じっさい、食糧不足は、土地所有権や輸送・貯蔵の問題、輸入と輸出の関係、国際通貨基金（IMF）の規定、住民の購買力の変化、さらに「戦略としての飢餓」などとより深く関わっている。

第三の問題と関わって、第四の課題が現れる。それは、大企業が熱帯地方の豊富な動植物に着目し、その遺伝子資源を商業的に利用しようとする動きである。「バイオテクノロジー」の発展にともなって、遺伝子資源が利益獲得の手段として私企業の視野にはいってきた。これらの企業はいまや、遺伝子資源をできるだけ安く手に入れ、それを組み替え、組替えた製品の特許をとることを目指している。

最後に、移民の増加という問題がある。移民には、貧しい国々における国内移動（高度経済成長期の日本のような、農村から都市への流出）と、南半球から北半球へという国境を越えた移動の、二つのばあいがある。移民の動機には、政治的迫害、職がなく生計が立たない、社会的差別、住んでいる土地の環境悪化（環境難民）などがある。

そして、そのことと関わって大きな問題になっているのが、貧しい国と豊かな国の対照が環境問題に及ぼす影響である。一九九七年度統計では、世界の上位二〇％（人口換算）の最富裕国が全世界の富（生産されたモノとサーヴィス）の八六％を所有・享受している。この生活水準を世界中の国で実現するのは不可能である。このような状況のなかで、富める国の人間が自分たちのライフスタイルを変えずに環境にこれ以上の負荷をかけるような開発は慎むべきだなどと言えば、貧しい国の人間が納得しないのは当然だろう。これは、つぎに述べる富める国における「都市の持続可能な発展モデル」にも関係してくる問題である。

## 3 持続可能な発展《サステイナブル・ディヴェロップメント》と都市地域政策

### 技術としての都市政策

以上のように、環境問題はグローバルな問題であり、そこではグローバルな観点からの対応が焦眉の急となっている。しかし、グローバルな観点からの対応が必要であると言っても、われわれがすぐに対応・行動できるのはそのレヴェルではない。国民国家ないしは都市地域レヴェルにおいてである。そして、じっさい、グローバルな経済の発展のなかで環境に負荷を与えているのが「都市地域（city-region）」だとすれば、そこでのエネルギー政策の転換が環境への負荷を少なくするのにもっとも効果的でもある。地球規模の持続可能性の定義はほとんど不可能であるが、都市や地域のメゾレヴェルであれば、計測可能な判断基準をだすことが可能である。

都市地域、とくに大都市地域は、自然の乏しい資源の主たる消費者であり、環境破壊の主たる原因である。そうであれば、逆に都市は、効果的なエネルギー節約の条件や環境の質の向上を生み出すことができる場所でもある。さらに、人びとや物質、環境の影響や資源利用の空間的相互作用の観点から、都市の影響力の範囲は都市の範囲を大きく超えて広がっている。すなわち、都市は、グローバルに展開する環境問題のなかにあって〝ワクチン注射をする効果的なポイント〟なのである。ここに、「都市環境における持続可能性」という主題が都市の内側と外側の両方にたいして現れる。それは、人間がある対象領域に集合的にかかわる、「技術《テクネー》としての都市政策」を意味する。

### 都市環境の持続可能性

都市環境の持続可能性の創造における中心的な要素は、適切なエネルギー政策の採用と実施である。というのも、都市における環境要素は、直接的あるいは間接的に都市のエネルギー使用と関係しているからである。とりわけ、都市における再生可能なエネルギーの採用は、持続可能な都市発展を目指す際の鍵要素として注目されている。再生可能なエネルギー政策とは、太陽、熱や風力エネルギーから、廃棄物のリサイクルや地域暖房の採用におよぶ、幅広い選択肢から成り立っている。

ところで、都市地域レヴェルでの持続可能な発展を具体的に考えるためには、「持続可能な発展」という概念を、より厳密に定義する必要がある。一般に、この概念は、「将来の世代が享受する経済的、社会的な利益を損なわないかたちで環境を利用し、それを〝遺産〟として次世代に引き渡していこうとする集団的目標」として理解されている。しかし、これを都市地域レヴェルで考えるばあいには、さらに二つの軸を設ける必要があるだろう。外的／内的、強い／弱い、がその基準である。それらをつぎに検討していこう。

## 4　環境都市（sustainable city）概念の再構成
### ——なにが、どのように政策課題となるべきか

### 持続可能性の基準

環境都市と呼ばれるべきものは、「内的な持続可能性」と「外的な持続可能性」の両方をそなえていなければならない。都市の経済活動は、土地、空気、水、アメニティ、生物の多様性などの環境資源を利用している。このことは、暗黙に、都市の経済活動がこれらの資源の基礎となっている再生可能かつ吸収力のある過程に依存していることを意味している。この基礎的過程を、われわれは「環境インフラ」と呼ぶことができる。同時に、都市の諸活動は、経済的資源（生産された資本や労働）およびその基礎となる社会的、経済的インフラストラクチィキを利用している。このような基礎的な資源やインフラストラクチュア（社会的、経済的、および環境的）の供給レヴェルや生産性に有害な影響をおよぼさないで、都市の諸活動が持続されるばあい、この都市の活動は「内的に持続可能」であると言える。すなわち、都市凝集体それ自体の資源的基礎に関して「持続可能である」と言えるのである。

しかし、都市の経済活動は通常、その経済活動へのインプットと環境的なアウトプット（大気汚染と産業廃棄物など）の両方の観点において、都市内部の資源的基礎を超えて同じ国のどこか他の地域や、ばあいによっては国境（生態圏）さえ超えて、環境資源と環境インフラに頼っている。エネルギー、食糧、酸などの資源が、このよい事例である。しかし、ひとつの都市の経済活動の他の地域に対する資源の要求は、直接的に利用可能な環境空間を超えるべきではない。これが、都市活動の「外的に持続可能」な基準である。ある都市の環境基準は、その都市がある国の環境基準と矛盾してはいけないし、さらにその国を取り巻くよりグローバルな環境基準と矛盾してはいけない。最後に、内的かつ外的に都市の諸活動が持続可能であれば、その都市活動は「総体的に持続可能」と呼ぶことができる。

環境都市が成立するための、もうひとつの基準は、「強い持続可能性」と「弱い持続可能性」である。これは、都市地域の社会福祉の条件と関係している。肯定的な社会福祉の変化には二通りあると思われる。第一に、社会福祉における全体的な変化が依然として肯定的であるという条件のもとで、ある福祉の局面は肯定的であるけれども他の福祉の局面は否定的であるというようなばあい、第二に、全体と部分の両方の福祉の変化が否定的ではないというようなばあい、である。最初のばあいをここでは「弱い持続可能性」と呼び、一方、二番目を「強い持続可能性」と呼ぼう。

こうして、われわれは「弱いと内的」から「強いと総体的」に至る六つの「都市の持続可能性」に関する基準を得たことになる（表1参照）。これらの基準は、都市地域へのわれわれの知性的および倫理的なかかわり方の性向《ヘクシス》を表現している。

いずれにせよ、ここで強調されていることは、「持続可能な発展」の適用範囲はグローバルであるが、特定の経済分野や都市地域における効果的な政策はメゾレヴェルの範囲をもたなければならないということである。それは、地方分権、共通市場、主権の再構成などの近代を超える要素を求めている。同時に、それは「環境の質」「都市発展」「エネルギー効率」のあいだの均衡を求めている（図2参照）。

### 技術としての介入可能性

最後に、環境にやさしい「技術《テクネー》としての都市地域政策」の介入可能な領域は、主要には以下の三つである。

・稀少なエネルギーの利用を減らすこと（たとえば、行動様式の変化を通して）
・技術におけるエネルギー効率を高めること（たとえば、断熱材、ヒートポンプ、地域暖房の利用を通して）
・持続可能な新しいエネルギー技術を広く用いること（たとえば、光電池システム、風エネルギーの利用）

以上のような介入が成功するか否かは、以下の三つの背景的要因に依存している。

・制度的要因（都市エネルギー部門の管理と組織、公私の協力など）

表1　都市地域の持続可能性に関する基準

| 範域<br>強度 | 内的持続可能性 | 外的持続可能性 | 総体的な持続可能性 |
|---|---|---|---|
| 弱い持続可能性 | 弱／内　条件 | 弱／外　条件 | 弱／内＋弱／外　条件 |
| 強い持続可能性 | 強／内　条件 | 強／外　条件 | 強／内＋強／外　条件 |

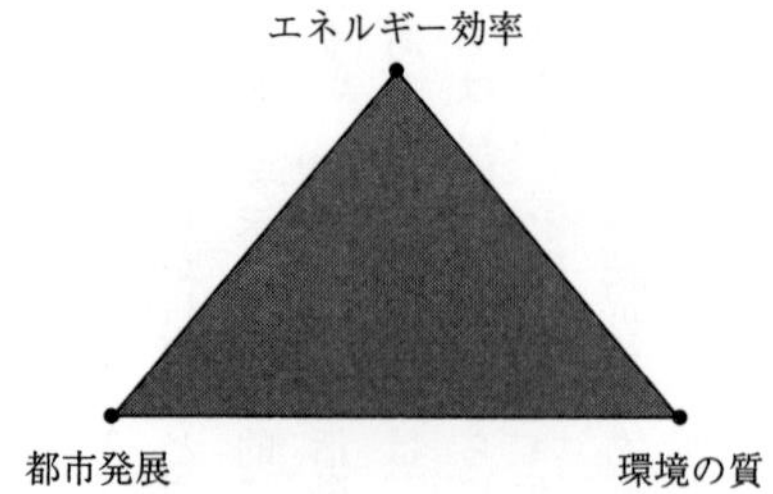


Capello, R., Nijkamp, P. & G. Pepping, 1999, p.19 をもとに作成

図2　都市地域における環境政策上のバランス

・市民の態度と行動（ライフスタイル、活動形態、環境意識など）
・都市構造と都市形状（人口密度、都市形態、交通網など）

ともあれ、ここで確認しておくべきことは、都市環境とエネルギーの持続可能性を高めるための唯一の政策は存在しない、ということである。じっさい、持続可能な都市のエネルギー政策には、さまざまな選択肢が存在している[8]。そして、都市地域、環境資源、環境インフラの種類に応じて、柔軟な対応が必要となっている。

## むすびにかえて
### ――自然を統治し、自然に統治される技術

今日、世界の多くの地域からやってくる人びとを受け入れる場所としての都市の重要性は、〝コスモポリタン都市〟という言葉で表現されるようになっている。この言葉は、古典ギリシア語のκόσμος（世界）とπόλις（都市）から成り立っている。大小を問わず、ほとんどの都市は、今日のグローバリゼーションの過程で〝コスモポリタン都市〟であることを強いられていると言ってもよいだろう。とりわけ、世界都市（global cities）をめぐる議論によって、われわれはより容易にそのような推論が可能である。

しかし、そもそも都市は国民国家体制に先立つものであり、近代以降でさえ、それは獲得された民族的な均一性よりも、むしろ多様性がある場所として存在してきた。そして、これからのグローバルな時代には、おそらく都市国家（city-state）の概念が再生してくるであろう。その結果、シンガポールのような場所が、過去にヴェネツィアのような都市国家が果たしたのと同等の役割を果たすかもしれない。かりに都市国家の形態が普遍的に根をおろすことがないとしても、既存の国民国家のなかに存在する〝世界都市〟は、旅行、観光、仕事関係のような異なる要素をますます含むようになるだろう。そして労働市場は、グローバルなスケールでより組織されるようになるのである。

ヴェネツィア

近代を延長し、近代を超える世界都市の社会環境は、じっさい、国際分業のなかのその新しい位置に適応するように再形成され、そこに自然＝環境資源が動員されている。前節で探究したような意味では、ニューヨーク、ロンドン、東京のような世界都市こそ、「都市の持続可能性基準」の最初の適用対象であるべきかもしれない。国民国家を超えるグローバルな経済の発展過程において、国民国家以前から存在する人間の生活単位においてある種の技術《テクネー》を働かせること、そのことを通して自然にむかいあう人間の生活態度（Lebensführung）そのものを変えること、ここには近現代性に対する制御調整とポスト近代性のいくばくかの要素がはらまれていると考えられるであろう。

自然を統治し、自然に統治される技術《テクネー》としての、都市地域レヴェルでの環境政策の必要性、また所有と環境とのかかわりかたの私的性格を乗り越える性向《ヘクシス》の形成などについて、われわれはあらためて考えてみる必要がありそうである。

## 注

（1）ミシェル・フーコーは、〝テクノロジー〟を、（1）生産のテクノロジー、（2）記号体系のテクノロジー、（3）権力のテクノロジー、（4）自己のテクノロジー、の四つに分類している。ここで興味深いのは、かれの「自己のテクノロジー」への関心である。それは「いかに個人が自分自身に働きかけるかの歴史」（フーコー「自己のテクノロジー」、邦訳、二一頁）であり、「そのおかげで個々の人間は自分自身の手段を用いたり他人の助けを借りたりすることによって、自分自身の身体および魂、思考、行為、存在方法に働きかけることができるのであり、そのねらいは、幸福とか純潔とか知恵とか完全無欠とか不死とかのなんらかの状態に達するために自分自身を変えることである」（同、二〇頁。傍点の強調は、引用者によるもの）。

人間の魂を陶冶する術としてのこの「自己のテクノロジー」という見方には、ここで言う古典ギリシア語の技術《テクネー》という言葉の、第一の意味が読み取れる。フーコーが「自分自身に気を配ること」「自己への関心」として述べていることは、「自己が獲得される方法、様式、手段」のことである。

他方、ド・セルトーの〝日常的実践（arts de faire）〟による空間の生産に関する議論も、同様の文脈での〝技術〟論を前提にしている。セルトー『日常的実践のポイエティーク』の、とくに第三部を参照。

（2）Woodhouse, S. C., 1932, p.279.

（3）近年問題になっている「動物の権利」「植物の権利」という考え方は、このような観点から考察を深めることが可能である。

（4）アリストテレス『自然学』、四八－四九頁。

（5）都市地域レヴェルでこの問題に理論的に取り組んでいる著作として、Lauria, M. ed.（1997）がある。グローバル化する経済のなかで都市の諸活動を制御調整するという発想は、筆者が拙稿（1997）「世界都市東京の実験―国民国家を再措定する市民社会」（本書第4章）において提示した視点と同じ方向性《ヘクシス》を示している。他方、国家を超える地域形成レヴェルでは、Scott, A. J.（2000）「世界都市地域―新自由主義世界における計画と政策のジレンマ」が、本書と問題意識を共有している。

（6）魂と身体の統治に関する社会学的な研究としてはターナー『身体と社会』（Turner, B. S., 1996）を、また、第三レヴェルの統治の問題に関しては、モーティマーとファイン編『人民、国民、国家』（Mortimer, E. & R. Fine, eds., 1999）を参照。

（7）四〇－四五頁参照。

（8）都市地域における再生エネルギー技術の応用例と問題点に関しては、Capello, R., Nijkamp, P. & G.Pepping（1999）が参考になる。

# 第3部　グローバリゼーション、市民権、都市

## ――都市社会における新しい可能態、現実態、完全現実態

# 第10章　グローバリゼーションと国際地域社会システムの形成
## ――生成する第二級市民の問題

傷の痛みを知らぬ奴だけが、他人《ひと》の傷痕をみて嘲笑う
（シェイクスピア『ロミオとジュリエット』新潮文庫、六二頁）

どんな医者も、健康となると自分の友人でさえ喜ばないし、兵士は平和となると、自分の町でさえ喜ばないと、昔のギリシアの喜劇詩人は言った
（モンテーニュ『エセー』岩波文庫、第一巻、二〇三頁）

どん底におちると、棒で追われるなんてものじゃありません。箒《ほうき》で人間社会から掃きだされてしまうんですよ
（ドストエフスキー『罪と罰』新潮文庫、上巻、二二頁）

かれは上流社会でおしゃべりをする技術というものを立派に身につけていた。つまり、自分がまったく素朴な人間に見えるようにすると同時に、自分の話を聞いている人たちのことも、自分と同じ素朴な人だと思っている、そうなふうに見せる技術である
（同『永遠の夫』新潮文庫、一六一頁）

人間の弱さに寛大さをもって臨むことは、正しさ《ディカイオン》である
（アリストテレス『弁論術』岩波文庫、一三八頁）

欠如《ステレーシス》もまたなんらかの意味で所有態《ヘクシス》である
（同『形而上学』岩波文庫、上巻、一八五頁）

### 都市―地域連関という分析枠組

本章は、アメリカの都市、日本の都市およびヨーロッパの都市における新しい貧困の集中と分散の形態を、グローバルな地域形成の過程における都市（＝集まりの）構造の比較という観点から分析している。それは、これまで人びとに漠然と意識されながらも、しかし厳密には取り組まれてこなかった、ひとつの分析枠組みである。その観点を、ここでは「都市―地域連関《シティ・リージョン・リンケージ》」と呼ぶことにしよう。より具体的には、超国民＝国家的レヴェルでの地域形成と、下位国民＝国家的レヴェルでの都市地域形成との関連が、あるいはそのような関連のもとでの都市生活におけるある特定の要素の集中と分散の現象の形態が問題になっている。

## 1　グローバルな地域―国民国家―都市地域《シティリージョン》の関連

### 「国民的《ナショナル》なもの」は普遍的か

都市および都市生活はいろいろな意味での〝集まりの表現＝

かたち〟であるが（この定義に関しては、巻末資料11「集まりの一形態としての都市」を参照）、二一世紀における都市および都市生活のかたちを考えるばあいには、これまでわれわれが常識にしてきた多くの考え方を捨てるか、乗り越えなければならない。

たとえば、民主主義について考えてみよう。民主主義は、近代世界において国民的《ナショナル》な形態で誕生した。しかし、このような民主主義と「国民的《ナショナル》なもの」のあいだの歴史的な関係は、よくよく考えてみれば、論理的なものでもなければ、必然的なものでもない。なぜ、下位国民的なレヴェルで、あるいは超国民的なレヴェルで、民主主義は制度的に自律性をもって実践されないのだろうか。このような問いは、世界の多くの地域で、集合意識として〝沸騰〟しはじめている。

都市や地域のかたち《エイドス》に枠をあたえてきた近現代の国民国家は、あきらかに、変容をはじめている。グローバリゼーションが加速する文脈のなかで、「都市―地域《シティ・リージョン》」を基盤とするかたちの（of city/region-based forms）経済発展と政治的アイデンティティが、持続的に主張されはじめている。今世紀にはいって個別のナショナルな資本主義は、その意図においても目的においても、ウォーラーステインが主張するような「単一の世界システム（a single world system）」へと収斂しはじめているかのようである（しかし、もちろんこれは、主権国家の最終的な消滅やナショナルな社会文化的差異の消滅という主張と同じものではない）。

この「世界システム」における立地は、資本と労働の一連の相互依存的な凝集体にますます一致するようになっており、そしてその凝集体は、地球上のある群島へと拡散している。A・スコット（Scott, A. J., 1996）によれば、これらの凝集体が想定しているものは、ある性格をもった〝事実上の〟都市国家連合（a *de facto* confederation of city-states）である。そして、諸々の都市や地域へと経済的および政治的に専心するという現象は、市民権と地域共同組織に関する問題を提起している。

## 国際地域社会システムという視点

本章では、ウォーラーステインが主張するような「単一の世界システム」を想定してはいない。そのような想定のためには、たとえば、米国（ワシントン）発のグローバリズム戦略の論理と実態などが、十分に考察されなければならないであろう。この章では、むしろ、グローバルな資本と労働の相互依存的な凝集性のもとで、国民国家を相対化しつつそれを媒介しながらいろいろなレヴェルの規模と凝集性をもった市民社会《キウィタス》（あるいは市民団）としての地域社会システム（すなわち、一定の共通モラル＝市民的徳の形成をともなう社会的分業と交換の体系）が形成されつつあり、それらの地域社会システムが相互に摩擦と交流をうみだしながら新しい世界秩序を醸成しつつある、と考えている。

そのような世界秩序を、ここでは「国際地域社会システム」と呼ぼう。それは単一の世界システムではなく、規模と凝集性がことなる多くの地域社会システム間の葛藤や緊張を表現している。下位国民的レヴェルでは、グローバルな地域経済の原動力となる世界都市と呼ばれるような「都市地域《シティリージョン》」が形成され、超国民的なレヴェルでは、「欧州連合（ＥＵ）」、「北米自由貿易協定（ＮＡＦＴＡ）」、「東南アジア諸国連合（ＡＳＥＡＮ）＋日本、韓国、中国」などの地域経済協力の枠組みが形成されている。

そして、都市と下位国民的地域、都市と超国民的地域の関連が、重要性を増している。グローバルな資本と労働の相互依存的な凝集性の生成と国民国家の衰退により出現しつつある、このような「国際地域社会システム」は、国民国家によって形成されていた二〇世紀の「国際社会」や「国際関係」にとってかわるものを表現している。

## 2　新しい地域形成とヨーロッパ・アメリカ・アジア

### グローバリゼーションと都市地域

グローバリゼーションは都市で生じ、都市はグローバリゼーションを具現化し、反映する。しかし、すでに触れたように、グローバリゼーション時代の都市は単一の地方自治体や均質な地域社会組織として現象するものではなく、複雑で多様な要素をはらみ、資本と労働の集約性と文化的中枢性を表現する、より広い「都市地域《シティリージョン》」として現象する。なぜなら、それは下位国民的レヴェルの現象であるが、グローバルな資本と労働の相互依存的な凝集性の要求に応じたものであるからである。

この一五年間の世界におけるもっとも重要な変化は、地球規模での資本の移動の劇的な増加である。この移動する資本をめぐって、世界中で国境を越えて都市間競争が増大した。そして、もうひとつ重要なことは、地球規模での都市間競争の激化にともなって都市および都市地域をめぐる空間の再構成＝空間をめぐる新しい実践が生じたことである。その新しい空間の諸実践の実態が、本章でとりあげる超国民的なレヴェルでの「グローバルな地域形成（global region）」と、下位国民的レヴェルでの「都市地域（city-region）」である。

一方、国家を越えた資本と労働の流れに影響された文化の流れは、とりわけ大都市地域で、世界中のさまざまな文化の体験を可能にした。大都市地域におけるグローバルな文化的体験の生成も、この一五年間の都市の重要な変化の一部である。ちなみに、大都市の文化的体験における〝均質化と異質化〟の経験は、一方がグローバリゼーションで他方が非グローバリゼーションを示しているのではなく、文化的なグローバリゼーションの過程を総体として表現していると考えるべきであろう。

### 政治のグローバリゼーション

最後に、グローバルな市場の持続的な影響力は、述べたような都市や地域をめぐって、国民国家や地方自治体としての都市の維持管理能力を掘り崩している。グローバルな市場の動向と結びついた新自由主義的戦略が、都市や地域をめぐる経済の発展政策のなかで、支配的である。このような状況のなかで、「グローバルな地域」や「都市地域」の形成は、地域社会システム、あるいは市民社会《キウィタス》としての自己制御調整力を要求している。これが「都市のガヴァナンス」として問題になっているものであり、それは政治のグローバリゼーションの過程を表現している。

超国民的レヴェルにおけるグローバルな地域協力の事例としては、欧州連合（EU）、中欧自由貿易協定（CEFTA）、北米自由貿易協定（NAFTA）、米州自由貿易圏（FTAA）、東南アジア諸国連合（ASEAN）、アジア太平洋経済協力会議（APEC）、中米地峡経済共同体（CEIC）、カリブ共同体（CARICOM）、南米南部共同市場（MERCOSUR）、黒海経済協力機構（BSEC）などがある。これらのなかで、本章で問題にする「グローバルな地域形成」の内実を示すか、あるいは内実を示す方向に動いているものは、欧州連合圏、北米自由貿易協定を核とする「米州自由貿易圏」、東南アジア諸国連合＋日本、韓国、中国が構成する「東アジア経済圏」の三つである。米州自由貿易圏と東アジア経済圏は、主権の移譲＝制限や共通市場の形成の点でまだ本章で述べる地域社会システムとしての骨格が明確になっていない部分があるが、政治的意思決定は徐々にその方向にすすんでいると判断できる。しかし、現時点では、地域社会システム形成としての凝集性は、むしろNAFTA、ASEANが代表していると考えたほうがよいであろう。(1)

こうして、本章で扱う都市—地域《シティ・リージョン》の連関《リンケージ》がある程度明確になった。ここで、さらにJ・R・ショートとY・H・キム（Short, J. R. and Y.-H. Kim, 1999）による「グローバルな都市システム（global urban system）」のモデルを下敷きにしながら、媒介物としての国民国家を考慮にいれつつ、問題にする都市地域連関を明確にしたい。

## 集まりの形態としての都市

この章では、ある特定の新しい貧困の集まりの形態として、大阪市西成区釜ヶ崎の寄せ場をとりあげるつもりである。この社会空間は、本章の観点からは、大阪市や大阪府などの地方自治体にではなく、大阪—神戸の関西地域《リージョン》のなかに位置づけられる。そしてこの関西地域は、日本が取り組む東南アジア諸国連合（ASEAN）地域との協力関係のなかに、つまり二〇〇二年にサッカーW杯を共同開催する日本—韓国関係と、一〇年以内に東南アジア諸国連合と自由貿易協定を結ぶことを想定している中国との関係を前提に、東南アジア諸国連合＋日本、韓国、中国が構成する「東アジア経済圏《シティリージョン》」という、グローバルな地域形成のなかのひとつの都市地域として位置づけられる。つまり、アジアにおけるグローバルな地域形成のなかの一拠点地域として位置づけられるのである。

ヨーロッパでは、つまり欧州連合（EU）では、J・R・ショートとY・H・キムのモデルに従えば、同様の都市地域連関を示しているのは、たとえばミラノ大都市圏である。アメリカでは、つまり北米自由貿易協定（NAFTA）では、シカゴ大都市圏が同じ都市地域連関を示している。こうして、ヨーロッパ、アメリカ、アジアと、三つのグローバルな地域社会システムの形成がすすむなかのアジアにおける主要都市地域として関西地域（大阪―神戸地域）があり、その地域のなかのある特定の貧困の集積の表現として、西成区釜ヶ崎の寄せ場があるということである。

## 3　新しい都市地域形成と新しい貧困＝社会的排除の形態

### 第二級市民問題の比較

前節で、三つのグローバルな地域形成のなかの、分析的に同レヴェルであると思われる主要都市地域の設定をおこなった。それは、もとは、大阪市西成区釜ヶ崎の寄せ場問題をグローバリゼーションの文脈のなかに位置づけるという作業からはじまったものである。

　主要な三つのグローバルな地域社会システム形成下で、ミラノ大都市圏、シカゴ大都市圏、大阪神戸圏（奈良、京都、滋賀まで含めることが可能）は、自律的な都市地域として機能することを要求されている。この三都市地域における新しい貧困の問題を、ここでは、それぞれの地域に独自の二級市民《セカンドクラスシティズン》＝社会的排除の問題として捉え、比較検討してみることにしよう。

　第一の地域社会システム（ＥＵ）形成下にあるミラノ大都市圏では、二級市民としての貧困＝社会的排除の問題は、ホームレスと公的扶助を必要とする若者の問題に集約される。ここでは、貧困の集中は、三つのかたちで表現されている。第一に、緊急援助センター、移民とホームレスの臨時宿泊所、夜間保護施設、ミラノ中央駅や都心部の非ＥＵの移民とホームレスなどである。第二に、豊かな層の住宅や労働者階級が混在する中心街で、高齢者用の住居の老朽化がすすんでいる。最後に、一九六〇年代以前の移民や低所得層が住んでいる宿泊所のある郊外地区。そこでは、家賃は安いけれども、学校、公共輸送機関、病院などの公的サーヴィスや、余暇施設が、長期にわたって不足している（Mingione, 1996）。

　第二の地域社会システム（ＮＡＦＴＡ）形成下にあるシカゴ大都市圏では、二級市民としての貧困＝社会的排除の問題は、人種的要素（白人／アフリカ系／ヒスパニック系／アジア系など）をめぐる問題に帰着する。第二、第三の人種カテゴリーとしてのアフリカ系とヒスパニック系の人びとは、一九七〇年から一九九〇年にかけて東部と南部の社会的に隔離《セグリゲイト》されたコミュニティに集中するようになっており、アフリカ系とヒスパニック系のコミュニティも、隣接しているにもかかわらず社会的隔離がさらにすすんでいる。こうした、エスニック・マイノリティが住む地域では、雇用機会も減少傾向にある。シカゴ大都市圏は、米国のなかでもっとも人種および民族的隔離がすすんでいるところである。これらの事例は、どのように脱工業化、グローバルなリストラクチャリング、人種的隔離が共犯しあって、グローバリゼーションの過程で従来のアメリカの大都市の〝ゲットー〟がますます社会的周辺地域へと追いやられているか、を示している（Abu-Lughod, J. L., 1999; Body-Gendrot, S., 2000. なお、アメリカの都市における〝ゲットー〟の形成とその言葉の意味の変化に関しては、本書の第3章を参照）。

第三の地域社会システム（ＡＳＥＡＮ＋日本、韓国、中国）形成下にある大阪神戸地域では、二級市民としての貧困＝社会的排除の問題は、釜ヶ崎に集中する高齢者層の低賃金労働、失業、ホームレスの可視化の問題、大阪都心南部などのホームレス問題に現れている。

関西国際空港建設終了後の西成区釜ヶ崎を中心とした高齢層の恒常的な失業状態、そこへの韓国や中国からの外国人労働者の流入をめぐる摩擦、グローバル化に対応する産業のリストラクチャリングが失業とホームレス化を恒常的に生み出す問題などを、ここでは指摘できる。関西国際空港のフライトネットワークは、ヨーロッパ（ＥＵ）と北米（ＮＡＦＴＡ）へのしっかりとした結びつきをもちながらも、アジア、とくに本章で東アジア地域経済圏の形成としてとりあつかっている地域内に凝集性を示している。

つまり、上に述べた二級市民としての貧困＝社会的排除の問題は、大阪神戸地域がひとつの「都市地域」として東アジア地域経済圏（ＡＳＥＡＮ＋日本、韓国、中国）というグローバルな地域形成の中枢性を要求されるようになる過程で現象している、新しい貧困＝社会的排除の集まり（＝集中と分散）の形態なのである。大阪市がすすめるビジネスパートナー都市制度も、東アジア地域経済圏のなかで大阪神戸地域（関西地域）の自律性を高めるように機能するものである。(2)

## 4　新しい貧困＝社会的排除の形態
## ――異質性と共通性

### 問題の共通性と異質性

三つのグローバルな地域形成下で同様の都市―地域《シティ・リージョン》間連関《リンケージ》を示すものとして、三つの都市地域と、そこでの新しい貧困＝社会的排除の形態をとりあげた。ここでは、その新しい貧困＝社会的排除の形態について、システム間の現象形態の共通性と異質性に関してさらに考察をふかめてみたい。

異質性は、つぎのように指摘することができる。第一の地域社会システム（ＥＵ）形成の局面では、移民、ホームレス、若者、高齢層へと社会的周辺化《マージナライゼーション》の圧力がかかっており、都心部と郊外に領域的な周辺化の形態がみられるのたいし、第二の地域社会システム（ＮＡＦＴＡ）形成の局面では、アフリカ系、ヒスパニック系の人びと、つまりエスニック・マイノリティに社会的周辺化《マージナライゼーション》の圧力がかかっており、郊外の特定地域に歴史的な領域的周辺化の形態を確認できる。第三の地域社会システム（ＡＳＥＡＮ＋日、韓、中）形成の局面では、高齢者層の失業、ホームレス、移民問題なかに社会的周辺化《マージナライゼーション》の現象を認めることができ、都心南部に領域的周辺化の集中と散在の形態を確認できる。

共通性は、それぞれの地域社会システム形成と対応する都市地域の連関にかかわりの深い国民国家の、経済のグローバル化への対応のもとでの、産業のリストラクチャリングによる慢性的な失業と、国境を越えた労働力移動にともなう文化的摩擦（第一と第三の地域社会システム形成においては比較的最近の原因にもとづくものであり、第二の地域社会システム形成においては、歴史的要因によるものが大きい）の、発生である。

さらに、第一と第二の形態においては、人種民族的要素が社会的周辺化＝排除の主要因として共通に作用しており、第二と第三の形態においては、第一の形態にくらべて新自由主義的な政策が雇用の不安定化というかたちで恒常的な社会的周辺化＝排除の力として作用している。一方、第一と第三の形態では、高齢者、ホームレス、移民といった社会的カテゴリーをめぐって、社会的周辺化＝排除の力が共通に作用しているようにみえる。

最後に、興味深い点として、第二と第三の形態における社会的周辺化＝排除の領域形成（アフリカ系およびヒスパニック系のコミュニティと寄せ場）にみられる差異について触れておこう。

第二の形態の周辺的領域形成＝エスニック・コミュニティは、社会的隔離《セグリゲーション》の問題としてあつかわれていることからもわかるように、近隣周辺地区との物理的・社会的断絶を特徴としている。ところが、第三の形態の周辺的領域形成＝寄せ場は、地域住民がしばしば〝寄せ場〟というマイナスのレイベリングにたいして拒否反応を示すことからもわかるように、近隣周辺地区との物理的・社会的断絶を明確に示してはいない。社会的に隔離《セグリゲート》されたエスニックコミュニティはしばしば荒廃した地域であるのにたいして、寄せ場は、荒廃しているというよりも、むしろコミュニティとして十全に機能しているようにみえることである。また、エスニック・コミュニティは都市地域にあって集中しながらもいくつかの地域に分かれているのにたいして、寄せ場は、少なくとも大阪神戸地域では、都市地域のなかにあってひとつの地域に集中していることである。[3]

## むすびにかえて
### ――グローバルな地域形成のさらなる比較分析のために

本章では、寄せ場を文字通りひとつの集まりの形態、すなわち新しい貧困＝社会的排除の集中と分散の形態として把握すること、そしてそれをグローバリゼーションの過程と関連づけるだけでなく、グローバルな地域形成のあいだに比較の視点を導入すること、が課題であった。問題設定と若干の実質的問題の比較検討は、本章でもなしえたと考えている。が、もちろん、先送りされた問題も多い。それらを整理して、章のむすびにかえたい。

第一に、「グローバルな地域」「都市地域」と言うときの、〝地域〟という言葉の合意を、より明確にする必要がある。地域 region という言葉の語源は、ラテン語の regio であるが、その言葉は像＝分割の根本原則をわれわれに思い出させ、それは「境界を画し、祭事を司る（"Regere fines, regere sacra"）」力の問題を、P・

ブルデューがいうような象徴支配の問題を示すものである。国際地域社会システムの問題は、グローバリゼーションの過程での新たな地域社会形成＝分割に直面して、象徴支配の問題を、全体として、また個別地域社会システムの問題として、どのように解決しようとしているのか。このような問題とわれわれはさらにとりくまなければならないであろう。[4]

第二に、新しい貧困＝社会的排除の問題に、より明確な定義を与える必要がある。新しい貧困の問題は、これまで「相対的剥奪」の問題としてとりあつかわれてきた問題を含んでいる。含んでいるだけではなくて、それが依然として貧困の定義の重要な部分である。しかし、本章で〝新しい貧困〟と呼ぶ現象は、さらに重要な定義基準をもっている。すでに本章でも述べたように、社会的周辺化、領域的地域的周辺化、すなわち〝周辺に追いやられ市民として平等の扱いをうけないこと〟が、それである。それは社会的排除《イクスクルージョン》と社会的包含《インクルージョン》の攻めぎあい、市民社会の境界確定の問題を含んでいる（その歴史的経緯に関しては、本書第1章、第2章を参照）。しかし、なにをもって社会的排除とするかということに関しては、研究者のあいだで依然として一致をみていない。この点の明確化、共通基準の作成をさらにすすめる必要があるだろう。

第三に、地域形成のシナリオのどれがグローバルな文脈のなかで社会システム化しそうなのか、そのことの見極めをしなければならない。本章では、国際地域社会システムの三つの極として形成されつつある地域社会システムを、欧州連合（ＥＵ）、北米自由貿易協定（ＮＡＦＴＡ）を核とする「米州自由貿易圏」、東南アジア諸国連合（ＡＳＥＡＮ）＋日本、韓国、中国が構成する「東アジア経済圏」とした。しかし、たとえば欧州連合と地中海地域（北アフリカを含む）、バルト海地域（バルト三国、アイスランド、ノルウェーを含む）、ドナウ河地域（東欧、中欧、バルカン半島を含む）との今後の関係をどう考えるのか。かりに欧州連合の拡大の日程にドナウ河地域を含めるのであれば（二〇〇七年の時点で、この過程は一部現実のものとなっている）、さらに黒海経済協力機構との関係をどう考えるのか、というような問題が、地域社会システムの拡大・吸収・融合の問題としてたちあらわれる。

「米州自由貿易圏」の地域社会システム形成の前には、欧州連合をモデルとしている南部南米共同市場や、中米地峡経済共同体、カリブ共同体などの自律性の問題が存在する。「東アジア経済圏」のばあいには、最近提起されたインドを中心とする南アジア地域経済共同体との関係や、オーストラリア、ニュージーランドなどアジア志向を強めるオセアニア地域との将来的な関係をどう考えるか、というような問題がある。

さらに、「米州自由貿易圏」と「東アジア経済圏」のあいだには、より深刻な地域社会システム形成間の摩擦が考えられる。〝アジア太平洋地域〟として語られている地域社会システム形成の問題である。〝アジア太平洋地域〟が「米州自由貿易圏」と「東アジア経済圏」を含みこんだグローバルな地域社会としてその実質的形成が語られるようになれば、世界は三極ではなく欧州連合との二極構造として語られるようになるが、そのばあいには南アジア地域経済圏の自律性が高まるなどして、二極構造はさらに多極化への傾向を示すようにもなるであろう。グローバル化の文脈のなかで多くの規模と質のちがう地域社会システム形成のあいだの摩擦が出現することになる。(5)

第四に、地域社会システム概念の精緻化の問題がある。本章では、パーソンズがかつて考えていたように全社会的共同体と新しい政治体との社会分化《ディファレンシエーション》を地域社会システムの形成と自律化のメルクマールとしている。その意味で、地域社会システムとしての進化度は、ＥＵ、ＮＡＦＴＡ、ＡＳＥＡＮ＋３の順に低くなると想定している。しかし、国民国家を前提にしていた社会システム論を、厳密にグローバル化した新しい文脈のなかの市民社会のシステム形成に適用できるのかどうか、この点は「国際地域社会システム」という主要概念を彫琢するという意味でも、さらに検討がなされなければならないであろう。地域社会システム間の葛藤と交流というテーマは、社会システム論における下位システム間の関係を考えるだけではおそらく不十分である。

いずれにせよ、新しい時代の新しい社会運動は、グローバルな文脈のなかで自己の運動の対象を見出さなければならない。すなわち、グローバルな文脈のなかで、時代に共通の政治的課題と地域社会システムに固有の課題を見出さなければならない。それが、国境を越える人の移動が恒常化し、人権も国境（すなわち、国民国家）を越えて制度的に保障されなければならなくなった時代の思考と行動の原則である。

## 注

（1）ここでの地域概念の特徴は、とくに「東アジア経済圏」（日中韓＋東南アジア諸国連合）を主要な地域現象として（as a principal regional phenomenon）とらえるところにある。

ＡＳＥＡＮ（東南アジア諸国連合）は、中小の国々（タイ、インドネシア、マレーシア、シンガポール、ブルネイ、フィリピンなど）から構成されている、長期的な地域経済協力組織である。それは加盟国間で一つの安全保障体制を首尾よく創出しており、そして冷戦期には、ヴェトナムの共産主義の拡大に対する共通の堡塁の役割も担った。冷戦終結以降、ＡＳＥＡＮは以前の敵国を編入するほど忙しく拡大してきており、一九九五年にはヴェトナム、ついで一九九七年にビルマ／ミャンマーとラオス、一九九九年にはカンボジアが参加した。それはまた、ひとつのより大きな安全保障の枠組みを構築する試みでもある。その枠組みは、いわゆる〝対話の相手〟をＡＲＦ（ASEAN Regional Forum）へとひきこむことによって構築されるものであり、日本によって後押しされたひとつの過程である。

じじつ、「東アジア経済圏」実現にむけた研究がはじまっている。それはＡＳＥＡＮと日本、中国、韓国の三国が、欧州連合の協力のもとにアジア共通通貨の創設を視野にいれつつ、すすめられているものである。二〇〇一年一月に、神戸で研究チームがたちあげられた。これは「神戸リサーチプロジェクト」と呼ばれ、欧州の経済統合のノウハウをアジア地域で学ぶためのものである。二〇〇一年以内にスタートさせることが合意された（http://www.asahi.com/0114/news/business14003.html）。これはもともと二〇〇〇年一一月に日中韓とＡＳＥＡＮの首脳会議で浮上した、関税障壁などの撤廃をめざす「東アジア貿易圏」構想の、さらなる展開である。研究チームの発足は、日本が提案し、中国も賛成した。

これをグローバルな地域形成間の力関係としてみると、欧州連合は米国によるグローバルな経済に対する一極支配を牽制する観点から、以上のようなアジアの経済統合の動きを積極的に支援している（http://www.asahi.com/1222/news/international22001.html）。ちなみに、二〇〇一年一月一四日、欧州連合（ＥＵ）の議長国・スウェーデンのリングホルム財務省は、神戸でのアジア欧州会議（ＡＳＥＭ）財務省会議閉幕後の記者会見で、つぎのように述べている。すなわち、「米国経済に鈍化の兆候があるが、欧州経済は強含みなので、アジアと欧州の経済協力によって、三地域《リージョン》は共倒れせず十分やっていける」と。ＥＵの二〇〇一年の経済成長率が三％強で内需拡大の見通しであることを背景に、欧州経済が米国の景気減速後の世界経済の〝牽引役〟となれる、との自信を示したものである（http://www.asahi.com/0114/news/business14004.html）。ここにはあきらかに、グローバルな三つの地域《リージョン》がその実態の形成とともに競合関係にあるとの認識が示されている。

ＥＵ自体は、半世紀の歴史を重ねた欧州統合の過程をさらに前進させ、〝大欧州〟にむけて二〇〇一年二月二六日にニース条約に調印している。そこでの具体的な課題は中東欧への欧州統合の拡大であったが、二〇〇四年の五月には中東欧五ヵ国（ポーランド、ハンガリー、チェコ、スロヴァキア、スロヴェニア）も加盟し、本物の大欧州を目指す政治統合の論議も本格化するであろうと言われている。二〇〇七年一月にはブルガリアとルーマニアが加盟し、現在、ＥＵ加盟国は二七ヵ国に拡大している。歴史的にいえば、統合の目標は「ローマ帝国以来の大欧州」（プロディ欧州委員長・当時）であり（http://www.asahi.com/0227/news/international27008.html）、タルコット・パーソンズの表現を借りれば、新しい《ニュー》政治体《ポリティ》と全体社会的《ソサイエタル》共同体《コミュニティ》の分化の過程がはじまったのである。

一方、米国は、クリントン政権からブッシュ政権へと移行し、ＮＡＦＴＡ（北米自由貿易地域）をブラジル、チリなどラテンアメリカ諸国に拡大し、ＦＴＡＡ（米州自由貿易地域）を早期に実現しようとしている。ここでの問題は、中国を「戦略的パートナー」であるとしていたクリントン政権から「競争相手」と位置づけるブッシュ政権に代わって、南に拡大するひとつの国際的地域としてのＮＡＦＴＡと、ＥＵの〝経験〟を参考にしながら物やサーヴィスの市場だけでなく金融や通貨面での統合にむけて必要になる作業を開始した日中韓三国とＡＳＥＡＮ、あるいはＡＳＥＭとの関係である。もちろん、ここには、朝鮮半島統一の、東アジアにおける経済統合へのインパクトの問題があり、それはドイツ再統一後の欧州経済統合と同じ局面をもっている。ただし、東アジアの経済統合、社会文化統合、政治統合をめぐっては〝アジア太平洋地域〟という考え方が存在しており、ＡＰＥＣ（アジア太平洋協力会議）には重要なメンバーとして米国が参加していることを忘れてはならない（http://www.asahi.com/0120/news/international20009.html）。この点については、本章の注（５）および第13章第４節の議論も参照。

（2）グローバル・リージョンとしての東アジア地域経済圏と都市地域《シティリージョン》としての大阪神戸（関西）地域の関係について、もうすこし考察をふかめておこう。この関係は、繰り返すまでもなく、本章において提示されている重要な「都市地域連関《シティリージョンリンケージ》」のひとつである。

アジアにおけるグローバルな地域（global region）の形成と大阪神戸（関西）地域（city-region）の関係を、もっとも象徴的に表現しているものは、本章本文で触れたように大阪神戸（関西）地域の最大の拠点空港である関西国際空港の「国際線のフライトネットワーク」である（http://www.kansai-airport.or.jp/flight/network）。関西国際空港から離発着するフライトは、アジア、ヨーロッパ、北米へと大きく三つに分極化しているが、とくにアジア、あるいはアジアと太平洋地域の一部（具体的には、オセアニア）に集中の傾向を見せている。ナショナルあるいはローカル・レヴェルでの空港に対する性格づけも、〝アジア志向〟がきわだっている。

アジア地域におけるグローバルな地域形成と大阪神戸（関西）地域の関係を、もっともよく表現している制度的形態のひとつは、これも本文で触れた「ビジネスパートナー都市制度（a "Business Partner City" relation-ship）」である。現在、この制度のもとで大阪市は、貿易の促進と経済交流を目的にアジアおよび太平洋の一部の地域の一一都市（二〇〇〇年一二月現在）と、「ビジネスパートナー都市（ＢＰＣ）提携」を結んでいる。

「ビジネスパートナー都市」とは、相互の都市（自治体）が、リーダーシップをとって、民間レヴェルでの経済交流を促進することを目的とした都市提携であり、具体的な活動内容としては、商店街の姉妹提携など各種経済団体・機関における交流の促進や、中小企業を中心としたビジネス交流団体の相互派遣がある。大阪市とこうした都市提携をしている一一都市を提携が成立した年代順にみていくと、香港（中国：一九八八年三月）、シンガポール（一九八九年二月）、バンコク（タイ：一九八九年六月）、クアラルンプール（マレーシア：一九八九年八月）、マニラ（フィリピン：一九八九年一〇月）、ジャカルタ（インドネシア：一九九〇年四月）、ソウル（韓国：一九九二年九月）、上海（中国：一九九五年七月）、ホーチミン（ヴェトナム：一九九七年五月）、ムンバイ（インド：一九九八年五月）、メルボルン（オーストラリア：一九九九年六月）となっている（大阪市姉妹都市交流協議会編『大阪市の姉妹都市』参照）。

また、一九九四年七月にはＢＰＣ交流事業の強化・拡充のために、「ＢＰＣネットワークセンター」が大阪南港に設置された。大阪神戸地域を拠点としたBPC制度は、あきらかに東アジア地域、あるいはアジアと太平洋地域の一部を、ひとつの凝集性の高い地域経済協力圏（あるいは、共通市場《コモンマーケット》）へと導いている。

（3）ここでの知見は、とくにElder教授（Hope College, MI, USA）との大阪市西成区釜ヶ崎での実地調査にもとづくものである。

（4）古典ギリシア語で〝地域〟にあたる言葉はχώραである。この古典ギリシア語は、文脈によっていろいろな意味をもちうるが、おおづかみに言えば、それは人間や物によって限界づけられ、占拠された地表空間である（Bailly, A., 2000）。古典ギリシア語のχώραとラテン語のregere、regioの語源学的な関連は定かではないが、このギリシア、ラテンの古典語と近現代の欧米語における〝地域《リージョン》〟という言葉は、いずれも中心としての法＝権威をともなう人為的な境界づけを意味している。ここに、境界線の新しい定義と古い定義のあいだに葛藤が生じる。その葛藤を、ブルデューは象徴支配に対する闘争と呼んでいる。

ブルデューの象徴支配をめぐる議論に関しては、Bourdieu, P.（1979）などを参照。

（5）ちなみに、〝アジア太平洋地域〟という観点からの研究には、以下のようなものがある。Lo, F.-C. & Y.-M. Yeung, 1996; McGrew, A. & B. Christopher, 1998; Preston, P. W., 1998; Olds, K. et al., eds., 1999; Lim. S-Geok. et al., eds., 1999.

しかし、〝アジア太平洋地域〟という概念は、地球上で最大の海＝太平洋に関連する地域理念（idea of regionness）を広げることによって三大陸を結びつけようとするものであるが、それはいまのところ、グローバルな地域概念のなかでもっともあいまいなものである。

# 第11章　グローバリゼーション、市民権、エスニック・マイノリティ1

## ――市民権と国籍の結合と分離について

まあ、どこへいったい知恵分別はとんでいきましたか、そのことで以前から異邦人《アントローポース・クセイヌース》にも、あなたが治めている国の人間にも、知られていたのに

（ホメーロス『イーリアス』岩波文庫、下巻、三三二頁）

la "differenza" d'origine e di cultura degli immigrati è incompatibile con le identità nazionali europee.

（移民に関する出身および文化の「差異」は、ヨーロッパの国民的アイデンティティとは相容れないものである）

(Ferrarotti, F. La tentazione dell'oblio, Laterza, p.187)

何であろうと、変化してその性状を変えるとき、それはただちに前に存在したものの死である

（ルクレーティウス『物の本質について』岩波文庫、九四頁）

法律と習俗のあいだには、法律がよりいっそう市民の行動を規制するのに対し、習俗はよりいっそう人間の行動を規制するという区別がある。習俗と生活様式のあいだには、前者がいっそう内面的な振る舞いにかかわり、後者が外面的な振る舞いにかかわるという区別がある

（モンテスキュー『法の精神』岩波書店、中巻、一一四頁）

ある時代の人たちはみんな一つの理想で固まっていたのです

（ドストエフスキー『白痴』新潮文庫、下巻、三八〇頁）

日本人は嘘つきで残酷で陰険な国民だ、ということであった。さらに、フィリピン群島にいるスペイン人にいたっては、日本人よりももっと嘘つきで残酷で陰険だとのことであった

（ダニエル・デフォー『ロビンソン・クルーソー』岩波文庫、下巻、二五六頁）

だが、状態《ヘクシス》が一つであるとしても、おそらくひとは、現実活動態《エネルゲイア》も一つである、とは考えないであろう

（アリストテレス『自然学』岩波書店、全集第三巻、二〇八頁）

### 移民・国民国家・主権

移民はあきらかに国民国家に挑戦している。そこで問題になっているのは、とりわけ一七八九年のフランス革命後の、フランスにおける国家建設をモデルにつくられた「国民国家（nation-state）」である。だが、移民は、一七世紀以来その形姿をたしかなものにしてきた国際的な主権国家体制に挑戦しているとも言えるであろう。多くの移民や外国人出稼ぎ労働者に関する研究は、この点に無自覚であるばあいが多い。問題は、第一に市民権《シティズンシップ》と国籍《ナショナリティ》の収斂と分離の度合いであり、第二に〝主権（sovereignty）への挑戦〟と呼ばれている事態の把握である。

本章と次章は、この二つの論点を中心的に論じることを通して、移民や外国人出稼ぎ労働者が提起している画時代的な問題状況を把握し、またその問題状況が世界秩序にどのような新しい形姿を与えようとしているのかを把えようとするものである。

## 1　市民権と国籍の起源と発展

### 古典古代の問題構成再考
### ――包含と排除としての市民権の拡大

古代ギリシアにおいては、市民権あるいは市民の資格というのは世襲の地位身分であり、ウォルツァーやミーハンが分析したように[1]、ポリスを構成する市民（πολίτης, イオニア方言では πολιήτης）、メトイコス（μέτοικος）、外国人＝異邦人＝客人（ξένος）のあいだには社会的な区別＝城壁が存在していた。市民権（πολιτεία）というのは、公的《パブリック》（δημόσιος）な領域において、特定の政治的権利を享受するための必要条件であった。そこでは男性（ἄνδρες. この言葉は〝夫たち〟をも意味する）が市民としての権利あるいは特権を享受し、正義（δικαιοσύνη）の発展に貢献したのであり、また共同体＝地域社会《コミュニティ》（κοινωνία. ここではとくに ἡ πολιτική κοινωνία）の自治の発展に寄与したのである。

しかし、時間の経過とともに、市民とメトイコスの区別は失われ、古代ギリシアの都市国家は同盟国の住民にも市民としての権利を与えはじめた。ここにおいてまず、市民権あるいは市民の資格は、その本来的に排他的な性質を失いはじめた。それは、単に本来的に排他的な性質を失いはじめたのではなく、市民権の拡大がひとつの包含と排除の過程《イクスーインクルージョン・プロセス》として、時間（継起）的で空間（領有）的な発展へと変化をとげる過程であった。換言すれば、それは社会―空間的な実践としての市民権が、ひとつの地域社会システムとして歴史的―進化論的に変容をはじめた瞬間であった。

### バンヴェニストの文献

古代ローマでは、市民権あるいは市民の資格は、特定の人びとの人格的かつ法律的な地位身分とみなされた。市民（civis）は、財産を所有する権利および他の多くの確認が可能な積極的権利をもっていた。言語学者であるE・バンヴェニストは、著書『インド＝ヨーロッパ諸制度語彙集』のなかで、ラテン語のこの市民という言葉についてつぎのように述べている[2]。それは居住地と政治的権利の共有を前提とする仲間集団を示す語であり、その本来の意味は〝同胞〟である。すなわち、バンヴェニストは、市民とはもともと市民権（civitas）を保持する集団の成員が、さまざまな〝よそ者、異邦人（hostes, peregrini, advenae）〟たちにたいして自分たちのことを表すのに用いた名称とみるべきだと、主張しているのである。

バンヴェニストの主張を社会学的にパラフレーズすれば、集合概念としての市民権あるいは市民団（すなわち、civitas）は、社会的な包含と排除の境界（inclusion- exclusion boundary）をつねにもっているということである。そしてその境界は、歴史的に進化し、発展と再編を繰り返す。W・G・サムナーが述べたような〝われわれ意識（we-feeling）〟を、市民概念は前提にしているとも言える。[3] このことは古典古代世界に共通の事実であり、その後の市民社会の地域的・地方的な発展においても、同様である。そして、初期ローマ帝国における市民権は、都市国家内で特定の公的な（publicus）義務と責任をもっている（エケイン）、合理的な財産所有者の地位身分を意味した。

ローマ人たちは、次第に自分たちの市民法（ius civile）を、かれらの近隣に住む者や属領地の住民に拡大していった。市民と非市民の区別の社会内的な重要性は少しずつ減少し、紀元二一二年ごろにはそれはなくなった。市民権はローマ世界のほとんどの人びとに与えられたのである。* バンヴェニストの分析に反して、万民法（ius gentium）により市民権は、「ローマ市民であると外国人であると問わず（sive cives Romanos, sive peregrinos）」拡張されることになった。しかし、それは自由人であるにかぎりにおいてであり、その点で万民法は自然法（ius naturale）よりも市民法に近いものであった。ローマ世界の市民社会的構成は、古代ギリシアのポリス同様、あきらかに包含と排除の境界を形成していたのである。

＊R・プレンダーは、ローマ世界の成員資格を四つに分類している。第一はローマ市民（cives Romani）。かれらは、ローマおよびローマに編入された特定の共同体にたしかな社会的地位を占める住民である。第二は、投票権のない市民（cives sine suffragio）で、自立しているとみなすのが危険であると考えられ、選挙権を剥奪された者たちである。第三はラテン人である。第四は、同盟者（socii）であり、同盟国の市民であった者のことである。[4]

ちなみに、ラテン語の市民社会（societas civilis）は、まずキケロによってギリシア語の訳語として採用された表現である。かれは初めて適切にも、市民に関する civilis ――ギリシア語では政治に関する πολιτικός ――と呼ばれる哲学上の論点について語った。[5] ところで、日本の市民社会論には、ギリシア語の世界からラテン語の世界へのこのキケロ的転回が十分に知られていない。ゲルマン的所有とローマ的所有を対立させる、「ローマ法以来の」という形容詞が、むなしく繰り返されるばかりである。事実、日本では、依然としてキケロの本は翻訳されるべき重要な著作とみなされていない。[6] この文化吸収の歪みは、近代日本における官僚制の肥大化や権威主義の跋扈に少なからず関係があるように思われる。

さて、古代ギリシアのばあいでもローマのばあいでも、市民としての地位身分にとって重要なのは、小規模な共同体の政治的活動に参加する権利であった。ずっと後の世紀に、市民（civis）とかれが所属する行政区のあいだの法的な結合がより広い国民的共同体の成員資格へと広げられたとき、政治的生活への積極的な参加という理念はその意義を失わず、市民（citoyen）という称号は〝名誉〟の名称として残った。市民権のこの側面、すなわち多くの政治的権利をともなう公的生活への積極的な参加という側面は、今日まで生き残っており、多くの学者や研究者によって市民権あるいは市民の資格の本質であるとみなされている。他方、中世における市民社会の特徴は、その成員が個人としてよりも臣民として取り扱われるところにあり、その点で古代ギリシアや古代ローマの市民社会とは対照的であった。

**国籍とはなにか**

ところで、国籍（nationality）というのは、個人をかれや彼女が所属するネーション、人民、領土に法的に結合するものである。それは、ア・プリオリには決定されない人の属性である。そして、一般には人の誕生の瞬間に割り当てられ、ある決定づけられた血統との（すなわち、時間的な）つながりが、その血統が確立された地理的な全体性との（すなわち、空間的な）つながりと同様に、確認されるものである。国籍のもつこの二つの側面――血統と地理的全体性――は、出生地主義（jus soli）と血統主義（jus sanguinis）の原則にもとづいて構成されている、近代の国籍を決定する際の手続において明白である。しかしながら、古代ローマにおける〝ネーション〟は、種族（gens）や大衆（populus）という言葉と同様に、単に人びとの集団を意味していた。つまり、古代ローマ世界では、ネーションという言葉は、ひとつの政治体への人びとの組織化を意味していなかったのである。*

*今日ゲイやレズビアンがネーション（Queer Nation）を主張したり、先住民たち（indigenous peoples）が部族ではなくひとつのネーションと呼ばれることを要求し国連（United Nations. これは文字通りネーションの連合である）に議席を求めているのは、ある意味でネーションという言葉本来の意味に立ち戻ろうとする動きである。だが、他方でそれは、政治的な主張を公的領域においてなそうとする動きでもあるので、後に述べるような「国籍と市民権の収斂」が問題になる近代以降の歴史―政治的文脈に深く錨をおろした主張でもある。同性愛者や先住民の運動がひとつのネーションを形成する「国民国家」を批判するとき、その運動自体が批判の対象がもっている本質的な特徴を帯びているという逆説が存在するのである。

J・ハーバマスが主張するように、当時ネーションという言葉は、集団への所属を意味する言葉にすぎなかった。(7) したがって、この点が重要なのだが、市民権とはちがい国籍は、最初は直接的に政治参加を意味したわけではないのである。ところで、国籍は、その政治―法的な側面から言えばひとつの国家（あるいは組織された共同体）の法律上の成員資格を意味する。他方、それは〝人種〟や〝ネーション〟を形成する特殊な社会集団の成員を統一する、主観的な共同感情をも意味している。これは、国籍がもつ歴史―生物学的側面と言われているものである。少し立ち入ってみていこう。

国籍がもっている第一の側面は、法律家には容易に理解と認識が可能なものである。それは、ある個人を特定の国家ないしは共同体に結びつける絆が、法律上に反映したものである。国家を知覚するこの公的で具体的に知ることができる様式は、二つの帰結をもっている。第一に、個人と国家や共同体とのそのような関係は、本質的に法律的なものであるということである。第二に、それぞれの国家は、自分の国民がだれであるかを、法の純粋な問題として決定するであろう。第二の側面は、ネーションの歴史的、文化的、社会的な理念の観点からみた国籍である。国籍のこの側面は、信頼できる、国民的で有機的な共同体によって構成される。この側面はいわば社会学的に決定づけられており、したがって単純に実定法によって資格づけられ拘束されることが不可能である。それは、実定法上の国籍の定義とかならずしも一致しないのである。

同様の区別を、国民（the nation）と国家（the state）のあいだですることも可能である。国民とは文化的、歴史的、社会的な概念であり、一方、国家は一般には法律上の概念である。国家は自律的な公的諸制度に関係するものである。ノッテボーム（Nottebohm）の事例で、国際司法裁判所は国籍に関して、つぎのように述べている。

> ［国籍は］その基礎として結合《アタッチメント》という社会的事実、すなわち相互の権利と義務の存在をともなった存在、利害、感情の純粋なる関係をもっている、法的な絆である。それは、つぎのような事実の司法上の表現であると言える。すなわち、直接に法律によってであれ行政当局のある行為の結果としてであれ、国籍を与えられる個人は事実上、いかなる他の国家とよりも国籍を授与する国家の住民と緊密に関係づけられるという事実の、司法上の表現であると言えるのである。(8)

このような国籍の定義は、国民と国家のあいだの法的な絆を意味しているだけでなく、国家の成員資格の文化的、歴史的、社会的な側面も示している。それは、これまで市民権あるいは市民の資格として定義したものの諸側面を取り入れていると言うことさえできる。

## 2　市民権と国籍の収斂

### 市民権と国籍の収斂——デーモスとエトノスの結婚

近代に先行する諸市民権は、基本的には、多くの権利、とくに共同体の政治的生活に参加する権利を授与されたひとの地位身分にその定義の中心があった。他方、国籍は、非成員の排除を前提として、国家や共同体の成員資格を定義するためのあらかじめ決定されていない属性であり、法律上の手段であった。市民権に固有の政治参加の諸権利は、特定の人びと——外国人、財産のない者、女性など——がそれらの権利を享受しないという事実によって守られた。政治的権利の享受は、本来的に（合理的な）男性の財産所有者たちの小集団に制限されていたからであり、都市国家の文脈において本来的に機能するものであったからである。だが、ひとたびこのような民主主義における排除の側面が減少しはじめ、政治参加の諸権利が共同体のより広い部分に拡大されると、市民権と国籍は収斂しはじめた。すなわち、共同体、国家、あるいは政治体に結びつけられた人びとのすべてかほとんどすべてが市民の資格に固有の諸権利を享受したとしても、その諸権利が国民（nationals）としてのかれらに結びついているのか、あるいは市民（citizens）としてのかれらの性質を基礎としているのかを区別することは、困難になったのである。

市民権と国籍という、国家の成員資格の二つの側面のこのような収斂は、フランス革命の時代にもっともよくみられるものである。それは、人間の自然的＝本性的な平等性や、支配者と被支配者のあいだの社会契約の存在に関する啓蒙運動の理想が、ジャン＝ジャック・ルソーやジョン・ロックの政治理論を活気づけはじめたときのことであった。市民権は次第に、それを享受する者すべてに均等＝平等な諸権利（ἰσότης）をもたらすひとつの地位身分と関係づけられるようになった。さらに、絶対王政期の政府の正統性への神聖なる説明すなわち王権神授説に対するオールタナティヴとして、思想家たちは社会契約の理念を発展させはじめた。神聖なる諸権利をもつ絶対的な主権に反対を唱える人びとは、なぜ政府が服従を要求する権利をもっているのかと問い、かれらはその答えを、政府と統治される者のあいだに契約というものを打ち建てることによって見出した。政府の正統性は、統治される者の合意と、政府の権力が抑制に従わねばならなかったという事実に依存していた。

ルソーによれば、人間的自然はそのような市民社会の文脈においてもっともよく実現されるものであった。市民社会において個人の利害は、その社会を構成する仲間である人間との契約にはいることによって保護されるものであった。この社会契約は、共有されたアイデンティティと血統にもとづくある集合的な意思に由来するものではかならずしもなく、むしろひとつの市民社会（a civil society）における自由で均等＝平等な人間たち／市民たちによって到達された合意に由来するものであった。

したがって、市民権の近代的概念は、共通の血統と伝統に関する国民主義的な理念よりも、政治的共同体（political community＝ἡ πολιτική κοινωνία）を自己決定する諸権利に関する議論により多くを負っているのである。こうして諸権利は、地位身分よりも契約と関連づけられるようになった。

これらの理念の発展は、より広範なる住民による政治的権利の要求、国家の成長と民主化、産業社会すなわち市場社会の発展と一致していた。産業革命は封建的な地位身分関係の変容を要求したのであり、その結果、土地と労働（力）が売買されるようになった。ミーハンは、社会契約の啓蒙主義的な形態が依拠した個人主義がこのことを促進し、政治的リベラリズムが経済の自由化の理論的根拠と動力を提供した、と述べている。[9]ハーバマスもまた、初期の帝国や中欧諸連邦からイギリス、ポルトガル、スペイン、フランスなどの領域国家の発展にいたるまで、ヨーロッパ史を跡づけている。[10] これらの国家の組織化はインフラストラクチュアを提供し、そのもとで資本主義は発展することが可能であった。また、フランス革命に続く民主主義理念の普及とともに、それらの国家はゆっくりと国民国家に発展を遂げた。

ハーバマスは、つぎのように述べている。「国民国家は文化的および国民的同質性に基礎を与えた。その同質性にもとづいて、一八世紀の後半以来政府の民主化を前進させることが可能であることがわかった。……国民国家と民主主義は、フランス革命が産み出した双子である」[11]。したがって、フランス革命の理念は過小評価されるべきものではない。それはまず第一に、市民としての諸権利と均等＝平等性という理念を結びつけた。第二に、それは主権をネーション（＝国民）に位置づけ、そのことによって国民的な市民の資格（national citizenship）を強調した。そして第三に、フランス革命の理念は市民権を、政治的解放の探求と結びつけた。こうして臣民たちは市民になり、それ自体多くの権利と義務の受益者になり、国家が権威を行使する際の正統性の基礎の一部となったのである。*

＊換言すれば、市民権の発展は国民的共同体の発展と一致したのである。これは、市民権が初めて確立された古代ギリシアの都市の文脈でいえば、〝デーモス（δῆμος）とエトノス（ἔθνος）の結婚〟とも呼べる事態であり、この歴史的に特殊な事態がナショナルな市民権を神聖なものにした。このナショナルな市民権は、一政体における諸権利の享受と国民《ネーション》への所属を関連づけたのである。だが、今日、西欧に住む外国人たちは多くの国民としての諸権利を享受するようになっており、〝市民の諸境界〟は押し広げられている。[12] いまや、市民と非市民のあいだのはっきりとした区別に結びつくのではなく、一国家の成員資格に結びついた一連の権利が存在するのである。[13] この問題には、後でまた立ち戻ることにしよう。

しかし、近代市民としての諸権利の享受は、本来的には、国家による封じ込め（state closure）あるいはすべての面での非市民の排除に依拠したものではなかった。じっさい、フランス革命の後に一七九三年憲法の第四条は、市民としての政治的および積極的権利を享受するすべての者はフランス市民であるということを、要求しなかったのである。[14] それに続く諸憲法は、政治的権利のこのような拡張から後退している。しかしながら、忘れるべきでないのは、一七八九年のフランス人権宣言のもっとも重要な側面のひとつはその普遍的な性格にあるということであり、また、成員や市民よりむしろ人間の人格（persons）を問題にしていたという事実である。その点で、フランス人権宣言はアメリカ大陸の植民地で議論されていた〝基本的人権に関する宣言〟を超えるものであった。

### 排除のメカニズムとしての国籍＝市民権の発展

排除のためのメカニズムとしての国籍そして／あるいは市民

権の変容には、いくらか時間がかかった。産業社会の成長は諸国家に、ますます保護主義的な方法で行為をし、国家の経済的利害を護るように要求した。第一次世界大戦後には、〃ひとつのネーションにひとつの国家〃という理念が堅固なものになり、パスポートとヴィザの管理がはじめられた。国家を保護するためのパスポートとヴィザの管理の必要性は、第二次世界大戦後にさらに高められた。それは、諸国家がますます、自分の市民たちに関連する社会的および経済的な責任を引き受けたときのことであった。こうして移動の自由と入国および居住の権利が、国家の成員資格が帯びる特権として、また市民権そして／あるいは国籍として多様に性格づけられたものとして、政治参加の権利につけくわわった。移動の自由と入国および居住の権利は、近代国家の封じ込めを定義する手段としても利用された。さらに、政治的権利の領域において、啓蒙と革命の理論に固有の均等＝平等性の原則は、普通選挙制度の採用とともに今世紀初頭に法的現実へとかたちを変えたにすぎない。

## 3　市民権と国籍の法律上の差異

### 国籍と市民権の法的解釈

市民権と国籍の意味と内容に関する議論は、法律家たちが〃国民（national）〃という言葉と〃市民（citizen）〃という言葉を区別しない傾向があるという事実によって、しばしばあいまいなものにされてきた。じっさい、国家のなかには、たとえばイタリアのように、国籍と市民権を区別しないところがある。市民権と国籍はまた、フランス革命の時代からの両概念の歴史的な収斂によってもごっちゃにされている。両概念が個人と国家の関係の本質へといきあたることは、あきらかである。しかし、国籍は、だれがどんな国家に所属するかを決定するための、地方自治法、国際法、共同体法により道具として使用されるあらかじめ決定されない一属性とみなすこともできる。換言すれば、国籍は、それをもつ者がどのような法律上の結果を享受するかということよりも、だれがどんな法律上の結果を享受するのかを確定するのである。

いずれにせよ、市民権と国籍はそれぞれ、つぎのように定義しておくのがよいだろう。まず、市民権あるいは市民の資格は、国家の成員資格の内的な反映とみなすことができる。当該国家の境界の内側にあっては、市民権は、一連の権利と義務をともなうひとつの〃地位身分（status）〃である。それは共同体における社会的、政治的、経済的な参加の諸権利を授与する。そして市民権によるこの権利の授与は、たいてい、ある共有された歴史、文化、あるいは集団を、すなわち個人に主権国家や政府の形成に参加する資格を与えるであろう本質的ななにものかを基礎としている。この観点から見れば、市民権は、国籍の歴史—生物学的な側面に近づく。

一方、国籍は、国家の成員資格の外的な表明とみることができる。国籍は、個人と国家の公的な法関連として、市民の資格という地位身分の享受の基礎であるだろう。しかし、それは、唯一可能な基礎ではない。じっさい、諸個人は、国籍を所有することなく、市民権と類別される、ある権利と義務を享受するだろう。さらに、ある特殊なカテゴリーの国民が市民としての権利のあるものを奪われるということが、これまで知られてなかったわけでない。たとえば、一九三五年九月一五日のドイツの法律において、正規（full）の政治的な諸権利はゲルマンの血統（あるいはそれと婚姻関係）をもつ人びとに認められているにすぎなかった。これらの人びとだけが市民＝国家市民（Staatsbürger）としての資格を与えられ、残りの者は単なる国民（Staatsangehörige）にすぎなかった。またベルギーでは、市民としての諸権利を含む正規の市民権を与える完全な帰化（grande naturalisation）と、投票権を含まない部分的帰化（petite naturalisation）が区別された。

国家は〝ひとつの有機的な共同体〟であり、このことはある住民がそれにたいして独占的であることを主張する、限定された領土を占有していることを意味する。この定義は、諸国家の権利と義務に関するモンテヴィデオ協定にも反映されている。その協定が要求したことは、ひとつの国家は永続的な住民、限定された領土、政府、外交の能力を所有《エケィン》しているということであった。永続的な住民あるいは人的な土台は国家がみずからを定義する主要な手段のひとつであるので、国籍の決定あるいは国家の成員資格が協定加盟国に保留された一領域であるとみなされていることは、驚くべきことではない。それゆえ、一九三〇年の『国籍法をめぐる紛争に関連した特定問題に関するハーグ協定』の第一条は、つぎのように規定しているのである。

それは各国が自身の法の下に誰が国民であるかを決定することである。この法律は、国際協定、国際的慣習、国籍との関連で一般に認められている法の原則と矛盾しないかぎりにおいて、他国によって認められる。⑮

## 近代的定義そして／あるいは国際移民の問題

社会学者であるソルダッド・ガルシアは、この文脈で、形式的な（formal）市民権と実質的な（substantive）市民権を区別するのである。形式的市民権というのは特定の（政治的）共同体の成員資格を意味し、実質的市民権というのは特殊な権利の所有と、国家ないしは政治的共同体のなかで特定の義務に従うことに関係している。近代における国民と国家の収斂と、いくつかの国で国籍と移民管理のあいだに発展してきた密接でしばしば区別できない関係性（それらの国家はまた、市民としての諸権利をだれが享受するのかを決定する）ことを考えれば、国民は一般に、かれらが国籍をもっていることの帰結として市民としての諸権利を享受している。このように、国籍と市民権の近代的定義は、どのような基礎の上に諸個人がこれらの権利や義務を享受するのかをあいまいにする。国際移民もまた国籍と市民権の区別を込み入ったものにしている。以前は成員にたいして保留されていた諸権利の内側へと外国人がますますはいってくるようになっているので、かれらは市民としての諸権利の享受に関する排他的な根拠を込み入ったものにしているのである。

しかし、市民権は、国籍の法実証的な規定とは区別されるものとして、本来的に忠誠ないしは愛着《アタッチメント》という特殊な絆を要求する。この基礎の上に立って、個人は共同体の主権にかかわる事柄の決定に参加する権利や特権を享受したのである。外国人たちがはいってくると、市民権のこの側面は知覚することがより困難になる。なぜなら、外国人たちは、国籍の国家による法規定から排除されたままであるけれども、市民権に類似した権利をますます享受することができるようになっているからである。にもかかわらず、マーストリヒト（欧州連合）条約（第八条）の市民権規定の採用（巻末資料6を参照）に関連してスペイン、フランス、ドイツが経験した憲法上の諸困難は、現在までのところ市民権の政治的かつ排他的な性格の生き残りを強調している。

## 4　さまざまな文脈における市民権と国籍

### 市民権の意味は同一ではない

国籍と市民権という、関連はするが別個である概念を議論する際には、それらの歴史的、政治的、法律的な文脈に言及することが重要である。ミーハンは「市民権の意味は時代に固定的ではなく、また異なる社会において同一ではない」[16]と述べているが、このことは別稿（一九九八年）および本書の第2章で強調した通りである。現在の国籍と市民権がもっている意味と内容は起源的には最近ものであり、ところによって変化する一連の歴史的および政治的な発展と密接に関連している。社会学者であるB・S・ターナーは、それゆえ警告する。「現代の政治生活の重要な特徴である市民権の一般理論は、市民としての諸権利の問題に関して比較と歴史の両方の視点をもたなければならない。なぜなら、市民権の性格は社会が変われば組織的に変化するからである」[17]。フランスでは、財産に関する厳格な社会制度を背景にした司法界の法的および政治的な支配を打ち破ることが、長い歴史的な闘争のなかで求められた。国王の絶対権力に挑戦し議会制度を通じて一般意思が表現されることを可能にする社会を選択することによって、フランス人たちは臣民《スュジェ》であることをやめ、ナショナルな国家のなかの均等＝平等な市民《シトワイヤン》になった。

アメリカは、フランス同様、人間というものの権利と民主主義的代表制の原則を根拠にした。しかし、貴族主義と制度化された教会がなかったがゆえに、アメリカの実験が民主的な基礎の上に形成されるのは容易であった。対照的にドイツやイギリスでは、市民としての諸権利は、国家によって特定の特権の享受を許された受動的臣民（passive subject）との関連で発展した。もし貴族勢力に対する首尾よい革命的な闘いが少なくとも民主的な市民権の歴史的な出現の一側面であるとすれば、自由なブルジョワジーの闘争の失敗（一八四八年のドイツにおけるような）

は、ユンカーの貴族主義的な支配下にあるドイツでとくに官僚主義的、権威主義的な政治生活の一側面を生み出したと言うことができるだろう。

## 欧州連合加盟国の問題――英国とアイルランドのばあい

欧州連合加盟国の歴史的な背景、すなわち国家の封じ込めと政治参加の諸権利の発展は、加盟国ごとの国家の成員資格に関する現代的な法律上の定義にあきらかに影響を与えている。たとえば、現代の英国の国籍法は、その封建的かつ君主制的な起源を依然として示している。英国では、つまるところ国籍は国王および臣民の時代に発展させられたのであり、そしてそれゆえ、国籍は権利と義務を授与する関係性を反映するよりも。むしろ忠誠に依拠する地位身分を反映したのである。じっさい、連合王国には現在までのところ、市民の権利と義務を述べている成文の法典ないしは憲法は存在しない。

これともっとも際立った対照をなしているのは、アイルランドにおける国籍法の規定の歴史的背景である。今世紀の初頭にアイルランドで生じた独立のための闘争と、英連邦の自治領かつメンバーとしてのアイルランドの最初の立場は、欧州共同体の加盟国のなかでアイルランド国籍の現代的な発展を独特なものにした。国籍の問題は、新しく産声をあげた国家がその法的独立と歴史的かつ政治的な差異を主張することができる手段となった。しかし、英国とアイルランドの歴史的に密接な関係のことを考えれば、アイルランド国民は連合王国《ユナイテッド・キングダム》の法律のもとでは外国人とはみなされないし、互恵的な特権がアイルランドにいる英国国籍の住民には与えられているのである。この二国のあいだには自由に旅行ができる地域が存在し、その地域では旅行に際して公的な証明はなにも必要ない。アイルランドを訪れているかまたはそこに住んでいる英国生まれの人びとは、一九三五年の外国人法にもとづく法務省による外国人の取り締まり秩序をまったく免れているのである。

アイルランドの現立法に従って、連合王国の国民は地方選挙に投票することができる。一九八五年には、憲法第一六条の修正条項に従って、連合王国の国民は議会選挙での投票と立候補も認められた。アイルランドの地方行政官が公務員資格を国民に限定しながらあらゆる競争にたいして国籍条項を挿入するかもしれないが、連合王国の国民がアイルランドの公務員として雇用されるのには、何の法的な障害も存在しない。国籍の要求はアイルランドの軍隊への奉仕には結びつかないが、正規の居住期間をみたすことはおそらく必要であろう。アイルランドの市民としての諸権利の、英国国民へのこのような拡大は、この二国を結びつけている歴史的な紐帯と密接な関連があり、そして連合王国に居住するアイルランド国民が享受している特権的取り扱いと密接な関連がある。アイルランドの国籍法はまた、非常に自由主義的である。そのことは大規模な移民送出共同体によって説明され得るし、またある程度は、アイルランドがけっして移民の伝統的な目的地ではなかったという事実によって説明可能である。

# 注

（1）Walzer, M. 1983. *Spheres of Justice*, Basic Books; Meehan, E. 1993. *Citizenship and the European Community*, Sage.
（2）E・バンヴェニスト　1986, 1987『インド＝ヨーロッパ諸制度語彙集Ⅰ、Ⅱ』言叢社、参照。
（3）W・G・サムナー 1975『フォークウェイズ』青木書店、参照
（4）Plender, R. 1988 *International Migration Law*, Martinus Nijhoff, pp.10-11.
（5）M・リーデル 1990『市民社会の概念史』以文社、参照。
（6）一九九九年の春になって、ようやく岩波書店から『キケロー選集』がではじめた。
（7）Habermans, J. 1992-93. *Citizenship and National Identity*, Praxis International 12.
（8）*ICJ Reorts* 1955. 15, p.23.
（9）Meehan, *op.cit.*, p.27.
（10）Habermas, *op.cit.*, p.2.
（11）Habermas, *op.cit.*
（12）Brubaker, W.R. ed. 1989. *Immigration and the Politics of Citizenship in Europe and North America*, University Press of America; Layton-Henry 1990. *The Political Rights of Migrant Workers in Western Europe*, Sage. を参照。
（13）Layton-Henry, *op.cit.*, p.118.
（14）T・ハンマー 1999『永住市民と国民国家』明石書店、および斉藤・岩永 1996『都市の美学』平凡社を参照。
（15）1969. *American Journal of International Law 63*, p.885.
（16）Meehan, *op.cit.*, p.17.
（17）Turner, B. S. 1993 *Citizenship and Social Theory*, *Sociology* 24, p.195.

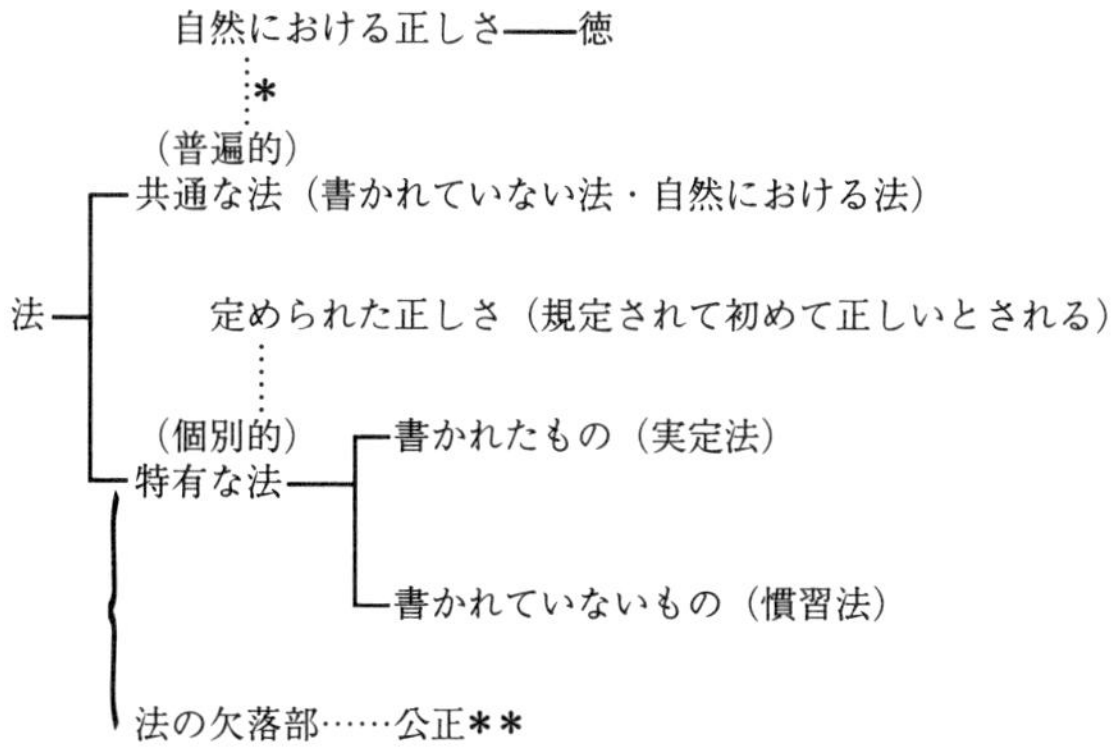


図　「法の種類と正しさの分類」

*点線は法に対応する正しさを表す。
**「公正（τὸ ἐπιεικές）」は、正しさであるけれども法による正しさではなく、法の正しさを補正するものである（出典：アリストテレス『弁論術』岩波文庫、443-444 頁）。また、この法の正しさを補正するものとしての「公正」は、ひとつの状態《ヘクシス》である（同『ニコマコス倫理学』岩波文庫、第 5 巻第 10 章を参照）。

# 第12章　グローバリゼーション、市民権、エスニック・マイノリティ2
## ――欧州市民権の形成に関する基礎的考察（第三次都市革命）

俺にはお追従が言えぬ。造り顔ができぬ。人前で微笑をうかべ、愛想よくもてなし、相手を罠にかけるなどというまねはできないのだ。もちろん、フランス流に家鴨《あひる》のこっくりもできなければ、えて公そのままのお辞儀もできない
（シェイクスピア『リチャード三世』新潮文庫、三二頁）

すべてを変化させる時の流れのなかに立つ人間は、たとえある事物の使用目的が後に変化することがあっても、その事物の最初の状態をまったく変更することは、容易にできることではない
（ゲーテ『イタリア紀行』岩波文庫、上巻、一四七頁）

あらゆる歴史的諸段階に――その都度――現前した、生産諸力によって制約されそして生産諸力を制約しかえすところの交通形態、それが市民社会である
（マルクス『ドイツ・イデオロギー』廣松渉編訳、河出書房新社、三八頁）

しかしここでアポロ的な力が、ほとんど砕け散った個体の再建をめざして、歓喜にみちた幻惑の香油をたずさえて出現するのである
（ニーチェ『悲劇の誕生』岩波文庫、一九六頁）

われわれは、おのおのの語について、最初に浮かぶ心象に着目せねばならない
（エピクロス「ヘロドトス宛の手紙」『エピクロス』岩波文庫、一一頁）

欠如は所有《ヘクシス》へと変わる…ニコストラトス
（アリストテレス『断片集』岩波書店、全集第一七巻、六七三頁）

## 1　欧州市民権の形成とその世界秩序へのインパクト

### 国民的《ナショナル》な市民権の限界

この一五年ほど、ナショナルな市民権の限界とポストナショナルな市民権の形成およびその可能性についての議論が高まっている。とりわけベルリンの壁が崩れ（一九八九年）、ソ連邦が崩壊し（一九九一年）冷戦が終了して後、また、ドイツ再統一後すぐにマーストリヒト（欧州連合）条約が調印されて（一九九二年）ヨーロッパが新たな統合段階にはいり、「欧州市民権（European Citizenship）」という新しい統合の理念が示されて、市民権をめぐる問題は時代の最先端をゆくイシューとなった観がある。問題は、第二次世界大戦後の大量の国際移民の存在と「欧州市民権」の形成とが、どの程度実質的にポストナショナルな市民権の一要素、後戻りできない一要素となっているかと

いうことである。

わたしは一九九三年に、ポストフォーディズムあるいは〝フレクシブルな蓄積〟のもとでの時間と空間の社会的構築物の変容に関して、つぎのように書いた。「われわれはいったいだれなのか。どんな空間や場所に、われわれは個人として属しているのか。世界 world、民族 nation、地域 locality。われわれはいったい、どこの市民なのか。どの領土・領域 territory において、われわれは自分たちの citizenship を表明すればよいのか」[1]。この文章は、当時ヨーロッパで提起され有効性をもつようになった「欧州市民権」という新しいプロジェクト（マーストリヒト条約、とくに第八条）を、おぼろげながら意識してはいる。しかし、それは欧米を中心に市民権概念の歴史的変容に関する論争に火がつく前段階のものであった。

もちろん、マーストリヒト（欧州連合）条約において「欧州市民権」という新しい政治＝社会理念が提示される以前にも、第二次世界大戦後の移民問題をめぐって市民権に関するいくつかの注目すべき著作がでていた。ブルーベイカー（Brubaker, W. R.）、キムリッカ（Kymlicka, W.）、ヤング（Young, I. M.）などはその代表的な論者である。しかし、かれらの議論では、論じられた時代の制約もあって、「欧州市民権」という新しい理念とその理念がもつ問題性が十分に考察されていなかった。換言すれば、かれらの議論は、依然「国民国家時代における市民権の発展」を背景にしたものであったと言える。近年市民権の変容をめぐる議論において論陣を張っているミーハン（Meehan, E.）、ロシュ（Roche, M.）、マルティニエッロ（Martiniello, M.）、ソレンセン（Sørensen, J. M.）、ガルシア（Garcia, S.）、ジョップキ（Joppke, C.）、スミス（Smith, D. M.）、ヴェイユ（Weil, P.）、シュナッペル（Schnapper, D.）、ソイサル（Soysal, Y. N.）、ザウアーヴァルト（Sauerwald, C.）、ファイスト（Faist, T.）、シェーファー（Shafir, G.）などはすべて、「欧州市民権」を直接分析の対象にするか、そうでなくても「欧州市民権の発展」に言及しながら市民権変容に関する議論をすすめている。本章の対象も、その「欧州市民権」の評価をめぐる問題であり、また、その問題から見とおすことができる「可能態《デュナミス》としての世界秩序」である。

## 2　欧州市民権の発展を評価するための基礎的考察

### 成員資格・参加資格としての市民権

市民権は本質的に司法上の条件（juridical condition）とみなされており、それは限定された共同体あるいは国家における成員資格と参加について述べている。この司法上の条件は、それとともに多くの権利と義務をもたらすものであり、その権利と義務はそれ自体、国家と個人のあいだの政治的および法的《リーガル》な関係の一表現である。それゆえ、この司法上の条件あるいは地位身分《ステイタス》は、しばしば予測できない一連の権利と義務の保有者である人びとをつくる。しかし、定義上の循環を避けるためには、ここで多くの問いに答えておくことが必要であろう。

第一に、市民権の結果として生じる権利と義務を享受するために、ひとはどのようにして成員としての資格を得るのか。市民権という資格を得る主要な手段のひとつは、国家《ステイト》が授与する国籍《ナショナリティ》を所有することである。国籍は、一般には、血統主義（*jus sanguinis*）あるいは出生地主義（*jus soli*）に関連しており、長期の居住を基礎にした帰化を通して獲得される。だが、国家のなかには、特別な期間あるいは互恵主義（reciprocity）を基礎として、合法的に国家に居住する人びとにたいして市民としての権利のある部分かまたはほとんどを与えるところがある。これらすべてのばあいにおいて、市民としての権利の享受はある法的、政治的、社会的である愛着《アタッチメント》に由来しており、それは個人によって受け継がれたものであるか、あるいは時間をへてかれらによって発展させられたものである。その愛着は、多くの権利に本質的に関係する地位身分をそのような個人に認めることを正統化するものである。だが、くわえてその愛着は、当該の国家あるいは共同体の主権への個人の参加や主権の行使の一表現であり、象徴である。市民権のこのような議論を通じて、われわれはさらに、つぎのことを心にとめておく必要がある。すなわち、市民権を研究する際には、市民権とはなにであるかをわれわれは知っていると仮定すべきではなく、あるいはいくらかの説明の後に知ることができると仮定すべきではなく、むしろ市民権をわれわれは矛盾する実践を意味し本質的に論争のなかにある概念、すなわち社会―空間的な実践の概念として取り扱うべきであるということである。[2] 換言すれば、市民権とはなにであるか、あるいはその資格をもつのはだれかという問いへの内容および空間表現《テリトリー》に関する唯一の解答は存在しないのである。

第二に、ひとたびわれわれが市民権を得る資格をもったら、どんな権利と義務が市民権にもとづいて享受されうるかということを、問わなければならない。これは論争中の問題であり、福祉の再分配システムへの圧力が大きくなり、移民の流れが以前は単純であった国家の成員資格《メンバーシップ》と国境をあいまいなものにし、さらに国際的あるいは超国家的な組織が国家の境界を越えて個人が享受しうる権利の数を拡大するにつれて、さらにいっそう論争ぶくみになるように思われる。たとえば、社会権は市民としての権利の範囲内にあるものなのかどうか、あるいは市民としての諸権利（citizenship rights）と基本的な諸権利（fundamental rights）のあいだにはどのような関係があるのかといったことが、問題にされうる。欧州連合において市民であることの地位身分の発展を評価するために市民権モデルの下絵をつくる際には、以上のような問題に注意が払われるべきである。マーシャルの有名な市民権に関する三重の定義は、市民的、政治的、社会的諸権利にもとづいたものであった。ロッシュが示唆するところでは、欧州共同体は市民的諸権利（civil rights）にはじまる市民としての権利の発達のマーシャル的な帰結を混乱させているようにみえる。すなわち、欧州共同体は社会的諸権利の最小限の確立を継続しておこなっており、いまや政治的諸権利の発達をみこんでいるのである。

## 英国中心主義的市民権モデルとしてのマーシャル

古代ギリシア以来理論家たちが一般に同意してきたところでは、市民たちのあいだには平等に関するある種おおまかな基準が存在しており、それは望ましいものである（たとえば、第11章末に掲げた図「法の種類と正しさの分類」を参照）。市民としての諸権利のマーシャルによる分類は、しかしながら、あまりにも英国中心主義的であり、したがって、結果として他国において市民権をかたちづくってきた政治的および歴史的な経緯を無視している、と批判されている。それでも、かれの市民権モデルは、市民権の基本的な諸要素（政治参加の諸権利《ポリティカル・ライツ》、それらの権利の行使を容易にし市民としての諸権利の正しさを証明したり擁護したりするのに一般に使用されうる市民的諸権利《シヴィル・ライツ》、さらにより論争のなかにある最小限の社会—《ソシオー》経済学的諸権利《エコノミック・ライツ》）とみなされうるものへの、有益な導入となっている。さらに、マーシャルの言説の本質的に重要な側面のひとつは、平等の原則（the principle of equality）が市民としての地位身分において基本的な役割を演じるということであった。かれは絶対的な平等には賛成でなかった。かれが主張したのは、ひとたび市民としての権利に価値があたえられ、それに実質があたえられると、不平等を維持するのがいっそう困難になるということであった。したがって、かれによれば、市民権のなかの市民的、政治的、社会的諸権利は、それらがとりわけ資本主義市場経済によって引き起こされた社会参加の不平等のあるものを平等にするかぎりにおいて、意義あるものである。すなわち、「市民権は個人に平等な（equal）権利と義務、自由と拘束、権力と責任を授与する、ひとつの地位身分（a status）なのである」[3]。古代ギリシア以来理論家たちが一般に同意してきたところでは、市民たちのあいだには平等に関するある種おおまかな基準が存在しており、それは望ましいものである。ダーレンドルフの著作もまた、平等が基本的に重要であるという主張にくわえて、つぎのような社会契約を思い出させる。すなわち、社会契約は、かれの見方では、所与の時間と場所において強調される、社会に関する仮説を具現化するひとつの概念である。社会契約の基本要素は、それが平等なひとのあいだにあるものであり、その基本的な機能は個人と母体となる政治力学のあいだの関係を説明し、その関係を正しいと認知し、最終的には正統化することである。

市民権は、そういうわけで、多くの多様な要素からなっている。それは成員資格を含む司法上の関係であり、ひとたび所有されれば、多くの権利、義務、資格をともなう地位身分を授与するものである。とりわけ参加に関する市民的および政治的な諸権利を授与し、その参加はハイアラーキカルな社会構造から国家主権へといたる、個人の参加の第一歩を強調するものである。近代においては、市民権は社会契約の国家による再定義の一部分として発展し、その国家による主権の行使を正当なものにするために成員の社会参加を要求した。市民権は同時に、成員間の平等概念の拡張に密接に関連づけられている。そのような平等概念なしには、社会契約は無意味かつ無効となり、近代国家の正統性は掘り崩されるだろう。ひとが、もし市民権の多様な側面を多くの言葉で表現するなら、それは、成員資格、社会参加、権利、義務、平等、正統性といったものになるだろう。ひとつの地位身分として、市民権は平等を基礎としながら、多くの権利と義務を人びとに授与することによって社会参加への途を開くものである。そして、このような社会参加は、最終的に国家に正統性を与え、国家の成員に対する国家自身による権威の行使に正統性を与える。

## 欧州共同体と市民権

　以上の基本的な概念を頭においたうえで、市民という地位身分（the status of citizenship）のどの要素が、欧州共同体レヴェルにおける類似の地位身分の発展を評価する際に確認されうるのか。あきらかに、政治参加の権利がそこでは重要である。投票と立候補の権利だけでなく、それらの権利を保障する最低限の市民的諸権利《シヴィル・ライツ》が、必要であれば裁判において行使され、擁護されなければならない。自由に移動する権利や領土への出入国の権利もまた、それに関連するものとみなされなければならない。くわえて、このことはマーシャルが最低限の社会的諸権利を要求して以来の事実である。ひとたび社会−経済的な資格付与が市民権モデルに付属すれば、自由移動の問題は不可避に関係してくる。というのも、分配の正義は「人間共同体の自由で共通の成員資格に由来する連帯にもとづいて正統化されなければならない」からである。このような社会的諸権利には、経済および職業活動に従事する権利、教育を受ける権利、あるいは、ある状況下で最低限の社会的扶助を受ける権利が含まれるであろう。

　さらに困難な問題は、市民権という地位身分と基本的諸権利の保護や促進の関係である。マーストリヒト（欧州連合）条約の締結にさきだってスペインの代表が議論したように、この二つ、すなわち市民権という地位身分と基本的諸権利は、明確かつ独立した問題である。にもかかわらず、基本的諸権利から分離した市民権の概念がかなり力を失っているということもまた、疑わしい。ひとつの国家もまた、あるいはここでは欧州共同体もまた、その市民たちの基本的諸権利を尊重し擁護すべく義務を負わなければならない。基本的諸権利は市民権の定義の一部ではない。けれども、権利に関するこれら二つのカテゴリーのあいだに作用する関係の様式は興味深いものであり、おそらく最終的には問題となっている国家、共同体、あるいは法的秩序の公的かつ社会的正統性を傷つけるものである。ともあれ、今日では、人間の基本的諸権利（*fundamental human rights*）は国籍にもとづく区別に関係なく、すべてのひとに保障されている。

　それでも、二、三の例を挙げれば、「市民的および政治的権利に関する国連条項」や「ヨーロッパ人権協定」は、グローバルまたはリージョナルな単位で個人（市民および非市民）と国家の関係に影響を与えている。それらは多くの市民的、政治的、社会的および経済的権利を保障し擁護しており、それらの権利はさきに述べた市民権の定義に付随するものである。市民権と基本的諸権利の区別は、したがって不明確である。というのも、これらの協定の本質は、諸個人が国籍とは関係なく国家から期待しうるものを問題にすることであり、またこれらの協定は、だれが国家の政治的全体に所属するのかということには直接関心をもっていないからである。さらに、市民権はそれが参加する資格がないひとを排除するという意味で排他的な原理（＝排除と包含《イクスーインクルージョン》の歴史的—地理的過程）にもとづいているけれども、非成員を排除する基礎を定義することにおいて、市民権は基本的諸権利《ファンダメンタル・ライツ》を侵害すべきではない。この点は、今日の市民権をめぐるイシューの核心部分である。最後に、広範囲にわたる平等の原則を維持すること、およびある種の新しい社会契約が市民たちと政治的および法的秩序のあいだに打ち建てられてその秩序の活動を正統化することができるかどうかを評価することが、なによりも重要である。

## 3　欧州市民権のなかで発展しつつある諸要素
### ——第三次都市革命

「欧州市民権」の概念

これまで述べてきたように、世界中の人びとがますます都市居住をすすめるようになるなかで、国民国家のなかでその都市居住において確立、拡大されてきた近代的市民権の実質的要素に変更が迫られている。一方、欧州共同体の諸制度は、人の自由移動に関する条約規定を最初に実現したときに、発展しつつあるが十分に定義されていない「欧州市民権」の概念に影響されたと言われている。ここではさっそく、欧州統合下の都市生活に直接かかわる「欧州市民権」の中身を検討してみたい。

E・ギルドは、「欧州連合における市民権の法的枠組み」という論文のなかで、国民国家のなかで発展した「市民権の一般的な特徴」と「欧州連合市民権の特徴」とを表1のように比較・整理している。ここで欧州市民権の概念と国民国家がぶつかりあう焦点となるのは、「市民権と国籍の関係」についてである。市民権と国籍は本来別概念であるが、近代的市民権の確立のなかでその二つは〝結婚《カップリング》〟をすることになった。つまり、「国民的市民権（*national citizenship*）」として一つのものになったのである。しかし、欧州市民権の形成は、国民的市民権の存在をむこうにおいて、市民権と国籍（あるいは諸権利とアイデンティティ）の公的な〝離婚《ディカップリング》〟を生み出した。

現在、国際法の観点では、国籍は個人の国家に対する所属を表現しており、他方、市民権は国家所属にともなう諸権利を表現するものである。欧州連合のなかで国籍は個人と各国民国家を結びつけており、欧州市民権は個人と欧州共同体を、共同体に所属することに由来する諸権利によって結びつけている。市民権と国籍は、ここでは、一方が国家の内情に関連した個人の地位を決定し、他方は国際的共同体における個人の地位を決定するものとなっている。問題は、欧州市民権が「国民的市民権」がそうであるように、あるいはこれまでそうであったように、国籍としての側面も備えるようになっているのかどうかということである。別の言葉で表現すれば、欧州連合は全社会的共同体（Civitas ＝ a Societal Community）として、「国家連合」と「連邦制」のあいだのどちらにより接近しているのかという問題である。したがって、問題になっている人びとの地位も、全社会的

表１　欧州連合市民の特徴

| 市民権の一般的特徴 | 欧州連合市民権 |
|---|---|
| ①国政および地方選挙における投票権 | 欧州共同体法・第 8B 条は、地方選挙および欧州議会選挙における投票権を授与する。だが、国政選挙における投票権は授与しない。 |
| ②国政および地方選挙に立候補する権利 | 欧州共同体法・第 8B 条は、地方および欧州議会選挙に立候補する権利を授与する。 |
| ③国民投票における請願と投票の権利 | 欧州共同体法・第 8D 条は、欧州オンブズマンに請願する権利を授与する。さらに、請願に関する欧州議会委員会に不平を申立てる権利も存在する。だが、国投票に関する特殊な規定は存在しない。 |
| ④集会／結社の権利 | 人権に関するヨーロッパ協定・第 11 条によって、この権利が保障される。司法裁判所は、第 11 条が共同体法にとくに表現されているとの見解をとっている。 |
| ⑤公職／サーヴィスへの権利 | 欧州共同体法・第 48 条第 4 項は、他の加盟国の国民に関しては、非差別の規定を公的サーヴィスの分野に適用しない。しかし、このことは、労働者が状況によっては国家権力を行使するような環境に厳密に限定される。 |
| ⑥ a 正義への権利、すなわち市民請求、行政上の問題（法的援助のための資格付与） | 欧州共同体法・第 6 条は、条約の適用の範囲内において、国籍を基礎とする差別を禁ずる。それゆえ、正義へのアクセス権は、上述のように“自国の国民”(own nationals) にたいしてと同一の基礎にもとづいて入手可能でなければならない。 |
| ⑥ b 諸裁判所の管轄権、すなわち住居、応用可能な私法 | |
| ⑦軍事／その他のサーヴィスをおこなう義務 | この領域においては、欧州連合の権限は存在しない。共通外交と安全保障政策に関する新しい柱は、この領域を発展させるであろう。 |
| ⑧移住の自由（居住権、領土内を自由に旅行する権利、出国の権利、入国の権利） | 欧州共同体法・第 8A 条第 1 項の規定によれば、市民は加盟国の領土内を自由に移動しまた居住する権利をもっている。人権に関するヨーロッパ協定･議定書 4 第２条は、諸国家に移動、居住の自由を認めるよう要求している。さらに、出国の権利は司法裁判所によって、共同体法に適用可能なものとみなされている。 |
| ⑨パスポートをもつ権利 | パスポートをもつ権利は存在しない。ひとつの統一された文章が導入されており、単一の目標をもっているが、発行と取り消しの諸条件は、あきらかに国家の特権領域のままである。 |
| ⑩財産所有、財産使用の権利 | 欧州共同体法・第 6 条、すなわち非差別規定 (the non-discrimination provision) は、ここに適用される。“自国の国民”がこれらの権利の資格をもっているところでは、連合市民も同じ資格をもっていなければならない。 |
| ⑪福祉を受ける権利（居住権を含む）／社会保障制度に貢献する義務 | 欧州共同体法・第 51 条は、社会保障の諸規則に近似のものを規定しており、そのため移動する連合市民はその移動を理由に社会保障の権利の点で不利益を被らない。ここで社会保障というのは、リスクに関連した諸手当（risk related benefits）を意味する。人びとを貧困に陥らないようにする社会的扶助の諸手当は、含まれていない。<br>しかし、社会的扶助の諸手当は、ひとたび連合市民となれば、非差別の基礎にもとづいて入手可能にならなければならない。連合市民は、少なくともかれらが現在経済活動をおこなっている住居に関して、差別されない権利をもっている。 |

| | |
|---|---|
| ⑫納税の義務 | 共同体税、すなわちVATが存在する。変動する財とサーヴィスに関する税が欧州連合へと移行するにつれて、その税は連合のすべての個人に適用される。 |
| ⑬職業選択の自由／働く権利 | これは共同体における基本的な自由であり、国家権力によってのみ制限される。(上述を参照) |
| ⑭市民としての資格(市民権)をもつ国への忠誠 | 欧州連合法においてはあいまい |
| ⑮教育／職業訓練を受ける権利 | 連合市民は、研究をおこなうために移動する権利をもっている。かれらが経済活動に従事するところでは、その家族の成員は、もしかれらが失業しているのであれば、“自国の国民”と同じ基礎のうえにたって教育と職業訓練を受ける権利を有する。 |
| ⑯医療／高齢者介護を受ける権利 | 連合市民が経済活動に従事するところでは、かれまたは彼女はこの分野において、平等の待遇を受ける権利をもっていなければならない。居住に関する一般的な権利、年金生活者のための居住の権利、学生のための居住の権利は、健康保険によってカバーされる資格要件を必要とする。 |
| ⑰言語の権利。他の権利を行使する際に母国語を使用する権利を含む。 | 連合市民にとっては、このことは共同体における権利の行使のなかの、差別されない権利の重要な部分である。この権利は、犯罪者の裁判手続き上母国語を使う権利を拡大するであろう。 |
| ⑱情報へのアクセス権、差別されない権利などの基本的な諸権利 | 情報への公的アクセス権の問題に直接関係する共同体法の規定は存在しない。けれども、この問題はさしあたって、司法裁判所で審理される。国籍にもとづく差別の一般的な禁止に関しては、これは欧州共同体法・第6条のなかに書かれている。けれども、この規定が国籍以外の基礎にもとづいた差別をも禁止する範囲は、不確かである。性(sex)のようなある一つの特殊な非差別規定は、欧州共同体法・第119条に含まれている。 |

Guild, E.,1996, The Legal Framework of Citizenship of the European Union, in Cesarani, D & M. Fulbrook, eds. をもとに作成

| | | | |
|---|---|---|---|
| 断片化した“欧州”市民権 | 諸権利 | －投票 | |
| | | －運動 | |
| | | －居住 | |
| | | －制度 | |
| | | －請願 | |
| | | －外交上の庇護 | |
| | アクセス | －ヨーロッパ政治体 | |
| | | －福祉の諸施策 (welfare provisions) | |
| | 所　属 | (1) アイデンティティ | －参加：学生、学者、労働者、納税者として |
| | | (2) 法的（内／外） | －国籍 |
| | | | －潜在的に：場所 |

Ibid, p.294 をもとに作成

**図１　欧州連合における断片化した“欧州”市民権の実践**

共同体を構成する市民身分（*a Status Civitatis*）と表現できるものかどうかということである。

### 断片的だが革命的な現状――第三次都市革命

ちなみに、ヴィエナーによれば、欧州市民権の発展の〝現状〟は断片的なものであり、図1に示されるようなものである。参考までに、かれの整理による「市民権の構成要素」「市民権の歴史的要素」も図1・1、図1・2として掲げておく。

いずれにせよ、この市民権をめぐる問題状況はいわば〝革命的〟であり、市民権のポストナショナルあるいはポストモダンな状況と言うことができるだろう。それは都市に生活する多様な主体がグローバルに新たな生存条件をつきつけられている、〝第三次都市革命〟と呼ぶこともできるだろう。[4] では、国内的にみれば、あるいは都市生活においては、市民権の変容をめぐる議論はどのような政治＝社会モデルのあいだで競合しているのであろうか。

## 4　市民権に関する理論的および実証的問題
### ――三モデルの競合

リベラリズム、コミュニタリアニズム、社会民主主義という三つの政治理論は、市民権の、社会のなかでのいくつかの異なった側面を通して理解することができる。逆にいえば、市民権の

個　人
↑ ↓　｝市民権の実践
政治体／共同体

Wiener, A., 1998, p.22 をもとに作成

**図 1.1　市民権の構成要素**

| | | | |
|---|---|---|---|
| 市民権の実践 | 諸権利 | －市民的<br>－政治的<br>－社会的 | |
| | アクセス | －政治体<br>－福祉国家 | |
| | 所　　属 | (1) アイデンティティ | －経済的，社会的，文化的空間への参加 |
| | | (2) 法的（内／外） | －国籍 |

Ibid., p.26 をもとに作成

**図 1.2　市民権の歴史的要素**

表２　市民権の３つのモデル

| | リベラル | コミュニタリアン | 社会民主主義的あるいは包容力のある民主主義 |
|---|---|---|---|
| 1. 市民の概念 | 自律的な諸個人であり、消極的に懐疑的であるかもしくは積極的に国家を管理しているか、のどちらか | 結び付けられた兄弟と姉妹あるいは同胞であり、うやうやしいかもしくは従順であるが、教育を受けると意志をもって行動する | 隣人と仕事仲間であり、共同的かつ複雑 |
| 2. 市民権の役割 | 自由裁量の市民的徳であり、個人の説明責任と市場にもとづく | 社会的に強制された市民的徳であり、友愛から生まれる責任によって支えられる | 参加型の市民的徳、ある種の社会的圧力を伴っており集団相互の責任にもとづいている |
| 3. 社会的交換の類型 | 制限された交換 | 集団における一般化された交換 | 集団と個人における一般化された交換 |
| 4. 全社会的な相互作用と連帯 | 相互契約の網を通して個別に取り決められる交際 | 階統的な連帯で、家族、宗教、もしくは共通の信念や価値にもとづく合意がある連合 | 共通利害や民主主義的参加であり、市民社会における共通の公的言説をともなう |
| 5. 政治権力 | 水平的市民が自己組織化 | 垂直的市民から権威へ | 垂直的、水平的市民が交渉をする基盤 |
| 6. 政治経済的体制 | 自由主義的体制であり、代表民主制をともなう | 伝統的体制であり、ときにエリート主義そして／あるいは家長制をともなう | 社会民主主義体制であり、かなりコーポラティズムをともなう |
| 7. 私的生活世界 | 大きい。というのは、公共圏が小さいから | 適度な大きさ | 小さいものから適度の大きさのものまである。というのは、公共圏が非常に大きいから |

Janoski, T., 1998, pp. 226-27 をもとに作成

変容をめぐる議論は、この三つの政治＝社会理論のあいだの葛藤としても理解できるものである。ここでは、ジャノスキーの議論に従って、三つの政治理論とそれをめぐる市民権についての考え方の差異をみておこう（表２参照）。

### リベラリズムと市民権

リベラルな市民権は自律的な諸個人が取り決める諸契約を思い描いており、それは個人間の制限された交換をともなっている。権利と義務に対するこのようないわば市場アプローチは、市民を国家にたいして懐疑的なものと理解している。けれども、代表者が選ばれ、そして市民はときに行政官として国家に対する制限をおこなう存在である。市民的徳の基礎は個人の説明責任《パーソナル・アカウンタビリティ》にあるが、国家もしくは社会に対する義務を通じて関係する市民権は部分的であり、そしてある部分自由裁量の領域である。義務は最小限であり、権利は市民間の相互の契約の網の目に対する基礎、すなわちほとんど国家介入がないかまったく国家介入がないリベラルな市民社会を確立する。結果

として生じるのは、限定された交換に依拠するひとつの社会であり、それは秩序と安全はそれほどないが、よりフレクシブルで創造的な社会である。

### コミュニタリアニズムと市民権

一方、コミュニタリアニズムの市民権は、家族、宗教、労働、エスニシティ、あるいは他の結合などの階統的な連帯にかかわる同胞をもっている。市民権にたいするこのような高度にイデオロギー的で神権的なアプローチは、コミュニティにおいて相当な責任をともなう階統的な連帯に、従属的なやり方で対応する市民と関係している。そこでは国家介入がしばしばあるが、それは厄介なこととはみなされない。というのも、市民は共通価値と共通信念への服従を示しているからである。結果として、義務は権利にたいして優越しているようにみえる。というのも、より高い権威が権利と義務の両方をコントロールしているからである。しかし、社会は一般化された交換を通じて秩序あるものになり、またよく機能する傾向がある。しかしながら、危機の時代にはこれらの社会はフレクシブルでなくなり、いくらか不寛容になる。

### 社会民主主義と市民権

最後に、社会民主主義あるいは包容力のある民主主義《イクスパンシヴ・デモクラシー》における市民権は、市民を、ゆるやかに結びつけられたリベラリズムとかたく結びつけられたコミュニタリアニズムの中間点に位置づける。近隣や仕事のネットワークが諸個人を社会的ネットワークのなかに関係づけ、そこでは地域的および経済的利害における共通利害が人びとの参加と協力を授ける。水平的あるいは垂直的権力のかわりに、市民たちは、確固たる市民社会の多元的な交渉の母型となる組織のなかにいる。共通の公的言説は、しばしば国家に助成された研究グループと利害集団を代表するメディア（たとえば、保守的新聞と労働新聞）をともなっているが、それは多様な立場を理解するためのお膳立てをしている。しかし、包容力のある民主主義は、単一の利害および完全なる同意というコミュニタリアニズム的な合意にもとづくあらゆる人のリベラルな党派主義とは一線を画する。結果として生じるのは、高度な権利と義務である。だが、このオープンなシステムは制限された交換と一般化された交換を結びつけるものでり、かならずしも安定的なものではない。緊張がしばしば生じるのである（たとえば、ネオ・コーポラティズムの終焉および伝統的家族の崩壊といった予言に表現されているように）。

以上の三モデルにおいて示されている市民社会論が提供するものは、市民社会の構造的な説明および市民的徳の創造のための基礎である。そして欧州市民権の形成は、これらのモデルのうち、第三の立場を基礎に展開しているようにみえる。

## 5　移民をめぐる市民権問題の地平
### ――若干の考察

ここで、政治的共同体における成員資格の地位身分にもとづく諸権利と、アイデンティティを基礎に配分された諸権利との関係をめぐって、二人の論者の立場に言及しておこう。

### キムリッカと多文化主義

政治的共同体における成員資格の地位身分にもとづく諸権利よりも、アイデンティティにもとづいて配分された諸権利への好みは、ナショナルなマイノリティに関するキムリッカの議論において非常に明白である。移民にとっての多文化主義は、社会単位を提供する共通の政治的諸制度へのかかわりに結びつけることが可能であるし、また、たいてい結びついている。したがって、多民族性は国家の政治的統一に脅威を与えない。対照的に、自分たちを分離可能な人びととみなしながら、同時にある種の自己統治（self-government）をもとめている、ナショナルなマイノリティを抱える国家は、そのような脅威にさらされている。ひとつの国家における多元的な政治的共同体の共存は、いっそう増大する自律《オートノミー》や主権《サヴレンティー》を、結果的には分離の要求をあきらかに導くことになる。それゆえ、自由社会に典型的な〝一般的市民権（*common citizenship*）〟から、移民集団にたいして与えられる〝差別的市民権（*differentiated citizenship*）〟やナショナルなマイノリティに保障される〝二重市民権（*dual citizenship*）〟への進展は、文化的多様性に対する尊重の増大の一部分であるが、逆説的なことに多文化国家から単一国家を生み出すことになるかもしれない。そのような発展は、最終的にキムリッカが述べている多文化主義の社会目標を打ち砕くことになるであろう。

### ソイサルとポストナショナル・シティズンシップ

一方、西欧のホスト社会でその多くが永住者（permanent residents）である、ゲストワーカーに関するソイサルの研究も、国民国家の特質が挑戦にあっていることを示している。ヨーロッパにおける移民は、かれらが公的には市民でないばあいでさえ、わずかながらの市民的および社会的権利を所有しており（政治的権利はまだ十分にもっていないけれども）、結果としてかれらのホスト社会に一定程度受け入れられている。かれらの存在は、市民と移民のあいだのある新しいカテゴリーになっており、T・ハンマーはかれらを〝永住市民（*denizens*）〟と呼んでいる[5]。ソイサルは、市民としての権利とアイデンティティが分離していく現代的な現象を、かれらにとっての最重要問題であるとみなしている[6]。

移民たちは、個人の権利（individual rights）から〝普遍的な人間の権利（*universal personhood*）〟[7]への移行とみなされている、成員資格の新しいモデルの発展の受益層である。普遍的な人間の権利（universal personhood）が市民権を定義する場所としての国民性（nationhood）にとってかわるとき、普遍的な人権（universal human rights）はナショナルな諸権利にとってかわる。キムリッカのアプローチとは対照的に、ゲストワーカーのホスト社会への受け入れは、国民国家内の権利の拡張を通してではなく、重要な点で国民国家内の権利の拡張を超越するものとして要求されている。国家としての重要性を減退させている国民国家は、ますます相互依存的になっており、それはトランスナショナルな政治構造の出現（たとえば、国連や欧州連合）や、インターナショナルおよびトランスナショナルな市場と安全保障計画の拡大によって例証される。

ソイサルの研究は、しかし、市民権要素の別の局面の変容に関する指摘へと彼女を導いている。すなわち、これまで市民権は古代ギリシアのポリス、古代ローマの共和政および帝政、中世ヨーロッパの都市共同体、近代の国民国家に埋め込まれてきたが（この点は、第1部で詳述した）、いまやその適用範囲はトランスナショナルあるいはグローバルであるということである。一九九二年のマーストリヒト（欧州連合）条約において合意されているように（第三節「欧州市民権のなかで発展しつつある諸要素」を参照）、移民だけではなく欧州連合加盟国の市民も、欧州連合内で国家を移動するときにはかれらとともにかれらの市民としての権利を持ち運びできる。この進行中の移行は、ソイサルがわれわれに警告しているのだが、不完全なものである。すなわち、国民国家は衰退しつつあるが、消滅しつつあるのではないということだ。国民国家にとって代わる新しい構造は現れていない。主権をもつ国民国家は依然諸権利を、普遍的に保持されていると考えられているものでさえ、取り扱いそして保障する、唯一の制度のままである。ソイサルは、それゆえ慎重に、彼女が取り扱っているものを〝ポストナショナルな〟市民権のモデルと呼ぶのである。すなわち、国家主権が争われているが、依然として置き換えられてはいないモデルと呼ぶのである。ポストナショナルな枠組みとナショナルな枠組みは、平行存在したままである。

### 新しい問題群

ソイサルの仕事は新しい問題を提起している。すなわち、市民権の基礎としてのアイデンティティにたいして多文化主義者がおく重要性ははたして誇張されているか。さらに、成員としての地位身分に従って保障された市民権をめぐる、リベラルな強調への回帰は存在するのか。どれくらい国民国家の消滅が今後進行しそうであるのか。われわれは単一の世界社会あるいは地球社会をもつことになるのか、そしてそのような社会において市民権はなにを意味するのか。より一般的にいえば、移民たちの権利が拡大しているという、キムリッカやソイサルが言及しているような潮流のうちのどれが、今後支配的なものになりそうなのか。われわれは、欧州市民権の発展をひとつの新しい全社会的共同体の成長あるいはそれと新しい政治体との社会分化《ディファレンシェーション》の過程として把握しながら、新しい世界秩序を新しい統合の諸問題とともに想定しつつ、以上のような問いをもちつづけなければならない。

## むすびにかえて
### ——市民権変容の現在と世界秩序の今後

現在、世界は五つの社会層レヴェル（グローバル、グローバル・リージョン、ナショナル、ナショナル・リージョン、ローカル）をもって動いている。欧州市民権の形成は、国民国家という全社会的共同体によって構成されていた国際社会に亀裂を生み出した。経済的には、それはアメリカ、日本に対抗してひとつの経済ブロックを強化しているようにみえるが、法—政治的には、それはこれまでみてきたように新しい全社会的共同体＝キウィタス・ノウァの建設に向かっている。社会的には、都市生活における成員資格の異を前提にした寛容の問題が〝多文化主義〟という名で問われている。われわれはもはや、国民国家形成期のシカゴ学派都市社会学的な問題構成のなかにいないことだけはたしかである。

旧い全社会的共同体としての国民国家は、統合と分裂の狭間にあって、生き残り続けている。一方で、欧州連合の発展は日々国家主権の存立と対立する局面を増やしている。それは、理論的には「グローバルに制限された主権《グローバリー・リミティッド・サヴレンティ》」「自己制限的主権《セルフ・リミティッド・サヴレンティ》」の問題として扱われている。確認しておかなければならないことは、それはすでに世界銀行が国民国家の通貨発行量に制限を課すというような〝国家主権の侵害〟の段階ではないということである。われわれは市民権の問題を、ほとんどの研究者がそうしているように分離した個々人の諸権利の問題としてではなく、集合的にそれが構成する全社会的共同体の問題、すなわちひとつの地域社会システムとしての市民社会あるいは市民団（*ἡ πολιτική κοινωνία* oder Civitas Maxima）の単位とその相互関係の歴史的変容の問題として扱わなければならない。そうして初めて、これからの時代における社会参加の問題も明確になってくるのである。

## 注

（1）岩永 1993b、二六八頁。本書、第5章を参照。
（2）岩永 1998a、六三頁および同 1998b を参照。
（3）Marshall, T. H. and T. Bottomore 1992 を参照。
（4）岩永 1998c を参照。
（5）Hammer, T. 1990 を参照。
（6）Soysal, Y. N. 1994 を参照。
（7）〝personhood〟は、日本語に訳しづらい言葉であるが、既訳としては「人格的個性」（G・デランティ、佐藤康行訳『グローバル時代のシティズンシップ』日本経済評論社、二〇〇四年）がある。「国民性（nationhood）」にたいして「人格性」とでも訳すべきであろうか。

# 第13章　グローバリゼーション、市民権、都市
## ——新しいグローバルな地域構造の生成

ヒュスタペスの長男が……一方の羽根でアジアを、他方の羽根でヨーロッパを蔽う夢を見た

（ヘロドトス『歴史』岩波文庫、上巻、一五五頁）

Justitia praecipit ne cui unquam obsimus.
（われわれがけっしてだれをも害さないようにと、正義は命じる。）

（著者不詳）

貨幣もまた、ある分化過程より生じたものである。…そして力の節約は、この分化とそれにつづく結合とによって達せられる

（ジンメル『社会分化論』青木書店、一四六頁）

社会的な感情はわれわれの文明の光をともなって、はじめてわれわれの内に発達する。憐れみの情は人間の心に自然なものであるとはいえ、それを働かす想像力がなければ永久に不活発なままだろう。…なにも想像しない人間は、自分自身しか感じない。かれは人間の真只中にあって孤り《ひと》である

（ルソー『言語起源論』現代思潮社、六九頁）

ひとはすべて、己れ自身の行動環境《ヘクシス》に一致するものをよしとして選ぶ

（アリストテレス『断片集』岩波書店、全集第一七巻、五五二頁）

## 1　新しい世界秩序のなかの地域層と地域問題

### 地域とグローバリゼーション

本章が探究しようとしているのは、個々人、すなわちますます都市環境のなかで生活するようになっている個々人の意識から出発して、それらの諸個人が最初に所属する家族や近隣諸集団から、地域社会、地方政府、複数の地方政府を含む圏域、中央政府（＝国民国家）をへて、複数の国家を含む地域経済圏、グローバルな市場、国連組織あるいは地球社会へといたる、関係性の今日的な位相であり、社会統合（全社会的共同体と政治体の分化、および同市民関係としての社会連帯の形成を基礎とする）のさまざまなレヴェルでの実現の形態とそれらの相互関係である。より単純に表現すれば、ここでは、「地域と国際化」ではなく、「地域とグローバリゼーション」が問題になっている。

まず、都市と地域社会をめぐるグローバルな問題構成からくるいくつかの問題について、あらかじめ注釈をつけておこう。

### グローバルな地域主義

第一に、ここで複数の国家を含む地域経済圏として想定して

いるのは、第10章でも言及したように、欧州連合（EU）、中欧自由貿易協定（CEFTA）、北米自由貿易協定（NAFTA）、米州自由貿易圏（FTAA）、東南アジア諸国連合（ASEAN）、アジア太平洋経済協力会議（APEC）、中米地峡経済共同体（CEIC）、カリブ共同体（CARICOM）、南米南部共同市場（MERCOSUR）、黒海経済協力機構（BSEC）などである。これらのなかには〝地域経済圏〟として性格が似通ったものもあれば、単純にそういったものとして措定することがためらわれるものもある。

たとえば、もっとも典型的な地域経済圏として、欧州連合（EU）のばあいをとりあげてみよう。たしかに、それはすでに単一市場（single market）あるいは共通市場（common market）（すなわち、経済＝市場統合）を達成しつつある。しかし、ある論者によればそれはつぎの段階として共通の政治体《ヘー・ポリティケー・コイノーニア》＝欧州国家を目指していることになり、別の論者によれば、欧州統合は本来経済＝市場統合だけを目指していたのであり、それ以上の統合はなされるはずもないし、なされるべきでない、ということになる。

また、欧州連合の形成を、グローバルな経済のなかでの新しい地域主義（regionalism）の典型として、政治思想の観点から捉える見方もある。このような捉え方においては、中東のイスラーム経済圏、南米南部共同市場、北米自由貿易協定、東南アジア自由貿易圏などが、他の地域主義の例としてあげられる。アジア太平洋経済協力会議なども、そこに含めてよいだろう。しかし、それらは、社会統合の観点からはじつにさまざまなレヴェルのものを含んでいることに注意をする必要がある。

さらに、社会文化の観点から、サミュエル・ハンチントンのばあいのように、二一世紀には文明間のグローバルな衝突が生まれ、その結果、世界構図として宗教観を基礎とする文化＝文明圏を単位にある種の統合が他圏との対立をはらみながら進行する、と想定する議論もある。文化の基礎的な均質性から推論するこの種の議論は、文明単位で比較的社会統合への展望を見出しやすいという印象を与える。しかし、そこには社会統合への具体的な手続き、すなわち多様な利害を調整していく制度的な仕組みは示されていない。文化＝文明レヴェルでの基礎的な均一性と、社会統合の問題は、同じではない。

ともあれ、現在の地球社会は、（1）グローバル・レヴェル、（2）リージョン・レヴェル、（3）ナショナル・レヴェル、（4）ナショナル・リージョン・レヴェル、（5）ローカル（あるいはアーバン）・レヴェル、（6）個人の身体《ソーマ》や心理《プシューケー》／魂のレヴェルという、六つの地域層から構成されている。しかし、たとえば、（6）の個人の身体《ソーマ》や心理《プシューケー》／魂のレヴェルが、はたして語の厳密なる意味での〝地域層《リージョン》〟にあたるのかどうか疑問を呈するひとがいるかもしれない。もし、そういうひとがいたら、わたしはアンソニー・ギデンズの前景（front region）、後景（back region）、地域形成（regionalization）に関する議論を思い起こしてもらいたいと思う。また、コンピュータに媒介されたコミュニケーションの増大傾向を指摘するまでもなく、個人や複数の人間レヴェルでの〝地域の形成《リージョン》〟は都市、地域、共同体をめぐる問題の重要な焦点の一つに今日なっていることは、まちがいない。

## ローカルな地域主義

第二に、グローバル・リージョン・レヴェル同様、全社会的共同体《ソサイエタル・コミュニティ》あるいは政治体《ポリティ》としての独立性や自律性が高まっているのは、ローカル（一国内の地域・地方）およびアーバン（都市）・レヴェルである。ここでは、サスキア・サッセンが〝世界都市（global city）〟としてとりあげたロンドン、ニューヨーク、東京だけでなく、フランクフルト、シンガポール、大阪、ソウルなどの都市名も、浮上するだろう。ここではおもに、二種類の都市としての自律性の高まりが問題となる。一つは、グローバルな都市システムの結節点として重要な役割を演じるようになることで、それらの都市が存在している既存の国民国家の枠を活動《エネルゲイア》が日常的に超越しているような都市である。もう一つは、都市活動が国境を超えつつも依然として国民国家内にその中心をおいているような都市である。この後者のばあいの自律性は、文字通りグローバルな市場およびグローバル・リージョン・レヴェルの市場にたいしてと同様、国民国家にたいして高まっている。それは、欠如態のヘクシス（あるいは可能態《デュナミス》―現実態《エネルゲイア》）としての都市が、ひとつの完成された人格（ディドロやルソーの言葉で言えば、主権）を目指す過程である。[1]

第三に、グローバル・レヴェルおよびローカルあるいはアーバン・レヴェルの両方において今日、集約的に問題になっていることは、「地球環境の問題」「持続可能な発展」など、環境とテクノロジーをめぐる問題である。環境問題は、今日、なによりもグローバルな問題である。すなわち、国民国家の領域を超えて共有されるべき問題である。しかし、その問題への対応は、政策としてはローカルあるいはアーバン・レヴェルで遂行されるのがもっとも効果的である。換言すれば、市場と〝都市の持続可能性（urban sustainability）〟の関係をいかに将来の世代に負担を残さないように創造するか、という問題への対応が、われわれの身近かなところで〝環境にやさしい地域（あるいは都市）の発展モデル〟の開発として焦眉の急となっている。[2]

## グローバリゼーション時代の社会問題

第四に、六つのすべての層に関係するものとして、〝都市と社会的排除（social exclusion and the city/social exclusion in the city）〟という問題がある。これは、〝アンダークラスの問題（underclass issue）〟というよりは、むしろ〝第二級の市民の問題（second-class citizen issue）〟である。女性、民族、政治的少数派、文化（同性愛、地方性）、外国籍住民、障害者などが、ここでの主題である。

これは、グローバルな市場の形成・展開と都市／地域問題の関連を理解するための鍵問題である。しかし、同時に、この問題はマルクス＝レーニン主義者が想定してきたような社会的多数派《マジョリティ》としての〝階級問題〟ではない。むしろ、それは社会的な少数派《マイノリティ》集団の権利と運動を問題にするものであり、その意味で、いわゆるマルクス主義的な理論的仮説とそこから導かれる運動に根本的《ラディカル》に対立する。[3]

第五に、グローバリゼーションをめぐる地域の再構成にとって重要な問題として、情報社会における市民権の問題がある。今日の情報社会では、どんな種類の市民権がどこでどのような共同体《コミュニティ》をひとつの社会単位として実現するのか、さらに、人びとは自分たちが欲している共同体の創造にどのように参加するのか、ということが、重要な問題となっている。だから、福祉、自律、安全保障などの自然的かつ多次元的な市民権の領域を支えるような、情報社会共同体《インフォメーション・ソサイエティ・コミュニティーズ》の発展の可能性を提供することが、重要である。市民権（あるいは市民資格）は情報技術の利用可能性以上のものである。それによってひとはサーヴィスを手に入れることができるし、また情報システムのなかで情報を検索する技能を手にすることができる。つまり、市民権というのは、基本的に多様なレヴェルの政治的共同体の成員資格に関係しており、成員たちはそこで平等な権利、義務、保護を享受するのである。なお、新しい情報社会における市民権（市民資格）は、ひとつの概念として、市民たちが伝統的に保持している基礎的な市民的諸権利《シヴィル・ライツ》および社会的諸権利《ソーシャル・ライツ》を含むものであることを、ここで再確認しておこう。

## 空間の諸実践としての社会形成

最後に、すべての社会的行為と社会システムの形成は、人間の意識と自然を媒介する空間をめぐる諸実践である。経済的交換、社会的交換、社会的分業と集合意識、法律、権利と義務、市民社会などはすべて、可能態としても、現実態としても、完全現実態としても、精神的なものと物質的なものを媒介し、自然の素材《ヒュレー》にかたち《エイドス》を与える〝空間の諸実践〟である。この考え方が、本書および本章の基本的な視角である（この定義に関しては、第6章も参照）。人間と自然を媒介する空間の諸実践には、三つの位相がある。第一は、人間が物質的な対象にはたらきかける文字通りの実践の空間、第二は、人間や自然にはたらきかけることによって特定のかたちの空間を創成する空間の表象、第三は、人間の意識の内奥から身体を拘束しつつ立ち現れ、社会紐帯の形成を欲する表象の空間、である。この〝空間の諸実践《ヘクシス》〟は、歴史的には、分業と所有の諸形態として現象する。(4)

## 2　グローバルな地域的共同体の生成と分化

### 市民社会というヘクシス

地域的共同体の歴史は社会的分業（社会システム）と所有（私的、共同的、社会的交換の総体）諸形態の歴史である。それは一方で、社会的分業に参加する諸個人が法―政治的な身分属性（ヘクシス）を帯びながら形成する共同体（コイノーニア）であり、その古典古代的および近代的な形態はいわゆる市民社会である。近現代では、すなわちモダンな時代には、それは特殊にナショナルな市民社会とナショナルな国家として二重に成立している。われわれが日本、アメリカ、フランス、イタリア、ドイツ、中国、韓国などとして表象している全体社会（＝全社会的共同体）は、このようなものである。ここで第一義的に重要なのは、近現代の全体社会は、歴史的には市民社会的表象のもとに統合されているという事実である。

もちろん、そのかなりの部分が国連に加盟している今日の各社会＝国民国家について言えば、たとえば第二次世界大戦後の植民地国の独立とその後の自立の過程を振り返ればあきらかなように、またアメリカ合衆国における黒人解放運動やその他の国におけるカーストや移民の問題を思い起こせば容易に想像できるように、社会の現実がしばしばその「市民社会的表象」とは著しく乖離しているということも事実であろう。しかし、そのような現実が、時代に共有された「市民社会的理念」とつねに格闘しているということも、また事実である。ここで言う「市民社会的理念」とは、自由で平等な構成員がつくりあげる社会の表象であって、国民国家における人権保障や国連人権規約のことを意味している。

こうしてわれわれがこれまで形成してきた地域的共同体は、程度の差こそあれそれが国民国家というかたちをとっているかぎり、「市民的共同体」であると言ってよいだろう。それは、人、物、貨幣が特権的に交通する社会であり、そういう社会を実現させているものとしての空間の諸実践である。そこには主権というものが存在し、少なくとも現代においては、それは他の特権的に交通しあう社会と相互に認知されることで確証されるものである。一般的な用語に置き換えれば、他の国民国家とみずからの国民国家を相互に承認することでおのおの「主権」が担保され、そこにいわゆる国際関係なるものが形成されているのである。このような地域的共同体の歴史は、一六四八年のヴェストファーレン（ウエストファリア）条約以来幾多の戦争とその終結の過程を経て徐々に築き上げられ、拡大してきたものである。

しかし、今日われわれが直面しているのは、その築き上げと拡大の歴史の大きな曲がり角である。

## 歴史的な転換期の表層と深層

一九八〇年代、日本も世界もグローバル化の時代にはいった。日本を中心にしてみると、一九七〇年代後半から企業は海外進出をはかり、八〇年代には海外直接投資も増え、八五年のプラザ合意以降そのプロセスは加速度的に増した。日本への海外からの投資も増大し、国内市場と海外市場との連結性が高まった。東京は金融市場の改革＝国際化をへて、東京のマーケットがニューヨークやロンドンと二四時間、秒単位で結びつけられ、変動するようになり、その二四時間グローバルに秒単位で変化するマーケット＝時間感覚をわれわれは日々意識するようになったのである。

日本の国内では、この変化は三大都市圏から東京一極集中への都市―地域構造の変化として現れ、地域社会学会や都市社会学会ではバブル経済のもとで生じた「東京問題」[5]について熱く議論が交わされた。同時期、グローバルなリージョンの形成と分化という観点から見ると、日本を取り巻く地域では、一九八九年の天安門事件などをへながら中国が改革開放路線のもと市場経済化を推し進め、韓国やフィリピンでは独裁的な政治体制が終焉し、日本、韓国、中国でもインターネットの普及によって国境を越えた情報の行き来が増えたことによって、東アジア地域により自由な公的空間をもとめる欲求の相互交通が増えはじめた。カンボジアの民主化、ミャンマーの民主化運動、台湾の独立運動、ヴェトナムの政治経済改革と東南アジア諸国連合（ＡＳＥＡＮ）への参加などは、そのような欲求の国境を越えた交通量の増大とみてよいだろう。

一方、一九九一年に共産主義体制と社会主義経済の行き詰まりゆえにソビエト連邦が瓦解すると、ユーラシア大陸の西側ではベルリンの壁の崩壊とドイツ再統一後すぐに一九九二年、マーストリヒト条約が調印され、それまでのＥＣとははるかに統合の度合いと展望のちがうＥＵ（欧州連合）が一五カ国で形成された。九三年の条約発効後、九四年にはドーヴァー海峡をユーロトンネルが三時間でパリとロンドンを結ぶようになり、グローバルにみて新たな地域的共同体の統合と分化の歴史がはじまった。社会的交通の量と質がこの地域では深化した。すなわち、ヴェストファーレン（ウエストファリア）条約以来主権国家として全社会的共同体を表現してきた国家が、変容をはじめたのである。社会的分業と所有の歴史は、その特権的な自己展開のテリトリーを、実態的にも理念的にも、国民的な＝ナショナルなものとは考えなくなった。ナショナルな市民社会とナショナルな国家の二重構造として打ち立てられていた近代社会は、グローバルに人、物、貨幣が行き来する時代に、根底的な変容を迫られた。Ｔ・パーソンズ流に言えば、全社会的共同体と政治体の新しい分化が、ニュー・ネーションではなくグローバルなリージョンの形成をめぐって生じているのであり[6]、市民が構成する社会の歴史に投錨すれば、近代という特殊な時代に結合した市民権《シティズンシップ》と民族＝国民性《ナショナリティ》の二概念がふたたび分離をはじめたのである。われわれは新しい市民の地位身分 status civitatis を確立せざるをえないのであり、民族（ἔθνος）と市民（δῆμος）の新しい関係の模索の必要性が生じているのである。

## 再構成される“地域”概念

グローバルな地域的共同体の時代に生じている変化のひとつは、「地域」という概念の再構成である。すでに述べたように、一九八〇年代から一九九〇年代へと展開したグローバリゼーションの二〇年間をへて、北米には北米自由貿易協定（ＮＡＦＴＡ）、南米には南米南部共同市場（ＭＥＲＣＯＳＵＲ）、南北アメリカ大陸をカヴァーするものとしてはアメリカ合衆国が政治的リーダーシップをもくろむ米州自由貿易圏（ＦＴＡＡ）があり、アジアでは、東南アジア諸国連合がメンバーを増やし結束力を高めながら日本、中国、韓国と「東アジア共同体」の建設に進んでいる。グローバルにみると、欧州連合と構築途上にある「東アジア共同体」のあいだには、黒海経済協力機構

マラケシュ　ジャマ・エル・フナ広場

（BSEC）や近年インドが主導しはじめたインド洋をめぐるグローバルな経済圏、あるいは欧州連合の南側ではアフリカ諸国が単一通貨導入圏などの議論をはじめている。

ウクライナの政変に端的に現れているように、ロシアを中心とする独立国家共同体はひとつの地域社会＝経済圏として解体と再編の途上にあり、オーストラリア、ニュージーランドといったオセアニアの国およびインドなどは、東アジア地域の共同体建設に参加の希望と意欲を持っているように言われている。中東は、アメリカと英国によるイラクの帝国主義的再占領によって混乱の最中にあるが、ここでも「中東の民主化」というスローガンのもとに「大中東圏構想」なるものが地域の外から主張されている。

こうして、現在、グローバル化がさらに進み国民国家の地域的（テリトリアルな）生活単位としての地位が相対的に低くなる一方で、経済、政治、社会文化的には成熟度のちがう地域的共同体の概念が提起されているのである。このような国民国家の全社会的共同体としての揺らぎを政治制度的に表現するかたちで、現在、いろいろな国で国家と地方自治体の関係の再編が進んでいるとみるべきであろう。以下、グローバルな地域的共同体の形成が典型的に市民社会の近代的形態の克服として進んでいるとみられる二つの地域について、より詳しくみていこう。

## 3　グローバルな地域的共同体の形成1
## ——ヨーロッパのばあい

### ヨーロッパ市民権の誕生と地域性の変容

われわれが「地域で生活をしている」というばあい、具体的であれ抽象的であれその〝地域〟に愛着が感じられるものとしては、近隣や居住する行政地域単位《デーモス》の地域性 locality、もう少し広い範囲に及ぶが国家よりも小さく歴史や伝統に裏打ちされている地域性 region、さらには他の文明社会との比較で文化の均質性を文字や食材などに見出せる地域性 global region がある。ギデンズが言うところの個人の社会的行為をめぐる「表領域《フロント・リージョン》」や「裏領域《バック・リージョン》」、「地域化《リージョナライゼーション》」は、たとえば近隣や行政地域単位の地域性の構築や再編に深くかかわっているとしても、普段はあまり意識されないのが普通である。また、これまでひとつの全社会的共同体であった国民国家も、グローバルにみれば歴史的に特殊な地域的共同体であり、国民性＝民族性《ナショナリティ》として地域性を表現しているのであるが、多くの人は知識においても実態においてもその相対性を意識するのが難しいので、地域性としては口の端に上ることがあまりない。ヨーロッパ市民権の制定と欧州連合の確立、拡大のなかで焦点となっているのは、存在はしているが確認されることが少なかったレヴェルの地域性の再確認と再確立、そしてそれにともなう従来十分に意識されていたレヴェルの地域性の再編、再構築である。

一九九三年のマーストリヒト（欧州連合）条約の発効によって、一五ヵ国が政治経済制度的にひとつの公的空間をつくりはじめた。二〇〇四年五月には、中東欧諸国をくわえて、現在それは二七ヵ国（二〇〇七年七月の時点で）の公的空間の形成プロセスへとさらに発展をみせている。この地域（global region）の形成は、グローバリゼーションの一過程とも理解できるし、またユーラシア大陸の西側で生じたグローバリゼーションへのひとつの対抗策とも理解できる動きである。もちろん、ＥＵは、第二次世界大戦後のヨーロッパ石炭鉄鋼共同体からヨーロッパ共同体の時代を経て徐々に実現してきた地域的共同体であると理解することも可能であろう。事実、日本の多くの学者はこのような説明のスタンスをとっており、一九九二年に欧州統合のさらなる深化を目指すマーストリヒト条約が締結されたとき、それは長いあいだ時間をかけて徐々に実現されてきた努力のプロセスの結果なのだと説明していた。それは、当時統合に関して説明していたヨーロッパのリーダーたちも、ことあるごとにそれは長い統合への努力の末に到達した地点であることを強調していたことを意識したものであった。

## 統合される地域と差異化する地域

八〇年代から九〇年代にかけて、ヨーロッパの人びとは、全社会的共同体としての国家がグローバリゼーションに直面することを通して、国家は大問題に取り組むには小さすぎ小問題に取り組むには大きすぎるという、かつてダニエル・ベルが指摘していた真実に気づきはじめたのである。[7] グローバリゼーションは、国民国家を越える上方への統合の力と国民国家の下方へと地域や文化を拡散させていく力の、「均衡の力学」とも捉えられる。ユーラシア大陸の西側では、これが一方で二七ヵ国による欧州連合の構築として現れ、他方でスコットランドの英国に対する自立、北フランス、ベルギー、オランダ地域での国境を越えたフランドル地域の復興、バスク地方のスペインからの独立、旧ドイツ領シュレージエンをめぐるドイツ人のアイデンティティの回復、コルシカ島の地域主義運動など、地域のローカルなアイデンティティの復興を促している。

なぜスコットランドはイギリス連合王国からの分離をこれまで以上に望むようになったのか、なぜ北アイルランドやスペイン・バスク地方の独立運動はこれほど粘り強くつづくのか、どのようにしてスペイン北部のバルセローナはフランスとの国境を越えてバルセローナ圏を形づくってきたのか。それらの理由を、単純に当該地域の文化史のなかに見出すわけにはいかないであろう。つまり、グローバリゼーションは、ヨーロッパでは一方で在来型の全体社会である国民国家の縛りを緩めながら、他方では地域的（ローカルな）ナショナリズムの台頭を誘発しているのである。各国の国民はヨーロッパレヴェルでの移動、居住、労働の自由を与えられながら、他方で本来居住していた（国籍を持っている）国で地域主義（localism）への参与を強める傾向がみてとれるのである。

### 最大の市民社会そして／あるいは最小の市民社会

グローバル・リージョンとしての欧州連合は、歴史的にみてこれまでになかった拡大された市民社会（Civitas Maxima）を形成しつつある。市場統合を実現し、政治統合のために「欧州大統領」の制度化に向けた議論をしている。では、ヨーロッパでは、社会文化的な統合はどのような状況にあるのか。この問題を考えるには、生じつつある二つの局面についてみておかなければならないだろう。

第一に、すでに欧州は「移民大国」になったといわれる。イギリスの旧植民地系移民、フランスのマグレブ系移民、ドイツのトルコ系やユーゴスラビアからの移民、イタリアのアルバニア系や中国系の移民など、欧州連合の加盟各国は、第二次世界大戦後に多くの移民をさまざまな資格で受け入れてきた。この二〇年間、各国でかれらやその子孫の社会統合が盛んに論じられ、政治の賭金にもなってきた。移民第二世代は、ひとつの傾向として、各社会で国籍の取得と市民権の行使ができるようになっている。しかし、移民の第一世代は、外国人のままである。つまり、当該社会のナショナルな文化との軋轢に苦しんでいる。この苦しみ方は、国や地域において多様である。[8]

一九九三年のマーストリヒト条約の発効後に、このナショナルな文化と移民のマイノリティ文化のあいだに生じたことは何であったのか。ひとことで言うと、それはもっとも身近な社会（Civitas Minima. あるいはプラトンの表現を使えば ἡ ἀναγκαιοτάτη πόλις ＝もっとも必要なものだけのポリス）、すなわち「政治的共同体《ポリス／キウィタス》としての都市」での、「市民的正義をめぐる分配の不公平」である。各都市や地域では、移民たちは生活者や市場への参加者として社会的交換や経済的交換を日常的におこない、貨幣を媒介にしようがしまいが、そこにはアリストテレスが言う「交換における共同性《コイノーニア》」が成立している。われわれになじみのある言葉で言うと、そこには社会関係が成り立っているのである。売り手や買い手、職人やサラリーマン、タイピストやレストランの従業員として「人間の機能《エルゴン》」が果たされているのである。[9] 居住者として「交換上の正義」が成立しているにもかかわらず、「市民としての正義」は不平等にしか分配されていない。国際法上の規範が、「国籍による差別」として、このような分配の不平等を戒めているにもかかわらずである。この点が要である。宮島喬は、この状況を「デニズン化する定住外国人」と呼んでいる。[10]

第二に、欧州は「移動する大陸」になったと言われる。そのことの第一義的、法的な意味は、欧州連合加盟国の国民（正規の国籍取得者）が教育、居住、労働の機会や場所を求めて二七加盟国内を以前よりもより自由に移動するようになった、ということである。パリ市民は何の障害もなくヴァカンスのためにオーストリアやスペインのアンダルシーア地方に出かけることができる。地中海のマジョールカ島に行くベルリン市民も同様である。仕事を求めるイタリア人は、ドイツやデンマーク、スウェーデンやフィンランドにまで、法的には何の障害もなく出稼ぎに行くことができる。ちなみに、このような現実は、デンマークに働きにいったイタリア人の若い女性とデンマークの中年男性との恋物語として描かれた『初級者のためのイタリア語』（二〇〇〇年）にも適切に表現されている。[11] ポーランドを初め、東欧からも多くの EU 市民が加盟各国に働きに散っている。

夏のスペイン・アンダルシーア地方であなたは、スコットランド人、イギリス人、オランダ人、ドイツ人、ポーランド人、オーストリア人、フランス人、スロヴァキア人、イタリア人など、多くの欧州連合市民に出会うであろう。しかし、かれらのある部分は、ヴァカンスにではなく、仕事を探しにやって来ているのである。

### 複数言語とアイデンティティの問題

こうしてかれらは、まず言語の問題に行き当たる。つぎに、アイデンティティの問題にたちかえるようである。なぜなら、言語はアイデンティティそのものとも言ってよいくらい、「わたしは何者か」を問うばあいに重要であるからである。ポーランド出身者は、ドイツにいても、デンマークにいても子どもにはポーランド語を教える。ポルトガル移民の親はフランス国籍の息子にポルトガル語を学ぶようにすすめる。言葉を学びながらヨーロッパ各国をまわり、それぞれの国で仕事もしているスペインの若者は、休みになるとスペインに帰り、カタルーニャやバスクなどの地域語と標準スペイン語（カスティーリャ語）との言語的緊張のなかにもどる。それでも、ドイツに働きに行ったポーランド人の子どもはドイツ語を話すようになり、イタリアに働きに行ったポーランド人の子どもは、イタリア語を話すようになる。

以上の、生じつつある現実がわれわれに教えてくれるのは、欧州連合はかつて議論されたようには、アメリカ合衆国と同様の「ヨーロッパ合衆国」にはならないということである。ヨーロッパ統合は、移動してくる者に「もっとも合理的で、洗練されたアメリカ的生活様式」を教えることで社会統合を成し遂げようとしたアメリカ合衆国の歴史的過程と同じであるようにはみえない。[12] 言語は、統一されるよりもむしろ分化へとむかう兆しがある。ヨーロッパの若者は、積極的にちがった言語を学びあっている。他方、アメリカで州の境界にあたる、加盟国間の国境は、新しい地域の形成や歴史的地域の復活のなかで相対化への努力がなされている。また、トルコのようなイスラームの異文化国家を一地域として受け入れようと試みている。法ー政治的にいえば、あるいは変容しつつある「市民社会的理念」の観点から言えば、一九九二年に締結された「欧州市民権」とその後のその実践の過程は、「アメリカ的市民権」以上のなにものかである。

こうしてユーラシア大陸の西側、つまりヨーロッパでは、一方でロシアを中心とする独立国家共同体の地域的連携を崩しつつ、他方では旧ヨーロッパ植民地国であったアフリカ諸国を地域統合へと促しつつ、かつ全社会的共同体の近代的形態である近代市民社会に対応する国民国家を相対化しつつ、地理的にはひとつのグローバル・リージョンとして、政治、経済、社会文化的には近代を越える市民社会の形態として、欧州連合という地域的共同体が立ち上がってきているのである。文字通り地球規模でみると、個人、ローカル―アーバン、リージョナル、ナショナル、スープラナショナルのすべてのレヴェルで、地域的共同体の新たな統合と分化の過程がはじまっている。

つぎに、地域的共同体の統合と分化をめぐってユーラシア大陸の東側で生じていることをみていこう。

## 4　グローバルな地域的共同体の形成2
### ――アジアのばあい

**統合へとむかう東アジア地域**

二〇〇五年の五月に、京都でアジア欧州会議（ＡＳＥＭ）が開かれた。この会議は、ユーラシア大陸の西側でのグローバルな地域統合の経験を、その東側地域でも積極的に活かしていこうとする意図のもとに開催されているものである。その初日の会議の後、東南アジア諸国連合と地域的連携を深めつつある日本、中国、韓国の外相会談が開かれ、歴史認識に関する四月のジャカルタでの小泉スピーチが評価されるとともに、東アジア地域における三国の連携強化の必要性が再確認された。

冷戦崩壊後の一九九〇年代から二〇〇七年の今日まで、ユーラシア大陸の東側地域で生じたことは何であったか。

地域的共同体の再編（統合と分化）という観点から見ると、第一に東南アジア諸国連合が対共産主義の性格を脱却してヴェトナム、ラオスなどの社会主義国を加盟させて拡大をしたということであろう。とくに、一九九七年のタイにはじまる通貨危機を経験した加盟諸国は、通貨バスケット制に典型的に現れているように、近隣諸国とくに日本、中国、韓国との連携を強く模索してきている。連携を模索するなかで、東南アジア諸国は、地域的な結束力を高めているようにみえる。その背景にあるのは、一つは九〇年代後半に生じたアジア通貨危機に際してアメリカがなにも対策を講じなかったことへの不信感であろう。もう一つは、東アジア地域内における経済交流の実質的な深化があげられるであろう[13]。

同時期、中国は市場経済化をさらにすすめながら外資の導入を図ってきており、韓国は通貨危機から立ち直りグローバルに展開する企業の成長をみるようになっている。日本は、バブル経済の崩壊とともに経済産業構造のリストラクチャアリングをおこない、そのあいだますます企業の海外展開がすすんだ。一九九〇年代から今日まで、とくに中国への企業進出がすすんだ。今日、日本の貿易取引量は、対アメリカよりも対中国の方が大きくなっていると言われている。その意味で、八〇年代からの経済のグローバル化は、今日まで一貫して進んできていると言えるだろう。

## グローバルな地域統合と日本

こうしたグローバルな地域統合の流れのなかで、日本という全社会的共同体とその政治体としての国民国家は、どう変容してきたのだろうか。

第一に、すでに触れたように、三大都市圏から東京への一極集中へという、都市地域構造上の変化があった。経済のグローバル化とバブル経済をへての、このような東京の国内的なステイタスの上昇は、グローバル化する経済の結節点に東京が位置づけられたことの結果であると言える。[14]東京という地域性の利用価値が上がったのである。このことが、国内的には他の大都市の利用価値を相対的に低下させた。

第二に、バブル崩壊後のリストラクチャアリングの過程で、地域的共同体の統合と分化の観点からは、二つの重要なことが生じた。一つは、六本木、汐留、品川など東京における大規模再開発が外資の再導入を促し、グローバル経済の結節点としての東京のステイタスを維持し、東アジアに地域統合のなかで東京が経済、政治、文化の点で重要な場所であるというアピールがなされた。成長著しいアジアの人びとにとっての豊かさと自由のひとつの基準に、日本とりわけ東京でのライフスタイルがなりつつある。

もう一つは、日本の国内で、市町村合併にみられるような中央—地方関係の変化が進んだことである。同時に、国境を接する地域同士の交流が以前にも増して盛んになり、ナショナルなアイデンティティの問い直しが生じていることである。[15]市町村合併では、じっさいに、県境をこえた地域＝自治体の形成がみられ、それがヨーロッパ国境地域でみられるのと類似の、近代の地域制度によって押しつぶされた歴史的アイデンティティの掘り起こしをおこなっている。

## アジア太平洋圏か、東アジア共同体か

以上の、東アジアにおける地域的統合へとむかう動きを、地球規模で他の地域から捉えてみよう。たとえば、アメリカ合衆国は、最近「東アジア共同体は日米関係にとって有益ではない」趣旨の発言をR・L・アーミテージ前国務副長官がしているが、[16]発展しつつあるアジアでの利益を確保するために、北朝鮮をめぐる六カ国協議を東アジア全域に拡大するかたちでアジアへの関与を続けるか、米州自由貿易圏の拡大版としてアジア太平洋経済協力会議（APEC）を位置づけ、アジア太平洋圏で地域統合をすすめることを企図しているか、どちらかであるようにみえる。アメリカは、北米自由貿易協定でカナダ、メキシコと

市場＝経済連携をしているのであるが、この連携はイラク戦争に典型的にあらわれているようなアメリカの単独行動主義（ユニラテラリズム）が問題となって、ヨーロッパやアジアの東側におけるような地域統合へとはむかっていないようにみえる。

他方、アメリカは「アジア太平洋経済協力会議」に主力メンバーとして参加するなかで、アジア太平洋地域全域を統合するかのような地域概念を提起してきている。オーストラリアやニュージーランドのアングロサクソン系諸国を参加させるかたちで、成長するアジアの利権を取り込もうという戦略である。事実、オーストラリアやニュージーランドなどオセアニア諸国は、東アジア地域との経済交流が増しており、より深化した東アジア経済圏へのかかわりを求めている。

現実には、アメリカによる、「東アジア共同体」というグローバルな地域統合に対抗する、「アジア太平洋経済協力会議」によるより大きな地域的統合の意味するところは、後者による前者の抱き込みと分裂である。アメリカ側からみれば、「東アジア共同体」中心のグローバルな地域統合と「アジア太平洋経済協力会議」を軸とする東アジア地域を含めたグローバルな地域的統合は、前者の統合により意欲的になっている中国と後者のリーダーシップで東アジア圏の既得権益を維持したいアメリカ合衆国との政治的イニシアティヴをめぐる争いである。二〇〇五年四月に起きた中国での反日暴動をめぐるアメリカのコメントは、このようなイニシアティヴをめぐる争いが存在することをはからずも表現していた。「中国はこの地域でより政治的イニシアティヴをとることをもくろんでいる」ために反日デモを政治利用しているというのが、日本に対する配慮をこめたアメリカのコメントであったが、中国に向けたこのコメント＝批判はアメリカ自身の東アジアにおける政治的イニシアティヴへの強烈な関心を示してもいる。

こうして、東南アジア諸国と日本、中国、韓国による東アジアの地域的統合への模索は、「アジア太平洋地域圏」という政治的地理概念の提起によって、分裂と再結束の緊張の只中にあると言ってよいだろう。東アジア共同体は、「大東亜共栄圏」ではありえない。それぞれの国の市民が同じ資格でよりおおきな地域統合の作業にはいることになるであろう。そこには、経済的交換や社会的交換における正義、交換における共同性が作用するようになるだろう。取引の不正、従業員としての交流、企業間取引の成立というかたちで、それはすでに現実のものになっている。まだ、それが東アジア全域に制度的に受け入れられる「市民社会的表象」になっていないだけである。

### グローバルな地域的統合をめぐるアジアと欧州の協力

さらに、東アジア共同体の建設をめぐるアジアと欧州の協力関係は、将来的なユーラシア大陸全域の地域的統合をも展望させるものになっている。両地域は、ともに封建時代から近代的市民社会を立ち上げてきた歴史を共有しており、また植民地戦争による悲惨の体験も共有しているからである。歴史に立ち返りながらアイデンティティを再発見し、またそれを時代のなかで変容する「市民社会的理念」との緊張関係のなかで再構成する作業、それを日常的におこなってきたし、おこなう必要があるのが、この両地域であるからである。事実、両地域は陸続きの地理的一体性をもっている。ロンドンから東京まで、列車の車窓を楽しむ日もいずれくるであろう。

## むすびにかえて
### ――近代を越える市民社会

近代の全体社会であった国民国家、それを越える均質的な地域的構造の生成が進んでいる。そのプロトタイプが「欧州連合」や、構築がはじまっている「東アジア共同体」であるとすると、それは依然として近代的な何物かであろうか。近代主義者は「それは近代国家の拡大版である」と主張するであろう。一方、マルクス＝レーニン主義者は「それは資本主義経済の構築物であり、それが乗り越えられないかぎり近代以降のものはこない」と主張するであろう。中間の社会民主主義者は、J・ハーバマスを引用しながら「理念としての近代はグローバリゼーションの時代にも残っていくであろう」と述べるであろう。「第三の道」を模索するギデンズのような社会学者は、「グローバリゼーションによって表現されているものは強化された近代にすぎない」と主張している。

われわれ都市や地域社会の研究者は、このような主張のなかで判断に迷っている。しかし、都市や地域の共同体がグローバリゼーションのもとで近代的な形態を維持しえなくなっていることはたしかである。国民国家の地位の相対的な低下が端的にそのことを表現している。地域的共同体の形態だけでなく、たとえば家族のあり方の変化は日常生活におけるグローバルな現象であり、それは女性や子どもの地位の変化、労働や政治の変化と密接にかかわっている。これらの現象が地域と文化の質や単位を問い直しているのであり、そのことも、近代とポストモダンの狭間にある今日の地域社会をめぐる位相を表現しているであろう。

グローバルな地域的共同体の形成は、近代のパースペクティヴからみれば、国民国家に対する「グローバルな主権の制限」、あるいは国民国家の「自己制限的な主権」と捉えることができるであろう。また、特定の国民国家による「主権の共有」「主権の有機的再構成」という見方も成り立つであろう。近代社会の体裁を維持するために、「外的主権」「内的主権」の区別を持ち出す論者もいるかもしれない。しかし、フランス革命はフランスでしかおきなかったが全世界的で歴史的な意味をもったように、今日のグローバルな地域的共同体の統合と分化の過程で生じていることは、もはやわれわれの近代的な市民社会観では捉えることができないものである。繰り返し述べるが、論理はいつも歴史に先だつのである。

一九七〇年代の地域主義が国民国家による空間の均質化に依然として抵抗していたとすれば、今日の地域主義は、グローバリゼーションによる空間の均質化に抗して、歴史あるグローバル・リージョンのなかで自己の再定義を求められていると言えるであろう。いずれにせよ、重要なのは、ポストモダンな市民社会の連帯は強い政治的リーダーシップと意思によって創り出されねばならないということである。繰り返し使われる知的資源「分割して統治せよ《ディーウィデ・エトウ・インペラー》」の原則下、イラク戦争によってヨーロッパとアジアの新しい社会連帯＝地域的統合が意図的に切り裂かれたことを、われわれは忘れてはならない。本章冒頭のラテン語の引用にもあるように、本当の「正義（Justitia）」は何人も害さないようにと命じているのである。

## 注

(1) 岩永真治 1999b、アリストテレス『自然学』『形而上学』参照。また、D・ディドロ「都市」（巻末資料４の）、ルソー『社会契約論』参照。

(2) この論点に関しては、岩永真治 2002a および本書第9章を参照。

(3) この論点に関しては、岩永真治 1998a で歴史社会学的分析をおこなっている。参照されたい。

(4) この最後の論点に関しては、岩永真治 2003 および本書第8章も参照。

(5)「東京問題」に関しては、有末 1999 の第六章「〈東京問題〉と住宅階層」を参照。

(6) 全社会的共同体と新しい政治体の分化がニュー・ネーションを創り出したという論点に関しては、岩永真治編訳 2001 のなかのT・パーソンズ「民主主義革命」（原著 1971）を参照。

(7) Bell, 1987 参照。

(8) この点に関しては、岩永真治 2005 を参照。

(9)「社会的交換」「経済的交換」「交換における共同性」「貨幣の役割」「人間の機能」に関しては、直接にはアリストテレス『ニコマコス倫理学』を、またここでの文脈にかかわる主論点の分析としては、岩永真治（1999b）および本書の序章と、第四章の関連する注を参照のこと。

(10) 宮島喬 2004 を参照。

(11) ロネ・シェルフィグ監督のデンマーク映画で、日本では『幸せになるためのイタリア語講座』というタイトルで公開された。移民を受け入れるデンマークを舞台に、悩みを抱える独身男女六人が「イタリア語講座」を通じて生きる希望を見出していくというのが、大まかなストーリーである。

(12) 移民を統合・吸収しようとするアメリカの都市の発展に関しては、斉藤・岩永 1996 の、とくに第三部および本書第3章を参照。

(13) この点に関しては、谷口 2004 の分析と展望を参照。なお、「市民社会」の拡大版として東アジアにひとつの共同体が形成される可能性について、わたしは一九九三年度の地域社会学会第四回研究例会報告「時間—空間秩序における近代と地域社会—問題の素描」（於中央大学駿河台記念館）においてすでに言及している。時間秩序と空間秩序の再編が、ヨーロッパ同様、近代を越える市民的徳の形成を東アジア地域に促しているというのが、当時の主張であったが、いまもその考えに変わりはない。そのときのレジュメが『地域社会学会会報』第六八号に掲載されているので、とくに最後の、「市民社会の二重性」の変容に関するページを参照されたい。拙小稿「市民社会の再—形成とその空間的諸圏域」『地域社会学会会報』第七六号も、あわせて参照。

(14) この点は、岩永真治 1997 を参照。

(15) 韓国とのあいだにある「竹島」の問題、中国とのあいだにある「尖閣諸島」の問題が原因で、こうした流れに一時冷や水が浴びせられた感がある。しかし、この流れは歴史的な底流として、地政学的にみても、今後も大きくならざるをえないように思われる。

(16) Asahi.com、二〇〇五年五月一日。より正確に引けば、アーミテージ氏は四月二九日の朝日新聞のインタヴューで、米国抜きで設立準備が進められている東アジア共同体は深刻な誤りである、と批判したとされている。

# 終章　ヘクシス分析の社会学とその展望
## ——活動そのものとしての「人間の作品」を目指して

死とは、魂の肉体《ソーマ》からの分離に他ならないのではないか
（プラトーン『パイドーン』新潮文庫、一一九頁）

身体《ソーマ》の状態も魂《プシユーケー》の状態も変化ではない。なぜなら、ある状態《ヘクシス》は卓越であり、他の状態は劣悪であるが、卓越も劣悪も変化ではないからである。そうではなくて、卓越は一種の完成であり、劣悪はその状態の消滅であり、その状態からの逸脱である
（アリストテレス『自然学』岩波書店、全集第四巻、二七八頁）

悪の根源は金の欲である
（チョーサー『カンタベリ物語』ちくま文庫、下巻、五三頁）

人間について、…それは光を見る者である
（デカルト『方法序説』岩波文庫、五六頁）

教育とは、…向け変えの技術《テクネー》にほかならない
（プラトン『国家』岩波文庫、下巻、一〇四頁）

人に死ぬことを教えることは生きることを教えることであろう
（モンテーニュ『エセー』岩波文庫、第一巻、一六五頁）

### 根本的な亀裂・裂け目

今日のグローバリゼーションは、近代以降結合してきた市民権と国籍を分離させる方向にある。この方向性のなかで、国民国家と市民社会（あるいは全社会的共同体）の二重構造として存立してきた近代社会は、大きな変容を迫られているのである。そしてこの変容は、すでに述べたとおり、都市社会の生活条件に根本的な亀裂・裂け目を生み出し、第三次都市革命ともよべる状況をもたらしている。北米の共同市場がひとつの新しい市民社会へステップアップする兆しは、まだない。一方、東アジアでは、共通市場の形成とそのさきの社会編成を見込んだ駆け引きがみえ隠れしてきている。

ヨーロッパは、共通市場の東方拡大に一区切りをつけ、政治的、社会的統合への模索を続けている。すでに述べたように、一九九二年、欧州連合は「欧州市民権」の導入を決定し、国民的《ナショナル》なものを越えた社会連帯に一歩踏み込む政治的な決定をした。ここにおいて市民権は、「多様性を統一する」ための道具であり、政治的な手段であった。その導入の歴史的な影響は、本書のとくに第3部でも分析しているように、今日、都市の社会環境を中心に次第にあきらかになりつつある。それはエポックメーキングなものである。

古代ギリシアや古代ローマの知を愛する者＝哲学者たちは、ポリスやキウィタスに共通の市民的徳を求めて、盛んに議論を交わした。今日われわれはまったく同じような状況にいるのであり、国民的《ナショナル》なものとはもはや一致しない拡大された市民的徳を意識し、またその制度化に努めはじめている。じつは、こうした歴史的動きへの不安や反動として、逆に国民的《ナショナル》なものへの、つまりたしかなものへの愛着とこだわりがふたたび政治家によって喚起されているのである。「美しい日本」「美しい日本語」といった政治的スローガンは、まさにこうした歴史の大きなうねりに翻弄されている人間たちの、手許の杭にしがみつこうとする脆弱で展望をもたない怯えた姿にすぎない。

## 都市社会における新しい行動原理を求めて

市民的徳というのは、ひとつのヘクシスである。それは自然に働きかけ、他人に働きかけ、そして自分自身に働きかける。それは、そうした働きかけの技術であり、コツであり、また働きかける際に生じる選択の性向である。ナショナルな市民的徳は、国籍を越えて人間や自然に働きかけることを歴史的にしてこなかったであろう。そのことがいま、問われている。問われているのは、政策や制度だけではない。都市社会における行動原理としてわれわれの身体《ソーマ》のなかに埋め込まれたヘクシス＝性向なのである。

もろもろのヘクシスは類似の実践的活動《エネルゲイア》から生じる。人間の実践的活動が国境を越えていく時代には、その活動から生み出され、その活動の原理となるヘクシスも、国境を越えたものにならざるをえない。そうして生成してくるヘクシスが、集合的な行動原理、すなわち社会連帯として、どのような社会空間（＝空間の諸実践）を立ち上げようとしているのか。どのような都市社会を産み出そうとしているのか。そのことをこそ、今日われわれはみきわめなければならないのである。

アリストテレスがいうように、人間が本来市民社会を構成するように生まれついているのであれば、政治参加する機会と集団がどういうものでありうるのかを、われわれはいつも注意深く見定めようとする努力を怠ってはならない。その努力において、歴史的に問い直されているのは、市民権の実現可能な空間としての都市であり、可能態から現実態へ、さらに完全現実態へとむかう都市の社会的＝政治的関係である。そして、そのような努力が目指すものは、人間としての「人間の作品《エルゴン・トウ・アントローポウ》」にほかならない。それは物化＝対象化された作品ではなく、まさに人間にとっての、人間らしい活動《エルゴン》そのものであり、よく生きるという活動そのものなのである。

こうして、ヘクシス分析の社会学は今後、第一にナショナルなものを越えた市民的徳がどのような歴史的範域において社会的に再構成されるのかを探求しなければならない。第二に、そのようなグローバルな社会空間のもとで、個々の都市や地域の生活において人びとの社会的行動が分業と交換の体系としておりなす状態を分析しなければならない。ヒュスタペスの長男が、その両翼でアジアとヨーロッパをふたたび蔽う日まで。

# 巻末資料——グローバリゼーション、都市、市民権、地域社会

## 1　都市とはなにか（τί ποτ᾽ ἐστιν ἡ πόλις）

アリストテレス

諸政体、すなわち各政体の性質および性格を考察する者にとって、第一に考察すべき問題は、都市[1]に関係している。すなわち、都市とはなにか（τί ποτ᾽ ἐστὶν ἡ πόλις）、という問題である。じっさい、この主題に関しては異論が存在している。すなわち、ある人びとはそのような行為をしたのは都市であると主張しているが、別の人びとは、それは都市ではなく寡頭制または僭主であると主張しているのである。他方、政治家や立法家の活動はすべて都市に関係しているのをわれわれは目にするし、また政体は都市住民たちが住むある特定の組織である。

都市はいくつもの要素から構成されている他の全体と同様に構成されているものの一部であるので、なによりもまずわれわれの探究が市民（πολίτης）を対象にしなければならないことは、あきらかである。じっさいに、都市は市民たちの集まりである（ἡ γὰρ πόλις πολιτῶν τι πλῆθός ἐστιν.）。したがって、だれが市民と呼ばれなければならないか、そして市民とはなにであるかが、考察されなければならない。市民という概念は、しばしば異論を引き起こす。というのも、ひとはなによりも同一の個人を市民とみなさないからである。すなわち、民主制のもとで市民であるものは、寡頭制のもとではしばしば市民ではないからである。

ここでは、いくらか別の仕方でこの名称を受け取っている人たち、たとえば帰化した市民たちをとりのぞく必要がある。そして、市民は、どこかに単に居住しているという事実によって市民であるのではない（〝在留外国人たち[2]（μέτοικοι）〟と奴隷たちは、市民たちと同じように、居住を許可されている）。また、弁護人または原告として法廷に出廷することを単に許可されている者も、市民ではない。というのも、このような権利は、条約にもとづいてそれを享受するひとにも同様に属しているからである。そして、このような権利は、じっさいにそのような人びとに属している。いやじっさいには、多くの場所で、〝在留外国人たち〟はそれらの権利さえ完全に享受せず、〝庇護者〟を自分で選ぶように義務づけられている。その結果、かれらはそのような政治的共同体にいわば不完全に参加しているにすぎない。これは、年齢を理由にまだ市民として登録されていない子どもたちや、市民としてのすべての義務から解放された老人たちと同じである。われわれはかれらをある特定の意味で市民だといわなければならないが、しかし、ある意味で完全に厳密に市民であるといわず、子どもたちにたいしては〝不完全な〟という語をつけくわえ、老人たちにたいしては〝老練な〟という語をつけくわえなければならない。あるいは別の似たような明確な言葉をつけくわえなければならない（どんな言葉でもかまわない。というのも、われわれが言おうとしていることはあきらかであるから）。われわれの探究は厳密な意味での市民を対象にしている。

すなわち、われわれが修正を必要とするようなひとであるとまったく非難できないような市民を対象にしているのである。なぜなら、市民権剥奪あるいは国外追放によって罰せられた市民たちのばあいにも、同様に、同じ種類の難しい問題が提起され、解決されうるからである。

　厳密な意味での市民は、裁判官と行政官の権力の行使に参加することをもってする以上に、どんな性格づけをもってもよく定義できない。行政官の職のなかで、ある職は期間が限定されている。そのため、同一人物が特定の職に二度就くことは絶対にできない。あるいは、ある職には明確に定められた一定の期間をへてでなければ就くことができない。別の行政職は、裁判官（δικαστής）や民会議員（ἐκκλησιαστής）のように、期限がきめられていない。そのような人びとは行政の職にある者なのではなく、かれらの職務は政権に参加することではない、と人びとがいうであろうことは、おそらく正しい。しかしながら、至高の権威を保有している人びとから権力を剥奪することはばかげたことであろう。けれども、そのようなことはどうでもよい。それは名称に関する単純な問題だからである。じっさい、裁判官と民会議員に共通するひとの名称をつくるにあたっての言葉の問題は、どのようにその二つを一つの名称で呼ぶのかということであると、われわれは分かっている。それらを定義するにあたっては、それは〝不確かな性格をもつ行政官の職にある者〟である、と認めることにしよう。したがって、こうして権力に参加する人びとが市民たちであるという原則を、われわれはおくことにしよう。

　そして、市民の定義はおよそこのようなものであり、それはひとが市民たちと呼んでいる人びとすべてにもっともよく適合する定義であるだろう。けれども、われわれが忘れてはいけないのは、物事の固有の対象が種類において異なっているばあいには、そしてそのうちのあるものは第一次的であり、あるものは第二次的であり、以下同様であるばあいには、そのようなものであるかぎり、その物事には共通のもの（τὸ κοινόν）はまったく存在しないか、あるいはほとんど存在しないということである。[3] そこでわれわれは、種類において異なっている政体（πολιτείας）がたがいに異なっていること、そしてあるものはより後のものであり、あるものはより先なるものであること、欠点のない政体よりも必然的に後のものであることによって欠陥があり逸脱している政体があること、を見るのである。

　したがって、市民も同様に、おのおのの政体に応じて必然的に異なったものである（ὥστε καὶ τὸν πολίτην ἕτερον ἀναγκαῖον εἶναι τὸν καθ᾽ ἑκάστην πολιτείαν）。そういう訳で、われわれが語ったような市民は、とりわけ民主制（δημοκρατία）のうちに存在している。他の政体のうちに、われわれはそのような市民を見出すことは可能であるけれども、しかしいつも見出せる訳ではない。いくつかの政体には、〝市民《デーモス》〟[4]は存在しないし、民会の定期開催も存在せず、召集のたびに会合がもたれるだけである。そして訴訟は、いくにんかの裁判官たちのあいだに配分されている。こうして、〝ラケダイモン（＝スパルタ）〟[5]

では、最高政務官であるエフェロスたちがかれらのあいだで民事訴訟を分担しあい、元老たちが刑事訴訟を裁き、他の訴訟はある別の行政の職が取り扱うのである。〝カルタゴ〟では、同様に、いくにんかの行政官たちがすべての訴訟の裁判官である。

けれども、われわれの市民の定義は、ある修正をともなうものである。というのも、他の政体においては、民会議員と裁判官であるのは不確かな性格をもつ行政官ではなく、その権限が十分に定まっている行政官であるからである。そして、すべての事件について、あるいはいくつかの事件について審議し裁く権限が委託されているのは、専門分化したすべての行政官たちであるか、あるいはかれらのなかのいくにんかである。こうしてあきらかに、以上のような考察から、市民の本性というものがでてくるのである。したがって、審議権あるいは裁判権に参加できる者はだれでもその都市の市民であるとわれわれは言うのであり、そして、要するに生活の自足を確立する（*πρὸς αὐτάρκειαν ζωῆς*）のに十分な数のそのような個人の集まりを、われわれは都市（*πόλις*）と呼ぶのである。

### 訳注

[1] ポリス（*πόλις*）という言葉は、（1）市民（*πολίτης*）から合成されたものとしての共同体と、（2）その共同体の住地としての都市とを意味していた。山本光雄訳『政治学』岩波文庫、第三巻第三章注一を参照。

[2] 二重引用符〝〟による強調は、訳者によるものである。以下、同様。

[3] この抽象的な原則が意味するところは、つぎの、それが応用される場面でもっともよく理解される。すなわち、政体が一般的にたがいに異なっていれば、政体の成員資格である市民権はほとんど単一のものでありえず、またほとんど単一の定義の影響を受けることがありえないということである。ロウブ（Loeb）版アリストテレス全集第二一巻の、ラックハム（Rackham, H.）による注釈を参照。

[4] ここでの翻訳は、E・バンヴェニスト『インド＝ヨーロッパ諸制度語彙集』言叢社、一九八七年、第九章「王とその人民」において展開されている、古典ギリシア語デーモス（*δῆμος*）についての注釈を参照したうえで、おこなった。

[5] 括弧内は、訳者による挿入。

（出典：ΠΟΛΙΤΙΚΩΝ（『政治学』), Ⅲ, i, 1274b30-75b22)

## 2　権利の共同体（*communio iuris est*）

マルクス・トゥッリウス・キケロ*

それゆえ、理性よりも優れたものはないのだから、またそれは人間と神性のあいだに存在するものだから、人間と神性のあいだには理性への参加により成立する第一の結びつきがある（prima homini cum deo *rationis societas*）。しかし、かれらのあいだで理性の力が共通にはたらく人びとにたいしては、正しい理性もまた共通に作用する。そして、その正しい理性はまさに法律なのだから、われわれは人間たちと神々のことを、法律を基礎にするある結びつきへと集められていると考えなければならない。ところで、法律を共有している人びとのあいだには、権利の共同体が存在する（inter quos porro est communio legis, inter eos *communio iuris est*）。しかし、それらのもの（法律および権利）を共有している人びとは、同一の都市に（civitatis eiusdem）属しているとみなされなければならない。もしも人びとがより強い理性に、すなわち同一の命令権や同一の権限に従うのであれば、人びとはわれわれの天の決められた運動、神々の意思、支配的な神性に服従するのである。その結果、われわれは、この世界全体を神々と人間たちに共通に属している唯一の都市（una civitas communis）とみなさなければならないのである。そして、われわれがあとで適当な場所で述べるであろう諸原則に従って、親族関係と家族の状況が区別される諸都市のなかに（in civitatibus）存在しているものは、宇宙のなかにも同様に、あるかたちで、人間たちが家族および民族の絆によって神々に結びつけられていることがわかるだけに、いっそう壮大で輝かしく存在しているのである。

（出典：*De legibus*『法律について』、I、vii、23－4）

訳注：下線とイタリックの強調は、訳者によるもの。

＊M・T・キケロ（Cicero, Marcus Tullius: BC 106-43）は、古代ローマの雄弁家であり、政治家。

・キケロー『法律について』の抄訳にあたっては、岩波書店から出版されている『キケロー選集』第八巻、一九九九年所収の、岡道雄訳を参照した。また、キケロのラテン語文の理解をめぐって、金子佳司氏（明治学院大学言語文化研究所研究員）から有益な示唆をえた。ここに記し、感謝の気持ちを表したい。

## 3　市民の義務について（*De officio civis*）

サミュエル・フォン・プーフェンドルフ＊

1　市民の義務（Officium civium）というのは、一般的なものか、あるいは特殊なものである。一般的な義務は、市民の権威に従属する共通義務から生じる。特殊な義務は、権力者（summum imperium singulis）が諸個人に課すであろう特別な仕事および職務から生じる。

2　市民の一般的な義務は、国家の統治者（rectores civitatis）たち、あるいは国家全体（totam civitatem）、あるいはその国家を構成する同胞市民（concives）を対象としている。

3　市民は、国家の統治者たちにたいして（Rectoribus civitatis）、尊敬、忠誠、服従の義務がある。このことは、市民が、物事の現状に満足していて革命を考えることがなく、さらに、市民がいかなる他の支配者とも緊密すぎる結びつきをもたず、かれらにたいして賞賛や尊敬を示さない、ということを意味している。思想および言論において、市民は自分の統治者たちとかれらの行動を褒め称え、承認しなければならない。

4　国家全体に対する善良な市民の義務（Erga totam civitatem officium boni civis）は、国家の安全と防衛が市民のもっとも重要な願望であるということ、市民の生命、富、運は国家を保護するために自由に提供されるということ、さらに、善良な市民は国家の栄光を高めその繁栄を大きなものとすることに自己の知性と勤勉の全活力を捧げるということ、の内に存する。

5　同胞市民に対する市民の義務（Erga concives civis officium）というのは、平和と友好関係のなかでかれらと生活をともにすることである。すなわち、礼儀正しくかつ協力的であること、強情かつ気難しいことによって騒ぎを引き起こさないこと、他の人びとの財産を切望したり盗んだりしないこと、である。

6　特殊な義務（Specialia officia）は、国家全体に普通に関係しているか、国家の一部のみに関係している。すべてのばあいにおいて、つぎのような一般的教訓を適用できる。すなわち、われわれは市民がそのために自身を不適当であると信じるいかなる公的義務も、受け入れたり負ったりすべきではない。

7　国家の統治者たちを助言によって助ける者たちは、国のあらゆる部分に目を行き届かせねばならない。すなわち、国のために良いと思われることはなんでも、かれらは恐れや情実なく、巧みかつ誠実に提案しなければならない。国の福祉は、かれら自身の富や権力ではなく、すべての助言においてかれらの目標でなければならない。かれらは、君主の側に立って、お世辞を言い悪事をたくらむ性向を鼓舞してはならない。かれらは違法な党派や結社に関わってはならない。かれらは出版すべき事柄を隠すべきではなく、また秘密であるべき事柄を漏らすべきではない。かれらは外国人たちがもたらす悪影響に侵されてはならない。最後に、かれらは私的職業や私的な快楽よりも公務を優先すべきである。

8　宗教に関して公的に任命された聖職者たちは、かれらの義務を遂行することにおいて、威厳と良心を示さなければならない、すなわち、かれらは神への崇拝において正しい教義を述べなければならない。かれらは、かれらが人びとに教えているものの顕著な例について、実例で示さなければならない。最後に、かれらはかれら自身の道徳的欠点によって、かれらの職務の価値を貶めたり、またかれらの教えの影響力を弱めるようなことがあってはならない。

9　学問の多様な部門において市民を教育する責任が与えられている人びとは、誤ったことや害のあることを教えてはならない。真実を教えるかれらの方法は、生徒たちに真実に同意するよう導くものでなければならない。というのは、生徒たちは真実に耳を傾けるというよりも、かれらはしばしば真実のしっかりとした基礎を理解するからである。かれらは市民社会を混乱させる傾向があるあらゆる教義を避けなければならない。かれらは、人間と市民の生活に有益でないすべての人間の知識は価値のないものである、と主張しなければならない。

10　正義の執行に責任がある人びとへのアクセスは、容易でなければならない。その責任ある人びとは、権力者による抑圧から一般の人びとを保護しなければならない。かれらは、貧しくかつ卑しい身分の者にも、権力や影響力を持つ者にも、等しく正義を付与しなければならない。かれらは必要以上に裁判を引き伸ばしてはならない。かれらは賄賂を避けなければならない。かれらは法廷における裁判の傍聴に勤勉さを示し、かれらなければならない。

の判断の完全さを損なうであろういかなる偏見も、とりのぞかなければならない。

11　軍隊を任されている人びとは、必要な時期に兵士の訓練の世話をし、そして軍隊生活の過酷さに兵士が耐えられるように世話をしなければならない。すなわち、軍隊の規律を良い状態に保たなければならない。無謀にかれらの兵隊が敵の大量虐殺にさらされないようにしなければならない。さらに、できるかぎり、なにものも横領せずに迅速に給与と食糧を提供しなければならない。かれらはまた、軍隊がいつもかれらの国を支持し、かれらとともに国家転覆の陰謀を企てることがけっしてないことを、たしかめなければならない。

12　兵士たちは、かれら自身、自分たちの給与に満足しなければならない。略奪と住民を悩ますことはやめなければならない。かれらの国を守るために、よろこんでまた勢いをもって、仕事を遂行しなければならない。むこうみずに危険をもたらしたり、臆病から危険を避けたりしてはならない。自分たちの同志にたいしてではなく、敵にたいして、勇気を示さなければならない。最後に、逃亡によって自分たちの命を救うよりは、むしろ名誉をもって死ぬことを選ばなければならない。

13　国家業務のために海外に送られた人びと（Quorum opera civitas apud exteros utitur）は、慎重かつ用意周到である必要がある。すなわち、価値のない情報と良い情報を区別し、また真実とでっちあげを区別することに、けい眼でなければならない。秘密保持に関してはまったく慎重でなければならない。あらゆる可能な腐敗に抗って、かれらの国の善のために、毅然としていなければならない。

14　国家の歳入および支出に責任がある人びとは、不必要なすべての過酷な状況を断たねばならない。そして、かれら自身の利益のためや、怨念や、不快感から、あらゆる追徴税を課してはならない。公金を横領してはいけない。最後に、不必要な遅滞なく財源を要求する者に、支払いをおこわなければならない。

15　市民の特殊な義務というものは、その義務が生じる立場にかれがとどまっているかぎりにおいて、持続する（Durat）ものである。すなわち、かれが職務を去るとき、かれの義務もまた終了する。一般的な義務は、ひとりの人間が市民であるかぎりにおいて、持続するものである。

そして、もしもひとりの人がどこか他へ移住するという表明あるいは暗黙の同意をもって自分の国を立ち去ることがあれば、あるいはかれが犯罪を犯して追放され、そして市民としての権利を剥奪されることがあれば、あるいはかれが敵の軍隊に征服され、そして勝利者の支配に従属することを強いられることがあれば、市民権は停止する。

（出典：*De officio hominis et civis juxta legem naturalem libri duo.*『自然法に従った人間の義務と市民の義務について、全二巻』*1673, Libri secundi, Cap.18*）

＊S・プーフェンドルフ（von Pufendorf, Samuel: 1632-94）は、ドイツの法学者、哲学者、歴史家。

・中近世ラテン語文法の理解に関して、明治学院大学社会学部社会福祉学科の手塚奈々子准教授にいくつか貴重なご教示をいただいた。ここに記して感謝の意を表したい。しかし、誤訳はすべて、岩永の訳出作業に由来するものである。

## 4　都市（*Cité*）

ドゥニ・ディドロ*

都市《シテ》、女性名詞（政治）。それは多くの家族からなる大社会のなかで第一のものである。そこでは、意思の行為と力の使用が、安全、国内および国外の平和、その他すべての生活上の利益のために、一人の自然人《ユヌ・ペルソンヌ・フィジーク》あるいはひとつの道徳的存在《アン・エートル・モラール》にたいして放棄されている（「社会」（Société）と「家族」（Famille）の項目を参照）。そのような自然、あるいは意思と力を託されている道徳的存在は、支配する（*commander*）、と言われる。かれらの意思と力を放棄した人びとは、服従する（*obéir*）、と言われる。都市（シテ）という観念は、したがって、一人の自然人あるいは唯一であることを望む公的な道徳的存在（un être moral public）と、もはや意思をもたない自然人としての私的存在との関係を、想定している。

すべての都市は二つの起源から生じている。一つは、哲学的起源からであり、もう一つは、歴史的起源からである。それらの起源の第一のものに関しては、それについて、人間は本性上、都市（*cités*）あるいは市民社会（sociétés civiles）[1]を形成するように生まれついていると主張する者が存在する。[2]かれは、諸家族は統合される傾向がある、と主張する。すなわち、諸家族はかれらの力と意思を一人の自然人あるいはひとつの道徳的存在にたいして放棄《レジニエ》する傾向がある、と主張している。その一人の自然人あるいはひとつの道徳的存在というのは、正しく存在することができる者であるが、しかし証明することが容易ではない者のことである。他の者たちは、最小の社会である夫婦関係、父子関係、主従関係《ル・ヘリル》、すなわち自由かつ別々に家族で暮らしている族長たちの例を通して誤っていると証明されているものを形成し、かつ存続させることを求めて、市民社会の必要物として都市《シテ》を説明する。人間性の貧困、あるいは悪に対する恐れ、あるいは生活の便益に対する激しい欲求、あるいは放蕩にたいしてさえ、すなわち市民社会のなかに家族を再結集しその家族をそこに十分に維持するであろうものに、頼る者が存在するのである。最初の都会《ヴィル》、あるいは都市（シテ）は、カインによって建設された。悪人であり、そして第一のもののひとつである至上の権威に悪影響を及ぼしたニムロドは、諸都市（シテ）の創設者でもあった。[3]われわれは、諸都市（シテ）の誕生と増加とともに、風俗紊乱および悪徳の誕生と増大を目にする。さきの歴史と哲学は、したがって、風俗紊乱と悪徳の起源に関しては同意見である。

人びとが隠遁した都市（シテ）の諸法律がどんなものであれ、それらの法律を熟知し、それに従い、そしてそれを擁護しなければならない。人びとが頭のなかで都市（シテ）を形成するために集まっている家族を思い描くとき、かれらは家族のあいだにただ平等《エガリテ》を想像するだけである。人びとが集会について想像し、そして意思と力の放棄がなされたことを想像するとき、かれらは、単に諸家族のあいだにおいてだけではなく諸個人のあいだにおいても、従属について理解するのである。人びとが頭のなかに孤立した諸都市（シテ）を思い描くとき、かれらは都市《シテ》間の平等《エガリテ》について理解するだけである。人びとが諸都市（シテ）が結合するのを思い描くとき、かれらは、帝国の形成と、諸都市（シテ）のあいだの従属であるにせよ幾つかの自然人《ペルソンヌ・フィジーク》または幾人かの道徳的存在《エートル・モラール》に対する従属であるにせよ、諸都市（シテ）の従属を、理解するのである。都市と同じだけ帝国について語れるとは！　しかし、まさにそのことによって、帝国同士の結合は形成されなかったのである。すなわち、そのことによって絶対君主たちは平等の地位にとどまり、唯一拘束を受けずに《アンデパンダン》、そして自然人として暮らすのである。一人の自然人あるいはひとつの道徳的存在にたいして、都市（シテ）のなかで家族が従属することや、帝国のなかで都市（シテ）が従属することを確信させる合意は、以上のような事実によって説明される。さらに、都市（シテ）のなかで家族の秩序を乱す者は、悪い市民である。さらに、世界のなかで帝国の秩序を乱す者は、悪い支配者《モーヴェ・スーヴラン》である。よく秩序を保っている国家《エタ》のなかで、ひとつの都市（シテ）はひとつの人格（une seule personne）とみなすことができるものである。さらに、都市（シテ）の結合もひとつの人格としてみなすことができ、そしてこの最後の人格は、自然人である一個人あるいは至高の道徳的存在のなかに存在するひとつの権威に服従するものとみなすことができる。その自然人である一個人の役割、あるいは至高の道徳的存在の役割は、一般的に、および特殊に、都市（シテ）の財産を守ることである。都市（シテ）という言葉は、昔は、国家《エタ》、すべての属領地を支配する人民《プープル》、特別な共和国《レピュブリーク》を意味していた。この言葉は、今日では、ドイツのいくつかの都市《ヴィル》やスイスのいくつかの州に適しているにすぎない。

　ガリア人たちは同一の民族《ナシオン》であったにすぎないけれども、シーザーが都市（*cités*）、すなわちキウィタス（civitates）と呼ぶものとほとんど同じくらい分離された国家を形成することによって、多くの人民《プープル》に分割されていた。それぞれの都市（シテ）は固有の議会をもっていただけでなく、全体の議会に代表を送りだしていた。その全体議会では、多くの郡の利害が話し合われた。しかし、議会が開催されていた都市（シテ）、あるいは主要都市《メトロポル》、あるいは首都《カピタル》は、とりわけキウィタスと呼ばれた。ラテン人たちは、ガリア民族の都市《キウィタス》、ガリア・ケルト族の都市《キウィタス》、サンス族の都市《キウィタス》（*civitas Æduorum, civitas Lingonum, civitas Senoum*）と呼んでいた。アントニヌスの旅行記のなかで、ガリア民族《オートゥム》、ガリア・ケルト族《ラングル》、サンス族《サン》は、そのような名称で呼ばれているのである。

　後になって、人びとは司教座のある都会《ヴィル》を都市（シテ）と呼んだにすぎない。このような区別は、ほとんどイングランドに残っているだけである。イングランドでは、都市（シテ）という名称は、ノルマン人による征服以降に知られたにすぎない。それ以前は、すべての都会《ヴィル》は町々（*bourgs*）と呼ばれていた。シャサーヌは、『ブルゴーニュの慣習について』のなかで、フランスには一〇四の都市（シテ）があると言っており、さらにかれは、そのことを、フランスが一〇四の大司教区と司教区をもっていることの証としている。都会《ヴィル》が時間とともに大きくなったとき、人びとは、その都会が最初に占めていた空間にたいして、都市（シテ）という名称を与える。たとえば、パリには都心部（シテ）と大学があり、ロンドンには都市区（シテ）と市外区があるのである。さらに、プラハやクラクフでは、都会《ヴィル》は三地区に分かれており、もっとも旧い地区が旧市街[3]（シテ）と呼ばれている。われわれのあいだでは、都市（シテ）という名称は、もはやこの最後の意味で使用されているにすぎない。他のすべてのばあいには、人びとは、都会（*ville*）[4]、あるいは市外区（*faubourg*）、あるいは小さな町（*bourg*）、あるいは村落（*village*）と呼ぶのである。それらの項目を参照せよ。

## 訳注

[1] ここでディドロは、都市《シテ》を市民社会と言い換えている。これは注目すべき言い換えである。市民社会《ソシエテ・シヴィル》というフランス語は、ラテン語に由来するものである。それはもともと、キケロが古典ギリシア語の翻訳語として〝市民社会《ソキエタス・キウィリス》〟という言葉をラテン世界に導入したことにはじまる。後でディドロが、「カエサルは、都市、すなわちキウィタスと呼んでいる…（*César appelle cités, civitates*）」と、都市《シテ》とキウィタスを等値していることも、われわれが知っている市民社会概念の源流を知るという意味において重要な示唆を含んでいる。

[2] ここで念頭におかれているのは、「人間は、本性上、ポリスを形成するように生まれついている（*ὁ ἄνθρωπος φύσει πολιτικὸν ζῷον*）」という、アリストテレス『政治学』のなかの文章であろう（1253a）。興味深いのは、フランスの近現代史においては、ポリスという古典ギリシア語が一貫して都市（cité）という言葉におきかえられていることである。国家《エタ》は、近代的なニュアンスの強い言葉であって、本来、古典ギリシア語のポリス（*πόλις*）を〝国家《エタ》〟と訳すのは適切ではない。そのことを知るには、フュステル・ド・クーランジュの『古代都市《ラ・シテ・アンティーク》』の原著名とその内容をおもいだすだけで十分である。しかし、じっさいには、ディドロはこの論文のなかで、都市《シテ》に説明をあたえるのに〝国家《エタ》〟という言葉を二度使っている。

他方、ディドロはここで、その都市《シテ》という観念を、「一人の自然人（une personne physique）」や「自然人である一個人（un individu physique）」と、「ひとつの道徳的存在（un être moral）」、「ひとつの公的な道徳的存在（un être moral public）」、「ひとつの至高の道徳的存在（un être moral souverain）」などとの関係において考えていることも、興味ぶかい。これらのうち、「一人の自然人」「ひとつの道徳的存在」「ひとつの至高の道徳的存在」は、『百科全書』における次項目「市民《シトワイヤン》」においても繰り返し使われている。とりわけ、「専制的な自然人が臣民《スュジェ》にたいしてもっている関係を、至高の道徳的存在は市民《シトワイヤン》にたいしてもっている（L'être moral souverain étant par rapport au citoyen ce que la personne physique despotique est par rapport au sujet …）」というディドロの考え方は、われわれを今日拘束している市民や市民資格（市民権）について考えるとき、示唆に富むものである。

[3] ニムロド（נִמְרֹד, נִמְרוֹד）。『旧約聖書』「創世記」には、ニムロドについて、つぎのように書かれている。「クシュにはまた、ニムロドが生まれた。ニムロドは地上で最初の勇士となった。かれは、主の御前に勇敢な狩人であり、〝主の御前に勇敢な狩人ニムロドのようだ〟という言い方がある。かれの王国の主な町は、バベル、ウルク、アッカドであり、それらはすべてシンアルの地にあった。かれはその地方からアッシリアに進み、ニネベ、レホボト・イル、カラ、レセンを建てた。レセンはニネベとカラとのあいだにある、非常に大きな町であった」（10.8-12）（『聖書：新共同訳』日本聖書協会、一九九一年、一三頁）。ニムロドは、しばしばバビロニアとアッシリアの太古時代の王として現れ、バビロニアの戦争と狩猟の神ニヌルタに結びつけられている。しかし、じっさいには、その人物像にはさまざまな伝説的要素が合流しているようである（『旧約・新約聖書大事典』教文館、一九八九年、八六四－

八六五頁参照)。

[4] プラハ (Praha) は、チェコの中央ボヘミア地方にある古い文化と交易の都市。八−九世紀に基礎となる城砦がつくられ、九七三年に司教座がおかれた。クラクフ (Kraków) は、ポーランド南部の古い中心都市で、九六五年にユダヤ人旅行家の手ではじめて文書に記録された。一〇〇〇年に司教座がおかれている。

[5] ジャン=ジャック・ルソーも、『社会契約論』のなかで、〝都市《シテ》〟と〝都会《ヴィル》〟のちがいを強調している。『社会契約論』第一編第五章を参照。

(出典: *Encyclopédie, ou Dictionnaire raisonn des sciences, des artes et de métier, 1751-72*)

*D・ディドロ (Diderot, Denis: 1713-84.) は、フランスの哲学者、文学者。『百科全書《アンシクロペディ》』を編集したことで知られる。

## 5 市民 (*Citoyen*)

ドゥニ・ディドロ

市民《シトワイヤン》、男性名詞(古代史、近代史、政治的権利)。それは多くの家族からなる自由社会の成員であり、その社会の権利にあずかり、またその社会の特権を享受するひとのことである。…特別な目的をもってその社会に居住し、いったん自分の仕事に決着をつけるやその社会から立ち去るにちがいないひとは、その社会の〝市民《シトワイヤン》〟ではなく、一時的な臣民《スュジェ》にすぎない。自分の家をそこに所有するが、社会が提供する権利や特権にあずからないひとは、同様に〝市民〟ではない。そのような地位身分を剥奪されている者がいるとすれば、かれは〝市民〟であることをやめる。女性、若い子ども、召使たちは、固有にそう呼ばれる市民の家族成員としてその称号をもっているにすぎない。すなわち、かれらは、かれら自身真の〝市民〟ではない。

〝市民〟には、〝生まれつきの〟市民 (*les originaire*) と〝帰化した〟市民 (*les naturalisé*) の二種類がある。〝生まれつきの市民《レ・オリジネール》〟とは、その社会で〝市民として〟生まれた者のことである。〝帰化市民《レ・ナチュラリゼ》〟とは、その社会内で生まれたわけではないけれども、社会参加の権利と特権を保障されている人びとのことである。

アテナイ人たちは、かれらの都市《ヴィル》の〝市民〟称号を外国人たち与えることにきわめて慎重であった。すなわち、かれらはローマ人がそうであったよりも、はるかに高い重要性を市民称号に付与した。〝市民〟という称号は、アテナイ人のあいだでは、けっして品位を落とされることがなかった。同時に、かれらは市民称号が尊重されることの最大の利益でおそらくあるであろうものを、利用しなかった。すなわち、市民称号を切望するすべての人にそれを拡大しなかったのである。両親がかれら自身〝市民〟でないもので、アテナイ市民である者は、ほとんどいなかった…

それでも、ひとりの〝市民〟による養子縁組を通じて、さらに国民《プープル》の同意をとりつけて、アテナイの一〝市民〟になることは可能であった。しかし、この特権は、頻繁に拡大されたわけではなかった。

真のローマ〝市民〟になるためには、三つの条件があった。すなわち、第一にローマに住居が定められていること、第二に三三氏族のうちの一氏族の成員であること、最後に共和国に仕事場をもちうること、である。生まれによってではなく譲与によって特定の諸権利を所有した人びとが、正確に言えば、唯一名誉ある〝市民〟であった。…

いわゆるローマ〝市民〟という第一の特権は、国民《プープル》の判断にのみ服すべきものであった。ポルティア(*Portia*)の法律は、〝市民〟を死に追いやることを禁じた。属州においてさえ、ローマ市民は執政官格総督《プロコンスル》や法務官《プラエトル》[1]の恣意的な権力に服従しなかった。…モンテスキューがかれの著書『法の精神』第一一巻第一九章で述べているように、ローマではラケダイモン(=スパルタ)[2]においてと同様、〝市民たち〟にとっての自由と奴隷たちにとっての隷属は、両極端の事実であった。だが、これら〝市民たち〟の特権、力強さ、威厳にもかかわらず、…わたしには、ローマ共和国政府にはいろいろな要素が混在していたので、チューリッヒ州に比べてそれほど明確ではない市民権についての考え方がそこでは広まったようにみえる。その点を明確に知るために、われわれは、もっぱらこの論文の残りの部分で議論されていることを注意深く考察する必要がある。

われわれがもし〝臣民《スュジェ》〟という語の厳密な意味を理解し、そして〝市民《シトワイヤン》〟という語のもっとも広い意味を理解するならば、さらに後者の言葉すなわち市民という語のみが法律に適しており、他方で前者すなわち臣民という語がひとりの君主《アン・スーヴラン》との関係において定義されるということを心にとめておくならば、ホッブスは臣民と〝市民〟を区別していないことになる。〝市民〟と〝臣民〟は等しく支配下にある。しかし、一方はひとつの道徳的存在の、他方は一人の自然人の、支配下にあるのである。〝市民〟という語は、奴隷状態で生活する人びとには不適切であり、また孤独のなかで暮らしている人びとにも不適当な言葉である。そこから、つぎのようなことが言える。すなわち、君主のようにまったく自然状態のなかで暮らしている人たち、そのような状態を断念して奴隷のように暮らしている人たちは、まったく〝市民たち〟とはみなしえない人たちである。もしひとが、不変不易の道徳的存在が至高の自然人を超越して存在するような理性的社会はないのだと、主張するのでなければ。プーフェンドルフは、そのような例外的状況への考慮なしに、かれの義務に関する研究を二つの部分、すなわち一方で人間の義務、他方で〝市民〟の義務に分けた。[3]

さまざまな家族からなるさまざまな自由社会の法律は、どこでも同じではないので、そしてほとんどの社会には高位にあるひとが構成するハイアラーキカルな秩序が存在するので、〝市民〟というのはさらに、かれの社会の法律との関係において、あるいはハイアラーキカルな秩序のなかでかれが占めている等級との関係において、理解することが可能である。この第二の意味においては、執政〝市民〟と経済《ブルジョワ》〝市民〟のあいだに区別が存在するであろう。第一のばあいには、アムステルダム〝市民〟とバーゼル〝市民〟のあいだに区別が存在するであろう。

しかしながら、アリストテレスは、市民社会と各社会内の〝市民たち〟の秩序のあいだにある区別を認識することで、正義の執行に参加し、そして一般の都市住民《ブルジョワ》の地位身分から執政職という第一等級への上昇――純粋な民主主義においてのみ可能な展望——を楽しみにまつことができる人びとを、唯一現実の〝市民〟《シトワイヤン》と認めた。……

プーフェンドルフは、家族のもっとも重要な会合を基礎に国家を設立している人びと、および父から息子へというその家族の継承者たちに、〝市民〟という名称を限定しながら、あるばかげた区別を導入した。そしてかれの著作はその区別の解明にあまり役立たなかったし、またその区別は、いわゆる市民社会《ソシエテ・シヴィル》のなかに大きな混乱を引き起こす可能性がある。プーフェンドルフは、高貴《ノーブレス》という、誤って理解された観念によって、生まれつきの〝市民たち〟《シトワイヤン・オリジネール》と帰化した〝市民たち〟《シトワイヤン・ナチュラリゼ》を区別している。[4]〝市民たち〟は、〝市民〟の資格によって、つまりかれらの社会のなかでは、すべて等しく高貴な身分である。その高貴さは、先祖からもたらされるものではなく、執政職という最高の尊厳に共通の権利に由来するものである。

至高の道徳的存在（l'être moral souverain）は、臣民に対する専制的な自然人（la personne physique despotique）と同様の関係に、〝市民〟にたいして立っているので、そしてもっとも完全な奴隷でさえ自分の支配者にたいして自己の全存在を放棄しないので、〝市民〟がかれ自身けっして奪われない特定の諸権利を保持しているということは、いっそうあきらかであるにちがいない。市民は、単にかれの仲間である市民と同じ道を追求しているのではなく、かれらにすべてを命じる道徳的存在と同じ道を追求しているばあいがある。そのような道徳的存在は二つの性質をもっている。一つは私的なものであり、もう一つは公的なものである。すなわち、その公的な局面においては、その道徳的存在はけっして抵抗に直面してはいけない。その私的能力においては、その存在は諸個人の側からそのような抵抗を被るだろうし、さらに諸個人に屈服さえするだろう。この道徳的存在は私有地と責任、小作地と借地人などをもっているので、われわれは君主とそのなかに存在する主権の主体を、いわば区別しなければならない。それゆえ、それは裁判官と訴訟当事者の両方である。それではあきらかに具合が悪い。しかし、それは一般にすべての政府の特徴であり、さらにこの特徴はそれ自体で、その見かけの頻度は別にして、政府に賛成する事実も政府に反対する事実も立証しない。臣民あるいは〝市民〟がそれほど不正を被りそうにないこと、同様に、自然的あるいは道徳的な至高の存在がその私的能力において攻撃されるばあいには、かれが裁判官と訴訟当事者の両方であるということはそれほど頻繁にはないということは、たしかに真実である。

社会不安が存在するときには、〝市民〟《シトワイヤン》は確立された秩序に味方する側につくだろう。また、そのような確立された秩序が消滅するときには、もしその判断が全会一致であるならば、かれが住む都市《シテ》の側に従うだろう。さらに、もし都市《シテ》に分裂が存在しているのであれば、市民は成員の平等およびすべての者の自由を唱える側に立つだろう。

〝市民たち〟が権利要求の平等と富により近づけば近づくほど、それだけ国家は安定するだろう。すなわち、市民たちが権利要求の平等と富により近づくことは、他のあらゆる形態の政府と比較しても、純粋な民主主義がもつ独占的な利点であるように思われるのである。しかし、もっとも完全な民主主義においてさえ、成員間の完全な平等はひとつの妄想《キマイラ》であり、そしてそれはおそらく、もし陶片追放《オストラシスム》というすべての不正行為によって改革されなければ、そのような政府の崩壊の原因となるだろう。動物生活においてと同様、一般的には政府においても、生命の各段階は死への一歩である。最良の政府は、永遠に存在する（qui est immortel）政府ではなく、もっとも長くもっとも穏やかに持続する政府である。

### 訳注

[1]「執政官格総督（proconsul）」および「法務官（praetor）」の訳語の採用にあたっては、『キケロー選集』（岩波書店刊）各巻の末尾に収録されている、資料二「共和政末期ローマの国制」を参照した。

[2] 括弧内は、訳者による挿入。

[3] ディドロはここで、プーフェンドルフの *De officio hominis et civis juxta legem naturalem libri duo*, 1673（『自然法に従った人間の義務と市民の義務について』全二巻、一六七三、初版）に言及している（巻末資料4参照）。なお、『百科全書、あるいは科学、芸術、職業に関して考察した事典』に収められている、ここで翻訳をしたディドロの「市民（Citoyen）」という論文あるいは項目は、プーフェンドルフの *De jure naturae et gentium, 1672, VII. 2. 20.* にもとづいて執筆されていると思われる。

[4] ちなみに、プーフェンドルフは、「生まれつきの市民」と「帰化した市民」の区別、および「生まれつきの市民」の種類について、つぎのように述べている。"Sunt porro *cives* vel *originarii* vel *adsciitii*. Illi sunt, qui vel initio civitati nascenti interfuerunt, vel qui ex hisce sunt geniti; quos etiam *indigenas* adpellari mos est."「さらに、市民には、生まれつきの市民と帰化した市民がいる。生まれつきの市民は、最初に生まれついた都市《キウィタス》の成員であった者か、あるいはこれらの人びとから生まれた者である。そのために後者は、慣習から土地に生まれた人とさえ呼ばれている。」（*De officio hominis et civis, liber secundus, VI. 13. 27-29.*）

（出典：*Encyclopédie, ou Dictionnaire raisonné des sciences, des artes et de métier, 1751-72*）

・中近世フランスにおけるラテン語およびラテン語一般の理解について、J・ベルジェ（東京日仏学院講師）、手塚奈々子（明治学院大学准教授）の両氏から多くを学んだ。ここに記して、感謝の意を表したい。なお、誤訳などは、すべて岩永の訳出作業に由来するものである。

## 6　マーストリヒト条約における市民権規定
（関連する諸条項を含む）

### マーストリヒト条約（欧州連合条約）

一九九二年二月調印

本条約は、ヨーロッパ諸人民のうちに以前にもはるかにまして親密な連合を創造するプロセスにおいて、新しい段階を画するものである。

本連合は、つぎの目的をみずから設定する。

一、経済的・社会的進歩（バランスがとれ、持続されうるような）の促進。ときに域内国境なき地域の創設を通じて。また、経済的、社会的な結合を強めることによって。さらに、経済貨幣連合の設立を通じて。この経済貨幣連合EMUには、最終的に、本条約の諸規定に合致する単一通貨制度が含まれる。

二、国際条約におけるアイデンティティの確保。とくに共同防衛政策（ときをえて共同軍 Common Defense の創設に至る）の随時作成を含む、共通外交政策並びに安全保障政策の実施を通じて。

三、連合市民権の導入を通じての、メンバー諸国民の権利および利害の保護を強くすること。

四、司法並びに国内諸問題についての緊密な共同行動を発展させること。

五、共同体の既存の獲得物を十分に維持し、本条約によって導入される政策と協力の形態が、ＥＣ諸機関の有効性を確実にするために修正されねばならないばあいの範囲を考慮に入れた上で、条項Ｎ（二）において述べられる手続きを通じてそれに建て増しをすること。

本条約の目的は、本条約で規定されたごとく、またＥＣ設立条約の第三条および第三ｂ条に規定された補完性の原則(Principle of Subsidiarity) を尊重し、そこで設定された条件と時刻に従って定義されねばならない。

共同体は、その排他的権限に反さない領域にあっては、補完性原則に従って行動するものとする。ただし、発議された行為の目的が構成国によって十分に達成されないばあいにおいて、またそのかぎりにおいてである。従ってまた、発議された行為のスケールと効果によって共同体がその目的をよりよく達成しうるかぎりにおいてである。

連合市民権（Citizenship of the Union)

第八条

一、連合市民権はこの条文によって設定される。構成国の国籍を有するすべてのひとは、連合市民となる。

二、連合市民は、本条約によって授与された権利を享受し、かつこの条約によって課される義務を負うものとする。

第八 ａ条

一、すべての連合市民は、構成諸国の領域内において、自由に移動し、居住する権利を有する。また、本条約で改定された制限および条約に規定され、それを有効にするために採択された手続きによって定められた制限と条件に従う。

二、理事会は第一条にかかわる権利の行使を容易にするために、以下の条項を採択することができる。すなわち、本条約の他項に規定されているものをのぞいて、理事会はEC委員会からの提案を受け、しかもヨーロッパ議会の承認をへた後に、全会一致の原則をもって行動する。

第八 ｂ条

一、構成国に居住する連合市民はすべて、かれがその国の国民でないばあいでも、かれの居住する国における自治体選挙において投票権および立候補権を有する。その国家の国民とすべて同じ条件において。この権利は一九九四年一二月三一日以前に、理事会が採択する細目に従って行使される。このばあい理事会は、ＥＣ委員会からの提案にたいして、しかも議会に諮った後に、全会一致の原則で応ずる。このばあい、構成国に固有な諸種の問題のために、やむをえぬものとして正当化される国々に資格失権としての処置を行うことができる。

二、一八九（三）条を損なうことなしに、その実施のために採択された細目に従って、構成国に住むすべての連合市民は、かれがその国の国民でなくても、かれが居住する国においてヨーロッパ議会の選挙における投票権と立候補件とを有する。その国家の国民とまったく同じ条件において。この権利は一九九三年一二月三一日以前に理事会によって、採択さるべき細目に従って行使さるべきものである。理事会はこの際に、ＥＣ委員会からの提案にもとづき、ＥＣ議会の議をへて全会一致の原則において行動する。一構成国に独自な諸種の問題のために、やむをえぬものと正当化されるような国々には、資格を失する処置を講じることができる。

第八　ｃ条

すべての連合市民は、第三国の領域において、そこにおいてかれがその国民である国家が代表権をもたないばあいでさえ、構成国の外交当局ないし領事当局の保護を受ける。その国家の国民とまったく同じ条件において。一九九三年一二月三一日以前において、構成国は、かれらのあいだに必要な諸項を設定せねばならない。そして、その保護を保障するのに必要な国際的な協議を開始しなければならない。

第八　ｄ条

ヨーロッパ議会への請願権を、すべての連合市民は有する。オンブズマンに応募する権利を、すべての連合市民は有する。

第八　ｅ条

ＥＣ委員会はこの部の細目の実施に関して、一九九三年一二月三一日までにＥＣ議会と理事会並びに経済・社会委員会に報告書を出さねばならない。その後、三年ごとに、この報告書の提出をしなければならない。この報告は、連合の発展を考慮にいれねばならない。

この基礎において、また、本条約のほかの細目に反しないかぎりにおいて、理事会は、この部に定められた権利を強化ないし、それに付加する細目を採択することができる。このばあいも、ＥＣ委員会からの提案にもとづき、しかもＥＣ議会の議をへて、全会一致で理事会は行動する。なお、理事会は、各国の憲法的要件に従って採択すべき細目を、構成国に推薦するものとする。

理事会は、共通市場（Common Market）の設立ないし機能化に直接影響を与える、構成国の法律諸規制ないしは行政細則を近似化させる指令を発する。ただし、委員会からの提案にもとづき、ヨーロッパ議会および経済・社会委員会の議をへた上での全会一致の行動としてである。

ヨーロッパ議会は、共同体（EC）に結集した諸国人民の代表からなるものであり、本条約によってこの共同体に付与された諸権限を行使するものである。

ヨーロッパ議会は、それを構成する議員の多数決によって意思決定をおこなう。このヨーロッパ議会の承認をへた後に、理事会は、全会一致で意思決定をおこなうのであり、適切な諸細則を訂正しこれを加盟国に各国の憲法上の決定に従って採択するように要求する。

ヨーロッパ・レヴェルでの政党は、連合内部における統合の一要素として重要である。この政党はヨーロッパ意識を構成し、連合市民の政治的意思を表現することに寄与する。

一三八 d条

いかなる連合市民も、また構成国のひとつに居住するかその登録事務所を有する自然人ないし法人は、個人としてあるいは他の市民ないし法人と共同して、ヨーロッパ議会にたいして請願をおこなう権利を有する。ただし、それは共同体の活動分野内に起こっていることに関してであり、また共同体に直接作用することにかぎってである。

一三八 e条

［オンブズマン（行政監督官）］

一、すべての市民、法人に権限あり。

二、腐敗の摘発等々。

三、EC議会への年次報告の必要性。

四、議会の要請にもとづく、緊急法廷による解任の可能性。

五、その義務の履行おける完全な独自性。

＊訳出にあたっては仏語の条文をベースにし、必要に応じて英語の条文と照らし合わせた。重要であると思われる条文の語句に関しては、読者への配慮から、英語の条文にある表現を挿入した。

## 7 アムステルダム条約における市民権規定の追加

アムステルダム条約（修正欧州連合条約）

一九九七年一〇月調印

**連合市民権**

第一七条

1．連合市民権はこの条文によって設定される。構成国の国籍を有するすべてのひとは、連合市民となる。連合市民権は国民的市民権（*national citizenship*）を補完するものであって、それにとってかわるものではない。

2．（段落に変更なし）

第一八条

1．（段落に変更なし）

2．理事会は、第一条にかかわる諸権利の行使を容易にするため、以下の条項を採択することができる。すなわち、本条約の他項に規定されているものをのぞいて、理事会は第二五一条にかかわる手続きにしたがって行動する。また理事会は、この手続きにおいて全会一致で行動する。

第二一条

ヨーロッパ議会への請願権をすべての連合市民は有する。オンブズマンに応募する権利をすべての連合市民は有する。

すべての連合市民は、この条項あるいは第七条にかかわるどのような制度や団体にたいしても、第三一四条で述べられた言語のうちのひとつで手紙を書き、それと同一の言語で回答をうけとることができる。

（出典：*The Rome, Maastricht and Amsterdam Treaties: Comparative Texts*, 1999 Edition, Belgium: Euroconfidentiel S. A., pp.47-8）

＊傍点強調部分は、マーストリヒト条約条文に追加・修正がなされた部分。

## 8　地域社会とはなにか
### ——東京都港区高輪地域をめぐって

岩永真治

「市民性の教育（Citizenship Education）」という言葉があります。古代ギリシアの哲学者アリストテレスは、「音楽や体育は、ポリスの市民の教育に役立つものでなければならない」といっています。わたしは、地図づくりも、地図の利用も、市民の教育に役立つものでなければならないと思います。

古代ギリシアの都市国家の市民と同じように、東京都港区高輪地域に住み、生活する区民は、自由で平等です。この区民が、地図づくりや地図の利用を通して、文化的教養を高め、地域の過去、現在を知り、そして未来を想像することになります。また、わたしはそうすることで、地域住民としての相互の繋がりや、新たに紡《つむ》ぎだされる縁《よすが》が、一層強くなると考えています。

地域の繋がりや縁をさらに強くしていくためには、ともに活動し、ともに語ることが大切です。たがいに活動し、議論し、想像し合うことで、そこに参加する人びとのあいだに共通の世界を創り出すことができます。この共通の世界こそが地域社会であり、自由で平等な区民によって創り出される「公的な空間」

なのです。

　地図を作る、地図を読む、地図を利用する、あるいは地図を活用しながら地域を歩く、これらの取り組みを、区民がともに担い、ともに語り、ともに想像し合うことを通して、「公的な空間」を感じ、共有し、創造することができるのです。

　三田、高輪、白金、白金台地域が、「公的な空間」として拡大し、深化し、魅力溢れるまちになってほしいと願っています。


*ἐλευθέρως δὲ τά τε πρὸς τὸ κοινὸν πολιτεύομεν καὶ…*

「われわれはあくまでも自由に公的な課題のために市民の権利を行使する」

（トゥキュディデス『歴史』のなかの「ペリクレスの追悼演説」より）

初出：高輪地区ＴＭＴ'06地図制作委員会編『高縄今昔《たかなわこんじゃく》（おや・こ　あんないず）』東京都港区高輪地区総合支所地区政策課発行、二〇〇七年、「はじめに」

## 9　地域社会の多様性
### ──スペインの事例

岩永真治

　はじめてスペインの土地を踏んだ。予定通り、ベルリンから格安航空チケットでマジョールカ島にはいり、中心都市パールマ・デ・マジョールカに滞在した後、現地で手に入れた航空チケットで、オレンジやパエリア、あるいはトマト祭りで有名なヴァレンシア地方にはいり、中心都市ヴァレンシアからアンダルシーア地方を回り、マドリッドを突き抜けてバスで旅行の当初の目的地であるバスク地方にはいった。

　この移動の過程で気づいたのは、スペインという国は地域によってこんなにも風景がちがうのか、ということであった。ヴァレンシア地方は、飛行機のなかからみると、赤茶けた大地にところどころ家の密集地があり、それが都市を形成している。アンダルシーア地方に行くと、白い壁の家が丘陵のあちこちに点在し、家のなかにはいるとアラブ式の空間で、入口からすぐのところに中庭《パティオ》があり、そこから各部屋へと廊下が延びている。言葉も地域によってかなりちがう。そもそも、スペインにはカスティーリャ語（標準スペイン語）、カタルーニャ語、バスク語、ガリシア語と四つの「公用語」があるのであるが、たとえば通常ciudadと書く「都市」を意味する語は、ヴァレンシアのバスにはciutatと表記されている。これが日常的な表記なのである。

　つまり、スペインには四つの「公用語」のほかに、地方表現としての書き言葉があり、またいわゆる方言のように標準スペイン語とはちがう発音がある。たとえば、アンダルシーア地方の通り《カジェ》やバルでは、「さようなら（¡adiós!）」を、「アディオス！」ではなく「アディオー！」と、最後の子音 s を発音せずに言う。

　人の顔立ちもメンタリティも、北のバスク地方と南のアンダルシーア地方ではかなりちがっているようにみえる。

バルセローナは、アールヌーヴォーの町並みを残した独特の大都市であるが、マドリッドとバルセローナ、バルセローナとセヴィーリアは、またそれぞれにかなりちがった文化遺産をもつ都市である。このようなちがいを東京と大阪の文化のちがいのように考えてよいものか、それ以上のちがいがあるとみるべきか。

北のスペイン人は南のスペイン人を、ニコニコして愛想がよいが腹のなかではなにを考えているのかわからないと煙たがる。南のスペイン人は北の人を冷たいと表現する。ここにはどこか、ヨーロッパとアフリカの関係のようなところがある。北のスペイン人が南スペインにどことなく憧れをもっているのも、「文明」が「未開」をみるまなざしに重なるところがあるような気がする。

歴史の勉強からではなく、じっさいの人びととの交流から、このように感じた。

スペインの人は、地域性に富んでいると述べた。しかし、たとえばイタリア人に比べると、全体としてスペイン人はおとなしい人たちであるという印象をもった。イタリア語で〝パロラッチャ〟と言われる、他人をののしる言葉も、スペイン語にはそれほど多くないように思われる。もちろん、ラテン気質で陽気な人びとであることにはかわりはない。

バスク地方のゲッチョ（Getxo）という町で、予定していた仕事を終えてバルセローナ経由でパリに戻ったが、バスク語でドノスティア（Donostia）、標準スペイン語でサン・セバスチャンというゲッチョの隣町も、橋梁や道路わきの手すりがすべて白塗りでとても幻想的な町であった。機会があれば、このあたりの村落に、じっくりと調査にはいってみたい。

いずれにしろ、スペインという国をひとつの形容詞で語る（たとえば、「スペインは情熱の大地！」のように）のにはかなり無理があるということが、この旅行でわかったのである。

初出：明治学院大学白金紀行会編『きこう』同発行、第三八号、二〇〇六年、四七頁

## 10　共生社会とは、どのような社会か
### ――知的障害者の地域復帰に関連して

岩永真治

「共生社会（inclusive society）」の対立語は、「排他的（exclusive）な社会」である。階級社会や階層社会、最近の言葉では「格差社会」がそうであろう。この「共生社会」という言葉を、少し歴史的に考えてみよう。

われわれすべての人間は、近代社会になって初めて、自由で独立した社会の構成員として法の下に表象されるようになった。政治学の概念を使用すれば、国民国家の構成員として、一国民として、公的領域を構成する主体として、そのようなものになったのである。もちろん、例外は存在する。

古代の奴隷や居留外国人《メトイコイ》や「野蛮人《バルバロイ》」、近代以前の職人や商

人はそのように公的領域において自由で独立した存在ではなかった。二〇世紀の初頭、つまりつい最近まで、女性もまたそうであった。換言すれば、かれら／彼女らは公的領域をつくる正当な社会の構成員とはみなされなかったのであり、障害者、とくに近代以降施設に隔離される傾向が強かった知的障害者も同様である。

古典古代を偽装した近代の革命は、このような全社会的共同体からの排除者に、自由、平等、友愛のシンボルであり地位身分である市民権を付与することと、社会の特権階級を廃止することの両方で、自己の目的を果たそうとした。この意味で「共生的（inclusive）」であるということは、「市民として平等の扱いをすること」である。

ところで、地域社会は古代ギリシアのポリス同様「公的領域」であると同時に、それ以前の言論と活動と想像の様式をともにする「共通の世界」でもある。ここには二重の意味で「健全な社会」が聳え立っている。おそらく、共生社会の理想としては、この二重の意味で健全な社会、言葉を換えれば「健常者の社会」に知的障害者が――歴史的にはふたたび――迎え入れられるべきである。職場や地域での知的障害者の雇用をめざす活動も、この二重の意味での社会的な壁に向き合っているといっていいだろう。

しかし、たとえば「市民として平等の扱い」を地域社会のなかで受けるというとき、言論の活動や合意の様式をどこまで、あるいはどのような様式で共有して同じ市民としてともに生きることができるのか。市民社会の境界の外にいる「禁治産者」は、二重の意味での〝健全な地域社会構造〟のなかで、どのように「平等の市民として取り扱われ」うるのか。「できるだけ市民社会（あるいは地域社会）の内側へ」というのが共生社会の理念であるとすれば、どれだけのひとをどこまで、どのように、われわれの側に受け入れることができるのか。

そもそも、「われわれ」とはいったいだれなのか。近代に特殊な主体であり、限定的で特殊な人間像を受け入れているにすぎない存在ではないのか。地域社会のなかで共有すべき人間像とはどのようなものなのか。女性（とくに三〇歳代、四〇歳代のシングルや、未婚の母親、結婚はしているが子どものいない女性）も、マンション暮らしの新住民（とくに単身賃借人）も、若者も、高齢者（とくに七〇歳以上の高齢者）も、同性愛者も、外国籍住民も、〝普通の人間〟として地域に受け入れられているだろうか。

知的障害者の地域雇用の促進という課題は、特殊な領域の課題のように見えながら、じつは社会の諸問題の普遍的な水準を文字通り含んでいるのである。

初出：明治学院大学社会学部現代ＧＰ推進室編『都市部における地域社会の活性化への取り組み――共生社会実現への教育支援と障害者雇用』同発行、二〇〇六年、八九－九〇頁

## 11　集まりの一形態としての都市
### ——空間の諸実践が作り上げるもの

岩永真治

都市は〝集まり（assemblage）〟の一形態である。

ディドロの「都市《シテ》」という論文（巻末資料4を参照）には、そのことがよく示されている。都市《シテ》に集められているものは、個人、家族、意思の行為、力の使用、安全、平和、生活上の利益、同じ民族《ナシオン》であるが分割されている人民《プープル》、代表、郡の利害、そして文字通り固有の議会《アサンブレ・プロプル》と全体の議会《アサンブレ・ジェネラル》である。こうして都市の中枢性ができあがる。それは地上の空間（と時間）を分割し統合する〝空間の諸実践《ヘクシス》〟の、物質的および精神的な表現の形態であり、表現芸術である。

こうしてできあがった〝集まりの総体《アサンブラージュ》〟としての都市《シテ》に不可欠の部分として、民主主義《デモクラティア》と、構成員の資格要件としての市民権《ポリテイア》（市民資格）の二要素が、自然と人間を媒介する技術《テクネー》と人間と人間を媒介する経済的交換《アッラゲー》および社会的交換《メタドシス》を条件として、でてくる。そこでは、正　義《ディカイオシュネー》と正しさ《ト・ディカイオン》、またそれらを生み出す中庸《メソテース》と中間者《ト・メソン》が問題になった。不足と超過を媒介する貨幣《ノミスマ》が交換における共同性《コイノーニア》をうみ、市民としての人間の活動《エルゴン》は、政治的共同体《ポリス》としての都市を生み出したのである。

それが、紀元前六世紀から前五世紀にかけての、古代ギリシアの都市において生じた出来事であった。それはまさに人類史的な出来事であった。

初出：明治学院大学社会学・社会福祉学会編、Socially、第九号、二〇〇一年、一〇八－一〇九頁

## 12　地域社会における公共規範としてのまちづくり協定
### ——東京都中央区月島地域の事例

以下に紹介する「月島まちづくり協定（新草市《くさいち》への出店細則を含む）」は、新しい草市のあり方を模索するために二〇〇六年四月から七月中旬まで新草市実行委員会のメンバーとして集まった、地域住民を中心とする多様な人びとにより、議論され、承認され、新草市実施のための原則として利用されているものである。ここには、国家も地方自治体も直接には介入しないかたちでの「公共精神《ト・ディカイオン》」と、「地域の行事《ト・コイノン》」を運営する上でのもっとも基礎的な民主主義の手続きが、示されている。地域の承諾を得て、ひとつの先駆的事例として、ここに紹介する。

月島まちづくり協定（新草市への出店細則を含む）　作成：月島新草市実行委員会

1．月島新草市：月島の新草市は、これまであった草市の夏

のお祭りとしてのにぎやかさをうしなわず、草市が本来もっていた涼しさや風物を取り戻し、一方、現在の月島地域がもつ新しい文化的要素も取り入れた、新しい企画とする。

2. 主体と精神：新草市では、月島の地域住民、商店街組合、もんじゃ振興組合、町内会、大学、地域の企業、地域に縁のあるＮＰＯやヴォランティア団体など、多様な主体の参加と協働を基本精神とする。また、女性や若者をはじめ、多様な社会層の多様な意見を年度ごとの草市企画の魅力ある発展へと結びつける努力をする。

3. 本部の開設：西仲通り商店街組合（共栄会）事務所に草市の本部をおく。

4. 組織の運営：草市の実施をめぐるあらゆる決定は、年度ごとに組織された草市実行委員会において、話し合いにもとづいてこれをおこなう。

5. 出店の場所：一番街から四番街まで、および草市通りとする。

6. 露店の設営：新草市実行委員会が各番街、地域住民、町内会などと話し合いの上、民主主義の手続きに反しないやり方で、これを決定する。

7. 出店の規制：路地角、番街に交差する通りなどへの出店は、交通安全の確保等により、特別に実行委員会において許可するばあいをのぞき、これを規制する。また、消火栓の上には出店できない。

8. 安全の確保：露店や路上での各企画に関わる者は、みずからの周囲で、とくに子どもの安全に気を配る。午後六時以降、一人歩きしている子どもをみかけたばあいには、声をかけ、犯罪や暴力行為に巻き込まれないように配慮、保護に努める。

9. 荷物の管理：店舗の代表者は、出店した場所に三日間（出店は午後二時から午後九時まで）荷物をおいて帰ることがないように、指示・監督を徹底する。午後九時以降は出店場所にはなにもおかない。

10. ごみの処分：閉店後のごみの片付けに関しては、店舗代表者（またはグループ責任者）が最終的に処理の責任を負うものとする。

11. 電気の利用：アーケードの電力を利用するばあいには、本部に届け出をする。

12. 火の使用：消防署の注意を受けるような火の使用に関しては、消防署の活動に協力し、また消防署の協力をえてみずから火の使用法をすみやかに変更する。

13. 個人情報の保護：草市の企画・実施の過程で知りえた個人情報（名前、住所、電話番号、ｅメールアドレスなど）に関しては、本人の同意なく、目的外利用のためにこれを他人に提供しない。

14. 問題への対処：草市の準備・出店などをめぐってトラブルが発生したばあいには、実行委員会において事実の把握に努め、業者側世話人代表、商店街番街役人、町内会・

自治会代表、その他草市に関係する諸組織の代表・役職者が、責任をもってトラブルの処理、対応につとめる。

また、必要なばあいには、警察その他の公的な関係諸機関と連携してトラブルに対応する。

二〇〇六年六月二九日承認

## 13　地域性をグローバルに創造する
### ――沖縄県与那国町における地域政策

岩永真治

グローバリゼーションが国家、都市、地域社会、さらには人間個人の行動の原理、心理《プシューケー》・魂のあり方やその空間の諸実践を鋭く問い直してきている時代に、国境地域の地域づくりが指し示す方向性をしっかりと捉えることは、全体社会がかかえるどのような問題と比べても、負けるに劣らない重要性をもっている。

沖縄県八重山郡与那国町における地域づくりの特徴は、町役場における報告書『与那国・自立へのビジョン――自立・自治・共生：アジアと結ぶ国境の島ＹＯＮＡＧＵＮＩ』（通称『自立ビジョン』、二〇〇五年三月刊行）に端的に表現されている。

二〇〇四年、与那国町（じっさいには、三つの集落――祖納《そない》、久部良《くぶら》、比川《ひがわ》――をもつ日本最西端のひとつの島で、人口は一七〇〇人程度）は日本全国を駆けめぐった市町村合併の嵐のなかで、八重山圏域の主要地域である石垣市、竹富町との合併に大きく揺れた。当時の与那国町長・尾辻吉兼（すでに故人であり、現在の町長は外間守吉氏）は、合併をするべきか否かを一地方自治体の長として判断するために、同年一〇月一六日に合併の是非を問う住民投票（正式には「合併についての意思を問う住民投票」）を実施した。対象者は、中学生以上の全町民であった。投票の結果、与那国は合併を選択せず、独自の道を行くということになった。そうして策定されたのが、『自立ビジョン』であった。

それ以来、『自立ビジョン』政策のなかで最大の課題となっているのが、「経済的自立の新しい活路」である。北海道夕張市の財政破綻に端的に示されているように、与那国町でも、三位一体改革等の進展のなかで地方交付税が減額され、財政はかなり危機的な状況にある。助役職を停職にし、議員数を半分にしても、なお財政再建への道筋は立っていない。それどころか、本来の〝しまちゃび〟（島生活特有の生活困難を意味する言葉）からもぬけだせず、島生活はかなり苦境に立たされている。

石垣島への人口流入増など、沖縄県全体でみても人口の社会増が一般的な趨勢になりつつあるなか、二〇〇六年度も、与那国の人口は微減している。したがって、人口の社会増などで沖縄県全体の地方交付金は増額される傾向があるなかで、交付金の算定基準である人口が減り続けている与那国町は、交付金の減額を甘受しなければならない事態に陥っている。そのようななかで、与那国町が活路を見出そうとしているのは、国境を越えた姉妹都市である台湾・花蓮《ファーリエン》市との交流である。

二〇〇五年に上梓・公表された『自立ビジョン』では、「基本認識」として、「世界規模のボーダーレス化／グローバル化と全国的に推進されつつある規制緩和の流れは、〈辺境の島〉から〈交流の島〉へ、〈依存型経済社会〉から〈自立ネットワーク型経済社会〉への転換を図る絶好の機会である」こと、また、「国境の島に自国民が居住・生活することは、国土を保全し、かつ、わが国の領土・領海・経済水域等を平和的に守る上できわめて重要であり、与那国町民はその役割を担っている」ことが、示されていた。

さらに、国境内の八重山圏ほかの地域との交流よりも、国境を越えた近隣の姉妹都市・花蓮市との交流を与那国が急ぐ背景にあるものとしては、「島は長年、その地理的特性から「しまちゃび（島痛み）」と呼ばれる離島苦に悩まされてきた。近年、その状況は緩和されつつあるものの、医療、教育、物価、生活利便性など各面における地理的不利益性はなお存在する」という認識も、見逃されてはならない、重要なものであろう。二〇〇六年の時点で、町では、花蓮市の物価についての簡単な調査もおえている。物の安価な花蓮から生活必需品が与那国にはいってくれば、辺境の地理ゆえに物不足、物価高に悩まされてきた与那国町民の生活に一定の「豊かさ」がもたらされることは、想像に難くない。

以上のような『自立ビジョン』「基本認識」が、国境交流増大フォーラムの開催（二〇〇六年一〇月）をへて、花蓮市与那国事務所の開設（二〇〇七年四月）へと展開してきたのが、〝国境地域における地域づくり〟として実施されつつある与那国の、地域政策の現状である。

二〇〇七年三月一二日、与那国町の定例議会が開会した。外間守吉町長は、施政方針演説で年度の重点事業として、町制施行六〇周年事業、花蓮市姉妹都市締結二五周年記念事業、花蓮市与那国事務所の開設をあげた。同時に、外間町長は、〝小さく効率的な行政〟与那国・自立ビジョンに即した施策の展開で、町民と協働するまちづくりを提案している。新年度予算では、二〇〇六年度に引き続き、財政再建をおこなうために町長給料の一〇％カット、職員給料の平均五％カットの実施も主張されている。また、一般廃棄物最終処分場とリサイクルセンターの稼動のために、財政調整基金の一億円の取り崩しも予定されている。いわば、〝財政縮小モデル〟のなかでの、国境交流によるまちづくりと、それによる〝地域アイデンティティ〟の構築が模索されているといえるであろう。

こうして、二〇〇七年四月以降、台湾の花蓮市に与那国の事務所が開設され、職員の駐在による交流がはじまった。

ここで、その交流の基本精神になった、二〇〇六年一〇月二七日付で結ばれた「基本合意書２００６」について、少しみてみたい。

この合意文書には、『自立ビジョン』に示されていた八つの将来像のうち、第二の将来像である「台湾や中国、東アジアなどの国々との自由往来＝交流」と、第八の将来像である「安定した収入と低消費」の展開が、確認できる。別の言い方をすると、他の六つの将来像は、いったん括弧に入れられた感がある（その六つとは、「ユイマール精神の溢れる自治と自律」「与那国ブランドの確立」「豊かな生態系の維持」「ＩＴ活用による地理的不利益の軽減」「スローライフの満喫」「子どももお年よりも住める島」である）。もちろん、地方自治体が地域住民むけに提示する包括的な政策と、国際的な姉妹都市の交流事業は、同じではない。ただ、市町村合併に揺れた後島独自の方向を模索しはじめた町の基本方針『自立ビジョン』が、依然として後もどりできない基本政策であることには、変わりはない。すでに触れたように、二〇〇七年三月一二日にはじまった一九日間会期の定例町議会でも、外間町長が施政方針演説で力説したのは、『小さく効率的な行政：与那国・自立ビジョン』であった。

　ここでいう「自立」とは、沖縄県や八重山圏域との依存関係から独立してでも生き抜いていくという決意と矜持の「現われの空間」（アーレント）を意味している。八重山や他の沖縄の島々にたいして自己（＝島）を『自立ビジョン』でもって他者として顕示するという「現われの空間の実践」（the spatial practice of appearance）である。

　沖縄の最西端地域圏である八重山圏全体は、歴史的な人口流入増加で本土から若者や高齢者を受け入れながらも、他方では、少しずつ国境を越えた他の国の地域圏との交流を視野に入れはじめている。そこには、言語、貨幣、国際的な紛争地域定義の問題、中国の領土保全の問題など、多くの可視的、不可視的な要因が存在している。国境を越えた交流の伸展はそれほど容易ではないと、少なくとも、これまでは考えられてきた。

　他方、市町合併話が破談して後の与那国町の『自立ビジョン』政策は、そのような条件下ではあっても、自分たちが生き残っていくために、国家制度を別にすれば、自分たちのもっとも身近に存在する生活条件（＝花蓮市との交流可能性《デュナミス》）として深く認識されそれをさらに手繰り寄せるかたちで打ち出されて、実現されてきている現実の活動《エネルゲイア》である。現状は、そのような与那国の動きに、他の八重近隣圏も、刺激を受けつつ引っ張られはじめたように思われる。

　与那国町では、「東アジア共同体」をめぐる国の議論を意識しながら、またその議論を先取して国を刺激しながら、「地図上で与那国にコンパスの針をもってきて大きく円を描くと、東アジア全体がすっぽりとはいる」と、グローバルな地域《リージョン》の形成、あるいはグローバルな共通市場（a common market）形成のなかでの「国境問題」の、将来における克服に期待している。この〝実践感覚（le sens pratique）〟は、自然風土としての与那国の人びとの生活実践を、一六世紀以来の歴史のなかにふたたび投げ入れるものであると同時に、歴史の最先端に自己投企する試みでもある。そしてそれは、与那国の人びとの生活やアイデンティティの問題を、物理的な島の境界内に閉じ込めてきた、いわゆる近代性《モダニティ》

＝国民性《ナショナリティ》を乗り越える方向で考えていく、社会的―空間的な実践感覚である。そしてまた、そのような方向《サンス》で地域性をグローバルに創造する実践感覚は、ローカルな生活の内実を再認識するまなざしと、つねに交差する。

問題は、そのような実践感覚から生み出される諸実践が、ひとつの共通の市民的徳《ヘクシス》をもつより広い社会的空間を生み出すかどうか、である。二〇〇七年四月に与那国町が花蓮市に開設した連絡事務所が、これまでの『自立ビジョン』政策を背景とした実践から、さらにどのような地域づくりのための先進的な経験を紡《つむ》ぎ出すことができるのか。いましばらくは、与那国町の試みを、ひとつの歴史的な実験として静かにみまもりたいと思う。

初出：岩永真治「沖縄県八重山郡与那国町における地域政策の現状と課題――グローバルな地域性の創造とローカルな生活主体のあいだ」明治学院大学『社会学部付属研究所年報』第三八号、二〇〇八年

# あとがき

本書の着想を最初に得たのは、慶應義塾大学大学院社会学研究科後期博士課程(社会学専攻)に入学した年の秋のことである。社会学の論文を三田哲学会の『哲学』という雑誌に載せようと思い立ち、一九九一年一〇月末に原稿を仕上げた。原稿は仕上げたものの、いくらか戸惑いも残っていた。

わたしは、「さて、ひとから、書くなら伝統と評価のある雑誌『哲学』に、と勧められたものの、この論文は現代の情報社会のあり方を分析した社会学的なもの。『哲学』という雑誌に本当に載せてもらえるだろうか。また、はたして、これは『哲学』という雑誌に掲載するのに相応しい論文なのだろうか」と、自問自答していた。しかし、「この論文を『哲学』に掲載してもらうことが、自分の今後の研究者としてのキャリアを切り拓いていくのに重要であることはまちがいない」との声も、心のなかから聞こえてくる。

そこで考えたのが、すでにできあがった社会学の論文に「哲学の装い」を着けることであった。もう、仕上がった本文をいじることはできなかったので、思いついたのが、論文のテーマにみあった哲学者の言葉を見つけ出して、それを論文の冒頭に、論文のテーマや内容を端的に示すものとして引用することであった。ちょうどそのころ、わたしは近代古典諸著作から古典古代期の諸著作へと読書の対象を切り替え、プラトンとアリストテレスの著作を、もちろん翻訳されているものであるが、すべて読み終えるくらいのところまできていた。

したがって、手許にある社会学の論文に古代の哲学者からの引用をつけることは、それほどむずかしいことではなかった。手許の読書ノートからこの論文の内容を上手く表現している言葉は、すぐに見つかった。一つは、プラトン『パイドン』のなかに、もう一つはアリストテレス『ニコマコス倫理学』のなかに、である。その引用は、本書にも、そのまま残してある。どちらの本も、当時、社会学専攻の大学院生としてものすごく興奮して読み終えた著作である。そこで問題になっていたのは、〝ヘクシス〟という言葉であった。そのヘクシスという言葉が、一九九二年一月の論文の公刊以来(「アフター・フォーディズム時代の空間的諸形態」という題で掲載された、本書の第6章に該当)一五年をへて、本書の柱となる基本的な視座として展開されるまでになった。

ただ、社会学の概念としては、ようやく顔立ちが見えてきたかなという段階である。

一方、本書には、もう一つの理論的な柱がある。市民社会(あるいは市民権)という概念またはアプローチである。ちょうど、上記論文が公刊された一九九二年初頭というのは、マーストリヒト（＝欧州連合）条約が締結された時期であり、わたしはその直後からマーストリヒト条約の市民権概念の新しさを確認するという作業をおこなうことになった。これは、縁あって、亡くなられた平田清明先生（京都大学名誉教授、当時神奈川大学経済学部教授）とフランス語版条約をベースに英語版との内容の異同を確認するという作業であった。「なるほど、これは新しい……」と先生は、あるときは期待していた内容を確認し、あるときはその歴史的な新しさに驚愕していた。読むという行為において先生のおともをしながら、「欧州連合市民権」に関する部分をとくに注意深く読んだのである。

俗にいう「平田市民社会論」は、マルクス自身によるマルクス主義批判をその真骨頂としていたのであるが、マルクス主義者たちが見失ってしまっていた重要な概念として先生によって掘り起こされていたのは、所有、交通、そして市民社会の概念であった。平田市民社会論は、なによりも「所有、交通、市民社会概念抜きの階級一元論」を批判していたのである。本書には、この批判精神が引き継がれている。換言すれば、わたしの本書での作業、これまでの知的作業は、ある意味で平田市民社会論の、社会学における都市や地域社会研究への応用であったと言ってよいだろう。それがどれだけ成功しているかは、兄弟子諸氏あるいは平田市民社会論に大きな影響を受けた読書子にその評価を任せるほかかない。

わたし自身は、失われたマルクスの概念を掘り起こしその階級概念に接合したとしても、現代社会の分析ができるとは思っていない。マルクスの社会理論が総体として有効なのは、ただ一九世紀の資本主義にたいしてだけである。階級や格差がちまたで問題になっているが、その分析は、旧来のマルクス主義の理論体系でできるはずもないし、そういう作業をしている知識人がいたとしても、それはごく少数の者だけであろう。経験的、実証的な研究をしている者は、格闘の末すでにその体系から抜け出している。

さて、最初に、書いているものを一冊の本にしませんかとある出版社から声をかけられてから、もうすぐ一〇年がたとうとしている。その後も、複数の出版社から声をかけられたが、さまざまな事情からわたしの社会学者としての仕事を一冊の本に仕上げることは断念していた。今回、春風社からの出版のすすめを断らなかったのは、ひとつには、春風社の石橋幸子さんが研究室を訪ねてこられる直前に上梓していた「グローバリゼーション、市民権、都市——構造生成の地域社会学序説」（本書の第13章になっている）という論文で、ある程度それまでの仕事が理論的にも整理できたからである。また、二〇〇七年度後期の講義で、自分なりの教科書を使いたいという欲求が高まったからでもある。失われていたフロッピーの原稿を起こすのは、たいへんであったが、本をまとめる作業はそれなりに心地よいものであった。

最後になってしまったが、現在のわたしがあるのは、これまで折々に、さまざまな人たちに教えられ、たすけられ、また支えられてきたからである。その意味で、多くのひとに感謝している。とくに、慶應義塾大学大学院社会学研究科の指導教授であった川合隆男先生には、社会調査史をめぐる第一次資料へのこだわりを教えていただいたこと、研究者への道を開いてくださったこと、さらに大学院のゼミで多くの仲間と交わる機会を与えていただいたことに、感謝している。また、同社会学研究科では民俗学・文化人類学の宮家準先生とその大学院ゼミ生からも、多くを学んだ。

　他方、シカゴ学派都市社会学の伝統的な仮説や「新しい都市社会学」の理論的な意味については、東北大学大学院文学研究科の吉原直樹先生、一橋大学大学院社会学研究科の町村敬志先生に多くを学んだ。都市や地域社会研究の社会学関係の学会では、安原茂先生、古城利明先生、矢澤澄子先生、似田貝香門先生、藤田弘夫先生の議論や報告から、多くの刺激を受けた。さらに、在外研究でわたしを受け入れてくれたローマ大学社会学・コミュニケーション学科（ラ・サピエンツァ）のマーリオ・モルチェリーニ先生、フランコ・マルティネッリ先生、フランス国立社会科学高等研究院のアラン・トゥレーヌ、ミシェル・ヴィヴィオルカ両先生、パリ大学（ルネ・デカルト）のミシェル・マフェゾリ先生、ハイデルベルク大学社会学研究所のヴォルフガング・シュルフター先生、ハーヴァード大学社会学科クリストファー・ウィンシップ先生に、心から感謝したい。これらの人たちから与えられた環境は、今日までわたしの研究を発展させてくるのに、とても意義があった。

　最後に、アラスデア・マッキンタイアとピエール・ブルデューの両氏にも特別な感謝の気持ちを表したい。

　マッキンタイア氏は、一九九九－二〇〇〇年のアメリカ滞在時に、わたしのヘクシス研究が将来的にブルデュー氏のハビトゥス概念に批判的に向き合わなければならないであろうときの哲学史的な下準備の道筋を、インターネットの返信においてではあったが、丁寧に示してくださった。また、ブルデュー氏は二〇〇〇年の東京講演の際に、自分のハビトゥス概念の使用法についてわたしに話してくれ、それがわたしが使用しているヘクシス概念とどうちがいうるのかについて、わたしが予定していた二〇〇一年のパリ在外研究滞在時に議論することを約束してくれた。ブルデュー氏は、わたしのアリストテレス理解を示す論文があればそれをフランス語か英語に訳してもってきて欲しいといった。二〇〇一年九月にローマからパリに移ったわたしは、その約束を果たすべく自分の論文のフランス語訳を作った後にかれに会うつもりでいた。その準備の途中で、忘れもしない二〇〇二年一月二三日、アパートの狭い食卓でラジオから「ピエール・ブルデュー死亡(Pière Bourdieu est mort!)」のニュースを耳にしたのである。卓上の小さなラジオは、何度もこの短いフレーズを繰り返していた。わたしは、茫然自失した。「なんのためにパリまで来たのか」と。

　じつは、二〇〇一年九月にフランス国立社会科学高等研究院でその年の秋学期はブルデュー氏のゼミが開かれないことを知ったときに、ゼミ関係者から、かれに会いたければ助手の人が引きあわせてくれる旨の話をしてもらっていた。わたしは、かれが癌などとはまったく知らなかったので、とにかく約束した自分の論文の翻訳を作ってからと思い、そのときは面会を断ったのである。あれが、かれと議論ができた最後のチャンスだったかと思うと、無念でならない。ただ、かれの肉体は死んでも、魂はそこここの著作に宿っており、死んではいない。『実践感覚』その他のかれの著作と対話をしながら、わたしは今後も、みずからの社会学理論をさらに発展させていきたいと思っている。わたしはそれが、ブルデュー氏のみならず、マッキンタイア氏の学恩や好意にも報いる道であり、もっとも人間的な道＝選択であると、信じている。いずれにせよ、本書の上梓にあたって、この二人にはまた特別の感謝の念を抱いていることを告白しておきたい。

末尾になってしまったが、春風社の岡田幸一さんには本書の完成にあたってさまざまな助言をいただいた。また、本書の出版にたいしては、明治学院大学の学術振興基金補助金を得た。ともに記して、感謝の意を表したい。

さて、プラトン『ティマイオス』（22b）から、つぎの言葉を引いてこの本を閉じたい。

おお、ソロンよ、ソロンよ。ギリシア人たちはいつも子どもだ。そして、どのギリシア人も、老人ではない！

# 参考文献

## 和文文献


秋元英一1995『アメリカ経済の歴史　1492-1993』東京大学出版会
秋元律郎1989『都市社会学の源流——シカゴ・ソシオロジーの復権』有斐閣
アグリエッタ、M（若森章孝・山田鋭夫・大田一廣訳）1989『資本主義のレギュラシオン理論——政治経済学の革新』大村書店
アグリエッタ、M／A・オルレアン（井上泰夫・斉藤日出治訳）1991『貨幣の暴力——金融危機のレギュラシオン・アプローチ』法政大学出版局
アグリエッタ、M／A・ブレンデール（斉藤日出治・他訳）1990『勤労者社会の転換——フォーディズムから勤労者民主制へ』日本評論社
芦原義信1994『東京の美学』岩波新書
アダムス、J（柴田善守訳）1969『ハル・ハウスの20年』岩崎学術出版社
阿部和俊1991『日本の都市体系研究』地人書房
阿部斉他編1982『世紀転換期のアメリカ——伝統と革新』東京大学出版会
アドルノ、T・L・W（三光長治訳）1979『ミニマ・モラリア——傷ついた生活裡の省察』法政大学出版局
網野善彦1978『無縁・公界・楽』平凡社
有賀貞1987『アメリカ史概論』東京大学出版会
有賀貞・他編1993『世界歴史体系・アメリカ史2　1877-1922年』山川出版社
アリストテレス（出隆訳）1959-61『形而上学』上・下巻、岩波文庫
アリストテレス（山本光雄訳）1961『政治学』岩波文庫
アリストテレス（出隆・岩崎允胤訳）1968「自然学」『アリストテレス全集』第3巻、岩波書店
アリストテレス（村治能就・宮内璋訳）1970「トピカ・詭弁論駁論」『アリストテレス全集』第2巻、岩波書店、所収
アリストテレス（今道友信・村川堅太郎・宮内璋・松本厚訳）1972「詩学・アテナイ人の国制・断片集」『アリストテレス全集』第17巻、岩波書店、所収
アリストテレス（山本光雄・井上忠・加藤信朗訳）1971「カテゴリー論・命題論・分析論前書・分析論後書」『アリストテレス全集』第1巻、岩波書店、所収
アリストテレス（高田三郎訳）1971-3『ニコマコス倫理学』上・下巻、岩波文庫
アリストテレス（加藤信朗訳）1973「ニコマコス倫理学」『アリストテレス全集』第13巻、岩波書店、所収
アリストテレス（戸塚七郎訳）1992『弁論術』岩波文庫
伝アリストテレス（村川堅太郎訳）1980『アテナイ人の国制』岩波文庫
有末賢1999『現代大都市の重層的構造』ミネルヴァ書房
アレクザンダー、C（押野見邦英訳）1984「都市はツリーではない」『別冊国文学』5月号、所収
アレン、F・L（藤久ミネ訳）1986『オンリー・イエスタデイ——1920年代・アメリカ』筑摩書房
アレント、H（志水速雄訳）1994『人間の条件』ちくま学芸文庫
イーストホープ、G（川合隆男・霜野寿亮監訳）1982『社会調査方法史』慶應通信
石塚裕道1977『東京の社会経済学史』紀伊國屋書店
石塚裕道1991『日本近代都市論』東京大学出版会
石塚裕道・成田龍一1986『東京都の百年』山川出版社
板垣雄三1992「序　都市性と比較」板垣雄三・後藤明編『事典　イスラームの都市性』亜紀書房、所収
市川浩・柄谷行人・鈴木忠志編1988『季刊　思潮——〈場所〉をめぐって』思想社
井上純一・鈴木浩・三井逸友・加藤哲郎・橋本和孝・吉原直樹1990『東京——世界都市化の構図』青木書店
井上泰夫1996『〈世紀末大転換〉を読む』有斐閣
一番ヶ瀬康子1995「『東京市社会局調査報告書』の歴史的背景とその意義」近現代資料刊行会企画編集『日本近代都市社会調査資料集成1』解

説編、SBB出版会、所収
伊藤誠1995『市場経済と社会主義』（「これからの世界史」シリーズ第11巻）平凡社
今井賢一・金子郁容1988『ネットワーク組織論』岩波書店
今井登志喜1951『都市発達史研究』東京大学出版会
伊豫谷登士翁1993『変貌する世界都市』有斐閣
岩永真治1989「都市的生活様式に関する一考察」名古屋大学大学院文学研究科修士論文
岩永真治1990「都市的生活様式の変容――〈ポスト・フォーディズム〉をめぐる生活様式の諸問題」名古屋大学大学院文学研究科研究論文（未発表）
岩永真治1992「アフター・フォーディズム時代の空間的諸形態――〈情報型発展様式〉のインパクト」三田哲学会編『哲学』第93号、所収
岩永真治1993a「ニューヨーク市におけるコミュニティ活動の現状と課題」『転換期コミュニティ施策の展開と地域形成過程に関する実証研究』地域社会研究所、所収
岩永真治1993b「デイヴィッド・ハーヴェイと現代都市――〈差異〉と〈共通性〉の内的弁証法をもとめて」吉原直樹編『都市の思想――空間論の再構成にむけて』青木書店、所収
岩永真治1994「時間――空間秩序における近代と地域社会」『地域社会学会会報』第68号、所収
岩永真治1995a「市民社会の再―形成とその空間的諸圏域」『地域社会学会会報』第76号、所収
岩永真治1995b「アリストテレスの社会学――その分業論的位相について」第68回日本社会学会大会一般研究報告（1）、理論第2部会、レジュメ
岩永真治1996a「D・ハーヴェイの都市論における空間と場所」地域社会学会編『地域社会学の回顧と展望』（年報第八集）時潮社、所収
岩永真治1996b「シカゴ学派」有末賢・霜野壽亮・関根政美編『社会学入門』弘文堂、所収
岩永真治1996c「世界都市」有末賢・霜野壽亮・関根政美編『社会学入門』弘文堂、所収
岩永真治1996d「アリストテレスの所有論――社会形成の原理の探究」第69回日本社会学会大会一般研究報告（3）、学史・学説第6部会、レジュメ
岩永真治1997「世界都市東京の実験――国民国家を再措定する市民社会」大阪産業大学学会編『大阪産業大学論集　社会科学編』第１０６号、所収
岩永真治1998a「シティズンシップの歴史社会学――都市の成立と発展との関連で」明治学院大学社会学会編『社会学・社会福祉学研究』第１０３号、所収
岩永真治1998b「旧い階級政治を捨て、新しい市民権の政治へ――斉藤・岩永著『都市の美学』出版の社会的文脈」地域社会学会編『シティズンシップと再生する地域社会』学会年報第10集、ハーベスト社、所収
岩永真治1998c「市民権と都市、あるいは地域社会研究の新しい課題について」『地域社会学会会報』第90号、所収の冒頭部分
岩永真治1999a「市民権、国籍、エスニック・マイノリティ――国際地域社会システム論研究序説」明治学院大学『社会学・社会福祉学研究』第１０６号、所収
岩永真治1999b「〈研究ノート〉アリストテレスの所有論」明治学院大学『社会学・社会福祉学研究』第１０６号、所収
岩永真治2000a「国民的アイデンティティ」地域社会学会編『キーワード地域社会学』ハーベスト社、所収
岩永真治2000b「空間の歴史」地域社会学会編『キーワード地域社会学』ハーベスト社、所収
岩永真治2000c「空間の社会理論」地域社会学会編『キーワード地域社会学』ハーベスト社、所収
岩永真治2001「市民権、国籍、エスニック・マイノリティ（続）――国際地域社会システム論研究序説」明治学院大学『社会学・社会福祉学研究』第１０９号、所収
岩永真治2002a「環境とテクノロジー――ひとつの社会学的探究」明治学院大学『社会学・社会福祉学研究』、第１１１号、所収
岩永真治2002b「集まりの構造に関する比較研究――「都市―地域連関」分析の応用」明治学院大学社会学部付属研究所『年報』第32号、所収

岩永真治2003「環境と社会――分析的、展望的理解」明治学院大学『社会学・社会福祉学研究』、第１１５号、所収
岩永真治2005「ヨーロッパ統合のなかの国籍と市民権――都市社会のポストモダンな位相に関する考察」明治学院大学『社会学・社会福祉学研究』、第１１９号、所収
岩永真治2007a「ヨーロッパ統合のなかの地域社会――バスク語の現状と課題をめぐって」明治学院大学『社会学・社会福祉学研究』第１２７号、所収
岩永真治2007b「沖縄県与那国町におけるまちづくり」明治学院大学社会学部付属研究所『年報』第37号、所収
岩永真治2008a「地域主義の現在――与那国町「自立ビジョン」政策をめぐって」明治学院大学社会学部付属研究所『年報』第38号、所収
岩永真治2008b「沖縄県八重山郡与那国町における地域政策の現状と課題――グローバルな地域性の創造とローカルな生活主体のあいだ」明治学院大学社会学部付属研究所『年報』第38号、所収
岩永真治編訳2001「〈特集〉民主主義、都市、市民権」明治学院大学社会学・社会福祉学会『Socially』第9号、所収
岩永真治・中筋直哉2000「総説　空間と場所」地域社会学会編『キーワード地域社会学』ハーベスト社、所収
ウィリアムズ、R（山本和平・他訳）1985『田舎と都市』晶文社
ヴェーバー、M（渡辺金一・弓削達訳）1959『古代社会経済史』東洋経済新報社
ヴェーバー、M（世良晃志郎訳）1964『都市の類型学』創文社
ヴェーバー、M（山本光雄・村上堅太郎訳）1969『政治学・経済学』全集第一五巻、岩波書店
ヴェーバー、M（大塚久雄訳）1989『プロテスタンティズムの倫理と資本主義の精神』岩波文庫
ヴェーバー、M（内田芳明訳）1996『古代ユダヤ教』上・中・下巻、岩波文庫
上田篤1986『日本都市論』講談社文庫
上田閑照1992『場所〈二重世界内存在〉』弘文堂
ウェリギリウス（泉井久之助訳注）1976『アエネーイス』上・下巻、岩波文庫
宇沢弘文・河合隼雄・藤沢令夫・渡辺慧編『都市とは』（「講座・転換期における人間」第4巻）岩波書店
内田満1978『都市デモクラシー』中公新書
内田芳明1987『風景と都市の美学』朝日選書
内田芳明・陣内秀信・三輪修三編1990『歴史と社会――都市の意味するもの』第10号、リブロポート
内田義彦1953『経済学の生誕』未来社
内田義彦1962『経済学の生誕（増補版）』未来社
海野弘1988『モダン都市東京』中公文庫
エッカーマン（山下肇訳）1968-9『ゲーテとの対話』上・中・下巻、岩波文庫
〔第31回〕越冬闘争実行委員会パンフレット
江原由美子1991「フェミニズムとジェンダー」今田高俊・友枝敏雄編『社会学の基礎』有斐閣、所収
エピクロス（出隆・岩崎允胤訳）1959「ヘロドトス宛の手紙」『エピクロス』岩波文庫
エンゲルス、F（大内兵衛・細川嘉六監訳）1960「イギリスにおける労働者階級の状態」『マルクス・エンゲルス全集』大月書店、第2巻、所収
オウィディウス（中村善也訳）1981-4『変身物語』上・下巻、岩波文庫
オーウェンズ、E・J（松原國師訳）1992『古代ギリシャ・ローマの都市』国文社
大久保昌一1989『有機的都市論』都市文化社
大阪市計画調整局企画調整部統計調査課編2000『大阪市勢要覧平成11年版』
大阪市計画調整局企画調整部統計調査課編2000『第87回大阪市統計書平成11年版』
大阪市計画調整局企画調整部統計調査課編2000『統計時報』第４５２号
大阪市経済局編2000『大阪の経済』２０００年版
大阪市市長室秘書部広報課編2001『翔都ＯＳＡＫＡ』

大阪市姉妹都市交流協議会編『大阪市の姉妹都市』
大阪市民生局総務部調査課編2000『民生事業統計集平成10年版』
大阪ビジネスパートナー都市交流協議会編『アジア太平洋地域への扉』
大阪ビジネスパートナー都市交流協議会編『BPC NET WORK』vol.17.
大阪ビジネスパートナー都市交流協議会編『ＢＰＣネットワークセンター』
大澤義信1993「ハル・ハウスと社会学者ジェーン・アダムズ」吉原直樹編『都市の思想』青木書店、所収
大谷信介1986「空間秩序と都市空間のプロブレマティック——現代都市における自己実現」『経済評論』12、所収
大谷信介1995『現代都市住民のパーソナル・ネットワーク』ミネルヴァ書房
大貫良夫編1984『民族の世界史・13民族交錯のアメリカ大陸』山川出版社
奥井復太郎1940『現代都市論』有斐閣
奥田道大1983『都市コミュニティの理論』東京大学出版会
奥田道大1993『都市と地域の文脈を求めて』有信堂
奥田道大1995「異質性共存の場としての都市」東京市政調査会編『都市問題』第86巻第3号、所収
奥田道大2004『都市コミュニティの磁場』東京大学出版会
奥田道大編1995『コミュニティとエスニシティ』「21世紀の都市社会学」シリーズ、第2巻、勁草書房、所収
奥田道大・田嶋淳子編1991『池袋のアジア系外国人』めこん
奥田道大・田嶋淳子編1993『新宿のアジア系外国人』めこん
奥田道大・田嶋淳子編1995『新版・池袋のアジア系外国人』明石書店
奥田道大・広田康生・田嶋淳子編1994『外国人居住者と日本の地域社会』明石書店
オコンナー、J（池上惇・横尾邦夫監訳）1981『現代国家の財政危機』御茶の水書房
長田弘編1995『中井正一評論集』岩波文庫
オッフェ、C（寿福真美編訳）1988『後期資本制社会システム』法政大学出版局
オマリー、M（高島平吾訳）1994『時計と時間——アメリカの時間の歴史』晶文社
カースルズ、S／M・J・ミラー（関根政美・関根薫訳1996『国際移民の時代』名古屋大学出版会
カーン、S（浅野敏夫訳）1993『時間の文化史』上巻、法政大学出版局／（浅野敏夫・久郷丈夫訳）1993『空間の文化史』下巻、法政大学出版局
カステル、M（吉原直樹訳）1982a「都市社会学は存在するか」C・G・ピックバンス編（山田操・他訳）『都市社会学——新しい理論的展望』恒星社厚生閣、所収
カステル、M（吉原直樹訳）1982b「都市社会学における理論とイデオロギー」C・G・ピックバンス編（山田操・他訳）『都市社会学——新しい理論的展望』恒星社厚生閣、所収
カステル、M（鯵坂学訳）1982c「都市社会運動の実証的研究のための理論的提案」C・G・ピックバンス編（山田操・他訳）『都市社会学——新しい理論的展望』恒星社厚生閣、所収
カステル、M（山田操訳）1984『都市問題』恒星社厚生閣
カステル、M（石川淳志監訳）1989『都市・階級・権力』法政大学出版局
加藤秀俊1982『東京の社会学』ＰＨＰ研究所（ＰＨＰ文庫1990）
金倉忠之1991『都市経済と空間理論』東京市調査会
金子勇1982『コミュニティの社会理論』アカデミア出版会
釜が埼キリスト教協友会編2000『教協友会通信48』
樺山紘一・奥田道大編1984『都市の文化』有斐閣選書
加茂利男1988『都市の政治学』自治体研究社
ガルブレイス、J・K（都留重人監訳）1978『不確実性の時代』ＴＢＳブリタニカ
川合隆男監修1993『戸田貞三著作集』大空社
河原温1996『中世ヨーロッパの都市社会』山川出版社
ガンズ、H・J（松本康訳）2006『都市の村人たち』ハーベスト社
カント、I（篠田英雄訳）1964『判断力批判』上・下巻、岩波文庫
キケロー（根本和子・川崎義和・他訳）2000-2『キケロー選集』全四巻、

岩波書店
ギーディオン、S（太田實訳）1969『時間・空間・建築』丸善
喜多野清一1970「解説――日本における家族社会学の定礎者戸田貞三博士」戸田貞三『家族構成』（復刻版）新泉社（川合隆男監修1993『戸田貞三著作集』大空社、別巻、所収）
ギデンズ、A（松尾精文・小幡正敏・叶堂隆三訳）1997『再帰的近代化――近現代における政治、伝統、美的原理』而立書房
ギデンズ、A（佐和隆光訳）2001『暴走する世界――グローバリゼーションは何をどう変えるのか』ダイヤモンド社
ギュルヴィッチ、G（潮見俊隆・寿里茂訳）1956『法社会学』日本評論社
クーパー、W（林瑛二訳）1992『ウィリアム・クーパー詩集』慶應義塾大学法学研究会
クーランジュ、F・de（田辺貞之助）1995『古代都市』白水社
グールドナー、A・W（岩永真治訳）1965「古代ギリシアにおける都市と市民権」明治学院大学『社会学・社会福祉学研究』第１０９号、所収
クック、A（鈴木健次・桜井元雄訳）1978『アメリカ――この巨大さの物語』上・下巻、日本放送出版協会
熊沢誠1989『日本的経営の明暗』筑摩書房
倉沢進1977「都市的生活様式論序説」磯村英一編『現代都市の社会学』鹿島出版会、所収
グラムシ、A〈抄訳〉1994「アメリカニズムとフォーディズム」上村忠男編訳『新編　現代の君主』青木書店、所収
クリステヴァ、J（池田和子訳）1988『外国人――我らの内なるもの』法政大学出版局
ゲーテ、J・W・v（実吉捷郎訳）1956『親和力』岩波文庫
ゲーテ、J・W・v（相良守峰訳）1958『ファウスト』岩波文庫
ゲーテ、J・W・v（関泰祐訳）1965『ウィルヘルム・マイステルの遍歴時代』上・中・下巻、岩波文庫
ゲーテ、J・W・v（高橋義人編訳）1982『自然と象徴』冨山房百科文庫
ゲーテ、J・W・v（小牧健夫訳）1987『西東詩集』岩波文庫
ゲェーリング、J・M編（奥田道大・広田康生編訳）1983『都市の理論のために』多賀出版
幸田露伴1993『一国の首都』岩波文庫
小木新造他編1995-6『江戸東京学への招待』第１‐３巻、日本放送出版協会
国勢調査大阪市実施本部計画調整局企画調整部統計調査課編2000『平成12年国勢調査結果速報』
国土庁編1995『首都圏白書』大蔵省印刷局
国土庁計画・調整局1986「国土政策の課題と戦略に関する調査」東京と情報連絡室報道部調査課編『情報連絡〈資料編〉』No.4.
国土庁・大都市圏整備局編1995『21世紀の新たな首都圏の創造』大蔵省印刷局
国民生活審議会調査部会編1969『コミュニティ』（コミュニティ問題小委員会報告）大蔵省印刷局
越沢明1991a『東京都市計画物語』日本経済評論社
越沢明1991b『東京の都市計画』岩波新書
小路田泰直1991『日本近代都市史研究序説』柏書房
越智昇1982「コミュニティの核を形成する思想」奥田道大他『コミュニティの社会設計』有斐閣、所収
ゴットマン、J（木内信蔵・石水照雄訳）1967『メガロポリス』鹿島出版会
ゴットマン、J／R・A・ハーパー編（宮川泰夫訳）1993『メガロポリスを超えて』鹿島出版会
後藤明1991『メッカ』中公新書
後藤明1993「巨大文明の継承者」佐藤次高・鈴木薫編『都市の文明イスラーム』講談社現代新書、所収
後藤明1993「イスラム国家の成立」同書、所収
こどもの里編2000『こどもよまわりだより1999年越冬』釜が埼キリスト教協友会
駒井洋編1997『新来・定住外国人がわかる事典』明石書店
コリア、B（斉藤日出治・井上泰夫訳）1987「レギュラシオン理論」（平田清明他編『現代市民社会の旋回』昭和堂）
ル・コルビュジエ（樋口清訳）1968『ユルバニスム』鹿島出版会

今野裕昭・高橋英博1996『大都市再生への回路に関する比較社会学的研究』科学研究補助金（一般研究B）研究成果報告書

サイデンステッカー、E（安西徹雄訳）1992『東京　下町　山の手』ちくま学芸文庫

斉藤日出治1990『物象化世界のオルタナティヴ』昭和堂

斉藤日出治・岩永真治1996『都市の美学〈アーバニズム〉』平凡社

斉藤吉広1988「東京圏における雇用問題・雇用政策」東京自治問題研究所編『変動期の都市と雇用』、所収

斉藤真他編1986『アメリカを知る辞典』平凡社

佐伯彰一他編1986『アメリカハンドブック』三省堂

桜井万里子1997『ソクラテスの隣人たち』山川出版社

桜井万里子・本村凌二1997『ギリシアとローマ』世界の歴史5、中央公論社

サッセン、S（森田桐郎・他訳）1992『労働と資本の国際移動――世界都市と移民労働者』岩波書店

佐藤健二1992「都市社会学の社会史――方法分析からの問題提起」倉沢進・町村敬志編『都市社会学のフロンティア』日本評論者、所収

サムナー、G・W（青柳清孝・園田恭一・山本英治訳）1975『フォークウェイズ』青木書店

猿谷要1992『地域からの世界史15　北アメリカ』朝日新聞社

猿谷要他編1984『人物アメリカ史5　カポネの時代』集英社

サンドバーグ、K（安藤一郎訳）1967『シカゴ詩集』岩波文庫

自治省1986「高度情報化と地域社会〈概要〉」東京都情報連絡室報道部調査課編『情報連絡〈資料編〉』No.4.

渋井康広1991「フォード・システム――人間の〈機械化〉に基づく大量生産方式」『三田学会雑誌』84（1）、所収

島崎稔1971「『都市研究』の課題をめぐって」富永健一・倉沢進編『階級と地域社会』中央公論社、所収

島田誠1997『古代ローマの市民社会』山川出版社

清水広一郎・北原敦編1988『概説イタリア史』有斐閣選書

清水知久1992『増補・米国先住民族の歴史』明石書店

社会局調査研究会（代表・佐藤健二）1992『東京市社会局調査の研究』住宅総合研究財団

社会福祉法人大阪市西成区社会福祉協議会編2000『社会福祉にしなり』

ジャカン、P（富田虎男監修・森夏樹訳）1992『アメリカ・インディアン――奪われた大地』創元社

首都機能調査研究会報告1990『東京の新生』東京都

シェイクスピア、W（中野好夫訳）1951『ロミオとジュリエット』新潮文庫

シェイクスピア、W（福田恆存訳）1974『リチャード三世』新潮文庫

シェーンバーグ、R・J（関口篤訳）1995『ミスター・カポネ』上・下巻、青土社

シラー、F（石原達二訳）1977『美学芸術論集』冨山房百科文庫

ジン、H（猿谷要監修・平野孝訳）1982『民衆のアメリカ史　1865-1942（中）』TBSブリタニカ

陣内秀信1985『東京の空間人類学』筑摩書房

陣内秀信1992『東京』「世界の都市の物語」シリーズ、第12巻、文藝春秋

ジンメル、G（居安正訳）1890『社会分化論・社会学』青木書店

ジンメル、G（元浜清海・居安正・向井守訳）1994『貨幣の哲学（分析篇・綜合篇）』著作集第二・三巻、白水社

杉浦章介1993「戦前期東京『山の手』における階層分化と地域文化」『慶應義塾大学日吉紀要　社会科学』第4号、所収

杉山光信1983「『経済学の生誕』の成立――内田義彦の〈市民社会〉をめぐって」『戦後啓蒙と社会科学の思想』新世社、所収

杉山光信1991「構造変動とオルタナティブ」海老塚明・小倉利丸編『レギュラシオン・パラダイム』青弓社、所収

鈴木広1959「都市研究における中範囲理論の試み」日本社会学会編『社会学評論』第35号、所収

鈴木広編1978『都市化の社会学・増補』誠信書房

鈴木広編1992『現代社会を解読する』ミネルヴァ書房

鈴木直次1995『アメリカ産業社会の盛衰』岩波新書

スタヴェンハーゲン、R（加藤一夫監訳）1995『エスニック問題と国際社会』御茶の水書房
セネット、R（今防人訳）1987『権威への反逆』岩波書店
スミス、A（大内兵衛・松川七郎訳）1969『諸国民の富』岩波書店
スタンダール（小林正訳）1984『赤と黒』上・下巻、新潮文庫
セルトー、M・ド（山田登世子訳）1987『日常的実践のポイエティーク』国文社
ゾーボー、H・W（吉原直樹・桑原司・奥田典昭・高橋早苗訳）1997『ゴールド・コーストとスラム』ハーベスト社
総務庁統計局編2000『住所不定者数速報結果大阪市版』
総務庁統計局編1999『労働力調査年報』
総務庁統計局編2000『労働力調査年報』
園田恭一1978『現代コミュニティ理論』東京大学出版会
園部雅久2001『現代大都市社会論』東信堂
大都市制度史編纂委員会編1984『大都市制度史』ぎょうせい
高田保馬1913『分業論』有斐閣
高橋勇悦編1992『大都市社会のリストラクチュアリング』日本評論社
多木浩二1994『都市の政治学』岩波新書
タキトゥス（泉井久之助訳注）1979『ゲルマーニア』岩波文庫
竹田有1993「合衆国メトロポリタンとエスニシティ、人類、階級」歴史学研究会編『南北アメリカの５００年　３　19世紀民衆の世界』青木書店、所収
竹中興滋1995『シカゴ黒人ゲトー成立の社会史』明石書店
田嶋淳子1998『世界都市・東京のアジア系移住者』学文社
谷口誠2004『東アジア共同体』岩波新書
ダンテ（寿岳文章訳）1987『神曲』第１‐３巻、集英社
地域社会学会編1994『年報第６集　転換期の地域社会学』時潮社
チョーサー、G（西脇順三郎訳）1987『カンタベリ物語』上・下巻、ちくま文庫
ディキンソン、R・E（木内信蔵・矢崎武夫訳）1974『都市と広域』鹿島出版会
ディドロ、D（岩永真治訳）2001「市民」明治学院大学社会学・社会福祉学会『Socially』第9号、所収
ディドロ、D（岩永真治訳）2001「都市」明治学院大学『社会学・社会福祉学研究』第１１０号、所収
テーラー、F・W（上野陽一訳編）1995「単位時間の研究」『科学的管理法』産業能率短期大学出版部、所収
デカルト、R（落合太郎訳）1983『方法序説』岩波文庫
デフォー、D（平井正穂訳）1967-71『ロビンソン・クルーソー』上・下巻、岩波文庫
デュルケーム、É（田原音和訳）1971『社会分業論』青木書店
デュルケーム、É（古野清人訳）1975『宗教生活の原初形態』上・下巻、岩波文庫
デランティ、G（佐藤康行訳）2004『グローバル時代のシティズンシップ』日本経済評論社
東京市政調査会編1962『都市問題』第53巻第４号
東京市政調査会編1992『大都市問題への挑戦』日本評論社
土岐寛1995『東京問題の政治学』日本評論社
都市問題研究会編1995『都市問題研究――特集・都市論の現在』第47巻第11号
ドストエフスキー、F・M（木村浩訳）1970『白痴』上・下巻、新潮文庫
ドストエフスキー、F・M（小笠原豊樹訳）1973『虐げられた人びと』新潮文庫
ドストエフスキー、F・M（千種堅訳）1979『永遠の夫』新潮文庫
ドストエフスキー、F・M（原卓也訳）1979『賭博者』新潮文庫
ドストエフスキー、F・M（米川正夫訳）1984『罪と罰』上・下巻、新潮文庫
ドストエフスキー、F・M（米川正夫訳）1989『悪霊』上・下巻、岩波文庫
ドストエフスキー、F・M（江川卓訳）1993『地下室の手記』新潮文庫
トマス、W・I／F・W・ズナニエツキ（桜井厚訳〈抄訳〉）1983『生活史の社会学――ヨーロッパとアメリカにおけるポーランド農民』御茶の水

書房
富永健一1990『日本の近代化と社会変動』講談社学術文庫
トゥーキュディデース（久保正彰訳）1966『戦史』上巻、岩波文庫
トゥキュディデス（藤縄謙三訳）2000『歴史』第一巻、京都大学学術出版会
中川清1985『日本の都市下層』勁草書房
中野重治1929「雨の降る品川駅」『改造』2月号、正津勉編1987『東京詩集（Ⅱ）』作品社、所収
中村八郎1976『都市コミュニティの社会学』有斐閣
中村雄二郎1989『場所〈トポス〉』弘文堂
夏目漱石1988「こころ」『夏目漱石全集』第8巻、ちくま文庫、所収
成田孝三1995『転換期の都市と都市圏』地人書房
成田龍一編1993『都市と民衆』吉川弘文館
成田龍一1994「『少年世界』と読書する少年たち」『思想』第845号、岩波書店、所収
西成区人権啓発推進会編1997『みんなで考えよう明日の西成』
似田貝香門1980「近代日本社会の展開と地域社会」蓮見音彦・奥田道大編『地域社会論』有斐閣、所収
似田貝香門1991「現代社会の地域集団」青井和夫監修、蓮見音彦編集『地域社会学』サイエンス社、所収
似田貝香門1994『都市社会とコミュニティの社会学』日本放送出版協会
ニーチェ、F（秋山英夫訳）1983『悲劇の誕生』岩波文庫
日本社会学会編1962『社会学評論』第13巻第3号
日本都市社会学会編1995『現代都市とエスニシティ』年報第13号
ノーブル、D・W（目白アメリカ研究会訳）1988『アメリカ史像の探求』有斐閣選書
野沢敏治1991『社会形成と諸国民の富』岩波書店
野村達郎1995『ユダヤ移民のニューヨーク』山川出版社
野村達郎1996『大陸国家アメリカの展開』山川出版社
ハーヴェイ、D（松本正美訳〈抄訳〉）1979『地理学基礎論』古今書院
ハーヴェイ、D（竹内啓一・松本正美訳）1980『都市と社会的不平等』日本ブリタニカ
ハーヴェイ、D（松石勝彦・水岡不二雄・他訳）1989-90『空間編成の経済理論――資本の限界』上・下巻、大明堂
ハーヴェイ、D（水岡不二雄監訳）1991『都市の資本論』青木書店
ハーヴェイ、D（吉原直樹監訳）1999『ポストモダニティの条件』シリーズ『社会学の思想』第3巻、青木書店
パーク、R・E／E・W・バーゼス／R・D・マッケンジー（大道安次郎・倉田和四生訳）1972『都市――人間生態学とコミュニティ論』鹿島出版会
パーク、R・E「都市――都市環境における人間行動研究のための若干の提案」R・E・パーク／E・W・バーゼス／R・D・マッケンジー（大道安次郎・倉田和四生訳）1972『都市――人間生態学とコミュニティ論』鹿島出版会、所収
パーク、R・E（町村敬志訳）「社会的実験室としての都市」（町村敬志・好井裕明編訳）1986『実験室としての都市』御茶の水書房、所収
バーク、K（森常治訳）1982『動機の文法』晶文社
バージェス、R・D「近隣住区事業は科学的基礎をもち得るか」R・E・パーク／E・W・バーゼス／R・D・マッケンジー（大道安次郎・倉田和四生訳）1972『都市――人間生態学とコミュニティ論』鹿島出版会、所収
ハーバーマス、J（住野由紀子訳）1996「シティズンシップと国民的アイデンティティ――ヨーロッパの将来について考える」『思想』第867号、所収
ハーバーマス、J（細谷貞雄・山田正行訳）1994『公共性の構造転換』第2版、未来社
ハイアム・J（斎藤眞・阿部齊・古矢旬訳）1994『自由の女神のもとへ――移民とエスニシティ』平凡社
芳賀徹・岡部昌幸1992『写真でみる江戸東京』新潮社
蓮見音彦・山本英二・似田貝香門1981『地域形成の論理』学陽書房

羽田正・三浦徹編1991『イスラム都市研究』東京大学出版会
花崎皋平1993『アイデンティティと共生の哲学』筑摩書房
羽仁五郎1969『都市』岩波新書
パレツキー、S（山本やよい訳）1986『センチメンタル・シカゴ』早川書房
ハワード、E（長素連訳）1968『明日の田園都市』鹿島出版会、SD選書
ハンチントン、S（鈴木主税訳）1998『文明の衝突』集英社
ハンマー、T（近藤敦訳）『永住市民と国民国家――定住外国人の政治参加』明石書店
飛騨直文2000『自治体国際化フォーラム』第１３０号、財団法人自治体国際化協会
ピックバンス、C・G編（山田操訳）1982『都市社会学――新しい理論的展望』恒星社厚生閣
平田清明1969『市民社会と社会主義』岩波書店
平田清明1971『経済学と歴史認識』岩波書店
平田清明1982『経済学批判への方法叙説』岩波書店
平田清明1989「異文化接触と蓄積体制――レギュラシオン・アプローチの学際的展開」創立60周年記念論文集編集委員会編『神奈川大学創立60周年記念論文集』神奈川大学、所収
平田清明1993『市民社会とレギュラシオン』岩波書店
平井正・他1983『都市大衆文化の成立』有斐閣
広田康生2003『エスニシティと都市［新版］』有信堂
ピンチ、S（神谷浩夫訳）1990『都市問題と公共サービス』古今書院
フーコー、M（渡辺守章訳）1986『知への意志　性の歴史Ⅰ』新潮社
フーコー、M（田村俶・雲和子訳）2004『自己のテクノロジー――フーコー・セミナーの記録』岩波書店
フィッシャー、C・S（奥田道大・広田康生訳）1983「アーバニズムの下位文化理論に向けて」奥田道大・広田康生編訳『都市の理論のために――現代都市社会学の再検討』多賀出版、所収
フィッシャー、C・S（松本康・前田尚子訳）1996『都市的体験』未来社
フィンリー、M・I（下田立行訳）1994『オデュッセウスの世界』岩波文庫
フェアリス、R・E・L（奥田道大・広田康生訳）1990『シカゴ・ソシオロジー――1920-1932』ハーベスト社
フォイエルバッハ、L（植村晋六訳）1930『将来の哲学の根本命題・他二篇』岩波文庫
藤田弘夫1990『都市と国家』ミネルヴァ書房
藤田弘夫1991『都市と権力』創文社
藤田弘夫1993『都市の論理』中公新書
プラトーン（森進一訳）1968『饗宴』新潮文庫
プラトーン（田中美知太郎・池田美恵訳）1984『ソークラテースの弁明・クリトーン・パイドーン』新潮文庫
プラトン（田中美知太郎・藤沢令夫編、種山恭子・田之頭安彦訳）1975「ティマイオス・クリティアス」『プラトン全集』第12巻、岩波書店、所収
プラトン（藤沢令夫訳）1979『国家』上・下巻、岩波文庫
ブルデュー、P（石井洋二郎訳）1990『ディスタンクシオン1、2――社会的判断力批判』藤原書店
フロイト、S（高橋義孝訳）1969『夢判断』上・下巻、新潮文庫
ベック、U（東廉・伊藤美登里訳）1998『危険社会――新しい近代への道』法政大学出版局
ベック、U（木前利秋・中村健吾監訳）2005『グローバル化の社会学』国文社
ヘミングウェイ、E（大久保康雄訳）1984『武器よさらば』新潮文庫
ベル、D（林雄二郎訳）1976-7『資本主義の文化的矛盾』上・中・下巻、講談社学術文庫
ヘロドトス（松平千秋訳）1971-2『歴史』上・中・下巻、岩波文庫
伝ヘロドトス（松平千秋訳）1992「ホメロス伝」『イリアス』下巻、岩波文庫、所収
ベンヤミン、W 1935「パリ――十九世紀の首都」（川村二郎・野村修編）1975『ボードレール（新編増補）』晶文社、ヴァルター・ベンヤミン著作集6、所収

ベンヤミン、W（今村仁司・他訳）1982『パサージュ論　I』岩波書店

ボードレール、C 1964「現代生活の画家」福永武彦編集『ボードレール全集』Ⅳ、人文書院、所収

ホーリー、A（矢崎武夫監訳）1980『都市社会の人間生態学』時潮社

ホール、E・T（日高敏隆・佐藤信行訳）1970『かくれた次元』みすず書房

穂積重遠1927「〈紹介批評〉戸田貞三著『家族の研究』」日本社会学会編『社会学雑誌』第33号、川合隆男監修『戸田貞三著作集』別巻、収録

ホメーロス（呉茂一訳）1953-8『イーリアス』上・中・下巻、岩波文庫

ホメーロス（呉茂一訳）1971-2『オデュッセイアー』上・下巻、岩波文庫

ホメロス（松平千秋訳）1994『イリアス』上・下巻、岩波文庫

ホメロス（松平千秋訳）1994『オデュッセイア』上・下巻、岩波文庫

ボワイエ、R（山田鋭夫訳）1989『レギュラシオン理論』新評論、新版1990藤原書店

ボワイエ、R編（山田鋭夫訳）1988『世紀末資本主義』日本評論社

ホワイト、W・H（岡部慶三・他訳）1959『組織のなかの人間』上・下巻、東京創元社

本田創造1991『〈新版〉アメリカ黒人の歴史』岩波新書

マーシャル、T・H／T・ボットモア（岩崎信彦・中村健吾訳）1993『シティズンシップと社会的階級――近現代を総括するマニュフェスト』法律文化社

前田愛1982『都市空間のなかの文学』筑摩書房（ちくま学芸文庫1992）

前田徹1996『都市国家の誕生』山川出版社

マキアヴェッリ、N（黒田正利訳）1959『君主論』岩波文庫

増田四郎1978『都市』筑摩書房（ちくま学芸文庫1994）

増田四郎1995『西欧市民意識の形成』講談社

町村敬志1983「都市社会論の国家論的位相――〈新しい都市社会学〉をめぐって」『思想』No.711.所収

町村敬志1986「現代都市の構造的変容――〈世界都市〉化のインパクト」庄司興吉編『世界社会の構造と動態』法政大学出版局、所収

町村敬志1985「都市社会運動における構造と主体――社会運動のロマンチシズムをこえて」『思想』第737号、所収

町村敬志1992a「『世界都市』化する東京」倉沢進・町村敬志編1992『都市社会学のフロンティア　1　構造・空間・方法』日本評論社

町村敬志1992b「グローバリゼーションと世界都市形成」梶田孝道編『国際社会学』名古屋大学出版会

町村敬志1994『「世界都市」東京の構造転換』東京大学出版会

マッキンタイア、A（篠崎栄訳）1993『美徳なき時代』みすず書房

松下圭一1971『シビル・ミニマムの思想』東京大学出版会

松原岩五郎1988『最暗黒の東京』岩波文庫

松原宏1988『不動産資本と都市開発』ミネルヴァ書房

松原宏1990「都市経済地理学をめぐる理論の動向と課題」『人文地理』42（4）、所収

松原治郎1978『コミュニティの社会学』東京大学出版会

松原治郎・似田貝香門編1976『住民運動の論理』学陽書房

松原治郎・山本英治編1975『現代のエスプリ――住民運動』No.93. 至文堂

松本康1990「新しいアーバニズム論の可能性」『名古屋大学社会学論集』第11号、所収

松本康1992a「アーバニズムと社会的ネットワーク」『名古屋大学文学部研究論集』第14号、所収

松本康1992b「都市はなにを生み出すか」森岡清志・松本康編『都市社会学のフロンティア2　生活・関係・文化』日本評論社、所収

マルクーゼ、H（生松敬三・三沢謙一訳）1980『一次元的人間』河出書房新社

マルクス、K（城塚登・田中吉六訳）1964『経済学・哲学草稿』岩波文庫

マルクス、K（高木幸二郎監訳）1958-65『経済学批判要綱』大月書店

マルクス、K（全集刊行委員会訳）1968『資本論』全3巻、第5分冊、大月書店

マルクス、K／F・エンゲルス（廣松渉編訳）1974『ドイツ・イデオロギー』河出書房新社

マン、T（山崎章甫・高橋重臣訳）1992『ゲーテとトルストイ』岩波文庫

マンフォード、L（生田勉訳）1979『歴史の都市　明日の都市』新潮社
三木亘1998『世界史の第二ラウンドは可能か――イスラーム世界の観点から』平凡社
三島由紀夫1977『春の雪（豊饒の海・一）』『奔馬（同・二）』『暁の寺（同・三）』『天人五衰（同・四）』新潮文庫
水内俊雄1994「近代都市史研究と地理学」『経済地理学年報』第40巻第1号、所収
水越伸1993『メディアの生成』同文館
南博・社会心理研究所編1987a『大正文化1905-1927（新装版）』勁草書房
南博・社会心理研究所編1987b『昭和文化1925-1945』勁草書房
宮島喬2004『ヨーロッパ市民の誕生』岩波新書
宮田親平1995『だれが風を見たでしょう』文藝春秋
宮本憲一1980『都市経済論』筑摩書房
宮本憲一1989『経済大国』昭和の歴史　第10巻、小学館
宮本憲一1967『社会資本論』有斐閣（改訂版1976）
宮本太郎1990「ポスト・フォーディズムを問題にする意味」『窓』5、所収
ミル、J（渡辺輝雄訳）1965『経済学要綱』古典経済学叢書、春秋社
ミルズ、C・W（鈴木広訳）1965『社会学的想像力』紀伊國屋書店
ミンジオーネ、E（藤田弘夫訳）1985『都市と社会紛争』新泉社
村川堅太郎・長谷川博隆・高橋秀1993『ギリシア・ローマの盛衰』講談社学術文庫
メルヴィル、H（田中西二郎訳）1952『白鯨』上・下巻、新潮文庫
モンテスキュー、C・L・de（野田良之・稲本洋之助・上原行雄・田中治男・三辺博之訳）1987-8『法の精神』上・中・下巻、岩波文庫
モンテーニュ、M・de（原二郎訳）1965-7『エセー』全6巻、岩波文庫
矢崎武夫1962『日本都市の発展過程』弘文堂
矢澤修次郎1990「アメリカ的生活様式とは何か」生活総合研究所『生活共同組合研究』4、所収
矢澤修次郎・岩崎信彦編1989『都市社会運動の可能性』「地域と自治体」第17集、自治体研究社、所収
矢澤澄子編1993『都市と女性の社会学』サイエンス社
山田鋭夫1991『レギュラシオン・アプローチ』藤原書店
山田鋭夫1994『20世紀資本主義』有斐閣
山之内靖1991a「システム社会の現代的位相〈上〉――アイデンティティーの不確定性を中心に」『思想』No.804、所収
山之内靖1991b「市民社会派の系譜とレギュラシオン理論」海老塚明・小倉利丸編『レギュラシオン・パラダイム』青弓社、所収
吉田伸之「都市の近世」三木亘1998『世界史の第二ラウンドは可能か――イスラーム世界の観点から』平凡社、所収
吉田伸之編1992『日本の近世9　都市の時代』児玉幸多・ドナルド・キーン・司馬遼太郎監修、辻達也・朝尾直弘編集、中央公論社
吉原直樹1983『都市社会学の基本問題』青木書店
吉原直樹1991「オータナティブのゆくえ――現代都市理論」井上純一・谷口浩司・林弥富編『転換期と社会学の理論』法律文化社
吉原直樹1994『都市空間の社会理論――ニュー・アーバン・ソシオロジーの射程』東京大学出版会
吉原直樹編1993『都市の思想』青木書店
吉原直樹・岩崎信彦編1986『都市論のフロンティア』有斐閣選書
吉見俊哉1987『都市のドラマトゥルギー――東京・盛り場の社会史』弘文堂
吉見俊哉1987「空間の実践――都市社会学における空間概念の革新にむけて」倉沢進・町村敬志編1992、所収
吉見俊哉1995『「声」の資本主義』講談社
ラカン、J（佐々木孝次・宮本忠雄訳）1972-81『エクリ』弘文堂
ラカン、J（佐々木孝次・原和之・川崎惣一訳）2005-6『無意識の形成物』上・下巻、岩波書店
リースマン、D（加藤秀俊訳）1964『孤独な群集』みすず書房
リーデル、M（常俊宗三郎・河上倫逸監訳）1990『市民社会の概念史』以文社
リオタール、J・F（小林康夫訳）1986『ポストモダンの条件』風の薔薇

〔星雲社〕
李光一1995「デニズンと国民国家」『思想』岩波書店、8月号、所収
リピエッツ、A（若森章孝・井上泰夫訳）1987『奇跡と幻影』新評論
リピエッツ、A（若森章孝訳）1990『勇気ある選択』藤原書店
リンド、R・S／H・M・リンド（中村八朗訳）1990『ミドゥルタウン』青木書店
ルソー、J-J（桑原武夫・他訳）1954『社会契約論』岩波文庫
ルソー、J-J（小林善彦訳）1976『言語起源論』現代思潮社
ルクレーティウス（樋口勝彦訳）1961『物の本質について』岩波文庫
ルフェーヴル、H（森本和夫訳）1968『都市への権利』筑摩書房
ルフェーヴル、H（宗左近・古田幸男監訳）1972『現代への序説』上・下巻、法政大学出版局
ルフェーヴル、H（今井成美訳）1974『都市革命』晶文社
ルフェーヴル、H（斉藤日出治訳）2000『空間の生産』青木書店
ルボルニュ、D／A・リピエッツ（斉藤日出治訳）1988「新たなテクノロジーと新たな調整様式」『クライシス』35、所収
ルボルニュ、D／A・リピエッツ（斉藤日出治訳）1990「ポスト・フォーディズムに関する謬見と未解決の論争」『窓』4、所収
レヴィ=ストロース、C（荒川幾男訳）『人類と歴史』みすず書房
ロー、S（山田操・吉原直樹訳）1989『都市社会運動──カステル以後の都市』恒星社厚生閣
ローレンス、D・H（伊藤整訳）1984『チャタレイ夫人の恋人』新潮文庫
ワース、L（今野敏彦訳）1981『ゲットー』マルジュ社
ワース、L（今野敏彦訳）1985『ユダヤ人問題の原型・ゲットー』明石書店
ワース、L（高橋勇悦訳）1965「生活様式としてのアーバニズム」鈴木広編『都市化の社会学（増補）』誠心書房、所収
若林幹夫1992『熱い都市　冷たい都市』弘文堂
若森章孝1991「レギュラシオン・アプローチの挑戦──経済学から社会関係・国家論へ」『窓』9、所収
渡辺淳1984『パリの世紀末』中公新書
渡辺俊一1977『アメリカ都市計画とコミュニティ理念』技報堂
和辻哲郎1979『風土』岩波文庫
Asahi.com（2005.5.1）「東アジア共同体に反対、アーミテージ氏会見」
http://www.asahi.com/0114/news/business14003.html
http://www.asahi.com/0114/news/business14004.html
http://www.asahi.com/0227/news/international2009.html
http://www.asahi.com/1222/news/international22001.html
http://www.kansai-airport.or.jp/flight/network

## 欧文文献

Abu-Lughod, J. L. 1999. *New York, Chicago, Los Angeles: America's Global Cities*, University of Minnesota Press.
Addams, J. 1973. *Twenty Years at Hull-House*, Macmillan.（柴田善守訳1969『ハル・ハウスの20年』岩崎学術出版社）
Adorno, T. W. 1951. *Minima Moralia*, Suhrkamp.（三光長治訳1979『ミニマ・モラリア──傷ついた生活裡の省察』法政大学出版局）
Aglietta, M. 1976. *Régulation et Crises du Capitalisme: L'Expérience des Etas Unis*, Calmann Lévy.（若森章孝・山田鋭夫・大田一廣訳1989『資本主義のレギュラシオン理論──政治経済学の革新』大村書店）
Aglietta, M. and A. Brender. 1984. *Les Métamorphoses de la Société Salariale*, Calmann Lévy.（斉藤日出治・他訳1990『勤労者社会の転換──フォーディズムから勤労者民主制へ』日本評論社）
Aglietta, M. and A. Orléan. 1984. *La Violence de la Monnaie*, 2e éd., PUF.（井上泰夫・斉藤日出治訳1991『貨幣の暴力──金融危機のレギュラシオン・アプローチ』法政大学出版局）
Alejandro, R. 1993. *Hermeneutics, Citizenship, and the Public Sphere*, State University of New York Press.

Alexander, J. C. ed. 1998. *Real Civil Societies: Dilemmas of Institutionalization*, Sage Publications Ltd.

Allen, F. L. 1931. *Only Yesterday*, Harper & Brothers.（藤久ミネ訳1986『オンリー・イエスタデイ――１９２０年代・アメリカ』筑摩書房）

Allen, J., D. Massey. and A. Cochrane. 1998. *Rethinking the Region*, Routledge.

Amin, S. 1997. *Capitalism in the Age of Globalization: The Management of Contemporary Society*, Zed Books Ltd.

Amoroso, B. 1996. *Della globalizzazione*, La Meridiana.

Anderson, J. 1999. *German Unification and the Union of Europe: The Domestic Politics of Integration Policy*, Cambridge University Press.

Angenendt, S. 1997. *Deutsche Migrationspolitik im neuen Europa*, Leske + Budrich.

Arendt, H. 1958. *The Human Coudition*, University of Chicago Press.（志水速雄訳1994『人間の条件』ちくま学芸文庫）

Aristotle. 1929., 1934. *Physics*, Harvard University Press. Loeb Classical Library, No.228., 255., Wickstead, P. H. and F. M. Cornford. trans.（出隆・岩崎允胤訳「自然学」『アリストテレス全集』第３巻、岩波書店）

Aurenche, O., et al. 1981. Chronologie et organization de l'espace dans le Proche-Orient de 12000 à 5600 av. J.-C. in: *Préhistoire du Levant*, Colloques internationaux du C. N. R. S.

Badham, R. and J. Mathews. 1989. The new production systems debate, in: *Labor and Industry*, 2.2.

Bagnasco, A. 1987. *Einaudi*.

Bailey, N. 1757. *A Universal Etymological English Dictionary*.

Bailly, A. 2000. *Dictionnaire, Grec-Français*, Hachette.

Bairoch, P. 1988. *Cities and Economic Development*, The university of Chicago Press.

Baldwin, T., J. Abel. and E. Skinner. 1980. New communication technologies and mass media environment: a question of access, in: *National Forum*, 28-30. Summer.

Banchoff, T. and M. P. Smith. eds. 1999. *Legitimacy and the European Union: The Contested Policy*, Routledge.

Banfield, E. C. ed. 1992. *Civility and Citizenship in Liberal Democratic Societies*, Paragon House.

Banuri, T. et al. 1992. *Un autre partage*, Érès.

Barbieri Jr., W. A. 1998. *Ethnics of Citizenship: Immigration and Group Rights in Germany*, Duke University Press.

Baudelaire, C. 1863. Guys: Le peintre de la vie moderne, in: F.-F. Gautier. éd. *L'Art Romantique*, Œeuvres Complètes de Charles Baudelaire, Édition de la Nouvelle Revue Française.（1964「現代生活の画家」福永武彦編集『ボードレール全集』IV、人文書院、所収）

Baudrillard, J. et al. 1991. *Citoyenneté et urbanité*, Éditions Esprit.

Bauman, Z. 1998. *Globalization: The Human Consequences*, Columbia University Press.

Beauregard, R. A. ed. 1989a. Economic restructuring and political response, in: *Urban Affaires Annual Reviews*, 34, Sage.

Beauregard, R. A. ed. 1989b. *Atop the Urban Hierarchy*, Rowman & Littlefield Publishers Inc.

Beck, U. 1986. *Riskogesellschaft: Auf dem Weg in eine andere Moderne*, Suhrkamp Verlag.（東廉・伊藤美登里訳1998『危険社会――新しい近代への道』法政大学出版局）

Beck, U. 1997. *Was ist Globalisierung?*, Suhrkamp Verlag. trans. 2000. *What is Globalization?*, Polity Press.（木前利秋・中村健吾監訳2005『グローバル化の社会学』国文社）

Beiner, R. ed. 1995. *Theorizing Citizenship*, State University of New York Press.

Bell, D. 1976. *The Cultural Contradictions of Capitalism*, Basic Books.（林雄二郎訳1976-7『資本主義の文化的矛盾』上・中・下巻、講談社学術文庫）

Bell, D. 1987. The world and the United States in 2013, in: *Daedalus*, 116.3.

Bendix, R. 1996. *National Building & Citizenship*, Transaction Publishers.

Benjamin, W. 1982. *Das Passagen-Werk*, Herausgegeben von Rolf Tiedermann, Suhrkamp Verlag.（今村仁司・他訳1982『パサージュ論 I』岩波書店）

Berman, M. 1982. *All That is Solid Melts into Air*, Simon & Schuster.

Bettin, G. 1979. *I sociologi della città*, Il Mulino.

Blanc, M. et al. 1992. Urbanité et citoyenneté, in: *Espace et Sociétés*, No.68. L'Harmattan.

Bleustone, B. and B. Harrison. 1982. *The Deindustrialization of America*, Basic Books.

Bobroff, J., E. Campagnac. and P. Veltz. 1980. Division du travail et modes de vie: à propos de quelques orientation nouvelles dans la recherche urbaine en France, in: *Anthropologie et Sociétés*, 4.

Body-Gendrot, S. 1993. *Ville et violence: L'Irruption de nouveaux acteurs*, Presses Universitaires de France.

Body-Gendrot, S. 2000. *The Social Control of Cities?: A Comparative Perspective*, Blackwell.

Bordes, J. 1982. *Politeia dans la pensée grecque jusqu'à Aristote*.

Bourdieu, P. 1977. *Outline of a Theory of Practice*, Cambridge University Press.

Bourdieu, P. 1979, 1989, 1990. *La Distinction*, Édition de Minuit.（石井洋二郎訳1990『ディスタンクシオンI、II──社会的判断力批判』藤原書店）

Boyer, R. 1986. *La Théorie de la régulation: une analyse critique*, La Découverte.（山田鋭夫訳1989『レギュラシオン理論』新評論、新版1990藤原書店）

Boyer, R. 1989. *Division du travail, changement technique et croissance: un retour à Adam Smith*, Décembre.

Boyer, R. éd. 1986. *Capitalismes fin de siècle*, PUF.（山田鋭夫訳1988『世紀末資本主義』日本評論社）

Breton, R. J.-L. 1997. *Atlas of the Languages and Ethnic Communities of South Asia*, Sage Publications India Pvt Ltd.

Briggs, A. 1968. *Victorian Cities*, Penguin.

Brown, J. 1851. *A Dictionary of the Holy Bible*, Blackie.

Brubaker, R. 1992. *Citizenship and Nationhood in France and Germany*, Harvard University Press.（佐藤成基・佐々木てる監訳2005『フランスとドイツの国籍とネーション──国籍形成の比較歴史社会学』明石書店）

Bryan, M. L. M. and A. F. Davis. eds. 1990. *100 Years at Hull-House*, Indiana.

Bulmer, M. 1984. *The Chicago School of Sociology: Institutionalization, Diversity, and the Rise of Sociologist Research*, University of Chicago Press.

Bulmer, M. and A. M. Rees. eds. 1996. *Citizenship today: The contemporary relevance of T. H. Marshall*, UCL Press.

Burgess, R. D. 1925. Can neighborhood work have a scientific basis?, in: Park R. E. et al. eds. *The City*, University of Chicago Press.（大道安次郎・倉田和四夫訳1972「近隣住区事業は科学的基礎をもち得るか」R・E・パーク／E・W・バーゼス／R・D・マッケンジー『都市──人間生態学とコミュニティ論』鹿島出版会、所収）

Burgess, R., M. Carmona. and T. Kolstee. eds. *The Challenge of Sustainable Cities: Neoliberalism and Urban Strategies in Developing Countries*, Zed Books.

Burke, K. 1945. *A Grammer of Motives*, Prentice-Hall.（森常治訳1982『動機の文法』晶文社）

Burnham, D. D. and E. H. Bennett. 1909. *Plan of Chicago*, Commercial Club.

Calabrese, A. and J.-C. Burgelman. 1999. *Communication, Citizenship, and Social Policy: Rethinking the Limits of the Welfare State*, Rowman & Littlefield Publishers Inc.

Calvino, I. 1981. *If on a Winter's Night a Traveler*, Basic Books.

Capello, R., P. Nijkamp. and G. Pepping. 1999. *Sustainable Cities and Energy Policies*, Springer-Verlag Berlin.

Capin, W. D. 1997. *Germany for the Germans?: The Political of International Migration*, Greenwood Press.

Carmy, M. and D. Shearer. 1980. *Economic Democracy*, Shape.

Castells, M. 1969. Y a-t-il une sociologie urbaine, in: *Sociologie du Travail*, No.4.（吉原直樹訳1982「都市社会学は存在するか」C・G・ピックバンス編『都市社会学──新しい理論的展望』恒星社厚生閣、所収）

Castells, M. 1969. Théorie et idéologie en sociologie urbaine, in: *Sociologie et Sociétés*, t.1., No.2.（吉原直樹訳1982「都市社会学における理論とイデオロギー」C・G・ピックバンス編『都市社会学──新しい理論的展望』恒星社厚生閣、所収）

Castells, M. 1972. *La Question urbaine*, Maspero.（山田操訳1984『都市問題』恒星社厚生閣）

Castells, M. 1975. Immigrant Workers and Class Struggles in Advanced Capitalism: The Western European Experience, in: *Politics and Society*, 5.

Castells, M. 1976a. Is There an Urban Sociology?, in: C. G. Pickvance. ed. *Urban Sociology: Critical Essays*, Tavistock Publivations.（吉原直樹訳1982「都市社会

学は存在するか」C・G・ピックバンス編『都市社会学——新しい理論的展望』恒星社厚生閣、所収）

Castells, M. 1976b. Theory and ideology in urban sociology, in: C. G. Pickvance. ed., op. cit.（吉原直樹訳1982「都市社会学における理論とイデオロギー」C・G・ピックバンス編『都市社会学——新しい理論的展望』恒星社厚生閣、所収）

Castells, M. 1976c. Theoretical propositions for an experimental study of urban social movements, in: C. G. Pickvance. ed., op. cit.（鰺坂学訳1982「都市社会運動の実証的研究のための理論的提案」C・G・ピックバンス編『都市社会学——新しい理論的展望』恒星社厚生閣、所収）

Castells, M. 1977. *The Urban Question*, Edward Arnold.（山田操訳1984『都市問題』恒星社厚生閣）

Castells, M. 1978a. *City, Class and Power*, Macmillan.（石川淳志監訳1989『都市・階級・権力』法政大学出版局）

Castells, M. 1978b. Urban social movements and the struggles for democracy: the citizens movement in Madrid, in: *International Journal of Urban and Regional Research*, 2.

Castells, M. 1979. The service economy and the post-industrial society, in: *International Journal of Health Services*, 6.4.

Castells, M. 1980. Cities and regions beyond the crisis: invitation to a debate, in: *International Journal of Urban and Regional Research*, 4.

Castells, M. 1981. Local government, urban crisis, and political change, in: *Political Power and Social Theory*, 2.

Castells, M. 1983a. *The City and the Grassroots: A Cross-Cultural Theory of Urban Social Movements*, Edward Arnold.

Castells, M. 1983b. Crisis, planning, and the quality of life: managing the new historical relationships between space and society, in: *Environment and Planning D: Society and Space*, 1.

Castells, M. 1984. Space and society: managing the new historical relationships. in: M. P. Smith. ed. *Cities in Transformation*, Sage.

Castells, M. 1985a. High technology, economic restructuring, and the urban-regional process in the United States, in: *Urban Affairs Annual Review*, 28.

Castells, M. 1985b. Comentary on G. C. Pickvance's 'The Rise and Fall of Urban Movements', in: *Environment and Planning D: Society and Space*, 3.

Castells, M. 1989a. *Informational City*, Blackwell.

Castells, M. 1989b. Social movements and the informational city, in: *Hitotsubashi Journal of Social Studies*, 21.

Castells, M. 1996. The Rise of the Network Society, The Information Age: Economy, Society and Culture, Vol.1., Blackwell.

Castells, M. ed. 1985. High technology, economic restructuring, and the urbannology, *Space, and Society*, Sage.

Castells, M. and E. de Ipola. 1976. Epistemological practice and the social science, in: *Economy and Society*, 5.

Castells, M. and J. H. Mollenkopf. eds. 1991. *Dual City: Restructuring of New York*, Russell Sage Foundation.

Castles, S. and M. J. Miller. 1993. *The Age of Migration*, Guilford Press.（関根政美・関根薫訳1996『国際移民の時代』名古屋大学出版会）

Castells, M. and P. Hall. 1994. *Technopoles of the World*, Routledge.

Cesarani, D. and M. Fulbrook. eds. 1996. *Citizenship, Nationality and Migration in Europe*, Routledge.

Chase-Dunn, C. 1984. Urbanization in the world-system: new directions for research, in: M. P. Smith. ed. 1984.

Chase-Dunn, C. 1985. The system of world cities, A. D. 800-1975, in: Timberlake. ed.1985.

Chase-Dunn, C. 1989. *Global Formation: Structures of the World-Economy*, Blackwell.

Childe, V. G. 1950. The urban revolution, in: *The Town Planning Review*, Vol.21., No.1.

Ciucci, G. et al. 1973. *La città americana dalla guerra civile al New Deal*, Guis, Laterza & Figli.

Clark, G. 1961. *World Prehistory in New Perspective*, Cambridge University Press., 3rd ed. 1977.

Clark, D. 1996. *Urban World/Global City*, Routledge.

Cleary, E. L. 1997. *The Struggle for Human Rights in Latin America*, Praeger

Publishers.

Cohen, J. L. and A. Arato. 1994. *Civil Society and Political Theory*, The MIT Press.

Cohen, L. 1990. *Making a New Deal*, Cambridge University Press.

Cohen, M. N. 1977. *The Food Crisis in Prehistory*, Yale University Press.

Cohen, R. B. 1981. The new international division of labor, multinational corporations and urban hierarchy, in: M. Dear. and A. J. Scott. eds. 1981. *Urbanization and Urban Planning in Capitalist Society*, Methum.

Cohen, R. and P. Kennedy. 2000. *Global Sociology*, Macmillan.

Collier, U. 1997. Developing responses to the climate change issue in the EU: the role of subsidiarity and shared responsibility, in: U. Collier., J. Golub. and A. Kreher. eds. *Subsidiarity and Shared Responsibility: New Challenges for EU Environmental Policy*, Schriftenreihe des Europäischen Zentrum für Föderalismus-Forschung. Band.9., Nomos Verlagsgesellschaft.

Collier, U., J. Golub. and A. Kreher. eds. 1997. *Subsidiarity and Shared Responsibility: New Challenges for EU Environmental Policy*, Schriftenreihe des Europäischen Zentrums für Föderalismus-Forschung. Band.9., Nomos Verlagsgesellschaft.

Condit, C. W. 1973. *Chicago 1910-29*, The University of Chicago Press.

Cooke, A. 1973. *Alisair Cooke's America*, British Broadcasting Corporation of London.（鈴木健次・桜井元雄訳1978『アメリカ――この巨大さの物語』上・下巻、日本放送出版協会）

Coornaert, M. and S. Ostrowetsky. 1992. H. Lefebvre, in: *Espaces et Sociétés*, 68.

Coriat, B. 1990. De Taylor à OHNO: La Révolution Japonaise en Gestion de Production, Communication au Colloque International: Autour du "Modèle Japonais" in: *IRESCO-CNRS*, Février.

Cornell, S. and D. Hartmann. 1998. *Ethnicity and Race: Making Identities in a Changing World*, Pine Forge Press.

Courlet, et al. 1987a. *Etudes sur les Politiques Indusrielles Locales dans le Cadre de la Promotion des P. M. E.*, Report., Instiut de Recherches Economique et Prospectives.

Courlet, C. 1987b. Developpement territorial et systems productifs locaux en Italie. in: *Notes et Documents*, No.22.

Crouch, C. ed. 1979. *State and Economy in Contemporary Capitalism*, Croom Helm.

Culpitt, I. 1992. *Welfare and Citizenship*, Sage.

Cuniberti, M. 1997. *La Cittadinanza: Libertà dell'uomo e libertà del cittadino nella costituzione italiana*, Cedam.

Dahrendorf, R. 1994. The changing quality of citizenship, in: B. van Steenbergen. ed.

Dante, A. 1309-20. *Divina Commedia*.（寿岳文章訳1987『神曲』第１－３巻、集英社）

Dauzat, A. et al. 1994. *Dictionnaire etymologique et historique du français*, Larousse.

Davis, M. 1984. The political economy of Late-Imperial America. in: *New Left Review*, 143.

de Beer, J. and L. Van Wissen. eds. 1999. *Europe: One Continent, Different Worlds: Population Scenarios for the 21st Century*, Kluwer Academic Publishers.

de Certeau, M. 1980. *L'Invention de quotidian, 1, Arts de faire*, Union Générale d'Éditions.（山田登世子訳1987『日常的実践のポイエティーク』国文社）

de Tocqueville, A. 1988 L'Ancien régime et la révolution, Flammarion.（井伊玄太郎訳1997『アンシャン・レジームと革命』講談社学術文庫）

Deegan, M. J. 1988/1990. *Jane Adams and the men of the Chicago School 1892-1918*, Transaction.

Delanty, G. 2000. *Citizenship in a Global Age*, Open University Press.（佐藤康行訳2004『グローバル時代のシティズンシップ』日本経済評論社）

Delome, R. 1990. The state and economic development. in: *Paris: CEPREMAP*, no.9102.

Dickens, P. 1990. *Urban Sociology*, Harvester Wheatsheaf.

Dickens, P. 1992. *Society and Nature towards a Green Social Theory*, Harvester Wheatsheaf.

Dickinson, R. E. 1964. *City and Region*, Routledge & Kegan Paul.（木内信蔵・矢崎武夫訳1974『都市と広域』鹿島出版会）

Diderot, D. *Cité*.（岩永真治訳2001「都市」明治学院大学『社会学・社会福祉学研究』第１１０号、所収）

Diderot, D. *Citoyen*,（岩永真治訳2001「市民」明治学院大学社会学・社会福祉学会『Socially』第９号、所収）

Dijksterhuis, E. J. 1955. *The principal works of Simon Stevin*, S-vets and Zeitlinger.

Diner, S. T. 1975. Department and discipline: the department of sociology at the University of Chicago, 1892-1920, in: *Minerva*, 13.4.

Diner, S. T. 1980. *A City and its Universities: Public Policy in Chicago School, 1892-1919*, University of North Carolina Press.

Dogan, K. and J. D. Kasada. eds. 1988. *The Metropolis Era, 1: A World of Giant Cities*, Sage.

Douglas, M. and J. Friedmann. eds. 1998. *Cities for Citizens: Planning and the Rise of Civil Society in a Global Age*, John Wiley & Sons Ltd.

Dumas, L. ed. 1982. *The Political Economy of Arms Reduction*, Boulder, CO: Westview.

Dumenil, L. 1993. The progressive era through the 1920's, in: M. K. Cyton., E. J. Gorn. and P. W. Williams. eds. *Encyclopedia of American Social History*, Vol. I, Charles Scribner's Sons.

Durand, J.-P. et R. Weil. dir. 1993. *Sociologie contemporaine*, Vigot.

Durkheim, É. 1912. *Les formes élémentaires de la vie religieuse*.（古野清人訳1975『宗教生活の原初形態』上・下巻、岩波文庫）

Durkheim, É. 1983/1893. *De la division du travail social*, PUF.（田原音和訳1971『社会分業論』青木書店）

Dyson, K. and K. Featherstone. 1999. *The Road to Maastricht: Negotiating Economic and Monetary Union*, Oxford University Press.

Easthope, G. 1974. *History of Social Research Methods*, Longman.（川合隆男・霜野寿亮監訳1982『社会調査方法史』慶應通信）

Echermann, J. P. 1836. *Gespräche mit Goethe*.（山下肇訳1968-9『ゲーテとの対話』上・中・下巻、岩波文庫）

Ehrenberg, J. 1999. *Civil Society: The Critical History of an Idea*, New York University Press.

Elliott, L. 1998. *The Global Politics of the Environment*, Macmillan.

Engels, F. 1845. *Die Lage der arbeitenden Klasse in England*, MEW, Bd.2.（大内兵衛・細川嘉六監訳1960「イギリスにおける労働者階級の状態」『マルクス・エンゲルス全集』大月書店、第2巻、所収）

Ernst, D. 1980. *The International Division of Labour, Technology and Underdevelopment*, Campus.

Evans, D. T. 1993. *Sexual Citizenship: The Material Construction of Sexualities*, Routledge.

Fainstein, S. S., I. Gordon. and M. Harloe. eds. 1992. *Divided Cities: New York & London in the Contemporary World*, Blackwell.

Faris, R. E. L. 1967. *Chicago Sociology 1920-1932*, University of Chicago Press.（奥田道大・広田康生訳1990『シカゴ・ソシオロジー――1920-1932』ハーベスト社）

Faulks, K. 1998. *Citizenship in Modern Britain*, Edinburgh University Press.

Fava, S. F. 1956. Suburbanism as a way of life, in: *American Sociological Review*, 21.

Feagin, J. R. 1998. *The New Urban Paradigm: Critical Perspectives on the City*, Rowman & Littlefield Publishers Inc.

Featherstone, M., S. Lash. and R. Robertson. eds. 1995. *Global Modernities*, Sage.

Fernandes, E. and A. Varnley. eds. 1998. *Illegal Cities: Law and Urban Change in Developing Contries*, Zed Books Ltd.

Ferrarotti, F. 1992. Civil society as a polyarchic form: the city, in: International Journal of Politics, *Culture and Society*, Vol.6., No.1.

Ferrarotti, F. 1993. *La tentazione dell'oblio*, Sagittari Laterza.

Fischer, C. S. 1975. Toward a Subcultural Theory of Urbanism, in: *American Journal of Sociology*, Vol.80., No.6.（奥田道大・広田康生訳1983「アーバニズムの下位文化理論に向けて」奥田道大・広田康生編訳『都市の理論のために――現代都市社会学の再検討』多賀出版、所収

Fischer, C. S. 1976. *The Urban Experience*, Harcourt Brace Jovanovich., 2nd ed. 1984.（松本康・前田尚子訳1996『都市的体験』未来社）

Fitzpatrick, E. 1990. *Endless Crusade*, Oxford University Press.

Föbel, F., J. Heinrich. and O. Kreye. 1980. *The International Division of Labour*, Cambridge University Press.

Foucault, M. 1984a. Des espaces autres, in: *Architecture-Mouvement-Continuité*, No.5.

Foucault, M. 1984b. Space, Knowledge, and Power, in: P. Rabinow. ed. *The Foucault*

*Reader*, Pantheon Books.

Foucault, M. 1990. *Technologies of the Self.*（田村俶・雲和子訳2004『自己のテクノロジー――フーコー・セミナーの記録』岩波書店）

Frankfurter Societats-Druckerei GmbH 2000. *Deutschland*, No.5.

Frazier, E. F. 1932. *The Negro Family in Chicago*, The University of Chicago Press.

Freud, S. 1900. *Die Traumdeutung*.（高橋義孝訳1969『夢判断』上・下巻、新潮文庫）

Friedmann, J. 1985. The world city hypothesis, in: Paper Presented at the ISA Research Committee on the Sociology of Regional and Urban Development, Hong Kong, 14-20., August.

Friedmann, J. 1986. The world city hypothesis, in: *Development and Change*, Vol.17., No.1.

Friedmann, J. 1987. World cities on the Pacific Rim studies, in: M. Douglass. and J. Friedmann. eds. *Transnational Capital and Urbanization on the Pacific Rim, Center for Pacific Rim Studies*, University of California.

Friedman, J. 1994. *Cultural Identity and Global Process*, Sage.

Friedmann, J. and G. Wolf. 1982. *World City Formation*. University of California., Comparative Urbanization Studies.

Friedmann, J. and G. Wolf. 1982. World city formation: an agenda for research and action, in: *International Journal of Urban and Regional Research*, 6.

Friedmann, F. 1986. The World City Hypothesis, in: *Development and Change*, 17.1.

Fröbel, F. et al. 1980. *The New International Division of Labor*, Cambridge University Press.

Gabriel, O. W., V. Hoffmann-Martinot. and H. V. Savitch. Hrsg. 2000. *Urban Democracy, Sädte und Regionen in Europa 1*, Leske + Bunrich.

Galbraith, J. K. 1977. *The Age of Uncertainty*, Houghton Mifflin.（都留重人監訳1978『不確実性の時代』ＴＢＳブリタニカ）

Gans, H. 1962. Urbanism and suburbanism as ways of life, in: A. M. Rose. ed. *Human Behaviour and Social Processes*, Houghton Mifflin.

Gans, H. J. 1967. *The Levittowners!*, Pantheon.

Gans, H. J. 1991. *People, Plans, and Policies*, Columbia University Press.

Gans, H. J. 1982. *The Urban Villagers*, The Free Press., Updated and Expanded Edition.（松本康訳2006『都市の村人たち』ハーベスト社）

Garcia, S. 1996. Cities and citizenship, in: *International Journal Urban and Regional Research*, Vol.20., no.1., Blackwell.

Gardels, N. ed. 1997. *The Changing Global Order: World Leaders Reflect*, Blackwell.

Getimis, P. and G. Kafkalas. 1989. Spatial processes and forms of regulation: locality and beyond. Paper Prepared for the International Symposium on the Regulation, Innovation and Spatial Development to be held in Cardiff, September., 13-15.

Giddens, A. 1979. *Central Problems in Social Theory: Action, Structure and Contradiction in Social Analysis*, Macmillan.

Giddens, A. 1981. *A Contemporary Critique of Historical Materialism*, Macmillan. / University of California Press.

Giddens, A. 1984. *The Constitution of Society*, Polity Press.

Giddens, A. 1989/1990. *Sociology*. Polity Press.（松尾精文・成富正信訳1998『社会学』而立書房）

Gidenns, A. 1994. *Reflexive Modernization*, Polity Press.（松尾精文・小幡正敏・叶堂隆三訳1997『再帰的近代化――近現代における政治、伝統、美的原理』而立書房）

Giddens, A. 1998. *The Third Way*, Polity Press.（佐和隆光訳1999『第三の道――効率と公正の新たな同盟』日本経済新聞社）

Giddens, A. 1999. *Runaway World*, Profile Books.（佐和隆光訳2001『暴走する世界――グローバリゼーションは何をどう変えるのか』ダイヤモンド社）

Giedion, S. 1967. *Space, Time and Architecture: The Growth of a New Tradition*, Harvard University Press.（太田實訳1969『時間・空間・建築』丸善）

Glaab, C. N. and A. T. Brown. 1983. *A History of Urban America*, Macmillan.

Glasmerier, A. K. 1985. Innovative manufacturing industries: spatial incidence in the United States, in: M. Castells. ed. 1985.

Glazer, N. 1997. *We Are All Multiculturalists Now*, Harvard University Press.

Glickman, N. J. 1987. Cities and the International Division of Labor, in: M. P. Smith. and J. R. Feagin. eds. *The Capitalist City*, Basil Blackwell.

Glyn, A., A. Hugues., A. Lipietz. and A. Singh. 1988. The rise and fall of the golden age. in: UNU/WIDER Working Papers.

Godechot, J. 1979. Les Constitutions de la France depuis 1789, in: *Garnier-Flammarion*.

Goethe, J. W. von. 1815. *West-östlicher Divan*.（小牧健夫訳1987『西東詩集』岩波文庫）

Goethe, J. W. von. 1829. *Wilhelm Meisters Wanderjahre oder die Entsagenden*.（関泰祐訳1965『ウィルヘルム・マイステルの遍歴時代』上・中・下巻、岩波文庫）

Goethe, J. W. von. 1831. *Faust*.（相良守峰訳1958『ファウスト』岩波文庫）

Goodspeed, T. W. 1916. *A History of University of Chicago*, University of Chicago Press.

Gordon, D., R. Edwards., and M. Reich. 1982. *Segmented Work, Divided Workers*. Cambridge University Press.

Gottdiener, M. 1985/1986. *The Social Production of Urban Space*, University of Texas Press.

Gottdiener, M. and C. G. Pickvance. eds. 1991. Urban life in transition, in: *Urban Affaires Annual Reviews*, 39., Sage.

Gottmann, J. 1961. *Megalopolis*, The Twentieth Century Fund.（木内信蔵・石水照雄訳1967『メガロポリス』鹿島出版会）

Gottmann, J. and R. A. Harper. 1990. *Since Megalopolis*, The Johns Hopkins University Press.（宮川泰夫訳1993『メガロポリスを超えて』鹿島出版会）

Gough, I. 1979. *The Political Economy of the Welfare State*. Macmillan.

Gouldner, A. W. 1965. *The War between the cities*, enter Plato.（岩永真治訳1965「古代ギリシアにおける都市と市民権」明治学院大学『社会学・社会福祉学研究』第１０９号）

Greer, S. 1960. Socio-political structure of suburbia, in: *American Sociological Review*, 25.

Gregory, D. and J. Urry. eds. 1985. *Social Relations and Spatial Structures*, Macmillan.

Gross, F. 1999. *Citizenship and Ethnicity: The Growth and Development of a Democratic Multiethnic Institution*, Greenwood Press.

Grosso, E. 1997. *Le vie della cittadinanza: le grandi radici, i modelli storici di riferimento*, Cedam.

Gulger, J. ed. 1997. *Cities in the Developing World: Issues, Theory, and Policy*, Oxford University Press.

Habermas, J. 1992. Citizenship and national identity, in: *Praxis International*, Vol.12., No.1.（住野由紀子訳1996「シティズンシップと国民的アイデンティティ——ヨーロッパの将来について考える」『思想』第８６７号、所収）

Habermas, J. 1994. *Structurwandel der Öffentlichkeit*, Suhrkamp.（細谷貞雄・山田正行訳1994『公共性の構造転換』第二版、未来社

Hadjimichalis, C. 1986. *Uneven Development and Regionalism: State, Territory, and Class in Southern Europe*, Croom Helm.

Halal, W. 1986. *The New Capitalism*. New York.

Hall, E. T. 1966. *The Hidden Dimension*, Doubleday & Company, Inc.（日高敏隆・佐藤信行訳1970『かくれた次元』みすず書房）

Hall, P. and U. Pfeiffer. 2000. *Urban Future 21: A Global Agenda for Twenty-First Century Cities*, E & FN Spon.

Hammar, T. 1990. *Democracy and the Nation State*, Ashgate Publishing Limited.（近藤敦監訳1999『永住市民と国民国家——定住外国人の政治参加』明石書店）

Hanagan, M. and C. Tilly. eds. 1999. *Extending Citizenship, Reconstructing States*, Rowman & Littlefield Publishers Inc.

Harloe, H. 1977. *Captive Cities*, John Wiley & Sons.

Harloe, H., C. G. Pickvance., and J. Urry. eds. 1990. *Place, Policy and Politics: Do Localities Matter?*, Unwin Hyman.

Harvey, D. 1969. *Explanation in Geography*, Edward Arnold.（松本正美訳〈抄訳〉1979『地理学基礎論』古今書院）

Harvey, D. 1973. *Social Justice and the City*, The Johns Hopkins University Press. / Edward Arnold.（竹内啓一・松本正美訳1980『都市と社会的不平等』日本ブリタニカ）

Harvey, D. 1975. The political economy of urbanization in the advanced capitalist societies: the case of United States, in: G. Gappert. and H. Rose. eds. *The Social Economy of Cities*, *Urban Affaires Annual Reviews*, 9, Sage.

Harvey, D. 1977. Government policies, financial institutions and neighbourhood change in the United States cities, in: M. Harloe. ed. 1977.

Harvey, D. 1982. *The Limits to Capital*. Basil Blackwell.（松石勝彦・水岡不二雄・

他訳1989-90『空間編成の経済理論――資本の限界』上・下巻、大明堂）

Harvey, D. 1984. On the history and present condition of geography: an historical materialist manifesto, in: *The Professional Geographer*, 36.1.

Harvey, D. 1985a. *The Urban Experience*, The Johns Hopkins University Press.

Harvey, D. 1985b. *The Urbanization of Capital: Studies in the History and Theory of Capitalist Urbanization*, The Johns Hopkins University Press.

Harvey, D. 1985c. *Consciousness and the Urban Experience: Studies in the History and Theory of Capitalist Urbanization*, The Johns Hopkins University Press.

Harvey, D. 1985d. The Geopolitics of capitalism, in: D. Gregory. and J. Urry. eds. 1985.

Harvey, D. 1987a. The representation of urban life: T. J. Clark, the painting of modern life, in: *Journal of Historical Geography*, 13.3.

Harvey, D. 1987b. Flexible accumulation through urbanization: reflections on post-modernism, in: *the American city*, *Antipode*, 19.3.

Harvey, D. 1987c. Three myths in search of a reality in urban studies, in: *Environment and Planning D: Society and Space*, 5.

Harvey, D. 1988. The geographical and geopolitical consequences of the transition from fordist to flexible accumulation, in: G. Sternlieb. and J. W. Hughes. eds. *America's New Market Geography*, The Center for Urban Policy Research., The State University of New Jersey.

Harvey, D. 1989a. *The Urban Experience*, Basil Blackwell.

Harvey, D. 1989b. *The Condition of Postmodernity: An Enquiry into the Origins of Cultural Change*, Basil Blackwell.（吉原直樹監訳1999『ポストモダニティの条件』シリーズ『社会学の思想』第３巻、青木書店）

Harvey, D. 1989c. From managerialism to entrepreneurialism: the transformation in urban governance in late capitalism, in: *Geografiska Annaler*, 71B. 1.

Harvey, D. 1990. Between space and time: reflections on the geographical imagination, in: *Annals of the Association of American Geographers*, 80.3.

Harvey, D. 1991a. Flexibility: threat or opportunity?, in: *Socialist Review*, 21.1.

Harvey, D. 1991b. Afterword, in: H. Lefebvre, 1991.

Harvey, D. 1992a. Postmodern morality plays, in: *Antipode*, 24.2.

Harvey, D. 1992b. Social justice, postmodernism and the city, in: *International Journal of Urban and Regional Research*, 16.4.

Harvey, D. 1993a. Class relations, social justice and the politics of difference, in: M. Keith. and S. Pileeds. *Place and the Politics of Identity*, Routledge.

Harvey, D. 1993b. From space to place and back again: reflections on the condition of postmodernity, in: J. Bird., B. Curtis., T. Putnam., G. Robertson. and L. Ticknereds. *Mapping the Futures*, Routledge.

Harvey, D. 1996. *Justice, Nature and the Geography of Difference*, Blackwell.

Harvey, D. and A. Scott. 1989. The practice of human geography: theory and empirical specificity in the transition from fordism to flexible accumulation, in: B. Macmillan. ed. *Remodelling Geography*, Basil Blackwell.

Hawley, A. H. 1971. *Urban Society*, John Wiley & Sons.（矢崎武夫監訳1980『都市社会の人間生態学』時潮社）

Heidegger, M. 1966. *Discourse on Thinking*, Harper & Row.

Heidegger, M. 1971. *Poetry, Language, Thought*, Harper & Row.

Held. D., A. McGrew., D. Goldblatt. and J. Perraton. 1999. *Global Transformations: Politics, Economics and Culture*, Stanford University Press.

Henderson, J. and M. Castells. eds. 1987. *Global Restructuring and Territorial Development*, Sage.

Hennessey, D. L. 1997. *Twenty-Five Lessons in Citizenship*, 99th ed., Lenore Hennessey Richardson.

Hetherington, K. and R. Munro. ed. 1997. *Ideas of Difference: Social Spaces and the Labour of Division*, Blackwell Publishers.

Higham, J. 1984. *Send These to Me*, The Johns Hopkins University Press.（斎藤眞・阿部齊・古矢旬訳1994『自由の女神のもとへ――移民とエスニシティ』平凡社）

Hill, M. W. 1999. *The Impact of Information on Society: An Examination of its Nature, Value and Usage*, Bowker-Saur.

Hirschhorn, L. 1984. *Beyond Mechanization*, MIT Press.

Hirst, P. and G. Thompson. 1999. *Globalization in Question: The International Economy and the Possibilities of Governance*, 2nd ed., Polity Press.

Hoch, C. and R. A. Slayton. 1989. *New Homeless and Old: Community and the Skid*

*Row Hotel*, Temple University Press.
Holton, R. J. 1986. *Cities, Capitalism and Civilization*, Allen & Unwin.
Homer. 1924-5. A. T. Murray. trans. *The Iliad* Ⅰ, Ⅱ, Loeb Classical Library, No.170., Harvard University Press.
Houssiaux, J. 1957. Le Concept de "quasi-intégraion" et le role des sous-traitants dans l'industrie. in: *Revue Economique*, No.2.
Howard, E. 1898. *To-morrow: A Peaceful Path to Real Reform, Swan Sonnenschein*, Revised and Republished as Howard., 1965., first published 1902. *Garden Cities of To-morrow*, Faber and Faber.（長素連訳1968『明日の田園都市』鹿島出版会' ＳＤ選書）
Huntington, S. 1997. *The Clash of Civilizations and the Remaking of World War*, Touchstone.（鈴木主税訳1998『文明の衝突』集英社）

Ilardi, M. (a cura di) 1990. *La città senza luoghi: individuo, conflitto, consumo nella metropolis*, Costa & Nolan.
Indovina, F. (a cura di) 1990. *La città di fine millennio*, Angeli.
Istituto Per Gli Studi Di Politica Internazionale. 1994. *L'Europa Frammentata: Dalla fine delle due Europe alla crisi dei processi di intergrazione*, SPAI-Servizi Promozione Attività Internazionali.
Itoh, M. 1990. The Japanese Model of Post-fordism, in: Paper Presnted at UCLA Conference.

Jacobson, D. 1997. *Rights across Borders: Immigration and the Decline of Citizenship*, John Hopkins University Press.
Jacquin, P. 1987. *La Terre des Peaux-Rouges*, Gallimard.（富田虎男監修・森夏樹訳1992『アメリカ・インディアン――奪われた大地』創元社）
Jameson, F. 1984. Postmodernism, or the cultural logic of late capitalism, in: *New Left Review*, 146.
Janoski, T. 1998. *Citizenship and Civil Society*, Cambridge University Press.
Jaret, C. 1983. Recent Neo-Marxist urban analysis, in: *Annual Review of Sociology*, 9.
Jencks, C. and P. E. Peterson. eds. 1991. *The Urban Underclass*, The Brookings Institution.
Joppke, C. 1999. *Immigration and the Nation-State: The United States, Germany, and Great Britain*, Oxford University Press.
Joppke, C. ed. 1998. *Challenge to the Nation-State: Immigration in Western Europe and the United States*, Oxford University Press.
Joppke, C. and S. Lukes. eds. 1999. *Multicultural Questions*, Oxford University Press.
Joseph, I. 1993. Du bon usage de l'école de Chicago, in: J. Roman. dir. *Ville, Exclusion et Citoyenneté*, Éditions Esprit.
Judd, D. R. 1984. *The Politics of American Cities*, Little Brown.

Kahney, L. 2003.3.12. *Wired News*, Wired Ventures Inc.
Kasinitz, P. ed. 1995. *Metropolis*, New York University Press.
Kato, T. and R. Steven. 1989. Is Japanese capitalism post-fordist? in: Presented to the 8th New Zealand Asian Studies Conference, Christ church, 17-19., August.
Katz, M. B. ed. 1993. *The Underclass Debate: Views from History*, Princeton University Press.
Katznelson, I. 1992. *Marxism and the City*, Oxford University Press.
Kean, J. 1998. *Civil Society: Old Images, New Visions*, Stanford University Press.
Kemeny, J. 1983. Economism in the new urban sociology: a critique of Mullins' theoretical perspectives on Australian urbanization, in: *Australian and New Zealand Journal of Sociology*, 19.3.
Kennedy, K. 1997. *Citizenship Education and the Modern State*, Falmer Press.
Kenny, M. and R. Florida. 1988. Beyond mass production: production and the labour process in Japan. in: *Politics and Society*, 16.1.
Kern, S, 1983. *The Culture of Time and Space 1880-1918*, Harvard University Press.（浅野敏夫訳1993『時間の文化史』上巻' 法政大学出版局／浅野敏夫・久郷丈夫訳1993『空間の文化史』下巻' 法政大学出版局）
King, A. D. 1980. Exporting planning: the colonial and neo-colonial experience, in: G. G. Cherry. ed. *Shaping an Urban World*, Mansell.
King, A. D. 1990. *Global Cities: Post-Imperialism and the Internationalization of London*, Routledge.
Klingemann, H. and D. Fuchs. eds. 1995. Citizens and the state, in: *Beliefs in*

*Government*, Vol.1, Oxford University Press.
Kreiger, L. 1957. *The German Idea of Freedom*, University of Chicago Press.
Kurtz, L. R. 1984. *Evaluating Chicago Sociology: A Guide to the Literature, with an Associated Bibliography*, University of Chicago Press.
Kymlicka, W. 1995. *Multicultural Citizenship: A Liberal Theory of Minority Rights*, Oxford University Press.（角田猛之・石山文彦・山崎康仕監訳1998『多文化時代の市民権――マイノリティの権利と自由主義』晃洋書房）

Labriola, S. (a cura di) 1997. *Il decentramento politico negli stati dell'Unione Europea*, Maggioli Editore.
Lacan, J., 1966. *Écrits*, Seuil.（佐々木孝次・宮本忠雄訳1972-81『エクリ』弘文堂）
Laigle, L. 1989. La Reorganization du réseau des équimentiers de l'industrie automobile: de la sous-traitance au partenariat, in: *D. E. A.* Univ. ParisⅦ.
Lash, S. and J. Friedman. eds. 1992. *Modernity and Identity*, Blackwell.
Lash, S. and J. Urry. 1987. *The End of Organized Capitalism*, Polity Press.
Latini, B. *Tesoro*, IX.
Lauria, M. ed. 1997. *Reconstructing Urban Regime Theory: Regulating Urban Politics in a Global Economy*, Sage.
Lawson, B. E. ed. 1992. *The Underclass Question*, Temple University Press.
Lebas, E. 1980. Some comments on a decade of Marxist urban and regional research in France, in: *Housing, Construction and the State, Conference of Socialist Economists*, 21.39.
Lebas, E. 1982. Urban and regional sociology in advanced industrial societies: a decade of Marxist and critical perspectives, in: *Current Sociology*, 30.
Leborgne, D. 1987. Equipements Flexibles et Organization Productive: les Relations Industrielles au cœur de la Modernisation. Elements de Comparaison Internationale.
Leborgne, D. and A. Lipietz. 1988. New technologies, new modes of regulation: some spatial implications, in: *Environment and Planning D: Society and Space*, 6.（斉藤日出治訳1988「新たなテクノロジーと新たな調整様式」『クライシス』35、所収）
Leborgne, D. and A. Lipietz. 1990a. Fallacies and open issues about post-fordism. in: Conference; Pathways to Industrialization and Regional Development in the 1990s. Lake Arrowhead-UCLA, March., 14-18. Very First Draft.
Leborgne, D. and A. Lipietz. 1990b. Post-fordism: conceptual fallacies and open issues. in: Conference: Pathways to Industrialization and Regional Development in the 1990s. Lake Arrowhead-UCLA, March., 14-18.（斉藤日出治訳1990「ポスト・フォーディズムに関する謬見と未解決の論争」『窓』4、所収）
Lechner, F. J. and J. Boli. eds. 2000. *The Globalization Reader*, Blackwell.
Lecler, Y. and C. Mercier. 1989. Vers une gestion globale? Le partenariat dans l'industrie japonaise, in: *Annals des mines Gérer et Comprendre,* No.17, Décenmbre.
Le Corbusier. 1924. *Urbanisme*, Les Édition G Crès & Cie.（樋口清訳1968『ユルバニスム』鹿島出版会）
Ledrut, R. 1968. *Sociologie urbaine*, PUF.
Lee, W. R. 1988. Economic development and the state in nineteenth century Germany, in: *Economic History Review,* 41.
Lefebvre, H. 1962. *Introduction à la modernité*, Minuit.（宗左近・古田幸男監訳1972『現代への序説』上・下巻、法政大学出版局）
Lefebvre, H. 1968. *Le Droit à la ville*, Anthropos.（森本和夫訳1968『都市への権利』筑摩書房）
Lefebvre, H. 1970. *La Révolution urbaine*, Gallimard.（今井成美訳1974『都市革命』晶文社）
Lefebvre, H. 1973. *La Survie du capitalisme*, Anthropos.
Lefebvre, H. 1974. *La Production de l'espace*, Éditions Anthropos. = Smith, N. D., trans. 1991. *The Production of Space*, Blackwell.（斉藤日出治訳2000『空間の生産』青木書店）
Lefebvre, H. 1974/2000. *La Production de l'espace*, Éditions Anthropos.（3^e^ éd. 1986）
Leontieff, W. and F. Duchin. 1983. *Military Spending*, Oxford University Press.
Lévi=Strauss, C. 1952. *Race et histoire*, Unesco.（荒川幾男訳『人類と歴史』みすず書房）
Liggett, H. and D. C. Perry. eds. 1995. *Spatial Practices*, Sage.
Lim, S. G., L. E. Smith., and W. Dissanayake. 1999. *Transnational Asia Pacific: Gender,*

*Culture, and the Public Sphere*, University of Illinois Press.

Lipietz, A. 1974. *Le Tribut foncier urbain*, Maspero.

Lipietz, A. 1975. Structuration de l'espace: problème foncier et aménagement du territoire, in: *Environment and Planning* A, 7.

Lipietz, A. 1977/1983. *Le Capital et son espace*, Maspero/La Découverte.

Lipietz, A. 1983. Les Transformations dans la Division Internationale du Travail: Considerations Methodologique et Esquisse de Theorization. in: *CEPREMAP*, No.8302.

Lipietz, A. 1985. *Mirages et miracles: problémes de l'industrisation dans le tiers monde*, Éditions La Découverte.（若森章孝・井上泰夫訳1987『奇跡と幻影』新評論）

Lipietz, A. 1986. New tendencies in the international division of labor; regimes of accumulation and modes of regulation. in: A. J. Scott. and M. Storper. eds. *Production, Work, Territory*. Allen and Unwin.

Lipietz, A. 1989a. *Choisir l'audance: une alternative pour le vingt et uniéme siécle*. Éditions La Découverte.（若森章孝訳1990『勇気ある選択』藤原書店）

Lipietz, A. 1989b. The regulation approach and the problems of current capitalist crisis. in: Paper Prepared for an International Conference on Marxism and the New Global Society., Sponsored by the Institute for Far Eastern Studies, Kyungnam University, Seoul, October., 25-27.

Lipietz, A. 1990. L'Approache de la regulation et la crise capitaliste dans les années 90: propositions alternatives. in: Conférence Annuelle de Théorie de l'Economie Politique., Kanagawa, 13-14., Octobre.

Lipietz, A. 1993. *Les nouvelles relations centre-périphérie*, Mimeo.

Lippman, W. 1961. *Draft and Mastery*, Prentice Hail.

Lippolis, V. 1994. *La cittadinanza europea*, Società editrice il Mulino.

Littlewood, P. et al. eds. 1999. *Social Exclusion in Europe: Problems and Paradigms*, Ashgate Publishing Ltd.

Lo, F.-C. and Y.-M. Yeung. 1996. *Emerging World Cities in Pacific Asia*, United Nations University Press.

Lojkine, J. 1992. *La Revolution informationnelle*, PUF.

Lowe, S. 1986. *Urban Social Movements: The City after Castells*, Macmillan.（山田操・吉原直樹訳1989『都市社会運動――カステル以後の都市』恒星社厚生閣）

Lynd, R. S. 1933. The people as consumer, in: *Recent Social Trend in the United States*, McGraw Hail.

Lynd, R. S. and H. M. Lynd. 1929/1937. *Middletown in Transition*, Harcourt, Brace.（中村八朗訳1990『ミドゥルタウン』青木書店）

Lyotard, J. F. 1979. *La Condition postmoderne*, Minuit.（小林康夫訳1986『ポストモダンの条件』風の薔薇〔星雲社〕）

MacGregor, S. and A. Lipow. eds. 1995. *The Other City: People and Politics in New York and London*, Humanities Press.

Mann, T. 1922. *Goethe und Tolstoi*.（山崎章甫・高橋重臣訳『ゲーテとトルストイ』岩波文庫）

Marcuse, H. 1964. *One Dimensional Man*. Beacon Press.（生松敬三・三沢謙一訳1980『一次元的人間』河出書房新社）

Markusen, A. 1983. High tech jobs, markets, and economic development prospects. in: *Working Paper*, University of California, Institute of Urban and Regional Development.

Martin, J. 1981. *Telematic Society*, Prentice Hall.

McGrew, A. and B. Christopher. 1998. *Asia-Pacific in the New World Order*, The Open University Press.

Marshall, T. H. and T. Bottomore. 1992. *Citizenship and Social Class*, Pluto Press.（岩崎信彦・中村健吾訳1993『シティズンシップと社会的階級――近現代を総括するマニュフェスト』法律文化社）

Marchand, R. 1985. *Advertising the American Dream*, University of California Press.

Martin, L. H., H. Gutman., and P. H. Hutton. eds. 1988. *Technologies of the Self: A Seminar with Michel Foucault*, The University of Massachusetts Press.（田村俶・雲和子訳2004『自己のテクノロジー――フーコー・セミナーの記録』岩波書店）

Martinotti, G. (a cura di) 1982. *La città difficile*, Angeli.

Martinotti, G., et al. 1988. *Milano ore sette*, Maggioli-Comune di Milano.

Martinotti, G. 1993. *Metropoli*, Il Mulino.

Marx, K. 1857-58. *Grundrisse der Kritik der Politischen Ökonomie*, Dietx Verlage.（高木幸二郎監訳1958-65『経済学批判要綱』大月書店）

Marx, K. 1869-94. *Das Kapital*, NEW, Bd.23.（全集刊行委員会訳1968『資本論』全3巻、第5分冊、大月書店）

Marx, K. 1967. *Capital*, Vol.1, International Publishers.

Marx, K. and F. Engels, 1845-46. *Die deutsche Ideologie*, NEW, Bd.3.（廣松渉編訳1974『ドイツ・イデオロギー』河出書房新社）

McCormick, J. 1999. *The European Union: Politics and Policies*, Second Edition, Westview Press.

McGrew, A. and C. Brook. eds. 1998. *Asia-Pacific in the New World Order*, Routledge.

McGuigan, J. 1996. *Culture and the Public Sphere*, Routledge.

Mckeown, K. 1987. *Marxist Political Economy and Marxist Urban Sociology*, Macmillan.

Melucci, A. 1989. *Nomads of the Present: Social Movements and Individual Needs in Contemporary Society*. Hutchinson Radius.（山之内靖・貴堂嘉之・宮崎かすみ訳1997『現在に生きる遊牧民《ノマド》——新しい公共空間の創出に向けて』岩波書店）

Melucci, A. 1991. *Il gioco dell'io*, Feltrinelli.

Meyer, B. and P. Geschiere. eds. 1999. *Globalization and Identity: Dialectics of Flow and Closure*, Blackwell.

Mingione, E. 1981. *Social Conflict and the City*, Basil Blackwell.（藤田弘夫訳1985『都市と社会紛争』新泉社）

Mingione, E. 1983. *Urbanizzazione, classi sociali, lavoro informale*, Angeli.

Mingione, E. 1991. *Fragmented Societies: A Sociology of Economic Life beyond the Market Paradigm*, Basil Blackwell.

Mingione, E. 1996. *Urban Poverty and the Underclass*, Blackwell.

Mittelman, J. ed. 1997. *Globalization: Critical Reflections*, Lynne Rienner Publishers Inc.

Modood, T. and P. Werbner. eds. 1997. *The Politics of Multiculturalism in the New Europe: Racism, Identity and Community*, Zed books Ltd.

Mollenkopf, J. H. ed. 1988. *Power, Culture, and Place: Essays on New York City*, Russell Sage Foundation.

Mollenkopf, J. H. and M. Castells eds. *Dual City*, Russell Sage Foundation.

Mortimer, E. and R. Fine. eds. 1999. *People, Nation, & State: The Meaning of Ethnicity & Nationalism*, I. B. Tauris Publishers.

Muller, T. 1993. *Immigrants and American City*, The Twentieth Century Fund, Inc.

Mumford, L. 1961. *The City in History*, Charles E. Tuttle Inc., and Harcourt, Brace & World Inc.（生田勉訳1979『歴史の都市　明日の都市』新潮社）

Murray, R. 1998. From fordism to flexibility: the place of retailing, in: Paper to the international Symposium on Microelectronics Revolution and Regional Development, Labour Organization and the Future of Post Industrialising Societies. Milan, April.

Nelli, H. S. 1970. *Italians in Chicago 1880-1930*, Oxford University Press.

Newby, H. 1996. Citizenship in a green world: global commons and human stewardship, in: M. Bulmer. and A. M. Rees eds. *Citizenship Today: The Contemporary Relevance of T. H. Marshall*, UCL Press.

Nie, N. H., J. Junn. and K. Stehlik-Barry. 1996. *Education and Democratic Citizenship in America*, the University of Chicago Press

Nijkamp, P. and J. B. Obschoor. 1997. Urban environmental sustainability: critical issues and policy measures in a third-world context, in: M. Chatterji. and Y. Kaizhong. *Regional Science in Developing Countries*, Macmillan.

Noble, D. W. 1985. *The End of American History*, University of Minnesota Press.（日白アメリカ研究会訳1988『アメリカ史像の探求』有斐閣選書）

Nodier, C. 1866. *Dictionnaire universel de la langue française*, Pierre-Joseph Rey.

O'Connor, J. 1973. *The Fiscal Crisis of the State*, St. Martin's Press.（池上惇・横尾邦夫監訳1981『現代国家の財政危機』御茶の水書房）

O'Connor, J. 1984. *Accumulation Crisis*. Basil Blackwell.

Offe, C. 1984. Contradictions of the Welfare State. in: J. Keane. ed., MIT Press.

Offe, C. 1987. *Anthology of the Works*.（寿福真美編訳1988『後期資本制社会システム——資本制的民主制の諸制度』法政大学出版局）

Offe, C. 1989. Reflections on the institulional self-transformation of movement politics: a tentative stage model. in: *Hitotsubashi Journal of Social Studies*, 21.1.

Olds, K. et al. eds., 1999. *Globalisation and the Asia Pacific*, Routledge.

O'Malley, M. 1990. *Keeping Watch*, Viking Penguin Inc.（高島平吾訳1994『時計と時間――アメリカの時間の歴史』晶文社）

Only, M. O. 1991. *Buy Now, Pay Later*, University of North Carolina Press.

Oommen, T. K. 1997. *Citizenship, Nationality and Ethnicity: Reconciling Competing Identities*, Polity Press.

Oppenheim, L. 1964. *Ancient Mesopotamia*, University of Chicago Press.

Owens, E. J. 1991. *The city in the Greek and Roman World*, Routledge.（松原國師訳1992『古代ギリシャ・ローマの都市』国文社）

Pacelli, D. 1990. Rileggendo l'opera di Louis Wirth, *La critica sociologica*, No.93.

Palloix, C. 1977. *L'Economie Mondiale Capitaliste et les Firmes Multinationales*, Maspero.

Paretsky, S. 1985. *Killing Orders*, Dominick Abel Literary Agency.（山本やよい訳1986『センチメンタル・シカゴ』早川書房）

Park, R. E. 1925. The city: suggestions for the investigation of human behavior in the urban environment, in: R. E. Park. and E. W. Burgess. eds. *The City*, The University of Chicago Press.（大道安次郎・倉田和四生訳「都市――都市環境における人間行動研究のための若干の提案」1972『都市――人間生態学とコミュニティ論』鹿島出版会、所収）

Park, R. E. 1929. The city as a social laboratory, in: T. V. Smith. and L. D. White. eds. University of Chicago Press.（町村敬志訳「社会的実験室としての都市」1986『実験室としての都市』御茶の水書房、所収）

Park, R. E. 1950. *Race and Culture*, The Free Press.

Park, R. E., E. W. Burgess. and R. D. McKenzie. 1925. *The City*, The University of Chicago Press.（大道安次郎・倉田和四生訳1972『都市――人間生態学とコミュニティ論』鹿島出版会）

Park, R. E. and H. A. Miller. 1969. *Old World Traits Transplanted*, Arno Press.

Parker, G. 1977. *The Dutch Revolt*, Allen Lane.

Parsons, T. 1965. Full citizenship for the Negro American: a sociological problem, in: *Daedalus*, Vol.94.

Paster Jr., M. et al., 2000. *Regions That Work: How Cities and Suburbs Can Grow Together*, University of Minnesota Press.

Paul, K. 1997. *Whitewashing Britain: Race and Citizenship in the Postwar Era*, Cornell University Press.

Pedersen, P. O. 1997. *Small African Townsbetween Rural Networks and Urban Hierarchies*, Avebury.

Pereira, P. T. and M. E. Mata. eds. 1996. *Urban Dominance and Labour Market Differentiation of a European Capital City: Lisbon 1890-1990*, Klumer Academic Publishers.

Perez-Diaz, V. M. 1987. *The Return of Civil Society: the Emergence of Democratic Spain*, Harvard University Press.

Petersen, A., I. Barns. J. Dudley. and P. Harrs. 1999. *Poststructualism, Citizenship and Social Policy*, Routledge.

Philpott, T. L. 1978. *The Slum and the Ghetto*, Oxford University Press.

Pickus, N. M. J. ed. 1998. *Immigration and Citizenship in the Twenty-first Century*, Roman & Littlefield Publishers Inc.

Pickvance, C. G. ed. 1982. *Urban Sociology*, Curtis Brown.（山田操訳1982『都市社会学――新しい理論的展望』恒星社厚生閣）

Pickvance, C. G. 1984. The rise and fall of urban movements and the role of comparative analysis, in: *Environment and Planning D*: Society and Space, 2.

Pickvance, C. G. and E. Preteceille. eds. 1991. *State Restructuring and Local Power*, Pinter Publishers.

Pierce, B. L. 1937/1940. *A History of Chicago*, Vol. Ⅰ, Ⅱ, The University of Chicago Press.

Pinch, S. 1985. *Cities and Services: The Geography of Collective Consumption*. Chapman and Hall.（神谷浩夫訳1990『都市問題と公共サービス』古今書院）

Piore, M. and C. Sable. 1984. *The Seconde Industrial Divide*. Basic Books.（山之内靖・永易浩一・石田あつみ訳1993『第二の産業分水嶺』筑摩書房）

Portes, A. and J. Waiton. 1981. *Labor, Class, and the International System*. Academic.

Portes, A., M. Castells, and L. A. Benton. eds. 1989. *The Informal Economy: Studies in Advanced and Less Developed Countries*, Johns Hopkins University Press.

Preston, P. W. 1998. *Pacific Asia*, Blackwell.

Preteceille, E. 1988. *Mutations urbaine et politique locales*, Centre de Sociologie Urbaine.

Prugh, T., R. Costanza. and H. Daly. 2000. *The Local Politics of Global Sustainability*, Island Press.

Racine, J.-B. 1993. *La ville entre Dieu et les hommes*, Presses Bibliques Universitaires et Anthropos.

Rada, U. 2002. *Berliner Barbaren*, BasisDruck.

Rakodi, C. ed. 1997. *The Urban Challenge in Africa: Growth and Management of its Large Cities*, United Nations University Press.

Rapoport, R. N. 1997. *Families, Children and the Quest for a Global Ethic*, Ashgate Publishing Limit ed.

Remy, J. and L. Voye. 1992. *La ville*, Éditions L'Harmattan.

Riedel, M. 1979. *Begriffe und Geschichte*, Ernst Klett Verlage.（河上倫逸・常俊宗三郎監訳1990『市民社会の概念史』以文社）

Riesman, D. 1950. *The Lonely Crowd*. Yale University Press.（加藤秀俊訳1964『孤独な群集』みすず書房）

Robert, P. 1989. *Le Petit Robert 1*, Le Robert.

Robertson, R. 1992. *Globalization: Social Theory and Global Culture*, Sage.（阿部美哉訳1997『グローバリゼーション――地球文化の社会理論』東京大学出版会）

Rodière, P. éd. 1997. La Citoyenneté européenne face au droit social et droit du travail, in: *Série de Publications del'Académie de Droit Européen de Trèves*, Vol.14, Bundesanzeiger Verlages.

Roncayolo, M. et T. Paquot. dir. 1992. *Villes & civilization urbaine*, Larousse.

Rousseau, J.-J. *Du Contrat social*.（桑原武夫・他訳1954『社会契約論』岩波文庫）

Rousseau, J.-J. 1964. Oeuvres Complètes, t.3., Bibliothèque de la Pléiade, Gallimard.

Sabel, C. 1982. *Work and Politics: the Division of Labor in Industry*. Cambridge University Press.

Salt, J., A. Singleton. and J. Hogarth. 1994. *Europe's International Migrants: Data Sources, Patterns and Trends*, HMSO.

Sandburg, C. 1916. *Chicago Poems*.（安藤一郎訳1967『シカゴ詩集』岩波文庫）

Sassen, S. 1988. *The Mobility of Labor and Capital: A Study in International Investment and Labor Flow*, Cambridge University Press.（森田桐郎・他訳1992『労働と資本の国際移動――世界都市と移民労働者』岩波書店）

Sassen, S. 1991. *The Global City: New York, London, Tokyo*, Princeton University Press.

Sassen, S. 1996. Losing Control?: Sovereignty in an Age of Globalization, Columbia University Press.（伊豫谷登士翁訳1999『グローバリゼーションの時代――国家主権のゆくえ』平凡社選書１９１）

Sassen, S. 1997. Cities in the gobal eonomy, in: *International Journal of Urban Sciences*, 1, 1, University of Seoul.

Sassen, S. 1998. *Globalization and its Discontents*, The New Press.

Saunders, P. 1981. *Social Theory and the Urban Question*, Hutchinson.

Saunders, P. 1984. Cities are history, in: *Political Geography Quarterly*, 3, 3.

Savage, M. and A. Warde. 1993. *Urban Sociology, Capitalism and Modernity*, The Macmillan Press.

Savitch, H. V. 1988. *Post-Industrial Cities: Politics and Planning in New York, Paris, and London*, Princeton University Press.

Sawers, L. and W. Tabb. eds. 1984. *Sunbelt/Snowbelt, Urban Development, and Regional Restructuring*. Oxford University Press.

Saxenian, A. L. 1985. Silicon Valley and urbanization: a geographical research. in: *Society and Space*, 3.

Sayer, A. 1985. Industry and space: a sympathetic critique of radical research. in: *Society and Space*, 3.

Schaeffer, R. K. 1997. *Understanding Globalization: the Social Consequences of Political, Economic, and Environmental Change*, Rowman & Littlefield Publishers Inc.

Schama, S. 1987. *The Embarrassment of Riches: an Interpretation of Dutch in the Golden Age*, Alfred A. Knopf

Schnapper, D. 1994. *Communauté des Citoyens*, Editions Gallimard., trans. 1998. *Community of Citizens: on the Modern Idea of Nationality*, Transaction Publishers.

Schoenberg, R. J. 1992. *Mr. Capone*, Don Congdon Associates Inc.（関口篤訳1995『ミスター・カポネ』上・下巻、青土社）

Scott, A. J., 1986. Industrialization and urbanization: a geographical agenda. in: *Annals of the Association of American Geographers*, 76.1.

Scott, A. J. 1988. *Metropolis: from the Division of Labor to Urban Form*, University of California Press.（水岡不二雄監訳1996『メトロポリス――分業から都市形態へ』古今書院）

Scott, A. J. 1988. *New Industrial Spaces: Flexible Production, Organization and Regional Development in North America and Western Europe*. Pion.

Scott, A. J. 1996. Regional motors of the global economy, *Futures*, Vol.28, No.5, Elsevier Science Ltd.

Scott, A. J. 2000. Global city regions: planning and policy dilemmas in a neo-liberal world, in: R. Freestone, ed. *Urban Planning in a Changing World*, E & FN Spon.

Scott, M. 1971. *American City Planning since 1890*, University of California Press.

Seidensticker, E. 1983. *Low City, High City*, Alfred A. Knopf, Inc.（安西徹雄訳1992『東京　下町　山の手』ちくま学芸文庫）

Seligman, A. B. 1992. *The Idea of Civil Society*, Princeton University Press.

Sennett, R. 1970. *Families against the City*, The President and Harvard College.

Sennett, R. 1980. *Authority*, Alfred A. Knopf.（今防人訳1987『権威への反逆』岩波書店）

Sørensen, J. M. 1996. *The exclusive European citizenship*, Avebury.

Shafir, G. ed. 1998. *The Citizenship Debates*, the University of Minnesota Press.

Shklar, J. N. 1991. *American Citizenship: The Question for Inclusion*, Harvard University Press.

Short, J. R. and Y. H. Kim. 1999. *Globalization and the City*, Addison Wesley Longman Inc.

Shotter, J. 1993. *Cultural Politics of Everyday Life: Social Constructionism, Rhetoric and Knowing of the Third Kind*, Open University Press.

Siegfried, A. 1927. *Les États-Unis d'aujourd'hui*, Librairie Armand Colin.

Silver, H. 1992. A new urban and regional hierarchy? in: *International Urban and Regional Research*, 16., 14.

Simmel, G. 1890. *Über sociale Differenzierung*, Duncker & Humblot.（居安正訳1890『社会分化論・社会学』青木書店、所収）

Simmel, G. 1922. *Philosophie des Geldes*, 4 Aufl, Duncker & Hamblet.（元浜清海・居安正・向井守訳1994『貨幣の哲学（分析篇・綜合篇）』著作集第二・三巻、白水社）

Simoncini, G. 1997. La città nell'età dell'illuminismo: Le capitali italiane, L'ambiente storico: Studi di storia urbana e del territorio, Firenze: Leo S. Olschki Editore.

Skelton, T. and T. Allen. eds. 1999. *Cultural and Global Change*, Routledge.

Small, A. W. 1896. Scholarship and social agitation, in: *American Journal of Sociology* Vol.1.

Smith, A. 1776. *An Inquiry into the Nature and Causes of the Wealth of Nations*, Campbell., Skinner. and Todd. eds., Clarendon Press.（大内兵衛・松川七郎訳1969『諸国民の富』岩波書店）

Smith, D. 1988. *The Chicago School*, St. Martin's Press.

Smith, M. P. 1988. *City, State, & Market: The Political Economy of Urban Society*, Basil Blackwell.

Smith, M. P. ed. 1984. *Cities in Transformation: Class, Capital, and the State*, Sage.

Smith, M. P. and J. R. Feagin. eds. 1987a. *The Capitalist City*, Blackwell.

Smith, M. P. and J. R. Feagin. 1987b. Cities and the new international division of labor: an overview, in: Smith, M. P. Smith. and J. R. Feagin. eds. 1987a.

Sobrero, A. M. 1992. *Antropologia della città roma: La Nuova Italiana Scientifica*.

Soja, E. W. 1989. *Postmodern Geographies: The Reassertion of Space in Critical Social Theory*, Verso.（加藤政洋・西部均・水内俊雄・長尾謙吉・大城直樹訳2003『ポストモダン地理学――批判的社会理論における空間の位相』青土社）

Soja. E. W. 2000. *Postmetropolis: Critical Studies of Cities and Regions*, Blackwell Publishers.

Solinger, D. J. 1999. *Contesting Citizenship in Urban China: Peasant Migrants, the State, and the Logic of the Market*, University of California Press.

Soysal, Y. N. 1994. *Limit of Citizenship: Migrants and Postnational Membership in Europe*, The University of Chicago Press.

Spichal, S., A. Calabrese. and C. Sparks. 1994. *Information Society and Civil Society*,

Purdue University Press.

Stark, P. 1984. Special report: VCR revolution, the big changes in entertainment. in: *San Francisco Chronicle*, February., 27.

Stavenhagen, R. 1991. *The Ethnic Question*, The United Nations University Press.（加藤一夫監訳1995『エスニック問題と国際社会』御茶の水書房）

Steenbergen, B. van ed.1994. *The Condition of Citizenship*, Sage.

Steinberg, S. ed. 2000. *Race and Ethnicity in the United States: Issues and Debates*, Blackwell.

Stevin, S. 1955. *Civil life*, Swest and Zweitlinger.

Storper, M. 1985. Technology and spatial production relations: disequilibrium, interindustry relationship, and industrial development. in: M. Castells ed. 1985.

Strasser, S. 1989. *Satisfaction Guaranteed*, Pantheon.

Swyngedouw, E. 1986. The socio-spatial implications of innovations in industrial organization. in: *Working Paper*, No.20., Johns Hopkins European Center For Regional Planning and Research. Lille.

Swyngedouw, E. 1989. The heart of the place: the resurrection of locality in an age of hyperspace, in: *Geografiska Annaler*, 71B. 1.

Swyngedouw, E. and C. Kesteloot. 1990. Le passage sociospatial du fordisme à la flexibilité: une interpretation des aspects spatiaux de la crise et de son issue. in: *Espaces et Sociétés*, 54-55.

Taylor, F. W. 1903. *Shop Management*.（上野陽一訳編1995「単位時間の研究」『科学的管理法』産業能率短期大学出版部、所収）

Teaford, J. C. 1993. *Cities of the Heartland*, Indiana University Press.

The World Bank Infrastructure Group Urban Development. 2000, *Cities in Transition: World Bank Urban and Local Government Strategy*, The World Bank.

Thomas, W. I. and F. W. Znaniecki. 1918-20. *The Polish Peasant in Europe and America*, 5 vols, Richard G. Badger.（桜井厚訳〈抄訳〉1983『生活史の社会学――ヨーロッパとアメリカにおけるポーランド農民』御茶の水書房）

Thrasher, F. M. 1927. *The Gang*, The University of Chicago Press.

Thurow, L. C., 1984. Disappearance of the middle class. in: *New York Times*, February., 5.

Tilly, C. ed. 1996. *Citizenship, Identity, and Social History*, the Press Syndicate of the University of Cambridge.

Timberlake, M. ed. 1985. *Urbanization in the World-Economy*, Academic Books.

Tomlinson, J. 1999. *Globalization and Culture*, the University of Chicago Press.（片岡信訳2000『グローバリゼーション――文化帝国主義を超えて』青土社）

Topalov, C. 1988. *Naissance de l'urbanisme moderne et réforme de l'habitat populaire aux États-Unis 1900-1940*, Centre de Sociologie Urbaine.

Topalov, C. 1989. A history of urban research: the French experience since 1965. in: *International Journal of Urban and Regional Research*, 13.,4.

Torfing, J. 1999. *New Theories of Discourse: Laclau, Mouffe and Žižek*, Blackwell.

Torres, R. D., L. F. Mirón. and J. X. Inda. eds. 1999. *Race, Identity, and Citizenship: A Reader*, Blackwell.

Touraine, A. 1997. *Pourrons-nous vivre ensemble?: Égaux et différents*, Fayard.

Tuan, Y.-F. 1990. Realism and fantasy in art, history, and geography, in: *Annals of the Association of American Geographers*, 80.,3.

Turner, B. S. 1990. Outline of a theory of citizenship, in: *Sociology*, 24.

Turner, B. S. ed. 1993. *Citizenship and Social Theory*, Sage.

Turner, B. S. 1996. *The Body and Society: Explorations in Social Theory*, 2nd ed., Sage.

Turner, B. and P. Hamilton. eds. 1994. *Citizenship: Critical Concepts*, Vol. Ⅰ, Ⅱ, Routledge.

Twine, F. 1994. *Citizenship and Social Rights: The Interdependence of Self and Society*, Sage.

Urry, J. 1981. Localities, Regions and Social Class, in: *International Journal of Urban and Regional Research*, 5.

Urry, J. 1995. *Consuming Places*, Routledge.（吉原直樹・大澤善信監訳2003『場所を消費する』法政大学出版局ウニベルシタス叢書７６９）

Vacca, G. *Studi gramsciani in Italia*.

Väyrynen, R. ed. 1999. *Globalization and Global Governance*, Rowman & Littlefield Publishers Inc.

Veblen, T. 1899. *The Theory of Workmanship*, Macmillan.

Vogel, U. and M. Moran. eds. 1991. *The Frontiers of Citizenship*, Macmillan.

von Blumenwitz, D. und G. Gornig. (Hrsg) 1996. *Der Schutz von Minderheiten-und Volksgruppenrechten durch die Europäische Union*, Staats-und völkerrechtliche Abhandlungen der Studiengruppe für Politik und Völkerrecht Band15., Verlag Wissenschaft und Politik.

Walker, R. A., 1985. Technological determination and determinism: industrial growth and location. in: M. Castells ed. 1985.

Walton, J. 1981. The new urban sociology, in: *International Social Science Journal*, 33.

Walzer, M. 1983. *Sphere of Justice: A Defence of Pluralism and Equality*, Basic Books.（山口晃役1999『正義の領分――多元性と平等の擁護』而立書房）

Weber, M. 1920. Die protestantische Ethik und der 》Geist《 des Kapitalismus, *in Gesammelte Aufsätze zur Religionssoziologie*, Bd.1.（大塚久雄訳1989『プロテスタンティズムの倫理と資本主義の精神』岩波文庫）

Weber, M. 1956. *Wirtschaft und Gesellschaft, Grundriss der verstehenden Soziologie*, vierte, neu herausgegebene Auflage, besorgt von Johannes Winckelmann, Kapital IX. Soziologie der Herrschaft, 8. Abschnitt. Die nichtlegitime Herrschaft., Typologie der Städte., SS. 735-822.（世良晃志郎訳1964『都市の類型学』創文社）

Weil, P. and R. Hansen. dir. 1999. *Nationalité et citoyenneté en Europe,* Éditions La Découverte.

Weinberg, A., D. N. Pellow. and A. Schnaiberg. 2000. *Urban Recycling and the Search for Sustainable Community Development*, Princeton University Press.

Wheeler, J. O., Y. Aoyama. and W. Barney. eds. 2000. *Cities in the Telecommunications Age: The Fracturing of Geographies*, Routledge

Whitman, R. G. 1998. *From Civilian Power to Superpower?: the International Identity of the European Union*, Macmillan Press.

Whyte, W. H. 1956. *The Organization Man*, Simon & Schuster.（岡部慶三・藤永保・辻村明・佐田一彦訳1959『組織のなかの人間』上・下巻、東京創元社）

Wiener, A. 1998. *'European' Citizenship Practice: Building Institutions of a Non-States*, Westview Press.

Wilensky, H. 1974. *The Welfare State and Equality*. University of California Press.

Willer, D. ed. 1999. *Network Exchange Theory*, Praeger Publisher.

Williams, F. 1982. *The Communications Revolution*. Sage.

Williams, R. 1973. *The Country and the City*, Chatto & Windus.（山本和平・他訳1985『田舎と都会』晶文社）

Wilson, W. J. 1994. Citizenship and the inner-city ghetto poor, in: B. van Steenbergen. ed. 1994.

Wirth, L. 1928. *The Ghetto*, The University of Chicago Press.（今野敏彦訳1981『ゲットー』マルジュ社／1985『ユダヤ人問題の原型・ゲットー』明石書店）

Wirth, L. 1938. Urbanism as a way of life, *American Journal of Sociology*, Vol.44. No.1.（高橋勇悦訳1965「生活様式としてのアーバニズム」鈴木広編『都市化の社会学（増補）』誠心書房、所収）

Woodhouse, S. C. compiled. 1932. *English-Greek Dictionary: A Vocabulary of the Attic Language*, Routledge & Kegan Paul.

Woodiwiss, A. 1998. *Globalization, Human Rights and Labour Law in Pacific Asia*, Cambridge University Press.

Wright, T. 1997. *Out of Place: Homeless Mobilizations, Subcities, and Contested Landscapes*, State University of New York Press.

Xénophon. 1978. *Cyropéde*, t. 3, Société d'Édition.

Yuval-Davis, N. and P. Werbner. eds. 1999. *Woman, Citizenship and Difference*, Zed Books Ltd.

Zajczyk, F. 1991. *La conoscenza sociale del territorio*, Angeli.

Zinn, H. 1980. *A People's History of the United States*, Harper & Row.（猿谷要監修・平野孝訳1982『民衆のアメリカ史　１８６５-１９４２（中）』ＴＢＳブリタニカ）

Zorbaugh, H. W. 1929. *The Gold Coast and the Slum*, The University of Chicago Press.（吉原直樹・桑原司・奥田典昭・高橋早苗訳1997『ゴールド・コーストとスラム』ハーベスト社）

# 事項索引

## 【あ行】



## 【か行】

【さ行】

【た行】

【な行】

【は行】

【ま行】



【や行】



【ら行】



【英字】

# 人名索引

## 【あ行】



## 【か行】

【さ行】



【た行】

【な行】



【は行】

【ま行】

【や行】



【ら行】



【わ行】

**岩永 真治（いわなが しんじ）**

著者略歴
1963 年　福井に生まれる
1994 年　慶應義塾大学大学院社会学研究科後期博士課程修了
1997 年　明治学院大学社会学部専任講師
1999 ～ 2000 年　アメリカ合衆国ミシガン州ホープカレッジで交換教授として，講義 The Culture of Japan: From the Sociological Point of View をおこなう
2000 年　明治学院大学社会学部助教授
2001 年　ローマ大学，パリ大学で招聘教授，フランス国立社会科学高等研究院で客員研究員として研究に従事する
2002 年　引き続きハイデルベルク大学で客員教授，ハーヴァード大学で客員研究員として研究に従事する
2006 年～　明治学院大学社会学部教授

専攻
国際地域社会システム論，都市・地域社会学，国籍と市民権の歴史比較社会学

主要著書・論文
共著書に『名古屋』（東信堂，1990 年）『近代日本社会調査史 3 』（慶應通信，1994 年）『都市の美学』（平凡社，1996 年）『キーワード地域社会学』（ハーベスト社，2000 年）『地域社会学の視座と方法』（東信堂，2006 年）。論文に「アフター・フォーディズム時代の空間的諸形態」（三田哲学会編「哲学」第 93 集，1992 年）「D．ハーヴェイの都市論における空間と場所」（地域社会学会編「地域社会学の回顧と展望」時潮社，1996 年）「集まりの構造に関する比較研究」（明治学院大学社会学部付属研究所年報第 32 号，2002 年）などがある。

**グローバリゼーション、市《し》民《みん》権《けん》、都《と》市《し》**
——ヘクシスの社《しゃ》会《かい》学《がく》

二〇〇八年三月二九日　初版発行

著者　岩永真治
発行者　三浦衛
発行所　春風社
横浜市西区紅葉ヶ丘五三　横浜市教育会館三階
電話　〇四五・二六一・三一六八
FAX　〇四五・二六一・三一六九
http://www.shumpu.com
info@shumpu.com
振替　〇〇二〇〇－一－三七五二四

装丁　矢萩多聞
印刷・製本　株式会社シナノ

All Rights Reserved. Printed in Japan.
© Shinji Iwanaga. ISBN 978-4-86110-140-3 C0036 ¥3333E